왜 열대는
죽음의 땅이
되었나

Tropic of Chaos

Climate Change and the New Geography of Violence by Christian Parenti

Copyright © 2011 by Christian Parenti
Korean translation copyright © 2012 by Mizibooks
First published in the United States by Nation Books, a Member of the Perseus Books Group.
All rights reserved.
This Korean edition published by arrangement with the Perseus Books Group, Boston,
through Duran Kim Agency, Seoul.

이 책의 한국어판 저작권은 듀란킴 저작권 에이전시를 통해
저작권자와 독점 계약한 미지북스에 있습니다.
저작권법에 의해 한국 내에서 보호를 받는 저작물이므로 무단 전재와 무단 복제를 금합니다.

왜 열대는 죽음의 땅이 되었나

TROPIC OF CHAOS
Climate Change and the New Geography of Violence

기 후 변 화 와 폭 력 의 새 로 운 지 형 도

크리스천 퍼렌티 지음 | 강혜정 옮김

미지북스

일러두기

1. 본문에서 *표시의 각주는 옮긴이가 단 것이다.
2. 본문의 강조(고딕체)는 지은이의 것이다.

줄리엣과 그녀의 세대 모두에게,
미안한 마음을 담아

Climate Change and the New Geography of Violence

굶주림에 허덕이는 절박한 수십억 인구의 압력이 아직은 세계 지도자들이 커츠 대령의 해결책을 유일하게 인간적이고, 유일하게 가능하며, 근본적으로 온당한 것으로 간주할 정도로 커지지는 않았다. 하지만 그럴 날이 그렇게 멀지 않았다. 내 눈에는 그런 날이 다가오는 것이 보인다. 그렇기 때문에 나는 역사를 공부한다.

_스벤 린드크비스트Sven Lindqvist, 『야만의 역사Exterminate All the Brutes』

| 1부 |

환상에서 깨어날 시간

1장

누가 에카루 로루만을
죽였는가?

이 움켜쥔 뿌리는 무엇이며, 이 자갈 더미에서
무슨 가지가 자란단 말인가? 사람의 아들이여,
그대는 말하기는커녕 짐작도 못하리라, 그대가 아는 것은
깨어진 형상들을 모은 더미일 뿐, 거기엔 태양이 내리쬐고
죽은 나무에는 쉼터가 없고, 귀뚜라미도 위안을 주지 않고,
메마른 바위에는 물소리조차 없다.

_T.S. 엘리엇T.S. Eliot, 《황무지The Waste Land》

에카루 로루만은 널따란 지붕을 인 것 같은 아카시아 나무 아래 누워
있었다. 교차하는 나뭇가지들이 그의 몸 위로 그물을 던져 놓은 듯이
그림자를 드리우고 있었다. 에카루는 은 귀걸이를 차고 카키색 반바
지를 입은 채 모로 누워 있었다. 몸에 깔린 한쪽 팔은 어색하게 뒤틀
린 채였다. 에카루의 오른쪽 이마는 사라지고 없었다. 총알이 관통하
면서 날아간 것이다. 그의 몸에서 나온 피가 굳어서 사막 위에 매끈
매끈한 검은빛 유막을 만들었다. 그의 샌들, 어깨 걸치개, 총은 누군
가가 훔쳐가고 없었다.

에카루는 케냐 북서부, 동아프리카 지구대에 속하는 메마른 사바나 지역에서 생활하는 투르카나 부족 출신의 목축민이었다. 그는 어제 대대적인 가축 약탈을 감행한 이웃의 포코트 부족에게 살해당했다. 에카루의 시체는 죽은 그대로 그가 생활하던, 근처에서는 여느 때처럼 염소와 양들이 풀을 뜯고 있는 풍경 한 켠에 놓여 있었다. 공격을 받아 살해당한 사람은 매장하지 않는 투르카나족의 관습 때문이다. 투르카나족은 그렇게 죽은 사람을 매장하면 불운이 따르며 더욱 많은 적을 부를 뿐이라고 믿는다. 그 때문에 그들은 시체를 애초에 죽은 곳에서 자연스럽게 부패하도록 내버려둔다. 하지만 이런 미신적인 예방 조치도 적의 접근을 막지는 못하리라는 생각이 든다. 사회 및 기후와 관련한 난해하고 강력한 힘이 적을 자꾸만 밀어붙이고 있기 때문이다.

내가 방문했던 투르카나 부족 무리는 극심한 가뭄에 밀려 남쪽으로 내려오기 시작했고, 이제는 그들의 전통적인 부족 영역으로 간주할 수 있는 영토의 최남단까지 내려와 가축에게 풀을 뜯긴다. 그들의 적인 포코트 부족이 지척인 곳이다. 길고 좁게 형성된 동아프리카의 목축민 회랑 지대에는 아주 기본적이고 확실한 패턴이 하나 있다. 가뭄이 들면, 물과 목초지가 귀해지고, 가축이 병들고, 많은 소가 죽는다. 그리고 줄어든 가축을 보충하기 위해서 젊은이들이 이웃 부족을 습격한다. 인간이 야기한 기후 변화가 시작되면서 케냐에서는 기온이 올라가고 가뭄이 예전보다 잦아졌다. 그렇다고 케냐의 전체적인 강수량이 줄어든 것은 아니다. 문제는, 이제는 비가 얄망궂게 내린다는 사실이다. 우기 전체에 걸쳐 꾸준히 내리지 않고 일단 내리기 시

왜 열대는 죽음의 땅이 되었나

작하면 하늘에 구멍이라도 난 양 맹렬하게 쏟아붓는 식이다. 즉 모든 것을 쓸어가 버리는 갑작스러운 홍수 뒤에 모든 것을 바싹 말리는 가뭄이 이어진다.[1] 케냐는 농업은 물론 사회 전체가 해마다 일정한 패턴으로 반복되는 강우에 의존해왔는데, 이제는 패턴의 정확성이 점점 떨어지고 있다.

▋기후 전쟁의 용의자

▋에카루 로루만은 왜 죽었을까? 도대체 어떤 힘이 그를 죽음으로 내몰았을까? 대략 서른다섯 살이었던 (투르카나족은 나이를 어림으로만 안다) 에카루는 부인이 셋에, 자녀 여덟, 그리고 50여 마리의 소가 있었다. 그는 그가 속한 공동체에서 중요하고 영향력도 큰 사람이었다. 한창때를 맞은 전사로서, 그는 풍부한 경험과 지혜를 가질 만큼 연륜을 쌓았고, 여전히 소량의 식량과 물만 가지고도 며칠씩 뛰고 싸울 만큼 젊고 강했다. 그런 그가 이제는 싸늘한 시체로 들판에 모로 누워 있다.

'전통'이 에카루를 죽였다고 말할 수도 있을 것이다. 동아프리카 나일강 유역의 부족들 사이에는 다른 부족을 습격하여 가축을 훔쳐가는 '가축 약탈'이라는 오랜 전통이 있는데, 이것이 바로 에카루를 죽인 범인이라고. 아니면 카라수크 출신의 포코트 부족에 속하는 '어떤 남자'가 범인이라고 말할 수도 있을 것이다. 그가 가축 약탈 과정에서 에카루를 죽였노라고. 혹은 '가뭄'이 에카루를 죽였다고 말하는 것도 가능할 것이다. 가뭄이 극심할수록 가축 약탈이 격렬해지니까.

아니, 어쩌면 에카루는 훨씬 큰 힘에 살해당한 것인지도 모른다. 가뭄, 약탈, 지형, 나일 강 유역 특유의 가축 문화와 같은 특정 원인을 초월한 어떤 힘에 죽임을 당한 것인지도 모른다. 포코트족 전투원이 근처에 있는지 보려고 카라수크의 산악 지대를 유심히 살피는 투르카나 전투원들 사이에 끼어 사막을 통과하는 동안, 내게는 에카루의 죽음이 인류 역사상 가장 거대한 규모로 진행되는 일련의 사건으로 인한 결과임이 분명하다는 생각이 들었다. 빈곤, 폭력, 기후 변화가 한 곳에 만나 만들어낸 '파멸적 수렴 catastrophic convergence'의 결과라고. 이 책은 에카루의 죽음, 그리고 비슷한 처지의 수많은 사람들의 죽음을 이 '파멸적 수렴'이라는 렌즈를 통해서 보고 이해하려는 노력의 산물이다.

최소한의 객관적 진실

기후 상황에 대한 과학계의 합의는 정부간기후변화위원회, 즉 IPCC라는 기관의 의견으로 표출된다. 정부간기후변화위원회는 독자적인 연구를 수행하는 기관은 아니지만, 정부와 UN이 지원하는 일종의 국제 정보센터 역할을 한다. 그들은 기후학은 물론 생물학, 수문학*, 해양학, 삼림학, 빙하학, 기타 여러 분야에서 관련 사안을 다룬

---

*수문학 육지의 물과 그것의 유통과 순환에 관한 학문.

왜 열대는 죽음의 땅이 되었나

모든 문헌을 수집하고 요약정리한다. 그리고 이렇게 그들이 완전히 검토를 마친 연구자료를 토대로 개별 정부는 기후 변화 관련 사안에 대응할 수 있다.

기후 변화 부정론자들은 정부간기후변화위원회에서 2007년도에 내놓은 4차 평가보고서의 몇 소소한 오류를 이유로 이를 불필요한 불안을 조장하는 잘못된 보고서라면서 정부간기후변화위원회를 공격하고 있다. 하지만 몇 가지 오류를 지적하고 부각시킨다고 해서 보고서의 전체 결론이 바뀌지는 않는다. 정부간기후변화위원회는 합의를 기반으로 운영되는 기관이고, 이 때문에 그들의 결론은 과학계의 최신 발전에 부응하기보다는 오히려 상당히 보수적인 맥락에서 결정된다. 말하자면 정부간기후변화위원회는 과학계의 주류에서 온전히 합의된 최소한의 공통분모만을 보여준다.

4차 평가보고서에서 정부간기후변화위원회는 화석 연료에 의존하는 생활 때문에 대기 중의 이산화탄소 농도가 산업 혁명 이전의 대략 282ppm에서 현재 390ppm까지 상승했다는 결론을 내렸다. 빙하에 구멍을 뚫어 추출한 얼음 조각을 분석한 결과를 보면 390ppm은 지난 1만 년을 통틀어 가장 높은 수치이다.[2]

대기 중의 이산화탄소는 온실의 유리와 같은 역할을 한다. 태양열이 대기 중으로 들어오게는 하지만 들어온 태양열 대부분을 우주로 다시 방출되지 못하게 막는다. 대기 중에 이산화탄소는 반드시 필요하다. 대기 중에 이산화탄소가 없다면 지구는 생명이 살지 못하는 얼음처럼 차가운 돌덩이에 불과할 것이다. 하지만 지난 150년 동안 지구는 너무 많은 이산화탄소로 하늘을 채웠고, 점점 뜨거워지고 있다.

퓨지구기후변화센터에 따르면, "평균 지표면 온도가 20세기 초반 이래 0.8℃ 상승했다. 1850년 이래 가장 더웠던 11년이 모두 최근 13년 안에 집중되어 있다. 오늘날까지 가장 더웠던 5년은 2005년, 1998년, 2002년, 2003년, 2007년이다."*[3]

100년이 넘는 세월 동안에 기온의 상승 폭이 1℃가 채 안 된다고 하면 그렇게 크지 않다는 생각이 들 수도 있다. 하지만 과학자들은 그 정도면 기후 시스템의 평형 상태를 교란하기에 충분하다고 본다. 오랫동안 지구의 기후를 안정적인 상태로 유지했던 음성 되먹임 고리 negative-feedback loops가 안정을 깨는 양성 되먹임 고리 positive-feedback loops로 바뀌고 있다. 양성 되먹임 고리가 작동하면, 표준으로부터의 이탈이 시간이 흐르면서 줄어드는 것이 아니라 오히려 자체적으로 커진다. 다량의 태양 복사를 우주로 반사하여 해류의 흐름을 조절하는, 그린란드와 남극 대륙을 뒤덮은 빙상氷床이 불과 몇 년 전에 기후학자들이 예측했던 것보다 훨씬 빠른 속도로 녹아내리고 있다. 태양 복사를 반사하는 얼음이 줄어든다는 것은 결국 더 많은 태양 복사가 흡수된다는 의미이며 지구가 더 빨리 더워진다는 의미이다. 극빙極氷이 수십억 리터의 담수를 쏟아내면서 급속히 녹고 있다. 엄청난 양의 담수는 바다로 흘러들어 해수의 화학 구성과 흐름을 바꿔놓고 있고, 금세기 안에 해수면을 1미터나 상승시킬 기세이다.[4]

---

*저자가 인용한 자료는 계속 갱신되고 있으며, 가장 최근에는 2010년이 2005년과 함께 가장 더운 해였다.

왜 열대는 죽음의 땅이 되었나

다가오는 도전들

기후 변화는 원래 예측했던 것보다 빠르게 일어나고 있으며, 그로 인한 영향은 극단적인 기상 현상, 사막화, 바다의 산성화, 해빙解氷, 점진적인 해수면 상승 등의 형태로 이미 우리 앞에 와 있다. 기후 관련 자료를 분석하는 컴퓨터 모델을 구축한 과학자들은 만약 우리가 지금부터 대기 중으로 온실가스를 배출하지 않는다 해도, 이미 이산화탄소 농도가 너무 높아서 상당한 정도의 기온 상승은 불가피하다고 본다. 말하자면 우리가 당장 화석 연료를 쓰지 않는 경제로 전환해도 우리 삶에 파괴적인 영향을 주는 기후 변화는 불가피하다는 말이다.

막 시작된 기후 변화는 이미 정치 영역에서도 스스로를 드러내기 시작했다. 극단적인 기상 현상과 정상을 벗어난 날씨 패턴 때문에, 인도주의적 지원이 필요한 위기 상황이 더욱 빈발하고 있고, 내전이 일어나고 악화되고 있다. UN은 2007년에 인도적 차원에서 긴급 구호에 나서야 했던 사안 중에 한 건을 제외한 모든 사안이 기후와 연관되어 있다고 평가했다. 이미 기후 변화는 연간 3억 명에게 부정적인 영향을 미치고 있고, 그중에 30만 명을 죽이고 있다. 2030년이 되면, 홍수, 가뭄, 산불, 신종 질병이 더욱 기승을 부림에 따라 매년 50만 명이 기후 변화로 죽고, 이러한 혼란으로 인한 경제 비용이 연간 6000억 달러에 달할 것으로 예상된다.[5]

해수면 상승은 가장 중대한 압박 중의 하나가 될 것이다. 2007년에 정부간기후변화위원회는 4차 평가보고서에서 금세기에 해수면이 평균 17.5센티미터에서 57.5센티미터까지 상승할 가능성이 있다고 예측했다. 하지만 이 수치는 곧 수정되었다. 이제 과학자들은 향후 90년 동안 해수면이 평균 1.5미터 가량 상승할 것으로 보고 있다.[6] 이러한 해수면 상승은 엄청난 혼란을 야기할 것이다. 컬럼비아대학교 세계지구과학정보네트워크에서 진행한 최근 연구에 따르면, 2050년까지 기후 변화 때문에 삶의 터전을 잃고 이주하거나 떠도는 기후 난민climate refugee이 7억 명에 이를 것이다.[7]

현대 최초의 기후 난민은 50만 명에 달하는 방글라데시인이 아닐까 싶다. 그들은 2005년 볼라 섬의 절반이 물에 잠기자 집을 잃었다. 방글라데시에서는 2050년까지 2200만 명이 기후 변화 때문에 어쩔 수 없이 고향을 떠나야 할 것으로 예측된다. 이와 같은 사태에 대비하기 위하여, 이웃 나라 인도는 이미 4,000여 킬로미터에 달하는 방글라데시와의 국경에 방벽을 세우고 무장 병력을 배치하고 있다. 또 인도의 학생 운동 단체인 힌두라이트는 (이슬람교도인) 방글라데시 이민자를 대규모로 국외 추방해야 한다고 강도 높게 주장하고 있다.[8]

한편, 700만 명의 삶의 터전인 22개의 태평양 섬나라들도 이주 계획을 세우고 있다. 해수면 상승으로 국가 자체가 소멸할지 모른다는 위협을 느끼기 때문이다. 만약 중국의 연안 도시들이 물에 잠기기 시작하면 어떤 일이 일어날까? 미국 동부의 해안 지방이 언제고 물에 잠기기 시작할 때, 개인과 기관들은 과연 어떻게 반응할까?

왜 열대는 죽음의 땅이 되었나

파멸적 수렴

위기를 맞을 만반의 준비가 되어 있는 세계에 기후 변화가 도착한다. 기후 변화로 인한 당장의 혹은 임박한 혼란이 기존의 빈곤과 폭력이라는 위기와 만난다. 나는 이러한 정치적 재앙, 경제적 재앙, 환경적 재앙의 만남을 **파멸적 수렴**이라고 부른다. 내가 말하는 파멸적 수렴은 다수의 재앙이 동시에 엎친 데 덮친 격으로 일어난다는 의미만은 아니다. 오히려 하나의 재앙이 다른 재앙을 통해 모습을 드러내고, 문제들이 얽히고설키면서 서로를 증폭시키는 그러한 상황을 말한다.

사람과 마찬가지로 사회도 새로운 시련에 대처하는 방식은 과거의 상처에 따른 트라우마에 영향을 받는다. 상처를 입은 사회는, 상처를 입은 사람들이 그렇듯이 종종 비이성적이고 근시안적이며 자기파괴적인 방식으로 새로운 위기에 대응한다. 과거의 트라우마는 사회 스스로 파괴적인 결과를 낳을 토대가 된다. 기후 변화의 위기 앞에 그 사회들의 트라우마는 냉전 시대의 군국주의와 신자유주의적 병리 현상들이다. 과거 40년 동안 이 두 힘은 국가와 사회의 관계를 왜곡시켜 왔다. 국가의 집산주의*적 정체성과 규제 및 재분배 기능을 없애고 약화시키는 한편으로, 사회적 억압 기제와 군사적 역량만을 과도하게 발달시켰다. 이런 기형적인 관계가 기후 변화의 영향이 나타나는 시점에 폭력과 혼란에 맞서 현명하게 대처할 사회적 역량을

---

*집산주의 토지, 광산, 철도 같은 중요한 생산수단을 국유화하여 정부가 관리하는 것이 이상적이라 보는 사상.

가로막는다는 것이 나의 생각이다.

이 책에서 나는 기후 재앙 이전의 역사를 함께 살펴볼 예정이다. 국가들이 그렇게 엉망이 되고, 결과적으로 기후 변화라는 위기를 맞아 그 악영향을 저지하기는커녕 오히려 악화시키기만 하는 무능력한 상태에 이른 이유와 과정을 설명하기 위해서이다. 대부분의 지역에서 기후 변화에 대응하여 나타나는 유일한 결속은 다른 집단을 배제하는 부족주의tribalism이며, 가능한 유일한 국가 정책은 경찰력을 동원한 억압이다. 이런 반응은 결코 당연하고 불가피한 귀결이 아니다. 이와는 다른, 보다 생산적인 방식으로 대응할 수 있었을 사회 제도며 관행을 파괴해버린 역사의 특정한 결과일 뿐이다. 특히 북방 선진국의 남방 개발도상국에 대한 이용과 학대의 역사가 그 가해자라 할 수 있다.

냉전은 제3세계 전체에 불안의 씨앗을 뿌린 장본인이다. 제3세계에서 일어난 무수히 많은 대리전쟁은 여러 개발도상국에 무장 집단, 저렴한 무기, 밀수 조직망, 부패한 관료 집단을 유산으로 남겼다. IMF와 세계은행에 의해 강제되는 극단적인 민영화와, 규제 완화로 대표되는 신자유주의 경제 정책은 많은 제3세계(남방 개발도상국이라 부를 수도 있다) 경제를 상시적인 위기와 극단적인 불평등 속으로 밀어 넣었다. 이런 사회에서 국가는 종종 경제 발전을 이끌거나 사회 위기에 대처할 조직적인 역량이 전혀 없는 '속 빈 강정'으로 추락한다.

이러한 힘이 동시에 작용하는 때도 있고, 개별적으로 나타나는 때도 있다. 예를 들어 소말리아는 냉전 시대에 군사 개입으로 붕괴된 나라다. 당시 소말리아는 전형적인 대리 전쟁터였다. 소말리아도 약간의 제한적인 경제 자유화를 경험하기는 했다. 하지만 소말리아 붕괴의 주범은 역시 냉전 시대 군국주의의 영향이었다. 세계적인 규모로 진행되는 정치 투쟁을 장기판에 비유하자면, 거기서 소말리아의 위치는 최전방에서 시키는 대로 싸우는 '졸'이었다. 이런 위치가 결국 국가 붕괴로 이어졌다. 같은 논리가 예전에도 그리고 지금도 파탄 국가인 아프가니스탄에게도 적용된다. 아프가니스탄은 신자유주의적 경제 구조조정을 경험한 적은 없지만 냉전 시대에 강대국들의 대리 전쟁터였음은 분명하다. 반면, 현재 북부 지역에서 심각한 폭력 사태가 일어나고 있는 멕시코는 냉전 시대에 대리전쟁의 최전방에 있던 나라가 아니었다. 대신 멕시코는 극단적인 경제 자유화를 경험했다.

이제 기후 변화가 이러한 위기 상황에 더해지면서 일종의 증폭제 역할을 하고 있다. 펜타곤은 위협을 몇 배로 증가시킨다고 해서 이를 '위협 승수threat multiplier'라고 부른다. 극단적인 기후와 물 부족 때문에 기존의 사회적 갈등이 더욱 악화되는 상황이 지구 전역에서 나타나고 있다. 컬럼비아대학교 지구연구소와 국제위기감시기구는 세계 곳곳의 내전과 수자원에 관한 자료를 비교 분석하여 "어느 해의 강우량이 정상보다 유난히 낮은 경우, 이듬해에 사소한 충돌이 총력전으로 비화할 위험이 두 배가 된다."[9]는 사실을 밝혀냈다. 해당 연구보고서에서는 네팔을 예로 들었다. 네팔에서는 마오주의 게릴라들의 반란이 가뭄 뒤에 가장 격렬했고, 정상적인 강우량을 보이는 때에는 거의 일어나지 않았다. 비가 늦어지거나 불충분한 경우, 혹은 엉뚱한 시기에 내리거나 한꺼번에 폭우처럼 쏟아지는 때면, '반쯤 은퇴했던' 무장 집단들이 다시 등장하여 싸움을 벌이는 예도 드물지 않았다.

남회귀선 Tropic of Capricorn과 북회귀선 Tropic of Cancer 사이에 내가 말하는 '혼돈의 열대 Tropic of Chaos'*가 놓여 있다. 지구의 중위도 지방을 벨트 모양으로 둘러싼 국가들로 정치적 경제적으로 난타당하는, 식민지 상태에서 독립한 지 얼마 되지 않은 국가들이기도 하다. 열대 지방을 따라 위치한 이들 나라에 기후 변화가 심각한 타격을 주기 시작했다. 이곳에 속한 사회는 농업과 어업 의존도가 아주 높기 때문에 기상 패턴의 변화에 아주 취약할 수밖에 없다. 이들 지역은 또한 냉전과 신자유주의적 경제 구조조정의 최전방에 있기도 하다. 결과적으로 우리는 이곳에서 이미 파탄했거나 failed 반쯤 파탄한 semifailed 개발도상국들이 무리를 이루고 있는 모습을 보게 된다.

스웨덴 정부의 연구에 따르면, "기후 변화가 정치, 경제, 사회 문제와 상호 작용하여 결과적으로 위험천만한 폭력적인 갈등을 야기할 가능성이 있는 곳으로 27억 인구의 삶의 터전인 46개 국가를 들 수 있다."[10] 해당 연구에서 말하는 국가 목록에는 당연히 내가 말한 지대가 포함된다. 즉, 인간이 야기한 기후 변화로 현재 가장 큰 영향을 받는 중위도 지방의 국가들 말이다.

정치 지도자는 어떨지 모르지만, 적어도 서구의 군사 작전 입안자들은 정치 혼란과 기후 변화의 파멸적 수렴이 야기할 위험을 충분히 인식하고 있다. 그들은 식량과 물을 두고 벌어지는 전통적인 전쟁

---

*저자는 이 지역의 경계인 남회귀선(Capricorn: 염소자리)과 북회귀선(Cancer: 게자리)의 앞 글자 'C'를 따서 이 지역을 '혼돈(Chaos)의 열대'라고 말했다. 이것은 이 책의 원제목이기도 하다.

왜 열대는 죽음의 땅이 되었나

보다 기후 변화로 야기된 내전, 난민 이동, 집단 학살, 사회 해체 등의 새로운 지형도에 주목하고 있다. 그리고 이에 대비하여 어떤 돌발 상황에도 대처할 수 있는 세계적인 규모의 대게릴라전을 구상하고 있다.[11]

완화와 적응

기후 관련 토론에서 슬로건은 항상 **완화**mitigation와 **적응**adaptation이다. 즉, 우리는 기후 변화를 야기하는 원인을 완화시키면서 한편으로 기후 변화의 영향에 적응해야 한다. 완화는 태양의 복사열이 우주로 방출되지 못하게 막는 이산화탄소와 다른 온실가스, 즉 메탄, 염화불화탄소* 등의 배출을 과감하게 줄인다는 의미이다. 또한 완화는 풍력, 태양열, 지열, 조력 등의 청정에너지원으로 나아간다는 의미이다. 또 완화는 화력 발전소를 폐쇄하고, 석유 없이 돌아가는 경제를 구축하고, 똑똑한 전력망을 건설하고, 탄소 포집 및 격리** 기술에 많은 투자를 한다는 의미이다.

한편, 적응이란, 일부 이미 진행 중인 그리고 아직 드러나진 않았지만 곧 닥쳐올 기후 변화의 결과를 대비하고 그 속에서 살아가는 것

---

*염화불화탄소 흔히 말하는 프레온 가스

**전력 생산이나 각종 산업 활동을 통해서 나오는 이산화탄소를 대기 중으로 배출하지 않고 직접 모아서 특정 공간에 저장하여 격리하는 것, 청정에너지로의 전환이 쉽지 않은 상황에서 온실가스 배출 문제를 해결할 현실적인 대안으로 주목을 받고 있다.

을 말한다. 기후 변화 적응에는 기술적인 적응과 정치적인 적응 두 가지가 있다.

기술적인 적응technical adaptation은 자연의 변화에 맞춰서 인간과 자연과의 관계를 바꾼다는 의미이다. 말하자면 우리가 만들어낸 기후적인 피해 및 악영향과 더불어 사는 법을 배우는 것이다. 구체적으로는 해수면 상승에 취약한 해안 도시 주변에 방파제를 건조하고, 맹그로브 습지나 소택지 등을 조성하여 거대한 폭풍이 칠 때 밀려드는 조수를 약화시키고, 야생 동물을 위한 이동 통로를 만들어 기후 온난화에 맞춰 동물들이 북쪽으로 이동하게 하고, 지속가능한 농업을 발전시켜서 날씨 패턴이 걷잡을 수 없이 변덕을 부려도 하나의 산업으로서 농업이 제 기능을 하게끔 하는 방법 등이 있을 것이다.

한편, 정치적인 적응political adaptation은 인류가 스스로와 맺는 관계를 바꾸고, 사람들 사이의 사회적 관계를 바꾼다는 의미이다. 성공적인 정치적 적응이란 기후 변화에서 자양분을 얻는 폭력을 억제하고 피할 방법 그리고 단계적으로 축소할 새로운 방법을 찾아내는 것을 의미한다. 정치적 적응에는 경제발전과 재분배가 수반될 것이고, 평화 구축을 위한 새로운 외교 정책도 필요할 것이다.

하지만 이와는 다른 형태의 정치적인 적응이 이미 진행 중이다. 이름을 붙이자면 '무장한 구명정의 정치학politics of the armed lifeboat' 정도로 부를 수 있을 것이다. 무장하고, 배제하고, 망각하고, 억압하고, 감시하고, 죽임으로써 기후 변화에 대처하는 것이다. 기후 변화가 제3세계를 혼돈 속으로 밀어 넣는 동안, 부유한 선진국에서 대두 중인 녹색 권위주의도 생각해 볼 수 있다. 이미 기후 변화가 남방 개발도상

왜 열대는 죽음의 땅이 되었나

국에서 범죄, 억압, 국내 불안, 전쟁, 심지어 국가 붕괴라는 형태로 폭력을 부채질하는 상황에서 북방 선진국들은 새로운 권위주의로 반응하고 있다. 펜타곤과 유럽의 동맹국들은 군사적 적응 방안을 적극적으로 계획 중인데, 이는 이미 파탄한 혹은 파탄으로 치닫는 국가들에 대한 장기적이고 무제한적인 견제와 억압, 즉 상시적인 대게릴라전에 초점을 맞춘다.

배제, 격리, 억압 등을 내세우는 정치, 즉 '기후 파시즘'은 자체로 끔찍할 뿐만 아니라 실패할 수밖에 없다. 분명 다른 방법이 있어야 한다. 발버둥치는 남방 개발도상국들은 결국에는 부유한 선진국 경제까지 파멸로 이끌면서 붕괴할 것이다. 기후 변화가 모든 경제와 국가들을 파괴하도록 내버려 둔 상태에서는 담장, 총칼, 가시철조망, 무장한 무인항공기, 상시적으로 배치된 용병 등을 아무리 많이 준비해도 지구의 절반으로부터 나머지 절반을 구하기란 불가능할 것이다.

▌혼돈의 열대 속으로

이어지는 장들에서는 혼돈의 열대를, 즉 지구의 중위도 지방에 벨트 모양으로 자리 잡은 폭력과 빈곤에 허덕이는 지역들을 살펴본다. 각각의 지역을 둘러보면서 나는 아울러 역사를 고찰하고 역사적인 분석을 활용할 생각이다. 얼핏 이 책을 보고 미래를 다룬 책이구나 생각했을 테지만 어찌 보면 여러분은 지금 과거를 다루는 역사책을 들고 있다. 과거를 이해함으로써 현재와 다가올 위험한 미래를 보다 분명하게 분석할 수 있기 때문이다. 1부의 이하 장들에서 나는 먼저 북방 선진국의 수비대가 군사적인 적응을 받아들이는 모습을 설명한다. 이어서 파멸적 수렴으로 이어지는 역사적인 흐름의 일부이자 군사적 적응의 핵심 방법인 대게릴라전의 역사를 살펴본다.

다음으로 동아프리카에서 기후 변화의 역사와 정치를 다룬 일련의 장에서 누가 에카루 로루만을 죽였는가라는 질문으로 돌아간다. 이어서 중앙아시아로 이동하여 아프가니스탄 전쟁, 인도-파키스탄 갈등에서 기후와 관련된 요인을 살펴본다. 그리고 중앙아시아에 머물면서 우리는 키르기스스탄으로 짧은 여행을 떠난다. 기후로 야기된 사회 해체의 극단적인 사례라 생각되기 때문이다. 키르기스스탄에서 다시 동쪽으로 이동하여 우리는 인도 동남부의 안드라프라데시주를 방문한다. 이곳에서 우리는 인도 동부에서 신자유주의와 기후 변화, 그리고 마오주의 게릴라의 확산 사이의 연관성을 살펴본다. 그리고 태평양을 뛰어넘어 브라질에서 이야기를 이어간다. 거기서 나는 노르데스치, 즉 브라질 북동부 지역의 기후 변화와 리우데자네이루 판자촌의 극단적인 폭력 사이의 연관성을 밝힌다. 또한 냉전이 남긴 억압과 신자유주의가 서로 맞물려 돌아가는 현상도 살펴본다. 이어서 우리는 북쪽으로 이동하여 미국-멕시코 국경으로 가서 신자유주의적 자본주의의 유산을 한층 깊이 파고든다. 오늘날 멕시코 사회 불안의 핵심 원인이 여기에 있다고 보기 때문이다. 냉전 시대의 폭력도 중요한 역할을 했지만 신자유주의가 훨씬 큰 영향을 미쳤다는 것이 나의 생각이다. 그리고 우리는 국경을 넘어 미국으로 돌아와 멕시코 북부 지역의 사회 붕괴로 인해 미국 국경의 무장이 강화되고 미국

왜 열대는 죽음의 땅이 되었나

내에서 외국인 혐오가 서서히 확산되는 모습을 살펴본다.

마지막으로 나는 무엇을 해야 할 것인가를 고민한다. 기후 변화에 대처하는 최선의 방법은 먼저 기후 변화가 야기한 혼돈에 우리가 그렇게 취약할 수밖에 없게 만드는 정치적 경제적 문제들을 해결하는 것이다. 하지만 궁극적으로는 기후 변화의 요인을 완화하는 것이 가장 중요한 전략이다. 해수면 상승, 사막화, 비정상적인 폭풍우, 홍수와 같은 기후 변화의 물리적 영향들은 분명 끔찍하고 무섭다. 하지만 현재 부각되는 사회적 정치적 측면의 적응 방안도 마찬가지로 두렵고 끔찍하다. 파괴적이고 억압적인 형태를 띠는 경우가 너무 많기 때문이다. 그러한 방법을 바꿔야 한다.

궁극적으로, 가장 중요한 것은 완화이다. 우리는 경제 구조를 근본적으로 '탈탄소화' 해야 한다.

2장

군사 분야의
예언가들

그렇게 부서지고 무너지는 국가들을 상대하는 것은
여러모로 우리 시대 안보상의 중요한 과제이다.

_로버트 게이츠Robert Gates, 미국 국방부 장관, 2010년

펜타곤은 기후 변화로 새롭게 재편될 세상을 대비하고 있다. 펜타곤
이 아마겟돈 같은 일대 결전을 준비하고 있다고 말해도 과언이 아닐
것이다. 2008년 여름, 국가정보위원회 분석담당부장 토머스 핑가 박
사가 미국 의회에서 기후 변화의 군사적 함의에 관한 기밀 브리핑을
했다.

공급 부족과 구매력 부족이라는 두 원인에서 야기된 식량 불안이 아
프리카를 비롯하여 세계 여러 지역에서 점점 큰 문제로 부각될 것입

니다. 식량 원조가 없으면 해당 지역은 훨씬 심각한 불안에 직면할 가능성이 농후합니다. 특히 토지 소유를 놓고 폭력적인 종족 분쟁이 일어날 가능성이 높습니다.

…… 보다 핵심으로 가서 미국은 점점 높아지는 이민 압력을 예상하고 대비할 준비를 해야 합니다. …… 극단적인 기상 현상과 점점 확실해지는 침수 증거들을 보면서 많은 이들이 차라리 일찌감치 이동하자는 생각을 하게 될 것입니다. …… 기후 변화로 인도적 차원의 긴급 원조가 필요한 상황이 점점 증가할 것이며, 이에 비례하여 국제 사회의 대응 역량이 한계를 드러낼 것입니다.[1]

일어난 사건에 대한 군사적 대비책이 오히려 사건을 만들어내는 원인이 될 수도 있다. 다시 말해, 너무 부지런히 전쟁을 준비하면 오히려 평화에 저해가 될 수 있다. 미국의 과도하게 발달한 군사적 역량, 즉 군산 복합체는 전쟁에서 막대한 이윤을 얻기 때문에 전쟁을 조장한다. 예전에는 군산 복합체 하면 제너럴 일렉트릭, 록히드, 레이시언 같은 엄청나게 비싼 무기를 제조하는 회사가 떠올랐지만, 요즘은 잡다한 서비스를 제공하는 소규모 보안 회사들이 대거 합류했다. 블랙워터, 다인콥, 글로벌Global 등은 물론, 미국교도소주식회사, 관리훈련회사Management and Training Corporation, 지오그룹 같은 사설 교도소를 운영하는 회사들도 포함된다. 이러한 새로운 안보–산업 복합체는 국내와 해외 고객을 상대로 실로 다양한 서비스를 제공한다. 감시, 첩보, 국경 보안, 구급 서비스와 이를 위한 시설 및 기지의 건설, 그리고 심지어는 군대와 경찰을 상대로 테러 대책 컨설팅과 병참, 분

왜 열대는 죽음의 땅이 되었나

석, 기획, 훈련 서비스를 제공한다. 물론 개인을 경호하는 서비스도 제공한다.

그들의 활동은 미국이 영향력을 행사하는 모든 지역에서 발견된다. 아프가니스탄에서는 보급 수송단을 운영하고, 음식을 제공하고, 통역사를 대준다. 콜롬비아에서는 코카나무 밭을 공중 폭격하고 군대를 훈련시킨다. 필리핀에서는 경찰을 훈련시키고, 멕시코에서는 사업가들을 경호하는 일을 한다. 또한 이들은 미국-멕시코 국경 전역에서 밀입국으로 억류된 사람들을 맡아 처리한다. 이처럼 무력과 억압으로 먹고사는 새로운 세력들은 외국인 혐오 정서와 호전적인 이데올로기를 퍼뜨리는 데도 일조한다. 예를 들면, 사설 교도소를 운영하는 회사들은 2010년에 사회적 논란이 되었던 애리조나 주의 강경한 반이민법 통과를 위해 적극적인 로비를 펼쳤다.[2]

이러한 기후 변화의 정치학이 발전하면서, 거기에 기생하는 이해 관계망이 문명을 폭력적으로 해체하는 군사적 적응 방식을 만들어내기 시작했다.

대재앙을 예견하는 보고서들

많은 정부 보고서들이 기후 변화가 야기하는 사회 및 군사 문제를 논하고 있다. 2008년 미국 의회는 기후 변화가 국가 안보에 미치는 영향에 주의를 기울여 「2010 4개년 국방 검토보고서」를 작성해야 한다고 강조했다. 4년마다 한 번씩 발표되는 국방 검토보고서는 미국의 군사 전략 및 정책 지침을 밝히는 중요한 정책 문서이다. 이런 유의 연구조사 중에 처음으로 대중적인 관심을 끌었던 것으로는 2005년 펜타곤에서 의뢰한 연구가 있다. 「갑작스러운 기후 변화 시나리오와 미국 국가 안보에서 그것이 가지는 함의」라는 명칭의 보고서로 CIA 컨설턴트이자 로열더치셸의 기획본부장을 지낸 피터 슈워츠와 캘리포니아 소재 글로벌비즈니스네트워크의 더그 랜들이 작성한 것이었다.[3] 보고서는 80대 고령인 군사 이론가이자 '제국의 예언가'로 불리는 앤드류 마셜의 지시로 만들어졌다. 추종자들은 그를 영화《스타워즈》에 나오는 주름투성이에 작달막한 현자의 이름을 따서 '요다'라고 부른다. 마셜은 1949년 랜드연구소에서 핵전쟁으로 인한 대참사와 그 안에서의 생존 가능성을 모색하는 전문가로서 사회 경력을 시작했다. 마셜은 리처드 닉슨 대통령 시절에 랜드연구소를 떠나 펜타곤으로 옮긴 이후 줄곧 미국의 대통령들을 보좌하고 있다.[4] (기후 변화 부정론자와 군사적 적응주의자 양쪽 진영 모두에 원자력 시대의 냉전주의 물리학자들이 존재한다는 사실도 흥미롭다. 저서 『지구 온난화를 막을 방법』에서 제프 구델은 지구공학geoengineering에서 약속하는 첨단기술 해결책 또한 핵물리학에 심취한 모습을 보여주고 있다고 지적한다. 제프 구델은 특히 로렌스리버모어연구소의 로웰 우드를 친환경이라는 허울을 쓴, 에드워드 텔러*의 사도라고 불렀다.)[5]

보고서에서 슈워츠와 랜들은 지구 온난화가 비선형으로 진행될

---

*에드워드 텔러 미국의 원자핵물리학자로 2차 세계 대전 중 원자폭탄을 개발한 맨해튼프로젝트에 참여하기도 했다.

왜 열대는 죽음의 땅이 되었나

가능성을 높다고 보았는데, 정확한 지적이다.[6] 이어서 그들은 새로운 암흑기Dark Ages의 도래를 예언한다.

그럴 만한 능력이 되는 국가들은 나라 주변에 실질적인 요새를 건설하여 자원을 지킬 것이다. …… 갑작스런 기후 변화로 기아, 질병은 물론 날씨와 관련한 자연재해가 계속됨에 따라 많은 나라에서 수요가 공급 능력을 초과하게 될 것이다. 이는 절망감을 야기할 테고, 균형을 회복하기 위한 공격적인 행동으로 이어질 가능성이 있다. …… 유럽은 연안으로 밀려드는 많은 난민 문제로 골머리를 앓을 것이고, 아시아는 심각한 식량과 물 부족으로 고전할 것이다. 혼돈과 갈등이 일상이 될 것이다. 전쟁이 인간의 삶을 규정하는 그런 시대가 다시 도래할 것이다.[7]

2007년에는 기후와 안보의 관계를 다룬 더욱 많은 보고서가 나왔다. 펜타곤과 연결된 정책연구소인 미국 해군전략연구소에서도 관련 보고서를 내놓았다. 특히 해군전략연구소는 해당 보고서를 작성하기 위해서 전직 고위 군장교로 구성된 자문위원단까지 소집했다. 자문위원단에는 전직 육군 참모총장 고든 설리번 장군, 전직 해군 참모차장 도널드 L. 필링 제독, 미군 태평양사령부 사령관 조셉 프루어, 은퇴한 해병대이자 전직 미군 중부사령부 사령관 앤서니 진니 등이 포함되어 있다. 보고서는 미국을 넘어서 세계적인 차원에서 상시적인 대게릴라전을 그리고 있다. 눈길을 끄는 부분을 발췌하면 다음과 같다.

기후 변화는 세계에서 가장 불안한 일부 지역에 더욱 불안을 가중시키는 위협 승수 역할을 한다. 아시아, 아프리카, 중동의 여러 정부는 식량, 물, 주거, 사회적 안정과 같은 기본적인 요구사항을 제공할 능력이 없어서 이미 궁지에 몰린 상황이다. 닥쳐올 기후 변화가 이 지역에서 이미 안고 있는 문제들을 더욱 악화시키고, 거기에 더해 효율적인 통치 능력 부재라는 문제가 결합한다. 전통적인 안보 위협은 장소와 시간을 달리하면서 특정한 방식으로 단일 정체에만 영향을 미쳤다. 하지만 기후 변화는 세계적인 규모로 동시에 발생하는 여러 만성적인 문제를 야기할 가능성이 높다. 이미 취약한 이들 지역에서는 경제 및 환경이 더욱 악화될 것이다. 식량 생산이 줄고, 질병이 증가하고, 깨끗한 물이 점점 부족해지고, 주민들이 자원을 찾아 이주하게 될 것이다. 이미 생존 가능성이 희박하던, 쇠약할 대로 쇠약해진 정부들은 내분, 극단주의, 권위주의, 급진적인 이데올로기 등이 힘을 얻을 환경을 조성하게 될 것이다. 미국이 이런 상황에 말려드는 일도 더욱 잦아질 것이다. 구호물자, 구조작업, 병참 등을 제공하거나 분쟁 위험이 있는 지역을 안정화하는 작업이 미국을 기다리고 있을 것이다.[8]

같은 보고서는 다른 부분에서는 이렇게 지적한다.

지구 차원에서 진행되는 기후 변화가 야기할 각종 압력에 대처할 준비가 되어 있는 많은 개발도상국 정부도 사회적 인프라조차 갖추지 못한 상태다. 정부가 국민에게 필요한 서비스를 제공하지 못하고, 민

왜 열대는 죽음의 땅이 되었나

주적인 질서를 보장하지 못하고, 침략자로부터 국경을 보호하지 못하면, 이런 정부의 공백을 메울 혼란, 극단주의, 테러리즘에 맞는 제반 조건이 무르익게 된다. …… 최대 문제는 생태계 파괴로 이주민이 된 망명 신청자와 난민들의 움직임일 것이다.[9]

마무리에서 보고서는 선진국들에 대한 경고도 잊지 않는다. "갑작스러운 기후 변화는 가장 발전한 선진국조차 미래 적응을 극도로 어렵게 만들 수 있다."[10]

역시 2007년에 나온 것으로 가장 과학적이라는 평가를 받는 보고서는 「결과의 시대 : 세계적인 기후 변화가 외교 정책과 국가 안보에서 갖는 함의」라는 제목으로 국제전략연구소와 미국신안보센터에서 작성한 것이다. 보고서 작성에 참가한 저명한 인물로는 전직 국방부 차관보 커트 캠벨, 앨 고어 부통령의 국가안보보좌관을 지낸 리언 퍼스, 빌 클린턴 대통령 비서실장이었던 존 포데스타, CIA 국장을 지낸 제임스 울지 등이 있다.

「결과의 시대」는 기후 변화와 관련하여 지구의 평균 온도 변화 예측에 따라 달라지는 세 가지 있음직한 시나리오를 제시한다. 저자들은 정부간기후변화위원회[IPCC]의 4차 평가보고서에 의존하면서도 한편으로 다음과 같이 지적한다. "최근의 실제 관찰 결과들을 보면 기후 모델에서 나온 추정치들이 지나치게 보수적임을 알 수 있다. 기후 변화의 영향이 예상보다 빠르고 더욱 극적인 형태로 펼쳐지고 있다."[11] 해당 보고서는 미래의 문제를 국가 간의 자원 전쟁이라는 관점이 아니라 "질병, 흉작, 통제를 벗어난 이민 등으로 야기되는 국가 붕괴"라는 관점에서 보고, "이런 문제들 앞에서 전통적인 국가 안보 기관(특히 군대) 및 권력 집단들이 쩔쩔 매는 상황이 벌어질" 것이라고 보았다.[12] CIA 국장을 지냈고 환경 정책에도 관심이 많은 제임스 울지가 최악의 시나리오를 제시하는 보고서의 마지막 부분을 집필했다. 그는 다음과 같이 말한다.

해수면이 2미터 상승하고 홍수가 계속되는 그런 세상에서는 미국, 아니 어느 나라라도 발등의 불 때문에 다른 부분을 보거나 챙길 여유가 없을 것이다. 과거 인간이 자연재해를 다루면서 겪은 모든 상황이 …… 하나의 거대한 재앙 안에서 집약되어 나타난다. 우선 돌연하고도 예측 불가능한 위기에 제대로 대처하지 못하는 정부의 무능 앞에서 대중은 격노할 것이다. 종교적 열기가 고조되고, 종말론을 주장하는 사이비 종교 집단의 수마저도 극적으로 증가할 것이다. 인구 구조에 변화가 일어나고 세계적으로 이민이 증가하는 시점에서 이주자와 소수 집단에 대한 적대감과 폭력이 증가할 것이다. 자원, 특히 식량과 담수를 놓고 벌어지는 국내 및 국가 간의 분쟁도 끊이지 않을 것이다. 이타주의와 관용은 몹시도 무뎌질 가능성이 농후하다.[13]

다른 선진국의 예상

다른 선진국에서도 비슷한 연구들을 진행했고 대부분은 기밀로 분류되어 있다. 호주방위군도 2007년에 기후 분쟁에 관한 보고서를

왜 열대는 죽음의 땅이 되었나

내놓았는데, 2년 뒤에 해당 보고서의 요약본이 유출되었다.

"기후 변화와 광범위한 다른 요인에 의해 야기되는 환경 압력이 세계
곳곳의 취약한 국가들에서 위기를 고조시키는 '위협 승수' 역할을 하
면서 국가 붕괴 가능성을 한층 높일 것이다. 더불어 치안 유지, 분쟁
이후 재건 및 재난구조 작전 등에 호주방위군을 배치해달라는 요구
가 한층 늘어날 것으로 예상된다."[14]

유럽 열강도 기후 변화로 달라지는 세상에서 직면할 안보 위협에
대비하고 있다. 유럽이사회는 2008년에 「기후-안보 보고서」를 공개
했다.

산업화 이전 시대에 비해 기온이 2℃까지 오르는 상황을 피하기 어려
울 것으로 보인다. …… 그런 시나리오를 피하기 위한 '완화'와 불가
피한 변화에의 '적응', 양쪽 모두에 대한 투자가 병행되어야 한다. 한
편으로 우리는 기후 변화 때문에 국제적으로 야기되는 안보 위협에
대처해야 한다. 또한 완화와 적응에 대한 투자는 예방적인 안보 정책
으로 간주되어야 한다.

이어지는 지적은 독자들에게 이미 친숙한 내용이리라 생각한다.
"기후 변화는 이미 취약하고 분쟁이 일어나기 쉬운 국가와 지역에 과
중한 압박으로 작용할 가능성이 크다." 이것이 "유럽의 이해관계에
직접 영향을 주는 정치 및 안보상의 위험"으로 이어진다.[15] 보고서는

또한 경작 가능한 농지의 감소와 물 부족에서 기인하는, 자원을 두고 벌어지는 분쟁 가능성도 지적한다. 보고서는 계속해서 해안 도시와 주요 인프라, 특히 제3세계의 인구 100만 이상의 대도시들이 입을 경제적인 타격, 환경 문제로 야기된 대규모 이주, 종교와 정치의 급진화, 에너지 공급을 둘러싼 긴장 등을 언급한다.[16]

새로운 기후 변화의 지형도

세계적인 규모에서 진행된 제국주의 역사와 불균등한 자본주의 발전 때문에 전쟁 지형도는 애초에 불균등하고 일방적일 수밖에 없다. 정부 내부 혹은 외부의 국가 안보 분야의 지식인들은 이제 세계적인 규모에서 일어나는 사회 해체의 군사적 지형도를 그려보기 시작했다. 이들은 전쟁과 상시적인 대게릴라전이 기후 변화로 인한 위기를 관리하는 효과적인 방법이라는 데 뜻을 같이 하고 있다. 파탄 국가를 견제하고 감시하는 것이 계획의 핵심이다.

그러한 안보 분야의 지식인 집단에는 자칭 '군사 철학자'라는 토머스 바넷이 있다. 바넷의 연구는 정치 폭력의 국제 지형도에 초점을 맞추며, 이를 토대로 새로운 세계 분쟁 지도를 제시한다.

네트워크 연결, 금융 거래, 자유로운 언론 흐름, 집단 안보 등으로 세계화가 조밀하고 두텁게 진행된 곳을 내게 보여 달라. 그러면 나는 안정된 정부, 생활 수준 향상, 살인이 자살보다 드물게 된 그런 미래

왜 열대는 죽음의 땅이 되었나

를 보여줄 것이다. 이런 지역을 나는 '제대로 기능하는 중심부 Functioning Core', 혹은 간단히 '중심부Core'라고 부른다. …… 하지만 세계화가 성기고 얄팍하게만 진행된 곳, 혹은 아예 존재하지 않는 그런 곳이라면? 압제 정권, 만연한 빈곤과 질병, 일상적인 대량 살인, 무엇보다 차세대 국제 테러리스트를 배양하는 만성 갈등에 시달리는 그런 지역을 보여줄 것이다. 나는 이런 지역을 '통합되지 않은 틈새 Non-Integrating Gap', 혹은 단순히 '틈새Gap'라고 부른다. …… 그렇다면 우리 미국 군대의 다음 원정 경기는 어디가 될 것인가? 냉전 이후 나타난 패턴을 보면 답은 아주 명백하다. 바로 내가 말한 '틈새'다.[17]

바넷이 말하는 새로운 지도라는 것도 알고 보면 예전 지도일 뿐이다. 바로 제국의 지형도이다. 바넷은 심지어 '주변부periphery'와 '중심부core'라는 개념을 쓰는 경제사학자 이매뉴얼 월러스틴과 약간 비슷하다는 인상까지 준다.[18] 혹은 존 스튜어트 밀이 중상주의적 자본주의 초창기에 식민지 지형도를 묘사한 유명한 구절을 생각해 보라.

서인도 제도 식민지들은 자체적으로 생산 자본을 갖춘 국가라고 간주하기 힘들다. …… (오히려 그곳 식민지들은) 영국이 설탕, 커피를 비롯한 열대 물품을 쉽게 생산하기 위해 관리하는 그런 장소다.[19]

자본주의는 항상 국제 시스템으로 기능해왔다. 이런 강력한 세계 경제의 기원은 지구를 가로지르며 뻗어 있는 각종 연결 루트들이다. 네덜란드령 동인도 제도의 향료 무역, 대서양을 가로지르는 노예 무역, 러시아와 폴란드에서 나오는 곡물, 꿀, 목재의 흐름 등이 모두 이런 루트를 이용하여 전개되었다. 당연히 자본주의 세계 경제도 이런 연결 루트를 따라서 무분별하게 확산되기 시작했다. 알고 보면 바넷이 말하는 '틈새'는 '배제되었다'(그의 표현을 빌면 '통합되지 않았다')라기보다는 오히려 역사 속에서 착취당하고 정치적으로 예속되었다. 그렇기 때문에 바넷이 말하는 '틈새'에 해당하는 국가들은 취약하고 부패한 경우가 너무나 많다. 이러한 지형도에도 불구하고 주로 수입, 기대 수명, 교육 등을 기준으로 행복을 측정하는 UN의 인간 개발 지수에 따르면, 이 지역들이 어느 정도 발전해 온 것으로 나타난다. 하지만 이제 기후 변화라는 요인이 더해지면 이러한 지형도는 훨씬 비참하고 폭력이 난무하는 혼돈으로 빠져들게 되리라.[20]

요새 국가 대 파탄 국가

정치적 적응은 냉혹한 선택을 제안한다. 한편에서는 나머지 세계가 붕괴 일로로 치닫는데, 경제적으로 발전한 강대국들은 외국인 혐오, 인종 차별주의, 경찰 진압, 감시, 군국주의와 같은 손쉬운 수단에 무릎을 꿇고 스스로를 요새화된 사회로 바꾸어간다. 결국, 시간이 흐르면서 선진국들은 혼돈의 바다에 떠 있는 비교적 안정적인 신파시스트들의 섬으로 변해갈 것이다. 하지만 기후 변화로 붕괴 일로에 있는 나머지 세상이 그들을 가만둘 리 없다. 기아, 질병, 범죄, 광신, 폭력으로 인한 사회 해체 등으로 점철된 나머지 세상이 결국에는 '무장

왜 열대는 죽음의 땅이 되었나

한 구명정'을 전복시킬 테고, 모두가 같은 늪으로 빠져들 것이다.

하지만 다른 길도 가능하다. 적극적이고 즉각적인 이산화탄소 배출 완화와 결합된, 진보적인 정치적 적응의 길도 있다. 진보적인 정치적 적응이란, 국가 내부에서 그리고 북방 선진국과 남방 개발도상국 사이에 보다 긴밀한 상호 협력과 경제 재분배가 이루어지는 방향으로 나아가는 것을 의미한다. 나는 이 책의 말미에서 이런 아이디어를 간단히 다룰 예정이다. 안타깝게도 현재까지 관측되는 초기 단계의 정치적 적응은 그리 미덥지 못하다. 아무래도 무장한 구명정 정책이 승기를 잡고 있지 않나 싶다.

3장

작은 전쟁
: 군사적인 적응

미국은 전통적인 군사력 면에서 압도적인 우위를 확보하고 있다. 이런 압도적 역량 때문에 적들은 오히려 미국 군대를 상대로 싸울 때면 비전통적인 방법을 쓰게 되었다. 현대 기술에 게릴라전과 테러리즘이라는 아주 고전적인 기술을 혼합하는 방법이다. …… 이런 적을 무찌르는 일은 육군과 해군 모두에게 엄청난 도전이다.

_FM 3-24, 『미군 대게릴라전 야전 교범』, 2006년 12월

이는 측은하리만큼 작은 나라에서 벌어지는 눈부신 작은 전쟁이었다. 옛것이 새것을 만나고, 바나나 공화국*이 파탄 국가를 만나는 전형적인 상황이었다. 누구도 확실한 이유는 모르지만 그곳의 주요한 두 민족 집단이 서로 교전 중이었다. 난민들은 인도주의 차원의 지원

---

*바나나 공화국은 바나나와 같은 한정된 일차 산품 수출에 의존하는 경제, 외세의 꼭두각시 노릇을 하는 부패한 독재 정권, 상시적인 정치 사회적 불안을 특징으로 하는 제3세계 국가를 경멸적으로 일컫는 말이다. 냉전 시대 미국에 바나나를 비롯한 과일을 주로 수출하면서 정치적 경제적으로 미국의 통제를 받았던 엘살바도르, 온두라스, 과테말라 등이 대표적인 바나나 공화국이다.

이 필요했고, 겁에 질린 사람들을 통제해야 했다. 하지만 NGO들과 성가시게 집요하기만한 기자들은 상황 해결에 도움이 되지 않았다. 결국 질서 회복을 위해 미국 해병대가 상륙했다.

"물러서!" 젊은 해병대원이 소리를 질렀다. 그는 일종의 급식소 혹은 보호관리소 같은 건물로 밀려드는 시민들을 통제하는 중이었다.

"무슨 일입니까?" 내가 물었다.

"인도적 지원이 필요한 시민들입니다. 먼저 사람들을 조사하고 무장한 사람은 없는지 확인해야 합니다." 해병대원이 대답했다. 머리 위에서 헬리콥터 한 대가 스치듯 낮게 지나갔다. 근처 고층 건물에서 나직한 총격 소리가 들렸다.

문제의 고층 건물을 접수한 다음 거기서 나온 젊은 해병대원들은 낯선 신형 훈련복 차림이었다. 정사각형, 직사각형, 선들이 서로 교차하고 겹치는 위에 그을린 듯 푸른빛이 도는 회색으로 T자 무늬가 장식되어 있었다. 회색 빛깔은 나치가 입던 상의를 연상시켰고, 무늬는 오염에 찌든 제3세계 거대 도시의 혼란스럽고 위험천만한 도로망 같았다. 작전이 수행되고 있는 이 망가진 작은 나라는 '최악 국가의 망가진 도시' 혹은 '혼돈의 민주공화국' 정도로 불려야 마땅하겠지만, 실제로는 캘리포니아 오클랜드였다. 당시는 1999년이었고, 나는 미국 해병대가 상상하는 미래 모습을 보고 있었다. 해병대가 한때 해군 병원이었던 건물 구내에서 '도시 전투원 작전'이라는 기동 훈련을 수행하는 중이었다.

해당 작전에서 해병대원들은 인도적 차원의 난민 지원에서부터 폭도 진압을 비롯한 치안 유지 활동, 반군이 돼 버린 민병대에 대한

왜 열대는 죽음의 땅이 되었나

군사 작전에 이르기까지 자연스럽게 상황의 진전에 따라 역할을 바꾸면서 임무를 수행했다. 1999년 당시 그들은 이런 식의 다중 임무 수행을 '삼면 봉쇄 전쟁three-block war'이라고 불렀다. '전쟁 이외의 군사 작전'이라고 지칭한 적도 있다. 지금은 예전 명칭으로 돌아가서 '대게릴라전counterinsurgency'이라고 부른다. 미국 육군 특전단 소속의 어느 대령은 언젠가 이를 "풀뿌리 대중 수준에서 진행되는 총력전"이라고 묘사했다.[1] 작은 전쟁, 제한전, 저강도 분쟁 등 어떤 명칭으로 부르든, 이런 유의 싸움이 미국 군사 작전의 중심으로 부각되는 것은 명백한 사실이다. 이미 기후 변화에 대처할 방안으로 환영을 받고 있지 않은가?

빈곤, 폭력, 기후 변화의 파멸적 수렴은 다시 비정규전을 중점에 두도록 자극하고 있다. 안보 분야 지식인들이 내놓는 기후 변화 관련 글에는 사실상 미국이 대게릴라전에서 핵심 역할을 해야 한다는 의미가 함축되어 있다. 보고서 곳곳에서 다음과 같은, 앞서 보았던 문구들이 심심찮게 보인다.

이미 생존 가능성이 희박하던, 쇠약할 대로 쇠약해진 정부들은 내분, 극단주의, 권위주의, 급진적인 이데올로기 등이 힘을 얻는 환경을 조장하게 된다. 미국이 이런 상황에 말려드는 일도 더욱 잦아질 것이다. 구호물자, 구조작업, 병참 등을 제공하거나 분쟁 위험이 있는 지역을 안정화하는 작업이 미국을 기다리고 있을 것이다.[2]

군이 새로 발간한 『대게릴라전 야전 교범(FM 3-24.2)』에 따르면,

"오늘날 작전 환경은 인구 폭발, 도시화, 세계화, 기술, 근본주의 신앙의 확산, 자원 수요의 증가, 기후 변화 및 자연재해, 대량 살상 무기 확산에 의해 크게 달라졌다."[3]

비대칭 전쟁으로서의 대게릴라전

이런 상황의 핵심에는 생각지 못한 요인이 있다. 미군의 군사력이 지나치게 발달해서 문제라는 점이다. 미국은 전통적인 개념의 어떤 적이든 괴멸시키고, 지구 전체를 몇 번쯤 파괴하고도 남을 무기와 군사력을 보유하고 있다. 미국은 세계 최대의 군비 지출 국가이며, 미국의 군비는 바로 뒤를 잇는 열네 나라의 군비를 합친 것보다 많다. 하지만 세계에 종말을 가져오고도 남을 미국의 핵무기는 그것이 실제로 쓰이지 않을 때에만, 말하자면 상대를 위협하는 기능에 머물 때에만 정치적으로 효과가 있다.

파탄 국가, 반군, 쿠데타, 내전, 부족 분쟁, 집단 학살, 비적 행위, 마약 폭력, 해적, 테러리즘, 그리고 필사적인 난민의 물결이 끊이지 않는 세상에서, 미국의 무력은 제 기능을 하려면 신중한 절제 속에서 아주 적확하게 사용되어야 한다. (어마어마한 파괴력을 생각하면, 보통 수준의 절제가 아니라 엄청난 절제가 필요하리라.) 벼룩을 잡자고 대형 망치를 휘두를 수는 없는 노릇이다. 그러므로 미국의 실제 무력 행사는 작은 무기를 사용하여 훨씬 민첩하게 진행되어야 마땅하다. 또한 안절부절못하는 주민을 진정시키고, 비정규군을 격파하고, 난민 유입을 억

왜 열대는 죽음의 땅이 되었나

제하고 차단하며, 굶주린 도시 폭도를 진압하는 등의 비전통적인 형태의 정치적 승리를 거둘 교묘한 전술이 병행되어야 한다. 그렇기 때문에 대게릴라전이 대세다.

하지만 현재 대게릴라전에 쏟는 애정은 문제를 해결하기는커녕 오히려 양산한다. 사회를 좀먹고 파괴하는 방법들을 동원하기 때문이다. 따지고 보면 애초에 정의 자체가 그럴 수밖에 없다. 하나의 방책으로서 대게릴라전은 기본적으로 대내 전쟁 이론이다. 말하자면 이는 국내에서 일어난 반란과 혁명을 진압하는 전략이다. 그렇기 때문에 전체적인 목표가 시민 사회이고 일상생활이 이루어지는 사회관계망이다. (효과 없기로 악명 높은) 전통적인 공중 폭격이 교량, 공장, 지휘본부 등을 목표로 하는 반면, 대게릴라전은 푸코에게는 미안한 말이지만, '모세 혈관'* 수준의 조밀한 사회관계망을 목표로 한다. 그것은 사람들 사이의 긴밀한 사회관계, 서로 돕고 협력하는 능력, 날실과 씨실이 조밀하게 교차하는 피륙처럼 사회를 받치고 있는 견고한 유대감 등을 파괴하고 찢어버린다. 말하자면 사회의 근골을 이루는 결속을 해치는 것이다. 물론, 이렇게 파괴한 것들을 재건해주는 일은 거의 없다.[4]

전통적인 전쟁은 영토를 장악하고 적군을 무찌르는 것을 목표로 하지만, 대게릴라전은 사회를 장악하고 통제하는 것을 목표로 한다. 그러므로 '주민 중심'으로 진행된다. 반란이 일어난 상황에서 군대는

---

*프랑스 철학자 미셸 푸코는 저서 『감시와 처벌』에서 사회 구석구석에 지역적이고 국부적인 형식으로 퍼져 있는 권력 메커니즘을 모세혈관에 비유했다.

자국군이든 점령군이든 이미 (명목뿐이라고 해도) 전장을 제어하고 있지만 주민에 대한 통제력은 부족하다. 게릴라와 비정규군은 물론 훨씬 소규모의 인기 없는 테러 집단마저도 신병 모집, 식량, 은신처, 의료, 정보 등을 주민 전체 혹은 일부에게 의존한다. 다른 모든 것이 아니라면 최소한 단순한 위장 목적에서라도 주민들에게 의지한다. 마오쩌둥은 이런 관계를 훌륭한 비유를 들어 설명했다. "게릴라는 물고기가 바다에서 헤엄치듯이 민중 속에서 움직여야 한다." 그러므로 대게릴라 활동은 심리적 수단, 이데올로기적 수단은 물론 무력을 통해 주민에 대한 지배력을 확보함으로써 게릴라들을 고립시키고 파괴하는 것이다.

이런 상황에서 전략과 전술은 개인 심리, 종교, 연령 구성, 의식, 전통, 가족 간의 유대, 경제 활동, 장소에 대한 애착 등등, 말하자면 일상생활의 모든 영역을 대상으로 이루어진다. 사회가 목표물이며, 그만큼 사회가 피해를 입을 수밖에 없다. 대게릴라전은 그것이 사회 관계망을 공격하기 때문에 특히나 파괴적이다. 대게릴라전의 진압 대상인 혁명과 마찬가지로, 대게릴라전은 의도적으로 특정 지역의 사회관계망을 공격하고 바꾸려 한다. 이런 과정에서 대게릴라전은 자체적으로 진행되는 사회 해체를 더욱 부채질하는 역할을 한다.

대게릴라전이 남기는 것

베트남에서는 이런 접근법을 공식적으로는 '민심 확보'로, 당시의

왜 열대는 죽음의 땅이 되었나

발칙한 군대 은어로는 '농민 후려치기'라고 했다. 과거에 그랬던 것처럼 오늘날도 무력이 동원된 '사회사업'에는, 주민들의 실질적인 지지를 얻고 반란군이 내거는 혁명적인 약속들이 호소력을 잃게 만들기 위해서, 주민들의 타당한 불만을 개선할 실질적인 경제 발전과 진보적인 정치 개혁 등이 포함될 수 있다. 하지만 동시에 이는 풀뿌리 대중 수준에서 진행되는 대량 학살에 사회 파괴를 수반하는 총력전을 의미할 수도 있다. "물고기를 잡기 위해서 바다에 물을 빼는" 식으로 말이다. 1980년대 과테말라에서는 이런 접근법 때문에 정부군이 무려 400개가 넘는 원주민 마을을 불태웠다. 마을들은 그야말로 초토화되었다. 주민들은 살해되고 강간당하고 억류되고 흩어졌다.

강경한 형태냐 온건한 형태냐에 상관없이 대게릴라전은 항상 사회관계 재편을 시도한다. 그리고 그런 과정에서 사회관계를 파괴하고 더불어 사회 규범과 가치 붕괴를 야기한다. 물론 재건 같은 것은 없다. 남는 것은, 법도 규범도 없는 아노미 상태와 심각한 사회적 트라우마뿐이다.[5]

대게릴라전의 결과를 전통적인 전쟁에서의 공중 폭격과 비교해보자. 공중 폭격은 더욱 살기등등하고 경제적 파괴도 심하지만, 사회와 사회관계를 손상시키지는 않는다. 오히려 피해자들 사이에 사회적 결속을 더욱 공고히 해줬던 것으로 보인다. 2차 세계 대전 당시 영국이 전형적인 예다. 나치 공습 당시 영국의 상황은 좋지 않았다. 피난, 식량 배급, 징병, 전례 없이 심한 계급 불평등까지 악재들이 겹쳤지만 영국은 공중 폭격 아래 하나로 뭉쳤고 전보다 훨씬 치열하게 싸웠다. 노동부 장관 어니스트 베빈의 설명처럼 "나라가 엄청난 위기에 빠지면 …… (나라는) 집산주의로 향하게 마련이다."[6] 미국의 융단 폭격을 받던 베트남은 물론, 전시 독일과 일본에서도 비슷한 양상이 나타났다. 그렇다면 현재 미국의 원격 조종 무인항공기의 잇단 폭격에 시달리고 있는 파키스탄의 부족 지구에서는 어떤 반응일까? 마찬가지로 오히려 일치단결하여 저항하는 움직임을 낳고 있지 않을까?[7]

이런 식으로 대게릴라전은 빈곤, 폭력, 기후 변화라는 파멸적 수렴이 촉발되는 중심에 있었다. 제3세계에서의 반란과 그에 대응한 대게릴라전, 즉 비정규 대리전은 냉전 시대 미국과 소련의 특징적인 방식이었다. 그리고 이런 방식은 세계 여러 지역에 심각한 불안을 야기했다. UN은 1945년부터 1990년 사이에 제3세계에서 대략 150회의 무력 충돌이 일어난 것으로 기록하고 있다. 이러한 제3세계의 소위 '작은 전쟁' 속에서 1991년까지 2000만 명이 죽고, 6000만 명이 부상을 당하고, 1500만 명이 삶의 터전을 잃고 피난민이 되었다. 현대 전쟁이 정신 건강에 미치는 영향을 전문적으로 연구하는 정신과 의사 겸 심리학자인 데릭 섬머필드는 이런 상황을 다음과 같이 설명한다.

1차 세계 대전의 전체 사상자 중에 5퍼센트가 민간인이었다. 2차 세계 대전에는 그 비율이 50퍼센트로 올라갔고, 베트남 전쟁이 되면 80퍼센트가 넘는다. 현대의 무력 충돌에서는 사상자의 90퍼센트 이상이 민간인이며, 대개는 가난한 시골 사람들이다. 이는 주민 전체를 겁먹게 하려는 의도적이고 체계적인 폭력 행사의 결과이다. …… 말하자면 이런 작전의 목표는 영토가 아니라 주민이다. 공포 조장을 통해서 노리는 바는 집, 가족을 비롯하여 풀뿌리 대중의 사회관계망 전

왜 열대는 죽음의 땅이 되었나

체를 꿰뚫고 사기를 꺾어 꼼짝 못하게 하려는 것이다. 이러한 목적 달성을 위해서 무작위로 공포를 퍼뜨리기도 하지만 동시에 특정 인물을 표적으로 삼아 공격하기도 한다. 주로 표적이 되는 인물은 의료계 종사자, 교사, 협동조합 지도자 등으로 주민들의 공동 가치와 열망을 상징하는 그런 일을 하는 사람들이다. 고문, 수족 절단 등의 신체 훼손, 가족 앞에서 행해지는 즉결 처형 등이 흔한 방식이 되었다.[8]

달리 말해, 대게릴라전, 즉 작은 전쟁 이론은 작전 대상이 되는 사회를 불구로 만들겠다는 것이다. 만약 '군사적 적용'이 이러한 저강도 분쟁을 의미한다면, 또한 펜타곤의 예언자들이 기후 변화로 달라지는 세상에서는 전통적인 전쟁보다 비정규전이 중심이 되리라고 본다면, 이론과 실제 모두에서 이런 방식의 역사를 재검토할 필요가 있다.

작은 전쟁의 역사

미국의 작은 전쟁의 역사를 검토해 보면 크게 세 시기로 나눌 수 있다. 우선, 18세기 말부터 20세기 초까지 비대칭 전쟁asymmetrical war은 유럽 제국주의의 남반구 정복과 뒤를 이은 식민지 치안 유지 활동에서 부분적으로 형성되었다. 이런 단계에서 전통 사회들은 각자의 전통적인 생활 방식을 지키기 위해서 싸웠다. 그들에게는 비대칭 전쟁이 사실상 침략자들에게 맞서는 방어 수단이었다. 지금은 남아프리카공화국이라 불리는 곳의 줄루족 전사들, 미국 서부의 평원 인디언^{Plains Indian}*, 19세기에 영국을 공격했던 파슈툰족**의 부족 집단들은 모두 새로운 사회 질서의 건설을 위해서가 아니라 기존 사회 질서의 유지를 위해 게릴라전을 벌였다.

1920년대부터 1990년대까지 작은 전쟁들은 (항상은 아니라도) 점점 이데올로기에 자극 받은 반란이라는 특징을 띠게 되었다. 물론, 가난한 농부들은 지나친 착취에 대한 불만 때문에 싸웠다. 하지만 그들이 그들의 불만을 명확히 인식하기 위해서는 이데올로기적인 측면, 정치적인 측면이 필수적이었다. 식민 세력들은 새로운 사상과 열망, 새로운 지도자로 무장한 공산주의 혹은 민족주의 해방 투쟁에 맞서 사실상 방어적인 대게릴라전을 구사했다. 당시 해방 투쟁을 이끈 새로운 지도자에는 니카라과의 아우구스토 산디노, 중국의 마오쩌둥, 쿠바의 피델 카스트로, 베트남의 호치민 등이 있다. 이들이 이끈 운동은 모두 때로 결함은 있었으나 충분히 발달된 사회 이론을 갖추고 있었다.

냉전 종식과 더불어 비대칭 전쟁과 대게릴라전은 이데올로기적인 특징이 약해졌고 지적인 색채도 확실히 묽어졌다. 이제 반군 운동은 점점 단순한 원인 때문에 일어나고 있다. 생존이나 실지 회복^{失地回復}, 보수주의, 혹은 자세히 들여다보면 십중팔구는 사회 이론에 비해 극단적으로 단순화한 도덕 이론을 반영할 뿐인 그런 이념들에 의해 추동되고 있다.[9] 혹은 아무 생각이 없기도 하다. 탈레반이 하나의 예이

---

*평원 인디언 북미 중앙부의 대평원 지대에 사는 인디언을 통칭하는 말.
**파슈툰족 현재의 아프가니스탄 남동부와 파키스탄 북서부에 거주하는 민족.

고, 이제는 존재하지 않지만 진짜 미치광이라고밖에 할 수 없는, 혁명연합전선 같은 아프리카 서부와 중부의 여러 게릴라군도 마찬가지다. 혁명연합전선은 1991년을 시작으로 11년 동안 시에라리온 전역을 파괴하고, 강간하고, 약탈했다. 아직도 활동 중인 우간다의 신의저항군Lord's Resistance Army도 만만치 않다. 주로 소년병으로 구성된 신의저항군은 집단 살육을 일삼는 사이비 종교 집단 같은 무장 반군으로 우간다 곳곳을 미친 듯이 휘젓고 다니며 각종 악행을 저지르고 있다. 탈이념적 범죄 조직의 찌꺼기라 볼 수 있는 콜롬비아무장혁명군도 마찬가지다.

어느 안보 분야 지식인은 미국 육군대학원에서 발간하는 계간지 『파라미터스』에 기고한 글에서 이 세 번째 단계, 즉 탈이념 단계를 그동안 점점 안정화되다가 혼란이 증가하는 시기로 바뀌는 역사적 전환의 일부라고 보았다.

"(근대 유럽의 정치적 기틀을 마련한) 1648년 베스트팔렌 조약 이래 서구 국민 국가, 공공기관, 국민의 번영으로 이어지는 법과 질서를 강화하는 과정이 계속되었다. 하지만 이제 이런 주기가 안정에서 혼란으로 바뀌는 것으로 보인다. 국민 국가가 사회를 조직하는 개념으로서 여전히 유용한가를 놓고 심각한 도전을 받을 그런 시기에 돌입했다는 의미가 아닌가 싶다. …… '근대'에서 '후속' 시대로 변화가 이루어지는 내내 혼란이 증가하리라고 보고 마음의 준비를 해야 할지도 모른다."[10]

만약 기후 변화를 완화하지 못하고 진보적인 적응 방식을 채택하지 않으면, '후속' 시대는 제임스 울지가 묘사한 그런 모습이 될 것이다. 쇠퇴하는 문명, 무제한 대게릴라전, 거세지는 폭력의 물결 등으로 특징지어지는.

기원 : 식민지 시기

초기 식민지 정착민에게 북아메리카 원주민은 마냥 잔인하게 대해도 좋은 그런 대상이었다. 하지만 나중에 미국 정부는 사이비 과학에 사이비 인도주의의 탈을 쓴 동화와 진압 계획을 만들어낸다. 소위 '문명화' 프로그램을 만든 미국 정부는 최초의 시범 사례로 체로키족을 선정하고 프로그램 수용을 강요했다. "그들은 생활방식을 바꾸든지 아니면 죽어야 한다!" 체로키 부족에게 적대적이었던 미국의 어느 상원 의원은 악담을 서슴지 않았다.[11] 체로키 부족은 전자를 택했다.

1860년대와 1870년대 미군과 평원 인디언과의 전투를 보면 현대 대게릴라전에서 나타나는 특징이 보인다. 당시 미군은 부분적으로는 그들을 모방하는 전술로 수족을 이겼다. 작고, 가볍고, 기동성 있는 기병대가 대규모 보병 편대를 대체했다. 덕분에 군대의 취약점인 길게 이어지는 병참마차 대열을 없앨 수 있었다. 말을 탄 분견대가 주로 크로족과 아리카라족 출신인 인디언 정찰병 및 용병들과 긴밀하게 협조하면서 움직였다. 이들 소규모 기동 부대는 가끔은 전투에서 패했고, 조지 A. 커스터 장군의 경우처럼 전멸당하기도 했다.

왜 열대는 죽음의 땅이 되었나

물론 인디언 방식의 모방이 전부는 아니었다. 미군의 우세한 화력, 운송 수단, 통신 수단, 말하자면 미국의 막강한 공업력이 이를 뒷받침했다. 해당 전쟁의 승패를 가른 결정적인 영역은 바로 경제였다. 주로 버펄로를 사냥하여 먹고 살았던 북아메리카 원주민은 버펄로가 멸종되자 적지 않은 타격을 받았다. 버펄로 멸종은 모피 거래 때문에 마구잡이로 사냥을 해서이기도 하지만, 수족처럼 보호구역 거주를 거부하는 인디언들의 식량 공급원을 제거해 그들을 압박하려는 의도도 있었다. 수족을 상대로 최후의 승리를 거둔 사람은 넬슨 마일스였다. 리틀빅혼 전투에서 죽은 커스터 장군의 복수를 해야 한다는 일념에 불타던 넬슨 마일스는 인디언의 기동성에 제약이 생기고 식량 확보가 어려워지는 겨울이 오기를 기다려 수족을 강제로 보호구역에 집어넣었다. 일단 보호구역에 갇히게 되자 인디언들은 근대 국가의 모든 국정 운영 수단에 그대로 노출되었다. 신분 증명, 획일화된 통제, 감시, 종교적 세뇌, 임금 노동, 돈, 장부 기입, 벌금, 군사 재판, 감금 등등. 인디언 보호구역들은 사회학자 어빙 고프먼이 말하는 것처럼 이런 모든 것을 망라하는 '종합 기관'이었다. 그런 만큼 보호구역들은 인디언 문화와 주체성을 파괴했다. 아니 어쩌면 새로이 만들었다고 말할 수도 있을 것이다.

한편 뉴멕시코 주에서는 조지 크룩 장군이 역시 선구적인 소규모 게릴라진압 부대를 활용하여 제로니모 추장이 이끄는 아파치족을 괴롭히고 있었다. 크룩 장군은 이미 산꼭대기에서 거울 빛을 반사하여 연락을 주고받는 일종의 수신호 체계까지 준비했다. 덕분에 바위들이 빼곡한 험준한 지형과 광활한 영역에서 쉽지 않은 정보 전달 문제를 해결할 수 있었다.[12] 철도, 전신, 가시철조망, 선전, 이념적인 세뇌, 사진, 법률을 동원한 술책, 패스트액션 연발 소총, 호치키스의 경야포輕野砲 등이 모두 야만적인 정복 작전에 근대적인 외형을 부여했다. 공군의 공격용 무인항공기 MQ-1 프레데터의 선사 시대 버전이라고 생각하면 될 것이다.

인디언과의 전쟁 당시 미군은 현대 대게릴라작전에서처럼 민간인을 공격 목표로 삼았다. 마을을 공격하고, 작물을 불태우고, 여자와 어린아이를 인질로 잡아가고, 피난민을 군 기지에 집결시켜 감시의 효율성을 높였다. '분할 후 정복' 정책으로 부족주의와 내분을 부추기고, 현지 인디언으로 구성된 지원부대 창설도 도왔다. 수족의 대추장 앉은황소Sitting Bull가 한때 인디언 전사이자 그의 부하였던 보호구역 경찰관에게 죽임을 당한 사실을 상기하라.*[13]

작은 전쟁 이론의 출현

인디언과의 평원 전쟁은 문서화된 원칙이나 진압 이론을 내놓지는 않았다. 하지만 19세기 말에 왕국이 점령한 아프리카, 인도, 동남아시아 등지에서 비슷한 임무를 수행한 영국 장교들은 자신들의 방법을 글로 기록하기 시작했다. 존 A. 네이글이 고전으로 꼽히는 『칼들고 수프 먹는 법 배우기 : 말레이시아와 베트남에서 대게릴라전 교

---

*앉은황소는 앞서 언급한 조지 A. 커스터 장군과의 리틀빅혼 전투를 승리로 이끈 인물이다.

왜 열대는 죽음의 땅이 되었나

훈』에서 지적한 것처럼 정부와 멀리 떨어져서 활동하는 영국 장교들은 지시를 받기가 불가능한 경우가 종종 있었다. 따라서 상황에 맞는 새로운 전술을 열심히 연구할 수밖에 없었다.

최초의 고전은 『엉터리 중대장의 작전 이야기』로 소장 어니스트 스윈턴 경이 쓴 것이었다. 책치고는 신기하다 싶을 만큼 적은 분량인데, 보어 전쟁 당시 젊은 대위로 중대를 이끌었던 스윈턴의 경험을 기술하고 있다. 책은 다섯 장으로 구성되는데, 서로 연결되어 반복되는 악몽 같은 사건들로 각 장이 채워진다. 전체적으로 초현실적인 느낌을 주는 정경으로 인상적이다. 각 장에서 보어족들은 매번 새롭고 한층 교활해진 수법으로 스윈턴을 속이고 공격한다. 악몽 뒤에는 일련의 교훈이 따르고, 악몽→교훈이라는 주기가 반복되면서 교훈들은 더욱 무자비해진다.[14] 게릴라뿐 아니라 주민 전체와 싸우고 있다는 사실을 깨닫고 스윈턴은 다음과 같은 결론을 내린다. "측면이나 배후 따위는 없다. 달리 말하자면 모든 방향이 전면이요, 최전방이다."[15] 여기서 스윈턴은 절대로 현지인을 믿지 말라고 강조한다. "그들을 감금하고, 경작지를 불태우고, 보급로를 차단하여 굶주리게 하라. 여자와 어린아이도 예외가 아니다. 주민들의 사회관계망을 공격하라. 게릴라들이 거기에 의존하고 있으니까."

나중에 나온 것으로는 찰스 콜드웰의 『작은 전쟁 : 원칙과 실제』, 찰스 그윈의 『제국 치안 유지』 등이 있다. 두 저작은 최소한의 무력 사용, 민군 협력, 대리전을 수행할 세력의 포섭 등의 대게릴라전의 핵심 원칙을 만드는 데 일조했다. 다만 『엉터리 중대장의 작전 이야기』가 갖는 아편이라도 가미한 것처럼 정신이 흐릿해지는 맛은 부족하다.

바나나 전쟁

미군에게 작은 전쟁 전술들은 소위 바나나 전쟁^{banana war}의 증가와 함께 상당한 진전을 보았다. 1890년대 말부터 1930년대 말까지 미군은 칠레, 아이티, 니카라과, 중국, 파나마, 필리핀, 쿠바, 푸에르토리코, 도미니카공화국을 비롯한 여러 지역에 개입했다. 이런 모든 분쟁들은 다소간은 비정규전이자 비대칭전의 성격을 띠었고 전통적인 군대를 괴멸시키는 형태의 전투보다 민간인을 통제하는 작업을 많이 수반했다.

당시 흔히 행해지는 것들을 보면 무력 행사, 소규모 부대 전술, 기동, 문화전, 심리전 등이 있고, 이어서 관리, 규제, 감시 등의 현대적인 방법들이 추가되었다. 민간인 억류자를 군대 막사에 모아두는 일도 드물지 않았고, 검문소와 관에서 발급한 신분 증명 서류 등으로 민간인의 움직임을 통제했다. 군사 작전에 생계 수단 파괴가 포함되기도 했고, 마을 전체를 불태우는 일이 일반 관행이 되었다. 결과적으로 굶주린 민간인들은 점령군의 식량 지원이나 '현대적인' 경제 발전 프로그램에 의존하게 되었고, 게릴라 작전 지역에서 효과적으로 주민을 소거하면서 마무리된다.[16]

승리의 핵심은 현지인으로 구성된 보조 부대를 창설하고 훈련시키는 것이었다. 해병대가 떠나고 나면 개혁 성향의 정치인, 노동조합원, 민족주의자, 사회주의자 등이 외국 기업에 세금을 부과하고 부를 재분배함으로써 기존 질서의 전복을 시도할지도 모르는 일이었다. 이런 세력을 계속해서 억누르고 질서를 유지하는 임무를 믿고 맡길

이들이 있어야 했다. 이 때문에 미군은 현지인으로 구성된 경찰 병력, 과르디아 시빌^{guardia civil}이라고 하는 민간 경비대, 헌병대 등을 창설하고 훈련시키는 일을 게을리하지 않았다.[17]

분할 후 정복한다는 이런 식의 소수 민족 활용 정책을 인류학자 필립 부르주아는 '민족 해방 기회주의'라고 불렀다. 민족 해방을 운운하며 소수 민족들을 이용한다는 의미이다. 이런 전술은 작은 전쟁에서 반복적으로 나타난다. 베트남 전쟁 당시 CIA가 라오스의 산악 부족들을 활용했던 것이 대표적인 예다. 1980년대 아프가니스탄 지하드(성전)에서 소련에 대항해서 싸운 무자헤딘 용병들이 무장할 수 있었던 것도 이런 전략 덕분이었다. 현재 이라크에서 시아파의 '죽음의 분대'와 수니파의 사호와 민병대의 성장 또한 같은 맥락에서 진행되었다.[18] 이러한 대리 세력 양성은 거의 어김없이 범죄자 및 광신자들을 양성하는 일이기도 하다. 냉전 시대부터 그렇게 성장한 인물들을 나열해보자면, 니카라과의 브루클린 리베라, 앙골라의 조셉 사빔비, 아프가니스탄의 굴부딘 헤크마르티야르 등이 있다. 이런 반사회적 인격파탄자들은 나름 유용하지만 결코 통제가 용이하지 않다. 강대국의 대리인 역할을 하는 동안 그들은 마구잡이 폭력을 행사하며 자기가 속한 사회 곳곳을 멋대로 휘젓고 다닌다.

작은 전쟁 매뉴얼

카리브 해와 라틴 아메리카에서 미국 해병대가 치른 바나나 전쟁을 통해 책이 한 권 탄생했다. 바로 1940년에 나온 『작은 전쟁 매뉴얼』이다. 그즈음 해병대는 적어두고 참고해도 좋을 만큼 상당한 경험을 쌓은 뒤였다. 매뉴얼의 첫 장에서 지적하는 것처럼 "해병대는 1800년부터 1934년까지 37개 국가에서 180회에 걸쳐 군대를 상륙시켰다. 1898년 미국-스페인 전쟁 이후 36년 동안 해병대는 매년 우세 속에서 군사 작전을 펼치고 적과 교전했다."[19] 말하자면 작은 전쟁은 끊이지 않았고 지금도 진행 중이다.

해병대의 작은 전쟁 수행 방법은 당근과 채찍, 공포 조장과 화해 시도를 결합하는 경향이 있다. 반란군이나 눈에 거슬리는 정부의 권위를 무너뜨리고 제거하는 데는 무력을 사용했다. 한편으로는 작물과 가옥을 불태우고, 포로를 사로잡고, 일반인을 위협했다. 바나나 전쟁이 한창이던 시기 34년 동안 해병대원으로 복무했고 훗날 미국의 제국주의 정책을 비판했던 스메들리 버틀러는 자기 부대가 아이티의 북부 지역 대부분을 불태웠다고 말했다. 이에 비해 미묘한 표현을 사용하는 공식 보고서들도 같은 상황을 이야기한다. "전장의 군대들은 흔히 '수렵 허가 기간open season'이라고 하는 정책을 선언하고 실행했다. 그런 상황에서 군대가 마주치는 원주민이 비적인지 '선량한 시민'인지를 전혀 상관하지 않고 작전을 수행했다. 비어 있다는 이유로 무자비하게 창고를 불태우고, 원주민 재산도 가차 없이 파괴했다."[20] 하지만 일단 주민들이 항복하면 정상적인 생활을 영위하고 경제 활동을 하도록 허락했다.[21]

『네이션』은 이를 보다 노골적으로 고발한다. "미국 해병대가 아이티에 상륙하더니 국립 은행에서 금을 강탈하고, 세관을 장악하고, 입

왜 열대는 죽음의 땅이 되었나

법부를 폐쇄하고, 백인의 꼭두각시 노릇을 거부하는 아이티 관료들에게는 월급을 지불하지 않았다."[22] 많은 작은 전쟁들을 직접 겪은 참전용사 스메들리 버틀러는 더욱 직설적으로 이야기한다. "(34년 동안 해병대에 복무하면서) 나는 대부분의 시간을 대기업, 월스트리트, 은행가들의 일류 해결사 노릇을 하는 데 보냈다. 말하자면 나는 자본주의 이익을 위해 무엇이든 하는 공갈 협박범이었다." 버틀러는 자신은 "월스트리트의 이익을 위해 중앙아메리카 공화국의 절반을 약탈하는 일을 도왔다."고 고백했다.[23]

냉전의 대리자들

1952년에 미군은 특수 부대를 창설했다. 이로 인해 대게릴라전은 한층 제도화되고, 자본주의 방어라는 정치 신조와의 연관성도 한층 분명해졌다. 몇 년 뒤에 체 게바라가 『게릴라 전쟁』이라는 저서를 출간했다. 아주 실용적이고 심지어 상식적이기도 한 충고로 가득하다는 점에서 『작은 전쟁 매뉴얼』과 유사한 구석이 많은 책이다. "야간 이동은 게릴라 부대의 중요한 특징이다. 이를 통해서 부대는 공격에 유리한 위치를 점할 수 있다. 또한 배신의 위험에 노출된 지점을 떠나 새로운 장소에서 결집할 수 있다."[24] 하지만 『게릴라 전쟁』은 동시에 사상과 정치의 역할도 강조한다. 게바라에게 이념은 수단이면서 동시에 목적이었다. 게바라에 따르면 정치적 자각이 있는 반란만이 승리의 가능성이 있다. "게릴라 전사는 해당 지역 주민들로부터 전면적인 지원을 받아야 한다. 이는 필수 불가결한 조건이다. 같은 지역에서 활동하는 비적들과 비교해서 생각해 보면 왜 그런지가 명확하게 드러난다. 비적들도 게릴라 군대가 가진 모든 특징을 가지고 있다. 헤게모니, 지도자에 대한 존경, 용맹함, 지역에 대한 지식은 물론 전술에까지 정통한 경우도 많다. 유일하게 결여된 것은 주민들의 지지다. 그 때문에 비적들은 공권력에 붙잡혀 제거될 수밖에 없다."[25]

게바라에게 게릴라 부대의 군사적 우위는 정치적인 이상과의 연관성에서 기인한다. "결국 우리는 다음과 같은 필연적인 결론에 이를 수밖에 없다. 게릴라 전사는 사회 개혁가이며, 압제에 맞서 항거하는 성난 민중을 위해 총칼을 들고, 무장하지 않은 동포들을 치욕스럽고 비참한 삶으로 내모는 사회 제도를 변혁하기 위해서 싸운다."[26]

그리하여 민심을 얻기 위한 투쟁이 시작된다. 사실, 체 게바라의 책을 처음 영어로 번역하게 했던 사람이 존 F. 케네디 대통령이었다. 케네디 대통령은 대게릴라전에 깊이 관심을 가졌다. 특수 부대가 훗날 그들의 별칭이 되는 '그린 베레', 즉 녹색 베레모를 쓰게 된 것도 케네디 대통령의 명이었다. 이는 부지중에 이루어진 이상한 형식의 체 게바라에 대한 경의의 표시였다. 게바라를 대표하는 이미지가 바로 베레모를 쓴 모습이 아닌가?

머지않아 특수 부대는 라오스와 베트남에서 작전을 수행했다. 인도차이나에서의 전쟁은 엄청난 폭력이 특징이었다. B-52 폭격기에 의한 융단 폭격, 네이팜탄, 북베트남군과 미군 사이의 대규모 재래식 교전. 하지만 동시에 강도 높은 대게릴라전도 병행되었고, 핵심에는 베트콩을 지지하는 지역 공동체의 파괴와 재건이라는 전략촌 계획

왜 열대는 죽음의 땅이 되었나

Strategic Hamlet Program이 있었다.

과테말라처럼 파괴적인 대게릴라전을 경험한 나라도 없을 것이다. 1981년에 시작된 에프라인 리오스 몬트 장군의 군사 정부는 민간인을 상대로 하는 대량 학살 및 초토화 작전에 전통적인 '확보 후 유지'라는 개발 전략을 결합시켰다. 과테말라어로 '프리홀레스 이 푸실레스frijoles y fusiles'라고 알려진 작전으로 번역하자면 '콩과 총' 정도가 되겠다. 해당 작전하에서 군대는 많은 원주민 마을을 파괴하고 다수의 주민을 학살한 뒤에 살아남은 민간인을 '모범 마을model village'들로 집결시켰다. 남성 생존자들은 주민 순찰대에 강제로 참여해야 했다. 경무장한 일종의 자경단원으로 주로 군대의 눈과 귀가 되어 주민들을 감시하는 역할을 하고, 가끔은 인간 방패 역할도 해야 했다. 과테말라 내전 중에 대략 10만 명이 살해당한 것으로 추정하는데, 절대다수가 정부군에 의한 사망자다.

1988년 과테말라 내전을 직접 볼 기회가 있었다. 교전 지역인 익실 트라이앵글*을 가로지르는 도보 여행을 했을 때다. 길에는 자기편에 합류하라고 정부와 게릴라들이 뿌린 전단이 어지럽게 널려 있었다. 해당 지역은 아직 교전이 계속되고 있었지만 게릴라들은 후퇴하는 중이었다. 곳곳에서 대게릴라전에 흔히 사용되는 방법이며 도구를 볼 수 있었다. 사방의 나무를 말끔히 없앤 산길, 공중 정찰, 민병대 검문소, 불 탄 마을, 정부의 엄격한 통제를 받는 새로운 마을 등

---

*익실 트라이앵글 마야계 원주민인 익실족이 사는 산악 지대로 세 마을이 삼각형을 이루고 있다.

등. 어느 모범 마을에서는 헬리콥터 이착륙장으로 쓰이는 산등성이 가장 높은 지점에 참호를 파고 병사를 배치해 주민들의 일거수일투족을 감시했다. 3년 뒤인 1991년에 나는 엘살바도르의 좌익 무장 혁명 단체, 파라분도 마르티 민족해방전선의 일파인 국민저항당 사람들과 함께 다니면서 엘살바도르의 상황을 보도했다. 엘살바도르 카라냐스 주의 산악 지대도 익실 트라이앵글과 비슷한 물리적, 사회적 상처를 간직하고 있었다.

지금도 과테말라의 산악 지대와 엘살바도르의 소도시들은 폭력이 난무하는 상태다. 하지만 지금 문제는 게릴라와의 전쟁이 아니라 범죄다. 세계 평균 살인율은 10만 명당 8명 이하다. 하지만 중앙아메리카에서는 수치가 확연히 올라간다. UN 마약범죄국에 따르면 2003년부터 2008년 사이 인구 10만 명당 살인율이 온두라스에서 61명, 엘살바도르에서 52명, 과테말라에서 49명이었다.[27] 라틴 아메리카의 어느 학자는 2006년 글에서 비슷한 현상을 지적했다. "지난 25년 동안 범죄율이 세계적으로 평균 50퍼센트 증가했다. 이런 범죄율 상승이 세계 각지에서 크나큰 문제가 되고 있으며 삶의 질을 떨어뜨리고 있다는 인식이 이미 널리 퍼져 있다. 특히 라틴 아메리카가 그렇다. 범죄와 비행의 증가로 폭력이 전례 없는 수준까지 도달했다."[28]

이들 세 나라는 모두 1870년대 말부터 1990년대 초까지 강도 높은 대게릴라전이 수행된 곳이고 그로 인한 유산이 바로 지금의 아노미 상태이다. 사회관계망이 파괴되어 너덜너덜해진 한없이 취약한 사회에 일자리를 찾지 못한 대규모 남성 인구가 있고, 이들은 총기 휴대가 가능하며, 더구나 폭력, 체벌, 비밀주의, 집단 충성심, 잔혹

왜 열대는 죽음의 땅이 되었나

행위에 익숙하고, 밀수, 갈취, 강도, 암살 기술 등을 훈련 받은 이들이다. 말하자면 보이지 않는 범죄자 군단이 사회를 점령하고 있다. 폭력에 깊이 물들어 있기는 정치권도 마찬가지다. 많은 정치인들이 사회를 일종의 전쟁터로 생각한다. 무력으로 적들을 쓸어버려야 하고 사회 문제도 무력을 동원하여 제거해야 한다는 식으로 생각한다. 높은 담장과 무장 경비원이 도처에서 보인다. 경찰은 습관적으로 고문을 하고 마약 밀반입에 탐닉하며, 공권력에 의한 실종 사건이 심심찮게 일어난다.[29]

한편, 이런 사회에서 사람들의 심리를 지배하는 것은 상대적 박탈감이다. 실제로 이런 사회들은 과거 어느 때보다 불평등이 심한 상태에 있다. 더구나 계급 의식이 성장하는 속에서 혁명론자와 진보적 사회 운동이 사회 안에 내재된 근본적인 불평등을 자각하고 깨우치도록 대중을 교화하고 있다.[30] 미디어에 등장하는 화려한 볼거리도 서민들이 빈곤과 불평등을 새록새록 인식하게 만든다. 이러한 모든 것이 범죄로 이어지는 상대적 박탈감에 자양분을 제공한다.

냉전 이후, 더러운 전쟁

널리 알려진 것처럼 베트남에서 패한 이후 미군은 대게릴라전에 대한 연구나 관심을 멀리하게 되었다. 비정규전 방법은 엘살바도르, 필리핀, 콜롬비아를 포함한 일부 지역에서 미국의 대리 세력들에게 전달하는 지침의 일부로 남아 있을 뿐이었다. 대게릴라전 이론이 다시 주목을 받기 시작한 것은 1993년 미국 특수 부대원들이 소말리아 모가디슈에서 혼쭐이 난 다음이었다. 소말리아 군벌 무함마드 파라 아이디드의 본거지를 공격했다가 실패하고 오히려 작전에 참가했던 블랙호크 헬리콥터가 격추당하는 상황이 벌어졌다. 블랙호크 격추 뒤에 즉각적으로 구출 작전이 시작되었고, 구조대가 도시로 진입해 갇혀 있던 병사들을 구출했지만 적지 않은 인명 손실이 따랐다. 특히 소말리아 민병대의 손실이 컸다. 미군 사망자가 18명이었던 데 반해 소말리아 민병대의 사망자는 800명에서 1,300명 정도로 추정된다. 당시 소말리아 군중들이 미군 전사자들을 모가디슈 거리에서 끌고 다니는 모습이 텔레비전에 방영되면서 미군에게 엄청난 모멸감을 안 겼다.[31]

모가디슈 전투 이후 펜타곤은 도시와 파탄 국가에서 비정규군과 싸우는 방법에 대해서 보다 진지하게 생각하기 시작했다. 머지않아 랜드연구소에서 '게릴라전의 도시화the urbanization of insurgency'라는 연구 결과를 발표했다. 이어서 1997년 12월 미국 국방자문위원회에서 "빈 곤에 허덕이는 제3세계 도시의 미로처럼 복잡한 데다 통행이 힘들 만 큼 좁은 거리에서 이루어지는 장기전에 대한 준비가 전혀 되어 있지 않다면서 육군을 크게 책망했다. 그 결과 합동참모본부 도시실무그 룹의 협조를 받아 육군 4개 사단이 실제 제3세계 상황에서 일어나는 시가전에 숙달할 속성프로그램에 착수했다."[32]

이라크에서 나는 바그다드, 팔루자, 숨마라, 바쿠바 등지에서 미 군의 새로운 전술이 펼쳐지는 것을 보았다. 언젠가는 총격전이 일어 나자 주차된 차량 뒤로 숨어 있었는데, 문득 오클랜드에서 봤던 전쟁

게임 속에 들어간 기분이었다. 바그다드에서 목격한 총격전은 이라크 전쟁의 전체 상황을 압축해서 보여주고 있었다. 과도할 정도로 투여되었으면서도 정작 제대로 기능하지 않는 기술에, 노동집약적이고, 혼란스럽고, 뭔가 어설픈 시가전이었다. 다 쓰지도 못할 만큼 많은 화력을 보유한 미군은 적이 정확히 누구이며, 어디에 있는지조차 모르고 있었다. 총알이 쉬익쉬익 소리를 내며 어지러이 날아다니는 동안 길모퉁이마다 민간인들이 숨어 숨을 죽이고 있었다.

그렉 그랜딘의 『제국의 실험장 : 라틴 아메리카, 미국, 신제국주의의 출현』은 이라크에서 대게릴라전과 중앙아메리카에서의 전례 사이에 연관성을 분명하게 제시한다. 그랜딘은 중앙아메리카에서 미국이 자금을 대서 양성한 군대의 잔인성을 "원시적이 되어간다"고 표현한 미국의 대게릴라전 전문가의 말을 인용한다. 그랜딘의 설명에 따르면, "미국이 (이라크를) 패배시키지 못하자 펜타곤은 '엘살바도르식 해결책'을 논의하게 되었다. 죽음의 분대^{death squads}라고 알려진 준군사부대를 이용해 직접 하기에는 마음이 내키지 않거나, 해서는 안 되는 지저분한 일들을 처리하게 하는 것이다. 제임스 스틸 같은 이들이 이런 일을 맡아 처리했다. 제임스 스틸은 1980년대에 엘살바도르에서 특수 부대 작전을 이끌었고, 올리버 노스와 함께 니카라과 반정부 세력에게 무기와 보급품을 제공하는 일을 했다."[33]

이라크의 누리 알 말리키 시아파 정부의 죽음의 분대가 그런 결과물이다. 제임스 스틸을 따라다니면서 취재한 『뉴욕타임스 매거진』의 피터 마스 기자는 당시 상황을 다음과 같이 묘사했다.

창밖을 보니 손을 뒤로 묶인 채로 바닥에 쭈그리고 앉은 대략 100명의 억류자들이 보인다. 대부분은 눈을 가린 상태다. 오른쪽 문밖에서는 가죽 재킷을 입은 보안 요원이 바닥에 앉아 있는 억류자를 손으로 때리고 발로 차면서 구타하고 있었다. …… 인터뷰가 시작되고 얼마 지나지 않아 어떤 남자가 중앙 홀에서 소리를 지르기 시작했다. 남자의 비명 소리 때문에 인터뷰 중인 사우디아라비아 사람의 목소리가 들리지 않을 정도였다. "알라여!" 남자가 소리쳤다. "알라여! 알라여!" 결코 황홀경에 취해서 지르는 소리가 아니었다. 사람을 오싹하게 만드는 공포스러운 소리였다. 광인 혹은 미치기 직전인 사람이 내는 날카로운 비명 같았다. "알라여!" 남자는 계속해서 소리를 질렀다. 소리가 너무 커서 도저히 무시할 수가 없었다. 결국 스틸이 상황을 알아보러 나갔다. 스틸이 돌아왔을 때는 비명소리는 그쳤다. 하지만 그것도 잠시, 건물 옆, 다른 억류자들이 붙잡혀 있는 곳에서 나오면서, 이내 나는 뒤쪽 창문 너머에서 누군가가 토하는 소리를 들었다.[34]

마스는 비문碑文 같은 요약으로 글을 마쳤다. "엘살바도르, 온두라스, 페루, 터키, 알제리, 기타 반란과 대게릴라전으로 들끓는 혹독한 현장에서 전투는 계속되었다. 모두가 예외 없이 더러운 전쟁이었다."

이것이 바로 기후 혼돈에 대한 군사적 적응의 핵심이다. 영원히 계속되는 더러운 전쟁 말이다. 이어지는 장들에서는 과거 대게릴라전이 해당 사회에 남긴 잔해가 범죄, 밀수, 민병대, 암살단, 소형 무기류 과잉, 일상적인 감금과 폭행 등으로 분명하게 드러날 것이다. 대게릴라전은 고의로 사회관계망을 공격하는 전쟁이라는 점에서 이

왜 열대는 죽음의 땅이 되었나

들 사회에 혼돈의 씨앗을 뿌리고, 파멸적 수렴을 위한 기초를 마련했다고 볼 수 있다. 작은 전쟁, 더러운 전쟁들은 부패, 무지, 범죄, 아노미를 유산으로 남기면서, 기후 변화에 대응할 역량을 완전히 상실한 그런 사회들을 양산했다. 그리고 이제 세계 곳곳의 위기에 더욱 많은 대게릴라전을 적용함으로써, 자체로도 좋지 않은 상황을 곱절로 악화시킬 군사적 적응이 시작되었다.

| 2부 |

아프리카

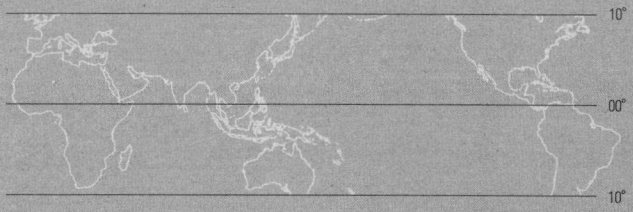

10°

00°

10°

4장

어느 가축 약탈의
지정학

붉은 바위 아래 그늘이 있을 뿐,

(이곳 붉은 바위 그늘로 오라)

내가 뭔가 다른 것을 보여주리라.

그대 뒤를 쫓아오던 아침의 그림자

혹은 그대를 맞던 해질녘의 그림자와는 다른,

한 움큼의 먼지 속에 있는 공포를 보여주리라.

_T.S. 엘리엇T.S. Eliot, 《황무지The Waste Land》

앞서 살펴본 것처럼 세계 체제에서 제국주의 중심부가 군사적 방법에 호소함으로써 기후 변화에 적응할 준비를 하고 있다면, 초기 단계인 기후 변화로 붕괴되어 가는 남방 개발도상국들은 어떤 모습일까? 가난한 그들은 어떻게 적응하고 있을까? 그곳에서 파멸적 수렴은 어떤 모습으로 나타나고 있을까? 구체적으로 어떤 구성에 어떤 역사를 가지고 있을까? 이러한 질문에 대답을 찾고자 나는 동아프리카로 갔고, 그곳에서 찌는 듯이 무더운 어느 날 아침에 에카루 로루만이라는 죽은 남자를 만났다. 여러 의미에서 기후 변화에 의해서 살해되었다고 할 수 있는 남자였다.

1장에서 언급한 것처럼 에카루 로루만이 속한 투르카나족의 일파는 심각한 가뭄 때문에 계속해서 남쪽으로 갈 수밖에 없었고, 그들의 적인 포코트족과 아주 가까운 곳에서 가축을 방목하고 있었다. 물과 목초지가 희소해지면서 제대로 먹지 못한 가축들은 병에 걸렸다. 줄어든 가축을 보충하기 위해서 젊은 남자들이 이웃 부족을 습격했다.[1] 이러한 패턴의 폭력은 명백히 기후 변화와 연관되어 있다. 지상 기온이 올라가자, 일정한 시기가 되면 열대 수렴대Intertropical Convergence Zone가 형성되어 규칙적으로 비를 내리던 '강우 시계'가 맞지 않게 되었다. 동시에 케냐 산의 빙하가 녹아 흘러내리는 물에도 역시 문제가 생겼다. 100년 전에 케냐 산 정상에는 열여덟 개의 빙하가 있었지만 현재는 열한 개만 남아 있으며, 그중에 네 개는 크기가 많이 줄어든 상태다.[2] 인접한 탄자니아의 상황도 마찬가지다. 정부간기후변화위원회IPCC에 따르면 "20세기에 킬리만자로 산의 빙원이 과거에 비해 80퍼센트 정도 줄었다."[3]

목축민인 마사이족과 함께 생활하는 케냐 수의사가 『가디언』의 존 비달 기자에게 말한 내용을 들어보자. "예전에는 10년마다 한 번씩 심각한 가뭄이 드는 식으로 기후 주기가 규칙적이었습니다. 1970년대에는 7년마다 한 번씩 가뭄이 들었고, 1980년대에는 5년마다 가뭄이 찾아왔고, 1990년대에는 가뭄과 건조기를 거의 2, 3년마다 겪었습니다. 2000년 이후에만 대여섯 번의 건조기가 있었고, 그중 세 번은 대단히 심각한 가뭄이었습니다. 요즘은 건조기와 가뭄이 거의 매년 오고 있습니다. 나라 전역이 마찬가지입니다."[4]

왜 열대는 죽음의 땅이 되었나

이런 극단적인 기후로 케냐 북부는 사막화되었고, 결국 목축민들은 목초지와 물을 놓고 서로 싸워야 하는 상황이 되었다. 상황이 아주 심각한 일부 지역에서는 물을 차지하려고 서로를 죽이는 사태까지 벌어지고 있다. 우물과 목초지 지배권을 놓고 총격전을 벌여 끝장을 보는 식이다. 기후 변화가 폭력을 부채질하는 가장 직접적인 예가 아닐까 싶다.

물, 증오, 무기

투르카나족이 이곳, 나이파 마을 서남쪽의 코타루크라고 불리는 지역에 있는 이유는 오래전에 NGO가 뚫은 시추공 때문이다. 즉, 우물 가까이에 있기 위해서다. 거기서 멀지 않은 곳에 카라수크 산악 지대가 있다. 평평한 사막에서 불쑥 솟아오른 날카롭고 척박한 산들이 인상적이다. 부족 남자들이 디젤유를 가져와 펌프를 돌리면, 좁은 우물은 소량의 지하수를 빨아올린다. 영원히 끝나지 않을 것만 같은 건조기에 우물물만이 소 떼를 살릴 수 있다. 소가 없으면 투르카나족도 사라질 것이다. 부족민들은 죽거나 도시로 이동할 테고, 그들의 문화는 삶의 터전에서 쫓겨난 도시 빈민가 거주민들의 기억 속에만 존재하게 될 것이다.

당장은 우물이 목숨과도 같은 물을 지상에 공급하고 있다. 하지만 우물 역시 다른 문제를 야기한다. 40년 동안 불충분한 지식을 가지고 추진된 원조 계획 때문인지, 아니면 지질학상, 수문학상 그래야만 했던 것인지는 모르지만 문제의 시추공은 아슬아슬하다 싶을 만큼 포코트족 영역에서 가까운 곳에 뚫렸다. 사실상 두 부족이 만나는 경계 지점에 뚫려 있다. 이곳에서 산지가 가파른 계곡으로 떨어지고, 계곡은 다시 평원으로 연결된다. 독자 여러분은 구글 지도를 이용해서 실제 지형을 볼 수도 있을 것이다. 투르카나 평원의 서단, 중간쯤에서 투르크웰 강이 산지에 가까워진다. 자세히 보면 카라수크 산악 지대를 나누는 가파른 계곡도 보인다. 포코트족은 그 길을 이용해서 공격을 해온다.

포코트족과 투르카나족 사이의 적대 관계는 오래전으로 거슬러 올라간다. 투르카나족과 남북으로 서로 접하고 있는 포코트족은 투르카나족과 마찬가지로, 나일 강 유역 민족군에 속한다. 하지만 포코트족은 투르카나족과는 다른 언어를 쓰고, 칼렌진이라는 느슨하게 묶인 보다 넓은 부족 집단에 속한다. 알고 보면 칼렌진 부족이라는 테두리는 비교적 최근에 만들어진 문화적 진형이고 내적인 결속도 불확실하다. 2차 세계 대전 이후의 정치적인 창작품이기 때문이다. 케냐에서 사회 경제적으로 지배적 위치에 있는 키쿠유족에 맞서 힘의 균형을 잡아줄 대항 세력을 만들어내려고 소규모 부족들을 묶어놓은 형태다.[5]

수적으로 열세고, 역사적으로도 취약하고, 사방에서 압력을 받는 포코트족은 일종의 보루 역할을 하는, 지금의 척박한 산악 지대로 들어갈 수밖에 없었다. 하지만 그들의 단점과 취약점이 역으로 그들을 강인하고, 무자비하고, 대담하게 만들어주었다. 지금은 이웃 부족들이 모두 포코트족을 경외한다. 적어도 최근 수십 년 동안 포코트족이

왜 열대는 죽음의 땅이 되었나

적에게 전쟁을 걸고, 멀리까지 가서 약탈과 살인을 일삼고, 준군사적인 전술을 활용하고, 케냐-우간다 접경 지대를 적의 접근을 막는 일종의 성소로 이용하며 자유롭게 넘나들면서 끈질기게 살아남았기 때문이다. 포코트족은 오랫동안 그들을 괴롭히고 억압했던 적에게 반격을 가하는 과정에서 과거 의례적으로 행해지던 전통적인 가축 약탈을 비정규전과 조직범죄가 결합된 현대판 잡종으로 탈바꿈시켰다.

이제 포코트족 호전파는 가축을 약탈하고, 매복했다가 지나가는 차량들을 공격해 빼앗은 다음, 슬그머니 국경 너머로 이동해서 약탈품을 내다 판다. 차를 몰고 케냐 북부의 깊숙한 곳까지 들어와서 공격을 하고 우간다의 바위투성이 산악 지대로 황급히 달아난다. 그들은 우간다에서 무기와 탄환을 사서 케냐에서 사용하고, 우간다 장교와 케냐 정치인들을 만나서 훔친 소를 판매하는 흥정을 벌인다. 포코트족이 강력하고 무자비하다는 데는 누구도 토를 달지 않는다. 독립이후 케냐 군이 가장 막대한 손실을 입었던 때는 포코트족을 진압하려는 불운한 작전을 펼쳤던 시기였다.

가축 약탈 전쟁

몇 달 동안 포코트족은 나이파 마을을 맹렬하게 습격했다. 에카루가 속한 무리도 불과 일주일 전에 습격을 당했다. 당시 습격으로 어른 한 명과 아이 둘이 살해되었다. 자기 부족의 일원으로 기르려고 아이들을 데려가기도 하고, 사지를 절단한 어른들을 데리고 가서 훔친 소 떼가 가는 길에 던져놓고 짓밟기도 했다. 이곳 추장의 설명에 따르면, 이런 행동은 보호를 비는 전통적인 주술과 현대 테러리즘의 결합이다.

몰리고 몰려서 포코트족의 영역과 맞닿은 지점까지 내려온, 에카루가 속한 투르카나 집단은 결연한 분위기였다. 젊은 남자들로 구성된 핵심 인원들이 밖에 나가 소 떼를 지키는 동안 각 가정에서는 여자와 아이들을 작은 읍으로 보내어 구호품을 기다리도록 했다. 소 떼를 지키는 젊은 남자들은 모란moran, 즉 전사들이었다. 열일곱에서 마흔다섯 살 사이인 이들은 개인 취향에 따라 다양한 스타일을 보여주고 있었다. 폐타이어로 직접 만든 샌들, 체크무늬 치마, 플라스틱 구슬 장식, 카키색부터 위장전투복 빛깔, 악단이 입는 회색, 바랜 검은색까지 다양한 빛깔의 티셔츠와 준군사용 야전잠바, 나이로비에 있는 사설 보안회사에서 입는 주머니 달린 제복까지. 짧은 챙이 달린 작은 모자를 쓴 모란도 있었고, 얼굴에 장식성의 상처가 있는 사람도 있었다. 그리고 모두가 무기를 가지고 있었다. 다듬고 페인트를 칠한 나무 개머리판이 달린 칼라슈니코프 자동소총이나 독일제 G-3 소총이었다. 투르카나족이 생활하는 넓은 평원에서 교전하거나 사냥하기에 적합한 사거리가 긴 강력한 소총들이었다.

지역의 모습 자체가 그곳에서 일어난 폭력을 증언하고 있었다. 비포장도로 바로 옆에는 불타버린 건물 벽이 서 있었다. 예전에 학교와 진료소로 쓰였던 곳으로 투르카나족과 포코트족이 교전을 시작한 초기에 파괴된 건물이라고 했다. 통역사를 통해 모란이 전날 무슨 일이 있었는가를 설명했다.

왜 열대는 죽음의 땅이 되었나

습격은 아침나절에 시작되어 여섯 시간 동안 계속되었다. 산악 지대와 투르크웰 강 사이 평원 깊숙이 들어온 지점에서, 대략 90명의 포코트족이 양쪽으로 공격을 해왔다. 그들은 동쪽으로 갔다가 다시 산악 지대인 서쪽을 향해 행진했다. 앞에 수천 마리의 동물을 몰고 가는 모습이 마치 무장한 인간 그물 같았다. 가축을 몰고 계곡 입구를 지나 카라수크 산악 지대로 들어가는 것이 그들의 목표였다.

포코트족은 미리 정찰을 통해 협곡 입구의 산악 지대를 꼼꼼히 살피고 적합한 장소에 진지를 설치해두었다. 입구를 지나 산악 지대로 들어가고 나면, 쫓아오는 어떤 투르카나 전사라도 쫓아버리거나 죽일 만반의 준비가 되어 있었다. 그곳에 매복하고 있다가 쫓아오는 사람이 있으면 누구든 공격했다. 두 달 전쯤에도 바로 지금과 같은 포코트족의 습격과 연이은 매복 공격으로 뒤를 쫓던 투르카나족 전사 스물여섯 명이 죽고, 열네 명이 부상을 입었다.[6]

일단 가축을 몰아 입구를 통과해 산으로 들어가면, 약탈자들은 가축을 소규모 무리로 나누고, 여러 무리로 흩어져서 서ᄍ포코트 지구 깊숙한 곳으로 들어간다. 그런 다음에는 아마도 국경을 넘어 우간다로 갈 것이다. 아니면 나이로비 도살장과 거래하는 중간상인에게 소를 팔고, 양과 염소는 직접 기를 수도 있을 것이다.

포코트족이 들어오자 총격이 시작되었다. AK-47 소총 한 발이 발사되는 날카로운 소리가 들리더니 이어서 포코트족의 고음의 함성 소리가 들렸다. 모란들은 수그러들 줄 모르는 무자비한 폭력 때문에 지칠 대로 지치고 신경이 곤두선 상태였다. 그들은 위험을 감지하자마자 총소리가 나는 쪽으로 부리나케 달려갔다. 이대로 그들의 습격에 당하면, 자신들은 하루아침에 거지 신세가 될 수 있다는 생각에 정신이 번쩍 들었다.

공격을 하면서 포코트족은 총을 들고 비틀비틀 좌우로 흔들고 까딱까딱 아래위로 움직이면서 춤을 추었다. 그리고 울부짖는 소리를 내고, 자기들의 훌륭한 황소 이름을 부른 다음, 한 발을 발사하거나 세 발을 연달아 발사했다. 탄환이 많지 않은 투르카나족은 정조준을 하고 한 발 한 발 뚝뚝 끊어 쏘면서 응사했다. 용맹의 서약, 죽음의 맹세, 그들이 가진 훌륭한 황소의 위용 등에 관한 말을 큰 소리로 외치면서. 예를 들면, "이것은 얼굴이 하얀 회색 황소를 위한 것이다."식의 구호를 외치고 한 발을 발사하는 식이다. 전사가 적을 한 명 죽이면, 황소의 늘어진 귀에 표시를 해서 세상에 자신의 공을 알렸다.

전투는 대략 6킬로미터 반경 내에서 벌어졌고, 대여섯 시간 동안 뛰고, 숨고, 총을 쏘고, 가축을 뒤쫓는 과정이 계속되었다. 포코트족은 소와 '짧은 짐승'이라고 부르는 양과 염소를 서쪽 카라수크 산악 지대로 이어지는 좁은 입구로 몰고 갔다. 몇 킬로미터에 걸쳐 길게 늘어선 포코트족은 가축의 전면, 측면, 후면에 모두 전사를 배치하고 단단히 지켰다.

수적으로도 열세고 화력에서도 딸리는 투르카나족은 필사적으로 달렸다. 어떻게든 습격자들을 앞지른 다음, 측면에서 공격해 적들이 산악 지대로 후퇴하는 것을 막아야 했다. 그리고 가축을 좁은 계곡으로 몰아 들어가기 전에 평원 여기저기로 흩어지게 해야 했다. 가축들을 당황하게 해서 교란시키는 작전이 이번에는 통했다. 많은 양과 염소가 당황해서 어쩔 줄을 모르고 있었다. 하지만 양과 염소는 사방으

왜 열대는 죽음의 땅이 되었나

로 뛰어가지 않고 오히려 무리를 지어 모였다. 겁을 먹고 서로 무리 안에 숨으려고 하는 바람에 빽빽하게 몰린 양과 염소는 마구 뒤엉켜 옴짝달싹하지 못하는 그런 상태였다. 다른 동물들은 예상했던 대로 덤불 여기저기로 뛰어들었다.

포코트족 습격자들은 초원에서 옴짝달싹 못하는 신세가 되었다. 겁먹은 작은 짐승들을 서쪽으로 몰고 가려고 했지만 뜻대로 되지 않았기 때문이다. 그들의 뜻대로 움직여 주기에는 양과 염소는 너무 겁을 먹고 당황한 상태였다. 주변에서 인간이 펼치는 드라마를 이해하지 못한 채로 동물들은 그저 숨으려고만 했다. 갈색, 흰색, 금색의 '짧은 짐승'들이 점점 밀집해서 꼼짝도 할 수 없었고, 주변에는 뽀얗게 먼지가 일었다. 포코트족 전투원들은 시간이 지체될수록 위험도 커지므로 스스로도 점점 두려움을 느끼는 상태에서 가축들을 차고, 밀고, 소리를 지르면서 어떻게든 움직여보려고 했다. 이따금씩 투르카나 전사들이 덤불 속에서 총을 한 발씩 쏘았다. 하지만 다수는 가축 떼를 지나쳐 서쪽으로 달려갔다. 선수를 쳐서 측면에서 포코트족을 공격하려는 것이었다. 포코트족보다 먼저 산길 입구로 가서 퇴로를 막은 다음, 가축 떼를 흩뜨려 초원으로 돌아오게 해야 했다.

마침내 포코트족이 서로 뭉쳐 꼼짝도 못하던 동물들을 흩뜨려서 입구에 도착했지만, 투르카나족이 먼저 와서 그들을 기다리고 있었다. 양쪽 군대가 충돌했고 투르카나족이 포코트족을 향해 전진하면서 총을 쏘았다. 앞길이 막히자 흥분한 가축 도둑들은 무슨 수를 써서라도 짐승들을 입구로 집어넣겠다는 결연한 의지로 응사했다.

습격자들은 대부분은 젊은이였고, 나이가 있고, 더욱 억세고, 경험이 많은 일단의 베테랑들이 이들을 이끌고 있었다. 양쪽 모두에게 전부가 걸린 싸움이었다. 그들은 생에서 중요한 모든 것을 걸고 싸우는 중이었다. 명예, 지위, 부, 사랑, 생존, 이런 모든 것이 소라는 동물로 구체화되는 세상이 바로 이곳이었다. 소는 돈으로 바꿀 수가 있었고, 돈이 있으면 뭐든지 살 수 있었다.

여기서는 소가 없으면 아무것도 할 수가 없다. 젊은이가 결혼을 하려면 소라는 형태로 신부에게 돈을 지불해야 한다. 소가 거의 없거나, 있어도 뼈만 앙상하거나, 여러 마리여도 특별한 황소가 없으면, 아가씨는 모욕을 당했다고 느낀다. 부자가 되려면 많은 가축을 길러야 한다. 여기서 동물은 곧 화폐다. 아이한테 약이나 교육이 필요하면, 소를 팔거나 물물교환을 한다. 담배, 비누, 보석, 의복, 무기 …… 무엇이든지 소로, 혹은 소를 팔아서 장만한 돈으로 살 수가 있다.

에무론emuron, 즉 점쟁이는 소 꿈을 꾸고, 의식에서 소를 진흙으로 문지르고, 염소 창자를 보고 점을 치고, 서비스에 대한 대가를 소로 받는다. 소가 많은 남자는 존경을 받고 소가 적은 남자는 그렇지 못하다. 가축을 잘 보살피는 아내가 훌륭한 아내다. 훌륭한 아내는 가축이 병에 걸리지 않게 하고, 아프면 알뜰히 보살피고, 항상 주의를 기울인다. 가축을 멀리까지 데리고 나가 목초지와 물을 찾고, 안전하게 데리고 돌아와서 아버지께 알리는 것이 아들의 본분이다. 이를 통해 어린 아들은 남자가 되고 부모를 봉양한다. 따라서 지금 평원에서 벌이는 전투는 가치 있는 모든 것을 걸고 벌이는 싸움이었다. 그리고 그들이 전투를 벌이게 된 데에는 가뭄에도 부분적인 책임이 있었다. 가뭄 때문에 가축 수가 줄었기 때문이다. 물론 가뭄은 기후 변화와

왜 열대는 죽음의 땅이 되었나

깊이 관련되어 있다.

투르카나족의 총구에서 강렬한 생존 의지와 뒤섞인 욕망, 두려움, 열정 등이 담긴 탄환이 일제히 뿜어져 나오는 사이, 포코트족은 맹렬한 기세로 투르카나족 명사수들이 쳐 놓은 사선을 향해 달려 들었다. 투르카나족 사수들 너머로 카라수크 산악 지대라는 안전한 요새가 코앞이었다. 맹렬하고 절박하기는 투르카나족도 마찬가지였다. 동족의 시신을 훼손한 불구대천의 원수이자 도둑이며 살인자인 적들이 지금 눈앞에서 훔쳐가려 하는 소 떼에 소중한 모든 것이 걸려 있었다.

투르카나족의 육중하고 맹렬한 탄환이 포코트족 여섯 명을 쓰러뜨렸다. 한두 명은 즉사했고, 한 명은 천천히 피를 흘리며 죽었고, 몇몇은 부상을 당했는데 제대로 맞은 것이 분명해 보였다. 그리고 에카루도 마찬가지였다. 에카루를 포함하여 투르카나족도 세 명이 죽었다. 하지만 소들은 대부분은 흩어져서 투르크웰 강변에 조성된 건조한 관목 지대로 들어갔다. 포코트족의 습격은 다시 한 번 아슬아슬하게 실패로 돌아갔고, 가뭄과 가혹한 새로운 기후 패턴 때문에 전통적인 생활 방식이 벼랑 끝에 몰린 지역이 가까스로 재앙을 피했다.

포코트족은 산악 지대로 퇴각하면서도 고함을 질렀다. 머지않아 돌아와 끝장을 내주겠다고 위협하는 것이었다. 일부 '짧은 짐승'들이 사라졌다. 어느 성난 목동의 말처럼 혼란을 틈타 다른 투르카나족이 훔쳐갔을 가능성도 없잖아 있다. 다음날도 모란들은 전날 전투로 흥분한 상태였고, 다음 습격을 준비하고 있었다. 포코트족은 멀리 가지 않았으니까.

"포코트족이 말했습니다. '아직 멀었다. 조심해라. 우리는 곧 돌아올 것이다.'" 남자들 중에 하나가 설명했다. "보세요. 우리는 탄약이 부족합니다. 탄약 하나당 50실링입니다. 지금 우리한테는 한두 발밖에 남아 있지 않습니다." 다른 남자가 말했다. 남자들이 우리에게 거의 비어 있는 탄창을 보여주기 시작했다. "탄약이 더 필요합니다."

에카루의 시체를 내려다보는 동안, 순간적으로 이들에게 탄약을 가져다주고 싶다는 충동을 느꼈다. 하지만 내가 줄 수 있는 것은 생담배 1킬로그램뿐이었다. 투르카나족은 생담배를 소금과 섞어서 직접 씹기도 하고, 신문지로 돌돌 말거나 작은 놋쇠 담뱃대에 넣어 피우기도 한다.

▎비구름과 칼라슈니코프 소총

▎에카루 로루만을 죽인 습격은 '목축민 회랑 지대'* 한복판에서 일어났다. '목축민 회랑 지대'는 케냐, 우간다, 수단, 에티오피아, 소말리아 국경 지대에 걸쳐 있는 산악, 초원, 늪지, 사막 등으로 구성되며 정기적인 가뭄과 갑작스런 홍수에 시달리고 있다. 무장한 유목민과 반유목민 부족들의 영역으로 이들은 서로 간에, 그리고 환경과 미묘한 균형을 이루며 생활하고 있다. 이들 지역과 관련하여 과거 식민 당국이나 현재 아프리카 국가들이 간과하는 중요한 사실은 이곳의

---

* 회랑(回廊)은 지리적으로 지역과 지역을 잇는 폭이 좁고 길이가 긴, 통로와 같은 역할을 하는 지형을 말한다. 여기서 회랑 지대는 목축민과 동물들의 주요 동선이다.

왜 열대는 죽음의 땅이 되었나

주민들이 예전 방식 그대로 살아간다는 사실이다. 말하자면 소가 경제와 문화 생활의 중심이다. 이곳의 땅은 보통 너무 건조해서 농사는 무리지만 가축 방목에는 무리가 없다. 이곳에서 기본적인 사회 경제 단위는 가장과 다수의 아내와 아이들, 그리고 소다.

이러한 목축민 회랑 지대에 극단적인 기후로 인한 고통이 점점 가중되고 있다. 이곳에서 극단적인 기후라 하면 주로 심한 가뭄과 갑작스러운 홍수를 말한다. 이로 인해 이곳은 빈곤, 폭력, 기후 변화가 결합되는 파멸적 수렴의 최전방에 놓이게 되었다. 이런 과정은 부분적인 국가 파탄과 준군사적 폭력으로 귀결된다.[7] 이런 끝도 없이 계속되는 혼란은 '제도화된 갈등'의 표출이다. 말하자면, 목축민, 불법 민병대, 범죄 집단, 정치인, 국가, 군대, 시장, 원조 산업, 기후가 서로 연결되어 나타나는, 자기 강화적인 폭력의 정치경제학이다.[8]

정부간기후변화위원회에서 종합한 대부분의 기후 예측 모델들을 보면, 목축민 회랑 지대는 지구 온난화가 가속화됨에 따라 더욱 심각한 사막화에 직면할 것으로 보인다. 사하라 서북쪽은 녹지대로 남을지 모르지만, 남쪽으로 갈수록 건조해질 것으로 보인다. 지난 수십 년 동안 가뭄 주기가 한층 빨라지고 가뭄의 정도도 심해지고 있다. 더욱 따뜻해진 대기가 다량의 수증기와 에너지를 담고 있어 전체적인 강수량은 증가했어도 상황은 개선되지 않는다. 이제 비는 예상하지 못한 시점에 갑작스럽게, 그것도 엄청난 폭우 형태로 내린다. 동시에 무법, 낙후, 부패, 기본적인 공공 서비스의 부재와 같은 파탄 국가 초기 증상들이 모습을 드러내고 있다. 케냐 북부에서 확산되는 총기 문화gun culture는 이런 모든 것을 집약적으로 보여주는 전형이다.

과거 수십 년 동안 케냐 북부에서 가뭄과 돌발 홍수가 흔해지고 있다. 과학자 대부분은 이것이 기후 변화가 심해진다는 증거라고 생각한다. 이런 새로운 패턴이 규모가 커지고 더욱 길어진다고 했을 때의 함의는 가공할 만하다. 150년이라는 오랜 기상관측 역사를 자랑하며 그만큼 체계적인 기후학 전통을 가진 영국 기상청이 내놓은 2006년도 조사결과를 보자. 이곳에서 방대한 분량의 정보와 관찰을 토대로 내놓은 기후 예측에 따르면, 현재 추세대로라면 2100년이 되면 지구 육지의 절반이 가뭄에 시달리고, 3분의 1은 사막이 된다. 해당 연구는 또한 동기간에 '극심한 가뭄'을 겪는 육지 비율이 현재의 3퍼센트에서 30퍼센트로 늘어날 것으로 예측했다.[9]

2006년 크리스천 에이드라는 영국의 구호 및 자선 단체는 가축 전문가 데이비드 키멘예 박사에게 점점 건조해지는 환경에 케냐 목축민이 어떻게 대응하고 있는지 조사해달라고 의뢰했다. 키멘예 박사는 케냐 동북부(탄자니아에서 정동 방향)에 위치하며, 150만 명의 삶의 터전인 만데라 지역에서 다섯 구역의 목축민을 인터뷰하고 다음과 같은 결론을 얻었다.

- 과거 25년 동안 만데라 지역에서 가뭄 발생 빈도가 이전의 네 배로 늘었다.
- 이런 기후 환경 악화로 해당 지역의 목축민 3분의 1(대략 50만 명)이 이미 어쩔 수 없이 풀을 따라 이동하며 가축을 기르는 전통적인 생활방식을 포기했다.
- 지난 가뭄에 너무 많은 소, 낙타, 염소 등을 잃어서 목축민으로 남

왜 열대는 죽음의 땅이 되었나

아 있는 가구의 60퍼센트가 외부 원조를 필요로 한다. 남은 가축이 그들을 먹여 살릴 만큼 충분하지 않기 때문이다.[10]

1997년 이후 정상 궤도를 벗어난 불충분한 강우 때문에 케냐 여러 지역의 경제가 장기 침체에 빠져들었다. 사실, 농업의존도가 절대적인 케냐의 경제 성장률은 강우 궤적을 그대로 쫓아간다고 해도 과언이 아니다. 비가 정상적으로 내리면 케냐 경제는 정상적인 성장 혹은 활발한 성장을 보인다. 하지만 강우 상황이 나쁘면 경제도 당장문제가 생긴다.[11] 미국 국제개발처의 흔한 상황보고서 하나를 예로들어보겠다. 2007년도 12월의 보고서다. "케냐 북부 목축민 거주 지역은 정상치 이하의 강우량을 보이는 짧아진 우기로 고생하고 있다. 더구나 케냐 북부에서 건기를 앞두고 메뚜기 떼가 목축민들의 목초지 및 초목을 덮칠 조짐을 보이고 있다. 메뚜기 떼의 습격을 막으려는 통제 노력이 진행 중이다. 한창 작물을 키울 시기인 3월에서 5월에 제대로 경작을 하지 못한 여파가 지금까지 이어지고 있다. 건조한 날씨 때문에 케냐 연안 지역 작물 생산도 계속해서 차질을 빚고 있다. 우기가 거의 끝나가는 시점인데도 전체 강우량은 평소 수치에 한참 못 미친다."[12]

투르카나 가는 길

기후 변화와 해당 지역의 정치사가 가축과 물을 둘러싼 분쟁에 어떤 영향을 미치는지를 보다 확실하게 알고 싶어서 직접 목축민 회랑 지대에 가보기로 했다. 사륜구동 차량을 빌린 나는 나이로비를 떠나 북쪽으로 달렸다. 700킬로미터를 달리는 고된 여정에 함께 했던 이는 캐스퍼 와이타카라는 젊은 기자였다. 키쿠유족 출신으로 나이로비 외곽에서 자란 캐스퍼는 투르카나 말은 못했지만 케냐 공통어인 스와힐리어가 가능했고, 기자 초년생 시절 6개월 동안 투르카나 지방에서 근무했던 경험도 있었다.

"다들 가기 싫어하는 곳이었죠. 기삿거리는 항상 넘치도록 많았습니다. 강간, 살인, 절도 같은 것들이죠. 정말 많았어요. 힘들게 찾아다닐 필요도 없이 고르기만 하면 되었지요." 'r'을 발음할 때마다 눈에 띄게 혀를 굴리면서 캐스퍼가 하는 말이다. 캐스퍼는 투르카나 지방의 중심 도시인 로드와르까지 가는 길을 안내하기로 했다. 맞은편에서 끊임없이 버스와 트럭이 달려오는 데다 곳곳의 깊게 파인 웅덩이를 피해 자동차 경주하듯 지그재그로 차를 몰아야 하는, 잠시도 마음을 놓기 힘든 위험천만한 여정이었다. 이틀 동안의 여정을 통해서 나는 케냐의 물리적, 사회적, 경제적 지형도에 관해서 참으로 많은 교훈을 배웠다.

나이로비를 출발해 40분이 지나자 동아프리카 지구대의 서쪽 벽에 해당하는 엘게요 단층 절벽이 나왔다. 동아프리카 지구대는 이름 그대로 단순한 협곡이 아니라 두 개의 지질판의 분리, 즉 단층에 의해 만들어진 길이 6,300킬로미터에 폭이 수백 킬로미터에 이르는 넓은 분지이다. 산맥과 평행한 단층선으로 경계를 이룬 케냐 쪽의 분지에는 작은 산, 평원, 협곡, 호수, 강 등이 있고 북쪽에는 사막이 있다.

왜 열대는 죽음의 땅이 되었나

지구대는 계속해서 남쪽 빅토리아 호수로 연결된다.[13] 단층 절벽을 내려온 다음 우리는 서부 고지대의 차갑고 습한 평원으로 들어섰다. 아스팔트 포장도로가 끝나고 비포장도로가 시작되었다. 곳곳이 유실되고 바퀴 자국이 깊이 파인 울퉁불퉁한 길이었다.

우리는 고지대 서북단에 위치한 키탈레라는 농촌 마을에서 그날 밤을 묵었다. 루히아족이 주민의 다수를 차지하는 마을인데, 마을을 둘러싼 국내난민캠프에서 자욱한 연기가 피어오르고 있었다. 최근 치른 대통령 선거 이후 폭동과 충돌로 발생한 키쿠유족 피해자들이 살고 있는 캠프였다. 키쿠유족은 케냐의 정치와 경제를 좌지우지하는 지배 부족이다. 2007년 12월 대통령 선거에서 키쿠유족이 지지하는 음와이 키바키 대통령이 당선되자, 다른 부족들이 부정 선거 의혹을 제기하며 폭동을 일으켰고, 키쿠유족에 대한 무차별 폭력, 살인, 방화 등으로 번졌다. 유혈 폭동의 상처를 고스란히 간직한, 난민 캠프의 파란색 방수포로 만든 오두막과 불타버린 농장과 점포 등은 마냥 평화로워 보이는 케냐의 풍경에 속지 말라고 말해주는 듯했다.

이튿날 우리는 안개 낀 체랑가니 구릉 지대로 올라갔다. 정상이 빙하로 덮인, 케냐와 우간다 국경에 위치한 엘곤 산의 동쪽 산자락으로 포코트족 영역이었다. 우리는 거기서 다시 동아프리카 지구대의 저지대인 투르카나 반사막 지대로 내려갔다. 이제는 대초원으로 들어가는 것밖에 다시 산을 오를 일은 없었다. 이후 우리는 동쪽으로 300여 킬로미터를 달려 고요한 대초원이자 가축을 둘러싼 분쟁의 진원지로 점점 깊이 들어갔다. 산길은 아니었지만 비포장도로라 차가 계속 요동쳐서 내장이 뒤틀릴 것만 같은 험난한 여정이었다.

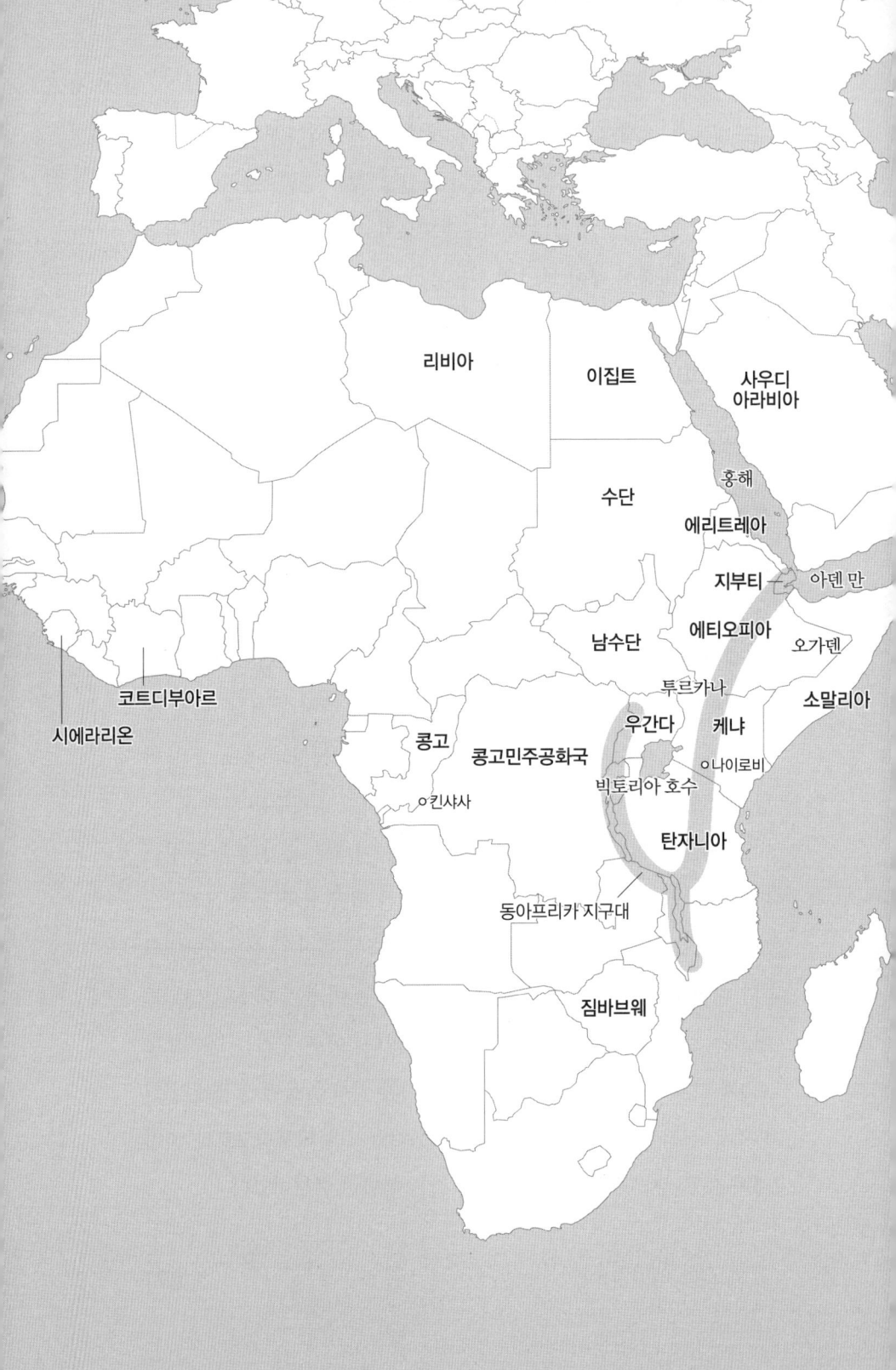

투르카나

"여기는 작전 지역입니다." 젊은 경찰관이 내가 앉은 방향에서 차량 안쪽을 기웃거리면서 말했다. 지프차 내부를 자세히 살핀 다음 내여권을 후루룩 넘기면서 확인했다. 황무지로 들어가기 전 마지막 검문소였다.

최근 몇 년 동안 이 길에서 여행자 수십 명이 살해당했다. 나이로비 신문들에는 매주 여기서 습격당한 트럭이나 버스에 관한 무시무시한 이야기들이 실렸다. 살해당한 승객에는 목사, 정치인은 물론 여자와 어린아이도 있다. 이런 일이 계속되다보니 이제는 이 위험천만한 길에 무장 경호원을 대동하고 이동하는 것이 관례가 되었다. 이곳을 통행하는 모든 버스에는 중무장한 경찰관 두 명이 탄다. 케냐국립경찰 소속 경찰관들은 5달러나 10달러를 받고 이런 서비스를 제공한다. 박봉에 지원도 시원찮은 그들로서는 이런 용돈벌이가 절실했다. 버스 뒷좌석에 앉은 경찰관 두 명이 노상강도의 접근을 막아줄 수도 있고 그렇지 않을 수도 있다. 하지만 동승을 거절하면 어느 경찰관이 노상강도에게 슬쩍 고자질을 할지도 모르는 일이었다.

"경호원을 태우는 것이 좋을 것 같습니다." 캐스퍼가 말했다.

그래서 나도 동승 제안을 수락했다. 아니, 수락했다기보다는 반대하지 않았다는 표현이 정확할지도 모르겠다. 에릭이라는 젊은 경찰관이 뒷좌석에 올라탔다. 도로를 따라 20분쯤 가자 에릭이 G-3 소총에 장전을 하고 창밖을 조준했다.

투르카나 지방에 대한 에릭의 시각에는 외지 출신 점령군 특유의 비관적인 정서가 묻어났다. 그는 현지 주민과 사막을 경멸과 경악이 뒤섞인 감정으로 바라보았다. "사막은 정말 끔찍해요. 제 고향에서는, 땅에 뭐든 경작할 수가 있는데." 에릭이 안타깝다는 듯이 말했다.

이곳 사람들은 어떤가요?

"사람 목숨을 존중할 줄을 몰라요. 염소 죽이듯이 쉽게 사람을 죽인다니까요. 다들 총은 또 왜 그렇게 잘 쏘는지. 하나같이 명사수들이라니까요." 에릭은 최근 몇 달 동안 투르카나 가축 약탈자들을 상대하다가 그의 지서에서만 지서장을 포함해 경찰관 세 명이 죽었다고 말했다. "헬리콥터와 보강 인력을 요청한 상태입니다."

왜들 그렇게 폭력적일까요?

"가뭄 때문이지요. 전통, 교육받지 못해서 무지한 사람들, 그리고 가뭄. 게다가 우간다가 그들 국경을 통제하지 못하고 있습니다." 에릭의 답변이다.

에릭의 설명은 일리가 있었다. 비가 내리지 않으면 새싹과 풀이 자라지 못해 줄어든다. 제대로 먹지 못한 가축들이 약해지고 죽는다. 줄어든 가축을 보충하기 위해서 젊은 남자들이 가축 약탈을 나간다. 그렇게 폭력이 양산되는 것이다. 사방에 죽은 아카시아 나무와 앙상한 회색 뼈대들이 서 있었다. 가는 동안 우리는 무덤덤한 표정에 키가 큰 투르카나 여성들을 지나쳤다. 길을 따라 일정한 간격으로 늘어선 그들은 올이 굵은 삼베로 만든 길쭉한 자루에 담긴 숯을 팔고 있었다. 굶주림에 시달린 그들은 가뭄으로 말라버린 나무를 태워 숯을 만들고 있었다.

로키차르라는 곳에서 에릭을 내려주었다. 숨이 막힐 듯이 더운 노

왜 열대는 죽음의 땅이 되었나

변 마을이었다. 다음 경호원은 경찰 예비군으로 세월과 알코올에 찌든 기색이 역력한 나이 많은 투르카나족이었다. 그는 AK-47 소총 한 자루에 탄약이 가득 들어 있는 탄창 두 개를 가지고 있었다. 이번 경호원은 자기가 기르는 가축을 살필 수 있도록 덤불 속으로 차를 몰아 달라고 했다.

그는 수단 국경으로 가는 버스 경호가 자기 임무라고 했다. 얼마 전에 그가 동승한 버스가 매복 공격을 당했다. 강도들이 도로로 뛰어들어 총을 쏘았다. 타이어가 터지고 전면 유리가 뚫렸다. 놀란 승객들은 모두 바닥에 엎드렸다. 그와 동료가 망가진 전면 유리를 통해 노상강도들을 향해서 총을 쏘았다. "한 명은 죽었고, 다른 두 명은 차를 타고 도망갔습니다." 나이 지긋한 예비군이 말했다. "죽은 사람은 수단 사람이었지요. 얼굴에 표시를 보면 알 수 있습니다."

그는 인적이 드문 외진 곳에서 내려 달라고 했다. "나는 여기서 내립니다." 그 말을 남기고 덤불 속으로 터벅터벅 걸어갔다.

유목민 마을

마침내 우리는 투르카나의 중심지인 로드와르에 도착했다. A-1 도로와 투르크웰 강이 교차하는 지점에 위치한 인구 1만 7000명 정도의 소도시였다. 작고 아담한 로드와르에는 묘한 활력이 넘쳤다. 우리 기준에서는 보잘 것 없는 소도시였지만, 이 주변에서는 대도시의 휘황찬란한 환락가로 통했다. 중심 도로와 흙탕물이 흐르는 투르크웰 강을 건너는 왕복 1차선 철제 다리는 서로서로 밀착하여 무리를 이룬 염소와 양 떼를 몰고 가는 유목민들로 꽉 막혀 있었다. 트럭과 버스들이 남수단으로 들어가고 나오는 길에 잠시 로드와르에 들른다. 승객을 가득 실은 버스며 짐을 산더미처럼 높이 쌓은 트럭들은 놀라울 정도로 견고해서 험한 비포장도로에서도 끄떡없었다. 도심에는 양동이, 칼, 도끼, 삽, 밧줄, 알루미늄 냄비, 밝은 줄무늬 플라스틱 물통, 둘둘 말린 직물 등을 파는 각종 상점, 지저분한 작은 식당, 고약한 냄새가 나는 야외 술집 등이 빽빽하게 들어서 있었다. 단골들이 술집의 투박한 격자무늬 천막 아래서 햇빛을 피하고 있었다. 세월의 무게가 느껴지는 커다란 나무 서너 그루가 비포장도로를 내려다보고 있었다. 비포장도로다 보니 밤이면 천천히 달리는 차들이 일으킨 먼지가 선명한 전조등 불빛 속에 떠다니는데, 로드와르라는 도시 전체에 유령이라도 나올 듯이 음침하면서 약에 취한 듯 몽롱한 분위기를 만들어낸다.

로드와르에서 나는 루카스 아리옹을 만났다. 평화 구축 작업을 하는 작은 NGO인 리암리암의 대표다. 키가 크고 마른 루카스는 미남에 세련되었다고 해도 좋을 우아한 이목구비였지만, 얼굴 여기저기에 작은 상처들이 많았다. 예전에 누군가 그의 얼굴에 유리병이라도 던진 것 같은 그런 모습이었다.

"자원 분쟁이지요." 루카스가 투르카나 지방에서 가축을 둘러싸고 일어나는 갈등을 두고 하는 말이다. "더구나 이제는 기후가 변하고 있습니다. 우기가 늦어지고 있어요. 땅은 사막으로 바뀌고 있고요. 사람들은 아카시아 나무를 태워 숯을 만들고, 샘을 차지하려고 서로

왜 열대는 죽음의 땅이 되었나

를 죽입니다."

루카스의 가축 약탈에 대한 관심은 지극히 개인적인 경험에서 기인한다. 루카스가 어렸을 때 아버지가 습격에서 죽었다. 많은 친구들이 역시 가축 약탈 과정에서 죽었다. 루카스는 "약 50마리의 소"와 훨씬 많은 '짧은 짐승'을 기르는데, 루카스의 아들들과 고용한 사람들이 무장을 하고 단단히 지키고 있다.

위기를 설명하기 위해서 루카스는 UN에서 의뢰해 만든 지도 다발을 꺼낸다. 목초지, 시추공, 동물이 소금을 핥으러 모이는 함염지^鹹_{鹽地}, 강, 도로, 농경지, 작은 마을, 학교, 진료소 위치는 물론, 인구에 비해 엄청나게 부족한 교사와 의사들의 분포까지 보여주는 지도였다. 지도에는 습격이 이루어지는 길목과 부족들의 경계도 표시되어 있었다. 습격이 이루어지는 길목과 부족 간의 경계는 때로 물과 목초지라는 자원의 소재와 겹치는데, 바로 이 지점들이 투르카나 지방에서 기후 변화로 야기된 소규모 자원 분쟁이 일어나는 최전방이었다.

루카스가 최근에 분쟁이 일어나는 몇몇 지역을 가리켰다. 서북쪽인데 얼마 전에는 우간다 군대가 국경을 넘어 와서 투르카나족 야영지를 폭탄으로 공격한 적도 있었다. 아마도 우간다 칼렌진족을 공격한 투르카나족 가축 도둑들을 맹렬히 추격했던 모양이다. 2007년 여름에는 국경을 넘나드는 가축 약탈 때문에 우간다와 케냐 정부가 나서서 가축 맞교환을 중재해야 했을 정도다. 남쪽에서는 포코트족이 가축을 훔치고 차량을 매복 공격하고 있다. 북쪽과 동북쪽에서는 남수단과 소말리아에서 총이 밀수입되고 있으며, 탄약은 동쪽에 있는 우간다에서 손쉽게 입수할 수가 있다. 이렇게 '분쟁 시스템'이 눈에 보이는 구체적인 형태를 갖춰가고 있었다.

정부가 무엇을 해야 할까요?

"우물을 더 만들어야지요. 시추공이 필요합니다. 문제는 가뭄이
니까요." 루카스의 대답이다.

약탈의 땅

케냐 북부에서 가뭄으로 인한 폭력, 말하자면 '작은 기후 전쟁'이
나날이 늘고 있다. 다음은 2008년 늦여름 불과 한 달간의 기록에서
골라 모은 것이다.

8월 5일 : 투르카나 남부 로코리 지구에 있는 세 마을이 일주일 동안
　　공격을 받아 74명이 죽고 2,200마리가 넘는 소를 도둑맞았다.

8월 12일 : 포코트 습격자들이 투르카나 남부, 로코리 지구에서 30명
　　이 넘는 투르카나족 목축민을 총으로 쏘아 죽였다. 이외에도 수십
　　명이 부상을 당한 것으로 보이며, 소 700마리를 도둑맞았다.

8월 20일 : 투르카나 습격자들이 갈라사 급수장에서 소치기들을 공
　　격하고, 2만 마리가 넘는 가축을 훔쳤다. 경찰이 추격해서 경찰 예
　　비군과 습격자 여덟 명이 죽었다.

8월 22일 : 우간다 군대가 물과 목초지를 찾아 국경을 넘은 투르카나
　　목축민 열 명을 죽이고 네 명에게 부상을 입혔다. 우간다 군인이 가
　　축 400마리를 훔쳐갔다.

왜 열대는 죽음의 땅이 되었나

8월 24-30일 : 수단 토포사 부족 100명이 넘는 기습 공격조가 국경을 넘어 케냐로 들어왔다. 그들은 일주일 동안 마을 두 곳을 공격해서 여덟 명을 죽이고, 어린아이 세 명을 납치하고, 약 500마리로 추정되는 가축을 투르카나 서북부 로키초지오에서 훔쳐갔다.

9월 2일 : 경찰 예비군 두 명이 남수단에서 국경을 넘어온 토포사족 습격자들을 물리치는 과정에서 죽었다.

9월 4일 : 포코트족 습격자들이 코타루크에서 두 명을 죽이고, 600마리가 넘는 가축을 훔쳐갔다.[14]

2007년 중반, 제네바에 있는 국제문제개발연구대학원에서 진행하는 소형 무기 조사 프로젝트에서는 케냐-수단 국경에 있는 가구를 상대로 조사를 수행했다. 조사 목적은 소형 무기의 확산이 사회에 미치는 영향을 측정하자는 것이었다. 조사 결과 해당 지역에서 총격전이 만연하고 더불어 "분명하게 감지되는 실질적인 불안이 확산되고 있음"이 밝혀졌다. "21년간의 내전이 끝나고 회복 중인 남수단 국경지대보다 케냐 국경 지대에서 상황이 더욱 심각하다." 응답자의 60퍼센트가 가축 약탈을 목격했고, 60퍼센트 이상이 무장을 해제하면 안보 수준이 떨어지리라고 답했다.[15]

만약 이것이 '전쟁'이 아니라 하더라도, 적어도 그와 유사한 무엇임은 분명하다.

5장

고장난 하늘과
지상의 삶

이제 나는 죽음, 세계의 파괴자가 되었노라.*

_비슈누Vishnu, 『바가바드 기타Bhagavad Gita』

동아프리카, 특히 케냐의 기후는 상당히 복잡하다. 케냐의 기후가 어떻게 돌아가는가를 알고자 나는 직접 케냐 기상청 본부를 방문했다. 믿기지 않을 만큼 조용한 분위기였고, 모두가 구름의 향방에 촉각을 곤두세우고 있었다. 실제로 농경 의존도가 높은 케냐에서는 구름이 사람들의 삶을 좌지우지하며, 때로는 엄청나게 파괴적인 결과를 가

---

*로버트 J. 오펜하이머(Robert J. Oppenheimer)가 최초의 원자폭탄 실험을 보면서 머리에 떠올렸다는 문구이다.

져오기도 한다. 윙윙 소리를 내는 낡은 컴퓨터들이 측면에 늘어선 기다란 기상예측실 끝에서 수석 기상학자 제임스 무힌디를 만났다. 무힌디의 나팔 스타일의 단체 상의와 희미한 구레나룻처럼, 이곳 기계들도 10년쯤은 된 구식으로 보였다. 기상청에서만 30년 넘게 근무하다 보니, 무힌디는 변덕스러운 케냐 날씨를 손금 들여다보듯 훤히 꿰고 있다. "케냐에는 정말 다양한 미기후微氣候*가 나타납니다." 복잡한 케냐 기후 때문에 귀찮기도 하지만 나름 자부심도 느낀다는 투였다. "기후는 사회 경제 활동에서 핵심 역할을 합니다. 우리나라 경제는 특히 기후 의존도가 높지요. 케냐 농부들은 대부분 일 년에 두 번 있는 우기에 의존합니다. 한 번은 봄에, 한 번은 가을에 있지요."

케냐 노동 인구의 70퍼센트 이상이 농업에 종사하거나 농업과 긴밀하게 연결된 분야에서 일한다. 주요 산물은 차, 커피, 옥수수, 밀, 사탕수수, 과일, 야채, 유제품, 소고기, 돼지고기, 가금류 고기, 달걀 등이며, 크게 돈벌이가 되는 수출품은 꽃꽂이용 꽃이다. 농업의 대부분이 관개 농업이라기보다는 빗물에 의지하는 하늘바라기 농업이다. 이런 상황이다 보니 무힌디가 『케냐의 강우 지도』라는 저서에서 말한 대로 "농작물 생장기에 강우량이 부족해서 가뭄이 발생하면 대비책이 준비되어 있지 않을 경우, 심각한 식량 부족과 가축 손실로 이어질 수 있다."[1] 그래서인지 장기적인 경제 및 사회 계획은 안타까우리만치 부족한 케냐지만, 정부, 기업, 국제 원조 기구 등이 연결된 상당

---

*미기후 지면에 접한 대기층의 기후. 보통 지면에서 1.5미터 높이 정도까지를 미기후로 보며 농작물의 생장과 밀접한 관계가 있다.

왜 열대는 죽음의 땅이 되었나

히 훌륭한 기아 대응 시스템을 갖추고 있다.

하지만 비상 식량 교부가 반년씩 걸릴 수도 있다. 그러므로 식량 부족 상황을 상당한 시간을 가지고 미리 예측하지 못하면, 신속하고 민첩한 대응을 해도 적절한 구조 시기를 놓칠 수 있고, 결과적으로 수천 명이 죽을지도 모른다. 이 때문에 케냐 기상청의 가장 중요한 임무는 초기의 적신호를 탐지해서 지방 관청, 구호 기관, 운송업체까지 포함하는 기아 대응 시스템이 사전에 준비할 수 있게 하는 것이다. 늦은 비나 갑작스런 홍수에 대한 아주 미묘한 징후라 할지라도 식량 위기에 대한 조기 경보나 충격 완화로 이어질 수가 있다. 그쯤되면 국제 원조 산업의 거대한 톱니바퀴들이 상황에 맞춰 방향을 바꾸기 시작할 것이다. 물론, 최대한 빨리 돌아가겠지만 몸집이 워낙 거대하다 보니 가속에 한계가 있을 수밖에 없다.

삶과 죽음, 그리고 구름

케냐 기후가 정상적인 패턴을 따르는 경우 케냐에는 두 번의 우기가 찾아오고, 소위 말하는 '쌍봉雙峰 강우 곡선'이 나타난다. 3월부터 5월에 이르는 첫 번째 우기는 '대우기'라고 하고, 10월에서 12월까지 두 번째 우기는 '소우기'라고 한다.

지구의 기후 시스템은 여러 요인이 극도로 복잡하게 얽혀 있다. 하지만 동아프리카의 기후 패턴을 지배하는 핵심 요인을 하나만 말한다면, 그것은 바로 열대 수렴대일 것이다. 열대 수렴대는 적도 지역 주위에 띠 모양으로 형성되는 습도가 높고 기압이 낮은 무풍 지대이다. 적도의 위아래에서 적도를 향해서 부는 북반구의 북동 무역풍과 남반구의 남동 무역풍의 충돌로 생겨난다. 양쪽 무역풍이 충돌하면서 수평 기류보다 상승 기류가 훨씬 강해진다.[2] 결과적으로 온난다습한 공기가 40킬로미터에서 300킬로미터까지 폭이 다양한 띠 모양의 구름을 형성하면서 위로 올라가는 형세가 된다. 구름은 아프리카 대륙에서 폭이 넓고 아메리카 대륙에서는 폭이 좁은 경향이 있으며 태평양까지 고루 걸쳐 있다. 바로 이 구름이 비를 만들어낸다.[3]

열대 수렴대 내에서 수증기의 응결 및 강우량이 최대인 지점은, 말하자면 열대 수렴대 내의 '집중 비구름대'의 위치는 태양 고도의 변화를 따른다. 태양 고도가 높을수록 지면에 많은 복사열을 발생시킨다. 이는 보다 많은 따뜻한 공기가 상승한다는 의미이며, 더욱 많은 수증기를 품은 구름이 응결하여 더욱 많은 비를 내린다는 의미이기도 하다.

따라서 '집중 비구름대'는 태양의 궤적을 따라 적도 남쪽과 북쪽을 추가 진동하듯 왔다갔다 한다. 북회귀선(북위 23.5도에 위치하며, 태양이 정확히 머리 위로 떠오르는 최북단 위도)에서 내려와 적도를 지나고, 남회귀선(남위 23.5도에 위치하며, 역으로 태양이 정확히 머리 위로 떠오르는 최남단 위도)까지 왔다가 다시 북상하는 식이다. 말하자면 태양이 열대 수렴대 내의 집중 강우 지점을 이리저리 끌고 다닌다고 볼 수 있다.[4] 열대 수렴대의 집중 비구름대의 진동 덕분에 케냐 지상에는 두 번의 우기가 찾아온다. 하지만 지표면의 평균 온도가 올라감에 따라 열대 수렴대가 이전의 규칙적인 변화 리듬을 상실했다.

왜 열대는 죽음의 땅이 되었나

"이 모든 것의 핵심은 태평양입니다." 큼지막한 구식 컴퓨터 앞에서 몸을 숙인 채로 무힌디가 설명했다. "태평양은 모든 바다의 어머니지요. 다른 바다는 태평양이 보내는 신호에 복종하는 아이들이나 마찬가지입니다. 태평양이 따뜻해지면 페루 연안에 엘니뇨가 생기고, 인도양의 계절풍과 무역풍이 증가하고, 이곳 동아프리카에 강한 바람을 동반한 다량의 비가 내려 홍수가 일어납니다. 반대로 태평양 중부와 동부의 적도 지역 해류의 수온이 평년보다 낮아지는 라니냐가 생기면, 페루 연안의 해수 온도가 낮아지고, 바람이 약해지고, 동아프리카에 비가 줄어듭니다. 결국에는 가뭄이 일어나는 경향이 있지요."

최근 수십 년 동안 케냐는 가뭄으로 고생하고 있지만 실제 강수량은 예전보다 늘었다. 문제는 비가 우기 내내 꾸준히 내리지 않고 짧은 기간에 엄청난 양으로 내린다는 것이다. 말하자면 비가 한꺼번에 세차게 내리는 것이다. 표토를 쓸어가는 홍수를 유발하고 다시 가뭄이 이어진다. "기상관측소의 보고를 보면 이런 현상을 확인할 수가 있습니다." 무힌디의 설명이다. "극단적인 날씨가 잦아졌습니다. 1997년과 1998년 사이에 극심했던 홍수, 1999년에서 2000년 사이의 가뭄이 대표적인 예입니다."[5] 요컨대 케냐 사회가 의존하는 때를 맞추어 정확하게 내리던 '비 시계'가 이제는 맞지 않게 된 것이다.

케냐 날씨에 영향을 미치는 요인은 여러 가지가 있는데, 삼림 파괴도 그중에 하나다. 콩고 분지와 동아프리카 곳곳에서 진행되는 삼림 파괴는 수분 저장, 증발, 응결, 국지적 강우로 이어지는 미기후에 타격을 주고 있다. 현지 기온 상승은 킬리만자로, 케냐, 엘곤 산지에 내리는 눈이 줄어들고 상대적으로 비가 늘어난다는 의미이다. 그만큼 땅에 비가 오면 스며들지 못하고 흘러가버리는 물의 양이 많다는 것인데, 이로 인해 홍수가 잦아지고, 건기에 하천 수위는 더욱 낮아질 수밖에 없다. "기후 변화에 적응하기 위해서 우리가 할 수 있는 최선은 숲이라는 보호막을 유지하는 것입니다." 무힌디가 결론을 냈다.

지구 온난화의 티핑 포인트

2008년 나는 케냐에 있었다. 그해 소우기는 그야말로 엄청난 위력으로 케냐를 강타했다. 갑작스러운 홍수로 30만 명이 구호를 받아야 하는 처지가 되었다. 산사태와 홍수로 수백 명이 실향민이 되었다. 구멍을 파서 쓰던 재래식 화장실이 넘쳐 곳곳의 얕은 우물이 오염되었고, 이내 장티푸스가 창궐하여 사람들이 죽었다. 그해 하늘은 잔인하게 좌우 연타를 퍼부었다. 맹렬했던 홍수가 지나가자 가뭄이 뒤를 이었다. 2009년 1월까지 1000만 명이 아사를 피하기 위해서 식량 원조를 받아야 했다.[6] 케냐 기상청에 따르면 "인도양이 평균 기온을 웃돈 것이" 큰비가 내린 원인이었다.[7]

그해 케냐의 재앙이 확실하게 기후 변화와 연관되었을까? 단정적으로 말하기는 힘들다. 특정 지역의 가뭄과 홍수 등 날씨 상황 하나를 인간이 야기한 기후 변화 때문이라고 콕 집어 말하기에는 지구의 기후 시스템이 너무 복잡하다. 하지만 전반적인 흐름은 분명 동일한 방향을 향하고 있다. 대기 중의 이산화탄소 농도가 높아지면, 평균

왜 열대는 죽음의 땅이 되었나

기온이 올라가고, 날씨 패턴의 안정성이 떨어진다는 점이다.

지구상의 많은 문명이 나름의 종말론을 가지고 있었고, 기후 변화는 우리 시대 종말론일 뿐이라는 주장이 솔깃하게 들리는 것도 사실이다. 하지만 과거 문명의 종말론들이 일종의 '이야기'였다면 기후 변화는 분명한 '현실'이다. 또한 기후 변화 과정에 대한 이론은 분명 과학에 근거하고 있다. 더구나 현재의 기후 시스템이 과학자들이 예상했던 것보다도 빠르게 해체되고 있는 것 같다.

사실들을 다시 한 번 상기해보도록 하자. 기상학자, 해양학자, 고생물학자, 생물학자를 포함한 다양한 분야 연구자들이 기후 시스템의 기본적인 작용 방식, 과거 기후의 역사, 지금 우리가 내뿜는 엄청난 양의 온실가스로 인한 기후의 미래에 대해서 상당히 확고한 하나의 결론에 도달하고 있다. 즉, 그들은 지구 기후가 따뜻해지고 있으며, 이로 인한 결과가 머지않아 나타나리라고 말한다. 우리들 대부분의 살아생전에 말이다.

과학적으로 합의된 대략적인 내용은 다음과 같다. 과거 65만 년 동안 대기 중의 이산화탄소 농도는 180ppm에서 300ppm 사이를 맴돌았다. (이산화탄소는 지구에서 열이 방출되지 못하게 막는 열차폐 기능, 즉 온실효과를 내는 주원인이 되는 기체이다.) 산업화 이전에는 이산화탄소 농도가 300ppm을 넘은 적이 없었다. 1959년에 이산화탄소 농도는 316ppm에 도달했고, 지금은 390ppm이다. 현재 추세대로라면 이산화탄소 농도는 금세기 중반 두 배가 될 것이다.

기후학자들은 지구의 평균 온도가 산업화 이전 수준에서 2℃ 이상 올라가면 위험한 기후 변화가 나타나리라고 본다. 대규모 사막화,

홍작, 연안 도시 침수, 광범위한 생물 멸종, 질병 확산, 사회 해체까지 야기하는 엄청난 변화가. 기후학자들은 또한 2°C 이상이라는 한계점을 넘으면, 기후 변화가 양성 되먹임 고리 때문에 자체 추진력으로 점점 강화되는 '자기 강화' 주기로 들어갈지 모른다고 우려한다.

오늘날 과학자들은 생태계와 지구의 기후가 항상 점진적인 선형 논리를 따라 움직이지는 않는다는 사실을 알고 있다. 오히려 자연계는 엄청난 기복을 보이며 갑작스럽게 변하는 경향이 있다. 특정 종의 개체수가 서서히 감소할 수도 있지만, 특정 종이 급속하게, 거의 순식간에 사라져버릴 수도 있다. 미국 동북부에서 하얀코균류^{white nose} ^{fungus} 때문에 군집 생활을 하는 박쥐들이 전멸에 가깝게 사라져버린 것이나, 최근에 꿀벌 개체수가 갑작스럽게 줄어드는 현상을 생각해 보라. 둘 다 예전으로 되돌렸으면 하는 희망이 간절하지만, 아무튼 두 사건 모두 자연계가 얼마나 빠르게 붕괴될 수 있는가를 보여주고 있다는 것만은 확실하다.

기후 시스템 전체를 위협하는 양성 되먹임 고리와 티핑 포인트가 있다. 양성 되먹임 고리는 특정 결과 안에서 원래의 원인이 더욱 강화되고 가속화되고 증폭되는 역동적인 상황을 말한다. 티핑 포인트란 당장에는 영향이 눈에 띄게 드러나지는 않지만 원인들이 꾸준히 누적되어 아주 작은 충격으로도 급격한 파급 효과를 가져올 수 있는 그런 단계를 가리킨다. 티핑 포인트에 도달하면 그동안 지체되던 영향들이 돌연히 한꺼번에 나타난다. 갑작스러운 변화를 유발하면서 기후가 전혀 다른 모습으로 바뀌게 된다. 최악의 시나리오는 양성 되먹임 고리가 기후 변화를 티핑 포인트까지 가속화시켜서, 이를 넘어

왜 열대는 죽음의 땅이 되었나

선 다음에는 기후 변화 과정이 '자체 추진력'을 갖게 되어 무슨 짓을 해도 되돌릴 수 없는 상태가 되는 것이다.[8] 최악의 시나리오라고 해서 가능성이 그렇게 희박한 것만도 아니다.

섭씨 2도

약 12만 5천 년 전 지구의 평균 온도는 지금보다 불과 1℃ 높았지만 해수면은 4미터에서 6미터 정도가 높았다. 그러므로 어떤 식으로든 온난화로 평균 온도가 2℃ 이상 높아지면 비극적인 변화가 초래될 가능성이 농후하다. 너무 갑작스럽고 빨라서 우리가 대응하기도 벅찬 그런 변화가 될 것이다. 온건한 변화에서 급격한 변화로 넘어가는 일종의 문턱 역할을 하는 2℃라는 개념은 정부간기후변화위원회[IPCC]에서 나온 최근 보고서 대부분이 언급하고 있으며, 여러 정부와 유럽 연합의 공식적인 기후 안정화 목표 수치이기도 하다.[9]

그렇다면 다음으로 던져야 할 질문은 이렇다. 대기가 품을 수 있는 이산화탄소 농도의 한계치는 얼마인가? 오래전부터 이는 450ppm이라고 추정되어 왔다. 이산화탄소 농도를 450ppm 이하로 유지하기 위해서 정부간기후변화위원회는 선진국들에게 2050년까지 온실가스 배출량을 1990년대 수준의 40~90퍼센트까지 줄일 것을 권고하고 있다. 지금부터 시작한다면, 지구 전체 차원에서 10년마다 최소 10퍼센트 감축을 목표로 해야 한다는 의미이다. 하지만 온실가스 배출량 감축은 오직 경제 침체 때만 있었던 일이다. 1990년대 초반 러시아 경

제가 거의 붕괴되다시피 했을 때에나 이산화탄소 배출량이 연간 5퍼센트씩 감소했을 뿐이다.[10]

영국의 틴달기후변화연구소의 계산에 따르면, 당장에 근본적인 완화 노력이 없다면, 대기 중의 이산화탄소 농도를 450ppm 안에 묶어두는 것은 거의 불가능한 상황이다. 향후 20년 동안 배출량을 대폭 줄인다고 해도 대기 중에 누적된 이산화탄소 농도는 쉽게 450ppm을 넘어설 것으로 예상된다.[11] 아직도 등줄기가 서늘해지는 위기감이 느껴지지 않는다면, 다음 연구 결과는 어떤가? 컬럼비아대학교 소재 NASA의 고다드우주연구소의 제임스 핸슨 박사는 기후 변화가 제어 불능 상태로 자체 추진력을 갖게 되는 티핑 포인트를 450ppm이 아니라 350ppm이라고 본다.[12] 핸슨 박사의 주장대로라면, '적응'이라는 관점에서 우리는 지구 평균 기온 4℃ 상승과 이로 인한 엄청난 사회적 혼란에 대처할 준비를 해야 한다.

메마른 평화로운 마을

케냐의 북부 지역 주민들은 생존을 위협하는 가뭄과 홍수에 다양한 방법으로 대응하고 있다. 특별히 폭력적인 대응을 보이는 지역이 있고 그렇지 않은 지역이 있다. 투르카나에서는 사람들이 총기로 무장하고 가축 약탈을 벌이며 죽고 죽이는 악순환을 되풀이하고 있다. 하지만 좀 더 동쪽 외진 곳에 위치한 사막의 소도시 가리사에서는 상황이 조금 다르다. 홍수로 인한 엄청난 파괴와 무자비한 가뭄에도 불

왜 열대는 죽음의 땅이 되었나

구하고, 다른 지역에 비해 폭력적인 반응이 흔치 않다.[13] 원인을 알아보기 위해서 나는 미국인 사진기자 댄 맥케이브와 팀이라는 그의 케냐인 친구와 함께 차로 375킬로미터를 달려 가리사로 갔다. 우리는 해질녘에 가리사에 도착했다. 폭이 넓고 깊이는 얕은 타나 강 위의 다리를 건너면 가리사였다. 타나 강의 물은 수백 킬로미터 떨어진 케냐 산에서 발원한다. 산정의 눈, 비, 자욱한 안개구름 속에서 발원한 물이 가리사로 흘러들어 갔을 즈음에는 메마른 사막의 생명을 살리는 소중한 생명줄이 되어 있다.

다리를 지키는 것은 아프리카대머리황새라고 불리는 새 떼였다. 파란색과 흰색 깃털에 날개폭이 3미터나 되는 거대한 새였다. 엄청난 무리를 이루어 곳곳을 점령하고 있었다. 생김새는 펠리컨과 비슷하지만 펠리컨처럼 노래를 하거나 까악까악 울지 않는다. 그들이 내는 유일한 소리는 거대한 부리를 위아래로 맞부딪히면서 이따금씩 내는 딸깍딸깍 소리뿐이다.

아프리카대머리황새는 군집 생활을 하고 사람들 가까이에 살기를 좋아한다. 이곳 아프리카대머리황새는 가뭄에 죽은 가축에서 나오는 썩은 고기를 먹는다. 또한 가축 뼈를 공중으로 던졌다가 바위에 떨어뜨려 부순 다음, 안에 있는 골수를 긁어먹는다고 알려져 있다. 가뭄에 바싹 말라 잎사귀라고는 없이 벌거벗은 아카시아 나무 위에 앉은 새들은 가뭄을 상징하는 마스코트처럼 여겨진다. 결핍이라는 주제를 한층 강조라도 하려는지, 때는 마침 라마단이었다. 가리사 주민 대부분이 소말리족 이슬람교도로 식사는 물론 흡연도 금지되는 라마단을 엄격히 지키고 있었다. 목을 축일 맥주는 물론이고 낮에는 음식이나 커피조차 없었다.

　다음 날 아침 우리는 차를 몰고 가리사를 나와 사막으로 향했다. 길은 이내 부드러운 모랫길로 바뀌었다. 여기서도 위가 평평하고 가지가 옆으로 널따랗게 가지를 드리운 아카시아 나무들은 모두 죽어서 햇볕에 하얗게 바랜 채였다. 나무라기보다는 뿌리 없는 유목流木이 서 있는 것 같았다. 창백한 나무들이 햇빛을 반사해 텅 빈 하늘에 푸른 섬광을 던지는 모습이 왠지 으스스한 분위기를 자아냈다. 양치기들이 우리를 보더니 텅 빈 플라스틱 물통을 흔들었다. 우리가 물을 가져온 NGO라고 생각한 모양이었다.

　가리사에서 무법이 판치는 소말리아 국경으로 이어지는 길을 따라, 북쪽으로 50킬로미터쯤 가자 소말리족 마을 샴바리가 나왔다. 아니, 정확히 말하자면 유목 생활을 하는 목축민의 야영지였다가 가축이 죽고, 주민들이 원조에 의지해 살게 되자 정착촌으로 바뀌고 있는 그런 곳이었다. 마을이라고 해봐야 중앙의 커다란 나무 주위로 몇 채씩 무리를 이룬 천막들이 전부였다. 막대와 올이 굵은 삼베로 만든 초라한 천막들 사이로 햇볕에 말려 굳힌 벽돌로 만든 건물 두 개가 있었다. 단칸짜리 학교와 진료소 건물이지만 둘 다 직원이 없어 비어 있는 상태였다. 멀지 않은 곳에는 접시 모양으로 꺼진 축구장 크기의 웅덩이가 있었다. 지금은 바닥에 먼지뿐이지만 한 때는 빗물을 받아두는 용도로 쓰였을 것이다. 이따금씩 나오는 원조 식량과 간신히 기능을 하고 있는 시추공 우물이 아니었다면 주민들은 생존 자체가 불가능했으리라. 머리가 지끈거릴 정도의 뜨거운 열기를 느끼며 태양 자체가 샴바리를 미워하는 것은 아닌가 하는 생각이 들 정도였다.

왜 열대는 죽음의 땅이 되었나

촌장은 2년 동안 비가 오지 않았다고 말했다. 50마리였던 그의 소가 세 마리로 줄었다. 촌장의 표현에 따르면 남자들 스무 명이 가족까지 팽개치고 "미쳐서 마을을 버리고 떠났다." 인터뷰를 듣고 있던 남자들 중에 몇몇이 그 말을 듣고 신경질적으로 웃었다.

흥미로운 것은 이런 극단적인 상황에서도 폭력이 없다는 사실이다. 내가 이곳이 상대적으로 평화로운 이유를 물으니 사람들은 이슬람교 덕분이라고 말한다. 하지만 내가 보기에는 다른 여러 요인의 결합이 더욱 중요하지 않나 싶다. 우선 이곳은 지리적 여건이 좋았다. 수도 나이로비 및 항구도시 몸바사와 연결된 도로(대부분이 포장되어 있다)가 가까이 있어 외부 원조를 받을 수 있고, 남자들이 일자리를 찾아 도시로 탈출하는 방법도 있다. 또한 타나 강이 근처에 있어서 강과의 경계 지점에 생기는 범람원汎濫源* 덕분에 일부나마 농사를 지을 수가 있었다. 일찌감치 물위원회를 조직해서 체계적으로 수자원을 관리한 것도 폭력이 없는 중요한 요인이었다. 물위원회는 시추공을 관리하고, 누가, 언제, 얼마나 물을 사용할 것인가를 결정하고, 펌프를 돌리는 데 필요한 기름을 살 돈도 마련했다. 이런 조직이 있어서 공동체의 단결이 유지되고 덕분에 젊은이들로 하여금 가축 약탈에 나서도록 하는 상황을 미연에 방지할 수 있었고, 그래서 평화를 유지할 수 있지 않나 싶었다.

하지만 내가 보기에 폭력을 억제하는 가장 강력한 요인은 사막이라는 물리적 장애물이었다. 샴바리 마을 주변의 죽어가는 초원은 위

---

*범람원 강이 범람하면 물에 잠기는 강가의 평지로 충적 평야의 일종이다.

낙 광대하고 메마른 상태였다. 훔친 소를 데리고 이곳을 가로질러 마을로 돌아온다는 자체가 어려울 것이다. 이곳에서 서로 대립하고 경쟁하는 씨족들은 찌는 듯한 더위와 모래투성이 황야에 발이 묶여서 각자의 시추공, 타나 강의 제방, '구호 식량' 배급지 주변으로 형성되는 노변의 '구호 캠프'에 사실상 격리되어 있는 신세였다. 이들 목축민은 본질적으로 가축 약탈을 포함한 유목 생활의 모든 것, 말하자면 소를 중심으로 하는 유목생활 자체를 포기하는 과정에 있는 낙오자들이기 때문에 평화롭다.

그곳의 평화가 (이슬람의 평화를 사랑하라는 가르침 때문이라기보다는) 생태계와 경제 붕괴의 부산물이라는 증거는 북쪽으로 700킬로미터만 더 올라가면 찾아볼 수 있다. 바로 소말리아-케냐 국경에 위치한 만데라라는 소도시는 이슬람교도이면서 소말리족에 속하는 케냐인 목축민들이 공공연하게 벌이는 가축 약탈과 소규모 자원 분쟁 때문에 유혈이 낭자하는 곳이다. 가레족과 무룰레족 사이에 매일같이 회전會戰이 일어나고 상대방의 마을을 불태웠다는 소식이 끊이지 않는다. 양쪽 모두 룰리스 댐을 차지하려고 하고 있다. 2005년 이후 싸움이 맹렬하게 진행되고 있다. 이따금 처벌을 위해 정부에서 군사 작전을 펴거나 결국에는 실패로 끝나는 평화 회담이 열릴 때만 중단되는 정도다. 계속되는 폭력에 견디다 못해 1,000가구 이상이 야반도주했다.[14]

왜 열대는 죽음의 땅이 되었나

원인 가려내기

　기후 변화와 각종 분쟁을 이해함에 있어 핵심 질문은 폭력이 주로 결핍에 대한 반응이냐, 아니면 기회에 대한 반응이냐이다. 투르카나 족은 소가 부족하기 때문에 약탈을 하는가, 아니면 이웃 부족들이 소를 소유하고 있기 때문에 약탈을 하는가?

　케냐 북동부 마사비트 주를 연구한 인류학자 두 명은 가뭄과 결핍이 실제로는 가축 약탈의 감소로 이어진다는 사실을 발견했다. 아다누 로바와 카렌 윗센버그의 연구 결과에 따르면 "폭력이 상대적으로 증가한다는 증거가 없으며, 부족 간의 폭력이 환경으로 인한 결핍과 관련되어 있다는 증거도 없다."[15] 삼부루 목축민을 보면 결핍으로 분쟁이 야기되기보다는 오히려 협력이 공고해졌음을 알 수 있다. 지역민들이 물을 찾아 시추공 주변에 모이는 바람에 물리적으로 서로의 관계가 돈독해졌고, 물 관리에 필요한 조직화 과정에서 정치적으로도 결합이 견고해졌다. 연구자들은 역사, 인적 요인, 복잡성, 특수성 등을 강조하면서 그들의 연구 결과를 해당 지역을 넘어 일반화하지 않도록 각별히 주의를 기울였다. 앞서 살펴본 샴바리 마을 사례도 이들의 이론에 힘을 실어준다고 할 수 있을 것이다.

　결핍이 폭력을 부추긴다는 주장과 가장 관련이 깊은 토머스 호머-딕슨 같은 학자조차도 결핍과 폭력 사이에 일대일 인과 관계를 주장하지는 않는다. 오히려 그는 기후, 경제적 결핍, 국가 정책, 폭력적인 사회 분쟁 사이의 상당히 느슨한 연관성을 어떻게든 파악하여 일목요연하게 정리하려고 한다. 여기 그의 생각을 훌륭하게 요약한 말이 있다.

심각한 결핍에 시달리는 지역에서 농작물의 생산 감소, 도시로의 이주, 경기 위축은 지역민의 곤경을 야기하고, 국가에 대한 요구사항이 늘어난다. 동시에 결핍은 경제 생산력을 저하시키고 따라서 세금이 줄어들어 국가의 세입에도 지장을 줄 수가 있다. 이는 또한 '지대 추구자'들의 영향력과 활동을 증가시킬 가능성이 있다. 덕분에 이들은 자신들의 늘어난 부에 대한 세금 납부를 거부하고, 국가 정책을 자신들한테 유리하게 이끄는 방향으로 영향력을 행사하려고 한다. 그러므로 환경으로 인한 결핍은 사회의 국가에 대한 요구는 늘리는 한편, 이런 요구를 충족시킬 국가의 능력은 떨어뜨린다.[16]

호머-딕슨의 공식에서 환경 위기는 시간과 공간에 따라 바뀌어 나타난다. 농촌의 자원 위기는 종종 국가의 세입과 서비스를 놓고 벌어지는 도시의 종족, 종교, 정치 투쟁으로 나타난다.

케네디 아가데 음쿠투도 케냐에서 목축민 폭력 문제를 아주 구체적으로 연구한 학자다. 그는 명저로 꼽히는 『총과 지배』에서 분쟁 유발에서 소형 무기류의 입수 및 활용이 어떤 역할을 하는가에 초점을 맞춘다. 음쿠투는 또한 환경적인 요인을 무엇보다 중심에 둔다. 그는 "가뭄, 기아, 질병으로 가축이 줄어들면, 사람들은 가축 약탈을 통해 이를 보충해야 한다."고 주장한다.[17]

케냐 역사학자들도 같은 생각이다. 가장 저명한 동아프리카 연구자로 꼽히는 데이비드 앤더슨은 가뭄 기간에 가축 약탈이 증가한다

왜 열대는 죽음의 땅이 되었나

고 지적했다. 폭력은 결핍과 기회가 결합되어 일어나는 것으로 보았다. 예나 지금이나 가뭄이 들면 가축들이 물이 나오는 주요한 몇몇 시추공 주변에 집중된다. 덕분에 이웃의 가축을 훔칠 기회도 늘어난다. "기회를 틈타 다른 아프리카인에게서 가축을 훔쳐오는 데는 특별한 계획이나 조직이 필요하지 않다. 타인의 소를 잡아 자기네 가축 근처로 끌고 갈 가족 혹은 일단의 사람만 있으면 그만이다. 이런 절도는 물이 나오는 장소, 함염지, 건기에 다른 목축민과 같이 쓰는 방목지 인근에서 가장 흔하게 일어났다. 가뭄은 이런 유형의 절도에는 호기가 아닐 수 없다. 목축민이 사용할 자원이 부족해지면서 여러 사람 소유의 가축이 특정 지역에 일시적으로 집중될 가능성이 높기 때문이다."[18]

괜찮은 비지니스

'전형적인' 동아프리카 지구대의 가축 약탈은 외부 조건들과 단절되어 존재하는 것이 아니다. 1920년대부터 가축 약탈은 현금 경제, 소도시 및 대도시의 경제생활, 국내 시장은 물론 국제 무역과도 연결되었다. 가축 약탈을 부추기고 지원하는 집단이 조직범죄 네트워크나 정치계 우두머리인 경우도 많았다. "1930년대 즈음에는 가축 약탈이 부의 축적 수단으로서만이 아니라, 수요가 높은 동아프리카 지역들에 가축을 제공하는 한층 넓은 규모의 무역 시스템의 일환으로 행해졌다."[19] 데이비드 앤더슨의 지적이다. 이런 추세는 지금까지도 계속되고 있다.

서포코트 주의 주도 카펜구리아는 고지대에 위치하여 안개가 자욱한 산악 도시다. 그곳에서 나는 케냐의 일간지 『네이션』에서 일하는 에드워드 코에치 기자를 만났다. 우리는 걸쭉하고 기름진 고기 스튜와 부드러운 우갈리^{ugali}* 덩어리들을 놓고 점심을 먹었다. 말이 없고 어딘지 경직되어 보이는 포코트족들이 식당을 가득 채우고 있었다. 점심을 먹은 뒤에 우리는 도망치듯 식당을 나와 나의 사륜구동 차량에 몸을 실었다. 그리고 잠시 후에 노변에 차를 세우고 이런저런 대화를 나눴다.

코에치는 난디 부족의 일원이지만 포코트족 권력층과 밀접한 관계를 맺고 있었고, 서포코트 주의 정치 경제에도 정통했다. 그는 영향력 있는 기업가와 정치인들이 가축 약탈에 자금을 대고 있다고 확신했다. 경험이 많은 노련한 전투원들을 시켜 시골 지역에서 젊은이들을 조직해 훈련시키고, 이렇게 훈련받은 젊은이들이 투르카나나 우간다 등지로 가서 2~3주 정도 걸리는 약탈 임무를 수행한다. 그렇게 얻은 가축은 캄팔라와 나이로비 등에서 되판다.

코에치는 지난 5년 동안 포코트족 영토가 아주 건조했다고 말했다. 케냐는 주들 사이에도 기후가 다를 정도로 국지화된 기후 패턴으로 악명 높은 곳이다. 최근 서포코트 주의 날씨를 말하자면 평상시보다 건조해서 가뭄에 시달리거나, 아니면 역으로 폭우와 홍수에 시달리거나 하는 식이었다. 이런 상궤를 벗어난 날씨는 얄팍한 토양 때문

---

*우갈리 우갈리는 동아프리카인들의 주식으로 으깬 옥수수 요리다.

왜 열대는 죽음의 땅이 되었나

에 그전에도 쉽지 않았던 농사를 훨씬 힘들게 만든다. 이 때문에 서포코트 주민들 입장에서는 가축 약탈이 괜찮은 비즈니스다.

경찰, NGO 직원, 투르카나 목축민들은 모두 도둑맞은 가축을 쫓아 카라수크 구릉으로 들어갔다가 대형 트럭으로 가축을 실어 나른 흔적을 자주 본다고 증언했다. 동물의 발자국을 쫓아가면 임시 우리 같은 것이 나타나고 거기서 대형 트럭의 타이어 자국이 발견되는 식이다. 물론 동물 발자국은 거기서 끊겨 있다. 이는 일부 포코트족 약탈자들이 훔친 가축을 전문 재판매업자에게 넘기기로 사전에 협의하고 움직인다는 의미이다. 이외에도 우간다의 군장교들이 투르카나족의 우량 황소들을 가지고 있다는 사실도 주목할 만한 증거다. 불법으로 우간다 국경을 넘어온 포코트족 가축 도둑들에게서 세금조로 몰수한 것들이다.

이처럼 목축민 회랑 지대 곳곳에서 일어나는 무수히 많은 분쟁과 약탈이 교역망과 인맥 등을 통해 범죄 조직, 정계의 우두머리, 지역 군사 집단, 합법적인 시장으로 연결된다. 도시에 토대를 둔 지하 경제가 가축 약탈에 미치는 영향은 (호머-딕슨에게는 미안한 말이지만) 농촌에서 도시로의 일방적인 이동뿐만 아니라, 농촌경제에서 도시로, 다시 농촌으로 끊임없이 왔다갔다 하는 위기의 교환을 보여준다. 이런 갈등 구조 안에서 기후 변화는 깜부기불에 기름을 붓듯이, 이를 더욱 부채질하는 촉매 역할을 하고 있다.

6장

왜 동아프리카는
죽음의 땅이 되었나?

할 수만 있다면 그 모든 행성들을 병합하고 싶다는 생각을 종종 하곤 했다. 행성들
이 그토록 선명하게 구분되고 멀리 떨어져 있다는 사실이 나를 슬프게 한다.

_세실 로즈Cecil John Rhodes, 『유언장Last Will and Testament』, 1902년.

동아프리카의 갈등 구조는 목축민, 민병대, 조직범죄, 정치 엘리트,
시장, 변화하는 기후 패턴 등이 결합한 아주 구체적이면서 진화 중인
폭력의 정치경제학을 보여준다. 동아프리카 역사의 전개 과정을 보
면 빈곤, 폭력, 기후 변화의 충돌이라는 파멸적 수렴의 요인이 드러
난다. 말하자면 신자유주의적 경제 구조조정, 냉전 군국주의, 지구
온난화의 영향이 역사 속에서 기왓장처럼 첩첩이 겹쳐져 오늘날의
파멸적 수렴을 야기하고 있다. 예를 들어, 최근에 정상적인 패턴을
벗어나 오락가락하는 열대 수렴대의 혼돈도 해당 지역의 역사와 무

관하지 않다. 그러므로 기후 변화가 일어나는 지역의 구체적인 역사에 대한 지식 없이는 그것이 미치는 사회적 영향을 온전히 이해할 수 없다. 또한 적응 혹은 완화를 위한 어떤 계획도 역사에 대한 지식과 이해 없이는 성공적으로 고안되거나 이행될 수 없다.

이제는 죽어버린, 에카루 로루만이 제기하는 범인 찾기 질문으로 돌아가서, 우리는 이렇게 물을 수도 있을 것이다. 케냐 투르카나 지역에 소형 무기가 그렇게 많은 이유는 무엇일까? 간단히 답하자면 이렇다. 우간다, 남수단, 소말리아는 예전에도 그랬고, 지금도 파탄 국가이다. 이들 국가에서 케냐로 소형 무기들이 흘러들어 온다.

그렇다면 다음 질문. 이들 국가는 어떻게 만들어졌고, 변화하고, 붕괴되었는가? 과거 역사가 동아프리카 사회의 현재를 어떻게 규정하고 있으며, 그들의 기후 변화 적응 능력은 어느 정도인가?

케냐 만들기

영국의 동아프리카 합병은 1890년대 초반에 시작되었다. 콩코 분지 영유권을 중심으로 진행된 1885년 베를린 회의는 유럽 열강의 '아프리카 쟁탈전'을 공식화하는 계기가 되었다. 아프리카 쟁탈전의 일환으로 영국 빅토리아 여왕 정부는 스코틀랜드 선박왕 윌리엄 매키넌 경이 주도하는 대영제국동아프리카회사의 설립을 허락했다. 윌리엄 매키넌 경은 당시 세계에서 가장 많은 선박을 관리하고 있었다. 회사의 임무는 현재의 케냐와 우간다 지역을 제국주의 착취가 가능

왜 열대는 죽음의 땅이 되었나

한 식민지로 개방하는 것이었다.[1] 1888년부터 동아프리카회사는 현재 우간다에 속하는 여러 지역을 장악하려고 시도했지만, 그 과정에서 현지 키쿠유 부족의 반감을 샀다. 당시 해당 지역을 지나가던 제럴드 포털 경은 동아프리카회사가 "물건 대금을 제대로 치르지 않아" 주민들의 폭력을 촉발하고 있다고 비난했다. 포털 경은 "습격하고, 약탈하고, 허세 부리고, 원주민들을 총살함으로써, 회사는 나라 전체가 백인에게 반기를 들게 만들고 있다."고 지적했다.[2]

결국 동아프리카회사는 실패했고 재정 파탄에 직면했다. 동아프리카 식민지화는 영국 외무부(1905년에는 식민성)가 책임을 지고 나선 1895년에야 본격적으로 시작되었다. 영국 정부의 이곳에 대한 관심은 대단히 전략적이었다. 나일강 상류를 통제하고, 그리하여 나일강 하류의 수단과 이집트에서 영국의 이익 실현을 뒷받침한다는 것이었다. 이런 목적을 위해 해안 도시 몸바사에서 빅토리아 호수의 키수무를 잇는 철도가 건설되었다. 1901년 철도가 완공되고 문호가 개방되자 이 지역은 영국의 의도대로 백인의 이주, 상업적인 착취, 정치적 억압에 그대로 노출되었다. 당시에 작성된 기사는 우간다 철도 개통으로 인한 성과를 다음과 같이 기술하고 있다. "우간다 철도는 정치적인 효과 이외에 원주민의 생활 습관이나 삶의 방식에도 눈에 띄는 영향을 미쳐야 했는데, 기대대로 이미 그런 효과를 낳고 있다. 우간다 철도는 원주민들이 문명과 직접적으로 접하게 해주며 이를 통해 교역 가능성을 열어주었다. 철도는 부족 간의 적대감을 누그러뜨리고, 호전적인 종족들의 봉건적인 약탈도 억제하고 있다. 철도 덕분에 빅토리아 니안자 호수 연안에 자리 잡은 모든 나라가 쉽게 바다와 연결되고 유럽과 소통할 수 있게 되었다."[3]

이런 관점에서 보면 우간다 철도는 비록 단선單線이었지만 특정 지역을 에워싸고 변화시키는 사회 경제적인 울타리 역할을 했다. 현지의 경제 분야 생산품은 파괴되고 대체되거나 점점 비대해지는 세계 자본주의 경제의 부분 집합으로 통합되었다.[4] 1907년까지 백인 정착민이 쏟아져 들어왔다. 이들 정착민은 법의 힘과 과세, 경제력 등을 동원하여 오늘날의 케냐 중부 고지대를 손아귀에 넣었다. 1895년부터 1903년까지 영국군은 정기적인 '토벌 작전'을 벌였다. 이와 같은 영국군의 무력 사용은 벨기에가 콩고에서 펼친 군사 작전처럼 노골적이지는 않았지만 아프리카인의 손에서 토지를 강탈하는 데 핵심 역할을 했다. (벨기에의 콩고 군사 작전은 사실상 무력을 동원한 절도에 가까웠다.) 아프리카인에게서 정착민에게로 토지를 이전하는 과정에는 보통 교묘한 속임수, 승강이, 협동조합, 신입 회원 가입 같은 수단이 동원되었는데, 모두가 무력을 배후에 깔고 있었다. 일부 아프리카 엘리트들의 협조가 큰 도움이 되기도 했다.

동아프리카 역사의 권위자로 꼽히는 존 론스데일은 당시 분위기를 다음과 같이 표현한다. "당시 전쟁터에서 어떤 일이 일어났는가, 언제 호치키스 기관총 혹은 맥심 기관총이 동원되었는가(말하자면 언제 무력 돌격 작전이 시작되었는가), 언제 초가들이 불타고 가축들이 포획되었는가 등은 모두 지배 복종 관계를 수립하는 과정에서 근본적으로 중요했다. 하지만 무력은 진정한 영향력은 아니었다. 영향력은 한 번의 대결로 얻어지는 것이 아니라 특정 방식으로 정돈된 사회관계 안에서 반복되는 거래를 통해 얻어지는 것이다. 물론 그로 인한 비용

왜 열대는 죽음의 땅이 되었나

과 편익을 계산하고 예측할 수 있어야 한다."[5] 달리 말하자면 국가들은 폭력을 통해 탄생하지만 온전히 폭력만으로 구성될 수는 없다.

백인 정착민은 영국 식민성과 함께 일종의 자체 정부인 입법 평의회를 구성했다. 입법 평의회는 때로는 본국과 공조하고 때로는 대항했다. 한창 많을 때는 약 35만 명의 백인이 케냐에 살았다. 원주민에게 가장 많은 반감을 사고 원주민을 가장 많이 착취한 세력이 바로 이들이었다.[6] 한편으로 영국 본토와 케냐 식민 정부는 군비와 백인 농부들의 낮은 생산성을 놓고 끊임없이 언쟁을 벌였다. "9년 동안 군비가 보호령 예산의 거의 3분의 1을 까먹었고, 군비가 현지 세수를 초과했다. 1896년부터 5년 동안 본국 보조금이 세 배로 뛰었는데 주원인이 군비여서 비난이 끊이지 않았다."[7]

위기를 이용하고, 위기의 씨앗 뿌리기

1890년대 일련의 생태적 대재앙은 영국의 정치적 합병 작업(동아프리카에서 근대적 국가 제도가 최종적으로 자리를 잡았다는 의미이다)을 도와주었다. 가뭄, 가축의 질병, 천연두로 인해 케냐 중부 지방의 원주민이 거의 25퍼센트 가까이 사망했다. 약탈에 맞서 자신을 보호하고 자원을 확보해야 하는 생존자들에게는 도와줄 후원자의 존재가 절실했다. "황폐할 대로 황폐해진 케냐에서 공교롭게도 영국은 그들이 닿을 수 있는 최고의 후원자였다. …… 물론 그들이 정복자로 오기는 했지만."[8]

자연재해로 현지 생산 방식이 위기에 빠지자 정착민들은 자신들의 돈으로 토지를 사들였다. 하지만 백인이 소유한 농장은 서툰 운영 때문에 수익을 내지 못하는 일이 잦았다. 원주민과의 경쟁에서 스스로를 보호하기 위해서 정착민이 지배하는 입법 평의회는 원주민 농부들에게 가혹한 경제적 불이익을 주었다. 예를 들면 아프리카인의 커피 재배가 전면적으로 금지되었다. 게다가 정착민은 영국 정부에 요청해서 보조금까지 받았다.

이런 편파적인 대우와 인종 차별적인 제약, 보조금 등은 식민지 내에서 제대로 된 자본주의 경제 발전을 지체시키는 원인이 되었다. 정착민에 의해, 정착민에게 유리하게 만들어진 각종 보호망은 1930년대에야 제거되었다. 2차 세계 대전 준비 때문에 세계적으로 상품 생산이 호황을 누리던 무렵이다. 당시 영국에게는 아프리카에서 귀족 행세를 하는 백인 악덕업자보다 원자재와 식량 수입이 절실했다. 콜린 레이즈의 설명처럼 제약이 풀린 흑인 농부들이 마침내 수출 경쟁에 뛰어들고서야 케냐 경제가 그야말로 비약적으로 성장했다.[9]

키쿠유족의 반격과 케냐의 독립

1950년대 키쿠유족이 참정권 확대를 요구하기 시작했다. 키쿠유족은 백인 정착민에 의해 고지대에서 쫓겨났지만, 악조건에도 불구하고 상업과 농업 분야에서 상당한 성공을 거뒀고, 도시 기반의 지적인 리더십까지 창출한 상태였다. 하지만 백인들은 키쿠유족의 주장

왜 열대는 죽음의 땅이 되었나

에 탄압으로 맞섰고, 머지않아 많은 키쿠유족은 게릴라전으로 돌아섰다.

키쿠유족이 주축이 되어 조직한 무장 투쟁 단체 마우마우단의 봉기는 치밀하면서도 잔혹한 대게릴라전을 촉발했다. 백인들은 '국가 비상 사태'를 선포하고 대대적인 탄압에 나섰다. 토벌 작전, 테러단, 대규모 구금, 고문, 재교육 캠프, 소규모 정예 게릴라 진압 부대 활용 등을 남발했다. 공식 사망자 수는 1만 1503명이었지만 오늘날 학자들은 수치를 훨씬 높게 잡고 있다.[10] 데이비드 앤더슨은 2만 명으로 본다. 캐롤라인 엘리킨은 퓰리처상을 수상한 저서에서 사망자가 7만 명이 넘을 것으로 추산한다.[11] 엄청난 탄압 속에서 마우마우단은 괴멸되었지만, 그들은 케냐의 완전한 독립과 동아프리카에서 소수 백인 지배 종식을 위한 포문을 열었다.

식민 지배를 종식할 시기가 다가오자 당국은 과거 적수였던 조모 케냐타와 협상을 시작했다. 비상 사태 기간 백인 관료들은 케냐타를 미치광이, 마우마우단, 공산주의자 등으로 부르면서 악마 취급을 했고 가택 연금시켰다. 하지만 실제로 케냐타는 자유주의에 동조하는 민족주의자였고, 석방된 뒤에는 합리적인 선에서 영국과 협상을 하는 원주민 대화 상대 역할을 톡톡히 해냈다. 독립에 대한 최종 합의 내용을 보면, 백인 정착민의 재산을 보호하고, 떠나고자 하는 정착민에게는 시장 가격대로 재산을 처분할 기회를 주었다. 떠나는 백인 지주들에게 재산 처분 대금을 지불하기 위해서 신생 케냐 정부는 영국에서 돈을 빌렸다. 이를 통해 얻은 자산(토지와 사업체)은 주로 새로운 키쿠유족 지배층에게 분배되었다. 케냐타가 이끄는 신생 정부와 케냐아프리카민족연맹이 적극적으로 대변해주었던 세력 또한 바로 이들이다. 케냐아프리카민족연맹은 2002년까지 케냐의 여당이었다. 건국 초기부터 키쿠유족이 누려온 지배적인 위치를 생각하면 2007년 키쿠유족 대학살로 이어진 폭동도 어느 정도는 이해가 된다. 그렇다고 무차별 폭력이 정당화되는 것은 절대 아니지만 말이다. 계급 적대감이 인종 분쟁 형태로 나타난 또 하나의 사례가 아닌가 싶다.

줄어드는 가축 약탈

1909년에 식민지 통치자들은 '집단 처벌 조례'라는 것을 만들었다. 공동체 전체에 벌금을 부과함으로써 가축 약탈을 그만두게 하려는 취지에서였다.[12] 나이로비 국립기록보관소의 식민지 시기 문서를 보면 각 주의 공무원이 보낸 가축 약탈 보고서가 수도 없이 많다. 부족들 사이에 보복성 공격이 끝도 없이 이어지는 상황이 상세하게 기록되어 있다. 영국 관료들은 정기적으로 공청회를 열어 이런 보고서를 공개하고 각종 조치를 취했다. 용의자들을 잡아 벌금을 부과하고 도망자들을 추적하는 한편, 보통 영국 식민당국이 임명하는 현지 대리인을 따끔하게 꾸짖는 것도 잊지 않았다.

동아프리카 가축 약탈이 시간의 흐름에 따라 어떻게 변해왔는지를 정확하게 말하기는 쉽지 않다. 기록이 불완전한 데다 적잖이 왜곡되어 있기 때문이다. 하지만 대략 1920년대 말부터 1970년대 초까지 가축 약탈이 상대적으로 줄었다는 증거는 있다. 국가 행정 역량의 꾸

왜 열대는 죽음의 땅이 되었나

준한 성장과 전례 없이 많은 인구가 공식 노동 시장에 흡수된 것이 폭력이 줄어든 원인으로 보인다. 영국은 법률로 구역이 정해진 '집단 사육장'을 만들어 분쟁 중인 부족들을 떼어 놓고 목축민들이 경제적으로 힘을 합칠 수 있게 했다. 또한 점점 많은 사람들이 임금 노동자와 상품 생산자가 되면서 가축 절도의 중요성이 서서히 줄어들었다.

경찰, 법원, 세금, 임금 노동, 신분증명서, 징병제, 교도소, 의료 서비스, 수자원 관리, 초등교육, 수의과 진료, 가축 개량 프로그램 등의 증가, 간단히 말해서 통치 역량의 확대가 전통적인 가축 약탈을 누그러뜨렸다. 때로는 그로 인해 새로운 형태의 폭력이 양산되기도 했지만 아무튼 전통적인 가축 약탈은 줄었고, 행정 역량이 충분히 확대되어 시골 지역까지 통제가 가능해졌다. 투르카나와 여타 지역의 목축민들은 부분적으로 케냐 사회에 흡수되었고, 그들의 전통 문화 양식은 자본주의 경제 관계와 국가의 전반적인 사회 통제 밑으로 통합되었다.[13]

그러나 독립 이후 케냐에서 북부 목축민은 시기별로 정도의 차이는 있지만 중요하지 않은 주변 집단이었고 상대적으로 관심을 받지 못한 채로 방치되었다. 학교, 법률, 진료소, 도로, 동물 보호 구역, 화폐 경제 등을 갖춘 근대 국가의 사회적, 법적 테두리 안에 있었지만 주된 관심의 대상은 아니었다. 하지만 1970년대 말 엘니뇨와 연계된 가뭄이 시작되면서부터 해당 지역과 인구에 대한 국가의 행정 통제가 상당히 약화되었다. 그와 더불어 가축 약탈이 다시 증가하기 시작했다.

우간다의 총

영국은 1960년대 초반까지 우간다도 지배했다. 1970년대 말, 투르카나를 포함하여 케냐 북부 여러 지역에 처음으로 총이 대량 유입되었는데 출처는 바로 독립한 우간다였다. 현재의 우간다는 과거에 부간다 왕국을 비롯한 몇몇 아프리카 공국 및 봉건 국가로 나뉘어 있었다. 이들 모두가 강압, 협력, 경제력 등에 의해 영국의 종주권 아래 들어왔고 오늘날의 우간다가 되었다.

1950년대 중반 우간다의 전통적인 원주민 엘리트와 교육받은 중산층은 케냐 마우마우단의 봉기와 뒤이은 무지막지한 진압 작전 과정을 관심 깊게 지켜보았다. 케냐의 저항 세력들은 아프리카인과 백인 당국 모두에게 경계로 삼아 마땅한 타산지석 역할을 했다. 우간다인이 참정권 확대와 완전한 독립을 요구하는 움직임을 보이자, 영국 당국은 현명하게 1950년대 말에 시작될 예정인 탈식민지화를 준비하기 시작했다. 우간다는 1962년까지 영국 보호령으로 남아 있었지만 이후에는 독립국이 되었다.

초대 대통령은 아프리카 귀족 출신인 에드워드 무테사로 과거 지역의 왕이었다. 당시 총리는 좌파 민족주의자 밀턴 오베테로 경제의 많은 부분을 국유화한 것으로 유명하지만 동시에 부패로도 유명했다. 1971년 악명 높은 군장교 이디 아민 다다가 쿠데타를 일으켜 정권을 장악했고, 그때부터 우간다는 혼돈에 빠져들었다.[14]

1925년경 우간다 북부에서 태어난 아민은 초등학교를 다니면서 집안의 염소를 돌보는 유년기를 보냈다. 1944년 아민은 왕립아프리

왜 열대는 죽음의 땅이 되었나

카소총부대에 입대했다. 영국의 식민지 부대로 세계 대전 기간에 동아프리카를 비롯한 여러 지역에서 활동한 부대이다. 아민은 미얀마에서 전투에 참가했고, 부사관 계급장을 달고 돌아왔다. 이어서 그는 우간다 라이트 헤비급 복싱 챔피언이 되고, 우간다 북부에서 소요를 일으키는 부족들을 토벌하는 작전에 참여했다. 1953년에는 마우마우단과 싸웠다. 1957년 아민이 케냐에서 돌아왔을 무렵, 우간다에서는 독립 준비가 한창이었다. 유능한 부사관이었던 아민은 천거를 받아 장교가 되었다. 1964년에 육군 부사령관으로 승진했고, 자이르(현재의 콩고민주공화국)로 들어가 심바스 반란군을 돕는 비밀 임무를 수행했다. 심바스는 모부투 세세 세코의 도둑 정치^{kleptocracy} 출현에 맞서 싸우는 루뭄바를 지지하는 반란 집단 중에 하나였다. 하지만 아민은 콩고에서 보내는 시간을 비밀 임무 수행보다는 금과 상아 밀수에 주로 썼던 것으로 보인다.[15]

1971년 우간다 정권을 장악하자마자 아민은 이웃 국가 탄자니아를 위협하기 시작했다.[16] 국내에서 아민의 정권의 행태는 '중세식 야만'과 '현대식 무기'라는 말로 요약할 수 있다. 처음에 아민 정권의 억압은 하나의 정치 논리를 가지고 있었다. 구체적인 사회 경제적 목표를 달성하기 위한 수단으로 폭력이 동원되었고 실제로 경제적으로 도움이 되었다. 하지만 근본적으로 아민은 미치광이였다. 살이 토실토실 오른 비대한 몸집에 얼굴에는 순진한 미소를 머금고, 카키색 군복을 입은 반사회적 인격 파탄자였다. 문제는 그런 인격 파탄자가 사하라 사막 이남에서 최대 규모로 꼽히는 군대를 장악하고 있다는 사실이었다. 우간다 전체가 급속히 사리사욕만 생각하는 개인 중심 사회로 변질되었다. 곳곳에서 파벌이 들끓고, 횡령, 뇌물수수, 폭력이 만연했다. 7년이라는 길지 않은 기간에 아민이 지배하는 우간다는 식민지 독립 이후 아프리카 지역 대부분을 물들일 '도둑 정치'의 전형이자 전조가 되었다. '도둑 정치'는 콩고민주공화국의 모부투 스타일의 독재 정치에서 절정, 즉 최악의 모습을 보여주었다. 지도자가 보통 말하는 국가 전체가 아니라 "일가친척, 일가친척의 고객, 일가친척이 속한 공동체와 지역, 그들이 믿는 종교에 대해서만" 의무를 가지는 그런 정치다.[17]

이디 아민이 정권을 잡은 1971년 이전에 우간다는 상당한 양의 면화와 구리, 설탕, 기타 다양한 농산물을 수출했다. 하지만 어리석은 군사 정권의 잘못된 경제 운용과 민간 부문에 대한 착취와 약탈 때문에 모든 것이 쇠퇴하기 시작했다. 정부의 탄압은 통제 불능일 정도로 심화되었다. 1972년 아민은 우간다의 남아시아인을 공격하여 추방하고 재산을 압류했다. 이 조직적인 약탈과 학살은 '마푸타 민기 Mafuta Mingi 작전'이라는 이름으로 자행되었다. 국정 운영의 핵심에 있는 군인들이 이제는 강제로 몰수한 아시아인들의 사업체까지 소유하게 되었지만 어느 모로 보나 운영 실적은 저조했다.

관료 집단의 개인적인 축재 이외에 아민 정권의 분명한 목표는 엄청난 군비 증강이었다. 소련이 아낌없는 지원을 제공했고, 서구 기업이 아민에게 무기를 팔고 군대를 훈련시키면서 돈을 벌었다. 냉전 시대 적수였던 양쪽 진영이 같은 고객의 환심을 사려고 애쓰는 모습이 얼핏 보면 낯설고 이상하지만 전례가 없는 일은 아니다. 에티오피아, 소말리아, 아프가니스탄 등의 사례만 생각해 봐도 양쪽 진영의 지원

왜 열대는 죽음의 땅이 되었나

을 동시에 받았음을 알 수 있다.

아민 정권하에서 우간다의 도로, 항구, 창고, 농장, 공장 등은 황폐할 대로 황폐해졌다. 『이코노미스트』에서 지적하는 바처럼 "사회적 경제적 인프라를 발전시키는 것은 고사하고, 유지 관리에 들어가는 비용도 쥐꼬리만큼으로 줄었다. 아민 정권이 단기간에 거둔 수확은 빈곤과 인플레이션이었다."[18] 노동 쟁의가 일어났지만 무자비하게 진압되었고, 정권은 점점 고립되고 취약해졌다.

마침내 겁에 질린 미국 의회가 경제 제재를 가할 준비를 했다. 인권을 중시한다고 입버릇처럼 말하던 카터 행정부는 경제 제재에 반대했지만 의회의 주장이 관철되어 1978년 10월 미국은 우간다에 금수 조치를 내렸다. 금수 조치에 대한 보복으로 아민은 우간다 내 미국인 거주자의 출국을 금지한다고 선언했다. 사실상 그들을 인질로 잡겠다는 말이었다.[19] 우간다 경제가 움츠러들면서 그동안 부패한 경제의 단물을 빨아먹으며 살이 뒤룩뒤룩 오른 장교단 내부에서 줄어든 이권을 놓고 다툼이 일어났다. 심복들의 불만을 진정시키기 위해서 아민은 아예 10개 지방을 군에서 다스리는 특별 구역으로 지정했지만 이러한 일종의 봉토^{封土}들은 국가 경제를 더욱 약화시킬 뿐이었다. 이들 지방의 주지사들이 커피를 밀수출하고, 세금을 훔침에 따라 국고가 텅텅 비게 되었다. 1978년 여름에는 군인들도 급료를 받지 못할 만큼 상황이 악화되었다. 쿠데타 시도에 소규모 폭동들이 이어졌고, 국방부 장관까지 반정부 움직임에 가담하게 되었다.

1978년 10월, 아민은 치국책 중에 최하수라는 방법에 호소해 난국을 타개하려 했다. 전쟁을 일으킨 것이다. 하지만 탄자니아 침략은 즉시 격퇴되었고, 최신 장비를 갖춘 현대화된 병력이지만 군기며 규율은 엉망이었던 아민의 군대는 처절하게 붕괴되었다.

탄자니아 군대와 아민에 반대하는 망명 우간다인들이 연합하여 수도 캄팔라를 점령했다.[20] 『뉴욕타임스』 통신원은 이들의 승리를 다음과 같이 묘사했다. "수도를 점령하고 얼마 지나지 않아 우간다 해방자들은 독재자가 남겨둔 것이 거의 없다는 사실을 깨달았다. 중앙은행에 남은 외환은 20만 달러인데 반해 외채는 2500만 달러에 달했다. 도합 50만 명의 주검이 묻혔을 것으로 추정되는 전사자 합장묘지가 각지에 있었다. 대부분이 아민에 반대했다는 의심을 받아 처형된 사람들이었다. 우간다는 경제라고 부를 만한 것이 아예 없는 미망인과 고아들의 나라, 말하자면 폐허였다."[21]

▍무기 확산: 창 대신 총

▍수도는 해방군에 점령되었지만 동북부 시골 지방에는 책임자가 없었다. 군대가 사라지자 카라모종과 지에 부족민들이 국경 근처 모로토 요새와 코티도 요새를 약탈했다. 모로토 요새는 다량의 무기를 갖춘 규모가 큰 요새였고, 코티도 요새는 모로토에 비하면 규모가 작았다. 아무튼 약탈자들은 "처음으로 상당히 많은 자동화기와 탄약을" 얻게 되었다. 여기서 나온 다량의 총기가 케냐와 목축민 회랑 지대의 다른 지역들로 흘러 들어갔다.[22] 어느 보고서는 카라모종 전사들이 1979년 군의 무기고를 약탈하여 돌격용 자동소총 2만 정과 탄환 200

만 발을 훔쳤다고 기술했다. 병사들이 도망치면서 헐값에 팔아 치운 총은 더욱 많았다.[23] 해방 일 년째에 『타임스』는 모로토가 속한 카라모자 지역이 맞은 위기를 보도했다. "혁명 기간에 원주민들이 모로토의 군대 막사로 들이닥쳐 1만 5천 점의 자동화기를 가져갔다. 하지만 그로 인해 카라모자 지역이 비극을 겪게 된다. …… 수백 년 동안 이곳 사람들의 무기는 창이었다. 그들은 창을 무기로 서로의 소를 훔치면서 생계를 꾸려왔다. 하지만 무기고 약탈로 가축 약탈이 창끝을 겨누던 데서 총구를 겨누는 싸움으로 바뀌게 되었다."[24] 다른 신문기사는 우간다 여러 지역이 "사실상의 전쟁터"라고 표현했다. "때로는 수가 수백 명이나 되고 보통 자동 소총으로 무장한 약탈자들이 우간다와 탄자니아 마을을 휩쓸면서 저항하는 사람들을 죽이고 마을 주민들의 가장 소중한 재산인 가축을 빼앗아 총총히 사라졌다."[25]

수천 명이 실향민이 되고 수백 명이 죽은 뒤에야 새로운 대통령 요웨리 무세베니가 미약하나마 우간다의 질서를 회복시켰다. 현재 소형 무기 조사에 따르면 우간다에만 40만 점의 불법 무기가 있다고 한다. 이디 아민은 떠났지만 우간다에서는 전쟁이 계속되고 있다. '신의저항군'이라는 또 다른 반사회적 인격 파탄자들이 이후 전쟁의 주역이다.[26]

엘니뇨의 등장과 동아프리카

우간다 동북부 지역에 총기들이 범람하던 바로 그때, 심각한 가뭄이 지역을 강타했다. 심각한 기근이 카라모자 전역을 휩쓸었고 사람과 가축들이 죽었다. 1980년 여름, 『이코노미스트』는 당시 위기를 이렇게 설명했다. "엄청난 재앙이 아프리카 동북부를 강타했다. 매일 수백 명이 굶주림으로 죽어 가는데, 아사자의 대부분이 어린이들이다. 소말리아, 에티오피아, 우간다, 케냐 북부, 아덴만 연안의 소국 지부티, 광대한 영토를 자랑하는 수단 등지에서 1천만 명이 위험에 노출되어 있다. 어느 정도는 모두가 가뭄의 희생자들이지만, 그들 중에 300만 명은 전쟁과 사회 갈등으로 발생한 난민들이다."[27] 과거 20년 동안 사하라 사막 남쪽의 사바나 지역, 즉 사헬 지역과 아프리카의 뿔Horn of Africa* 지역 곳곳에서 심각한 가뭄이 계속되었고 결과적으로 에티오피아, 수단, 소말리아 등이 기근에 시달렸다. 전문가들에 따르면, 해당 지역 목축민 대부분이 굶주림과 질병 때문에 많게는 소형 가축의 80퍼센트, 소의 절반을 잃었다.[28]

1980년부터 1982년 사이의 날씨는 더욱 가혹했다. 20세기 최악의 엘니뇨 두 번 중에 한 번이 이때 일어났기 때문이다. 문제의 엘니뇨가 끝날 무렵 카라마종 부족 소유의 소는 1962년의 절반 수준으로 떨어졌다. 하지만 인구는 두 배가 되었다. 어느 신문기자의 설명을 들어보자. "여자들이 남아 샛강 옆에 옥수수를 심는다. 하지만 지난해

---

*아프리카의 뿔 아프리카의 동쪽을 말하며, 종종 소말리아 반도라고 불리기도 한다. 위도상 거의 정확히 적도와 북회귀선(Tropic of Cancer) 사이에 위치하며, 북동쪽으로 홍해와 아덴만을 사이에 두고 아라비아 반도를 마주하고 있다. 아덴만을 마주보며 동쪽으로 튀어나온 끝 부분은 아프리카 대륙의 최동단이다. 에리트레아, 지부티, 에티오피아와 소말리아를 포함한다.

에 비가 내리지 않아 샛강은 말라버렸다. 콜레라와 기근이 빠르게 확산되었고, 올해 6월 말쯤에는 2만 명이나 되는 카라마종 부족이 사망한 것으로 추정된다." 몇 달 뒤에 식량 호송 차량이 공격을 받은 사건으로 UN의 원조 프로그램마저 끊겼다.[29]

쉬운 해결책, 잘못된 해결책

케냐-우간다 국경에서 약탈한 무기들은 카라마종 부족들에게는 자연재해로 인한 난국을 타개할 사회적 해결책을 제공했다. 약탈한 무기로 농경에 종사하는 이테소족을 대대적으로 공격한 것이다. 카라마종 총잡이들은 눈 깜짝 할 새에 이테소족의 소 대부분을 가져갔다. "가끔씩 일어나는 가축 약탈은 어디에나 있는 익숙한 일이다. 하지만 당시 공격의 규모와 결과는 전례가 없었다."[30] 공격에 대한 보복으로 이테소족은 해당 지역에 정착한 카라마종 부족을 난폭하게 쫓아냈다. 총기를 동원한 약탈의 희생자가 이테소족만은 아니었다. 비슷한 사건이 다른 부족들에게도 일어났다. 총이 흔해지고 저렴해지면서 한동안 줄어들었던 가축 약탈이 다시 증가하기 시작했다. 대략 2천 명 정도의 굶주린 우간다인이 (종종 무장을 하고) 케냐 투르카나 지방으로 넘어와 식량과 가축을 약탈해갔다.[31] 시간이 흐르면서 우간다 대부분의 지역이 이전보다 안정되기는 했지만 우간다는 여전히 케냐 부족들에게 불법으로 총과 탄약들을 제공하는 공급원으로 남아 있다. 또한 1970년대 말과 1980년대 초반의 대혼란으로 인한 피해를 원

상태로 되돌릴 수는 없었다.

동아프리카 전체로 보면 더욱 심각한 불안의 원인은 당연히 파탄국가의 전형이라 할 수 있는 소말리아다. 현재 소말리아는 무기, 해적 행위, 과격 민족주의, 종교적 급진주의 등으로 인한 무정부 상태의 전쟁터다. 소말리아는 아프리카의 뿔 지역의 비적, 가축 약탈자, 민병대, 게릴라 등에게 무기와 피난처, 시장 등을 제공한다. 이제 파멸적 수렴의 핵심 요소라고 생각되는 소말리아 붕괴의 역사를 살펴보도록 하자.

왜 열대는 죽음의 땅이 되었나

7장

소말리아
대재앙

전쟁열戰爭熱의 유혹에 굴복한 정치인이 명심해야 할 사항이 있다. 일단 전쟁 신호가 떨어지고 나면, 자신은 정책을 결정하는 주인이 아니라 예측도 통제도 불가능한 사건들의 노예가 된다는 사실이다.

_윈스턴 처칠Winston Churchill

신생 독립국 소말리아의 선거민주주의 실험은 1969년 좌익 군사 쿠데타로 인해 종말을 고했다. 새로이 등장한 실력자는 무함마드 시아드 바레였다. 그는 이듬해에 공식 이념으로 '과학적 사회주의'를 선포하고, 그것이 "이슬람교 및 유목 사회의 현실과 100퍼센트 양립 가능하다."고 주장했다. 정치적인 반대는 물론 부족들의 공개적인 의견 표명도 엄격하게 금지되었다.

하지만 초기 시아드 바레 정권은 일부 중요한 사회 개혁을 단행했다. 소말리아 역사의 권위자인 I. M. 루이스의 설명대로 새로운 정권은 지방 의료, 지방 교육, 문맹 퇴치 운동을 펼치고, 지역 사회에서 학교, 병원, 약국 등을 짓도록 장려했다. 협동조합과 나무 심기를 장려하고, 소말리아 말을 표기할 글자로 로마자를 채택했다.[1]

그러나 안타깝게도 시아드 바레는 열렬한 민족주의자에 실지 회복주의자였다. 소말리아의 영토는 유럽과 에티오피아의 식민 정책으로 다섯 조각으로 나뉘었다. 1960년 독립 당시 소말리아는 이탈리아가 지배했던 남부 지역과 영국이 지배하던 북부 지역만을 통합한 형태였다. 시아드 바레는 그것만으로는 성이 차지 않았다. 모가디슈의 민족주의 지식인과 정치 엘리트들도 마찬가지였다. 그들은 케냐, 지부티, 에티오피아의 소말리아어 사용 인구와 지역이 모두 통합되어야 마땅하다고 생각했고 그렇지 못한 현실 때문에 분노로 부글부글 끓고 있었다. 그들은 특히 오가덴 지역의 통합을 원했다. 메마른 바위투성이 땅에다 가난에 찌든 지역으로 에티오피아에 속하고, 소말리 민족이 살고 있었다. 쐐기 모양으로 소말리아 영토로 삐죽이 들어와 있어서 그곳 때문에 소말리아 전체가 인도양 쪽으로 내민 부메랑 모양을 하게 되었다. 시아드 바레는 이리저리 쪼개진 소말리 민족을 통일하겠다고 맹세했고, 1970년대 중반 에티오피아가 정치적으로 불안해지자 호시탐탐 기회를 노리고 있었다.

소말리아의 붕괴는 냉전 시대의 거창한 이념과 고귀한 동맹이 고통과 혼란만 남기는 일이 너무나 잦았음을 드러내는 풍자와 교훈을 담은 우화에 다름 아니다. 더욱 넓게 보면 이것 또한 파멸적 수렴의 구성 요소다.

왜 열대는 죽음의 땅이 되었나

에티오피아의 몰락

에티오피아의 황제 하일레 셀라시에는 서구 엘리트들이 쌍수를 들어 환영하고, 마리화나를 피우는 자메이카 라스타파리안*들이 신으로까지 떠받드는 인물이었지만, 에티오피아 국내에서는 세상물정 모르고 제멋대로 전횡을 일삼아 점점 미움을 사고 있었다. 국민이 굶고 있는 상황에서 황제의 애완 사자들은 고기로 포식했고, 1962년까지 종류를 불문하고 모든 노동 단체를 금지했다.[2] 셀라시에 황제는 미국과 우호적인 관계를 유지했고, 한국전쟁 때는 최고의 정예 부대를 파견해 미국을 도왔다. 미군은 에티오피아 강뉴 기지에 통신 부대를 두고 에티오피아 군대를 훈련시켰다. 1953년부터 1973년까지 사하라 사막 남쪽에 대한 미군 원조의 절반이 에티오피아에 집중되었다.[3]

1974년 셀라시에 황제의 지배가 곤경에 빠졌다. 사헬 지역의 가뭄으로 많은 에티오피아 농부가 죽고, 기름값은 무려 네 배로 뛰고, 세계 경제 전체가 침체에 빠졌다. 인플레이션과 연료비 상승 때문에 수도 아디스아바바에서는 폭동이 일어났다. 황제는 질서 회복을 위해 휘하의 군대를 파견했지만 파견된 군대가 다시 반란을 일으켰다. 나라 전체가 혼돈에 빠졌고, 이런 와중에 하급 장교들이 이끄는 데르

---

*라스타파리안 라스타파리아니즘(Rastafarianism)은 성경을 흑인의 편에서 해석하여 예수가 흑인이었다고 주장하는 신앙이다. 특히 에티오피아 황제 하일레 셀라시에(1892~1975)를 예수의 재림으로 여기고 숭배하였다. 2차 세계 대전 전에 서인도 제도의 흑인들 사이에서 일어나 점차 유럽 흑인들의 정신적 아프리카 회귀 운동으로 확대되었다. 1982년에 영국 국교회가 종교로 인정하였다.

그^{Dergue}, 즉 좌익 '혁명위원회'가 정권을 잡았다. 새로운 군사정권은 아프리카에서 최대 규모의 토지 개혁을 단행하고, 모든 산업을 국유화하고, 촌락 단위까지 농민위원회를 설립하면서 신속하게 각종 개혁 조치를 취했다. 하지만 고결한 이념을 담은 급진적인 각종 개혁에도 불구하고, 데르그는 한편으로 서로 죽고 죽이는 잔인한 내부 투쟁에 시달렸다. 중앙에서 권력 투쟁이 일어나는 동안 시골 지역에서는 지주들의 저항과 반계몽주의자들의 봉기가 계속해서 일어났다.[4]

국경 너머 소말리아에서 시아드 바레가 이런 혼란을 오가덴을 되찾을 절호의 기회로 보고 움직이기 시작했다. 에티오피아와 소말리아가 경제 발전, 단결, 대중 복지가 다른 무엇보다 중요하다고 주장하는 사회주의 국가였다는 사실 따위는 신경 쓰지 마시라. 민족주의가 당시를 지배했으니까.

▌미래에 관한 동상이몽

▌시아드 바레는 이미 우리에게 익숙한 은밀한 방법으로 전쟁을 시작했다. 에티오피아에서 서부소말리아해방전선을 결성한 소말리족 씨족들에게 무기를 공급하고 그들을 훈련시켜 도발하게 하는 방법이었다. 하지만 이런 일이 항상 그렇듯이 은밀한 움직임이 확대되어 이내 통제 불능 상태가 되었다.

현지의 갈등이 고조됨과 동시에 지역 전체에서 냉전 구도로 인한 긴장이 증가했다. 초강대국들은 세계 제패를 위해서는 어떻게든 아

왜 열대는 죽음의 땅이 되었나

프리카의 뿔 지역에서 영향력을 확대해야 한다고 보았고, 주로 현지의 맹우를 아낌없이 지원하는 방법으로 목표를 달성하려 했다. 소련 입장에서는 소말리아, 남예멘, 에티오피아(당시에는 에리트레아도 포함되었다), 그리고 머지않아 독립하리라 예상되는 지부티를 포섭해 자국에 우호적인 동맹 세력을 만드는 것이 목표였다. 이런 동맹은 소련뿐만 아니라 사회주의 진영 전체에도 아주 중요했다. 1972년 이집트가 소련 군대를 내쫓고, 완전히 방향을 틀어 미국이 주도하는 반대 진영에 합류한 것도 소련이 아프리카의 뿔 지역에 공을 들인 부분적인 이유였다.[5] 아프리카의 뿔 지역에 든든한 사회주의 동맹이 만들어지면 소련은 중동, 홍해, 아라비아 해, 인도양 항로에까지 영향력을 행사할 수 있을 것이었다. 해당 지역의 전략적인 중요성을 생각해 보라. 수에즈 운하를 통해 지중해로 연결되는 홍해는 서구 국가들이 사용하는 석유의 대부분이 이동하는 중요한 통로다. 예멘은 사우디아라비아와 광대한 국경을 공유하며, 아덴 만 입구로 삐죽이 튀어나온 소말리아의 전략적 중요성도 간과할 수 없다.[6]

아프리카의 뿔 지역에서 이런 소련의 구상을 우려의 눈초리로 바라보는 서구인들은 이를 '팍스 소비에티카Pax Sovietica', 즉 '소련의 지배에 의한 평화'라고 불렀다. '팍스 소비에티카'를 적극적으로 지지한 인물이 바로 쿠바의 피델 카스트로이다. 사실 소련을 처음 아프리카로 끌어들인 사람이 바로 카스트로였다. 1975년 남아프리카공화국 군대, 용병, CIA 군사고문단이 앙골라를 침략한 뒤에, 앙골라인민해방운동을 지원하기 위해 쿠바군을 파견하는 과정에서였다. 피에로 글레이예제스는 『상충되는 임무 : 아바나, 워싱턴, 아프리카

1959~1976』라는 역저에서 이런 기묘하고도 놀라운 과정을 샅샅이 밝힌다.[7] 앙골라에서 승리한 이후 쿠바는 소련을 부추겨 아프리카에 더욱 깊이 관여하게 만들었다. 카스트로가 아프리카를 중요하게 생각한 데는 몇 가지 이유가 있다. 첫 번째 이유는 카스트로의 이념적 헌신이었다. 글레이예제스가 인용한 CIA와 국무부 자료 전반에서 카스트로는 "무엇보다 혁명가"로, 그것도 "대의를 위해 광적으로 헌신하는 거의 강박적인 혁명가"로 묘사된다. 혁명가로서 카스트로는 "메시아적인 사명감"으로 충만하여 "거대한 성전에 임했다." 쿠바와 아프리카 간의 깊은 문화적 유대감도 카스트로의 태도에 영향을 미쳤다. 카터 대통령 시절 미국의 UN 대사이자 과거 민권 운동가였던 앤드류 영은 『뉴스위크』와의 인터뷰에서 다음과 같이 말했다. "쿠바가 스스로를 아프로-라틴^Afro-Latin 국가로 여긴다는 데는 의심의 여지가 없다. …… 실제로 나도 식민지 시기 제국주의의 지배를 받고 억압당한 역사와 감정을 공유한다는 점에서 쿠바가 아프리카에 속한다고 생각한다." 오해의 여지가 있으므로 앤드류 영이 아프리카에서 일어난 무력을 동원한 사회주의 혁명을 옹호하지는 않았다는 점을 지적하지 않을 수 없다. 영은 쿠바가 벌이는 성전이 사실은 '파괴에 일조한다.'며 비판하는 입장이었다.[8]

마지막으로 생존 문제가 있다. 마르크스-레닌주의 국가로서 쿠바는 함께 할 친구가 필요했다. 쿠바는 힘의 균형을 원했고, 가능한 많은 나라를 붉은 깃발 아래로 끌어들이기를 원했다. 앙골라에서 그랬던 것처럼 카스트로는 아프리카의 뿔 지역에서도 주도적으로 나서서 소련의 전략을 짜고 외교적인 수완을 발휘했다. 그는 홍해에 '반제국

왜 열대는 죽음의 땅이 되었나

주의 공동 전선'을 구축해야 한다고 주장했다. 데르그의 수장인 멩기스투 하일레-마리암 중령이 사회주의를 받아들이자, 새로운 정부는 미국 군사고문단을 내쫓고 바르샤바조약기구 국가들의 지원을 받는 쪽으로 급선회했다. 머지않아 소련이 소말리아와 에티오피아를 돕고 있었다. 시아드 바레 일당으로서는 격노할 일이었다. 소련과 쿠바는 오가덴 문제를 해결하고 인접한 동아프리카 국가들을 통합시키려 했다. 카스트로가 직접 소말리아와 에티오피아 지도자들 사이를 오가면서 양측의 불화 개선에 나섰다.

하지만 뜻대로 되지 않았다. 모가디슈 시아드 바레 정권에게는 세계 사회주의권의 통합보다 소말리족의 통합과 실지 회복이 중요했다. 말하자면 세계 사회주의 통합이라는 원대한 계획이 지역 현안에 밀려 무산되었다. 그리고 전체를 아우르려는 전략적인 비전이 실패로 끝나자 해당 지역 자체도 파탄으로 치달았다.

오가덴 전쟁: 미국과 소련의 개입

1977년 여름 오가덴에서 은밀히 진행되던 작은 전쟁이 마침내 폭발했다. 6월 13일 약 5,000명의 소말리아 정예군이 위장한 채로 국경을 넘어와 에티오피아를 선제 공격했다. 물론 현지의 서부소말리아 해방전선 소속 게릴라 부대와 긴밀히 협조하여 움직였다.⁹ 소말리아군은 7월에 지지가와 하라르를 점령했고, 중요한 교량들을 파괴하고, 수도 아디스아바바와 홍해의 지부티 항구를 잇는 철도를 끊었다. 교

량 파괴와 철도 절단 때문에 에티오피아 수출의 40퍼센트, 수입의 50
퍼센트가 불가능해졌다.[10] 공격과 파괴가 이루어지는 내내 에티오피
아와 소말리아 양국 모두에 소련과 쿠바 군사고문단과 장교들이 상
주하고 있었다.

1977년 11월, 소말리아는 쿠바의 전투 부대가 에티오피아에 주둔
하고 있을 뿐만 아니라 에티오피아 편에 서서 전투에 참가하고 있다
는 사실을 확인했다! 이를 계기로 시아드 바레는 소말리아 군대를 훈
련시키고 항공기를 관리하던 4,000명의 소련 고문단을 추방했다. 소
말리아를 떠난 고문단 대부분이 곧장 에티오피아로 갔다.[11] 그동안
소말리아군은 휘장을 떼고 위장한 채로 전투에 임하는 등, 전쟁과는
거리를 두는 것처럼 행동했다. 하지만 1978년 2월, 모든 가식을 집어
던지고 공식적으로 서부소말리아해방전선에 합류해 "에티오피아와
원한이 사무친 총력전"을 펼쳤다. 소말리아군은 대대적인 공세로 오
가덴의 넓은 지역을 차지했다.[12]

에티오피아의 데르그로서는 재앙과도 같은 상황이었다. 혁명위원
회는 영토를 거의 3분의 1 가까이 빼앗기자 국가 붕괴의 조짐이 나타
났다. 출혈을 멈추기 위해 소련과 쿠바가 에티오피아를 대대적으로
지원했다. 소련은 수백만 달러에 달하는 최고급 군사 장비들을 공수
했고, 쿠바는 보병과 조종사를 추가로 파견했다. 쿠바에서 파견한 군
사가 도합 2만 4천 명에 달했다.[13] 외국인이 주도하는 에티오피아군
의 반격으로 소말리아 침략군이 괴멸했고, 에티오피아가 아닌 소말
리아 북부에서 공중전을 벌이는 상황이 되었다.[14]

이제 시아드 바레는 무너지기 직전이었다. 소련과 쿠바 군대에 맞

왜 열대는 죽음의 땅이 되었나

설 무기가 부족해서 스스로도 풍전등화인 이란의 국왕에게 손을 벌렸고, 미국에 소말리아를 지원할 "도의적 책임을 이행하라."고 촉구했다. 카터 대통령은 영향력 확대를 위해 소련에 "공격적으로 맞서겠다."는 입장을 누차 밝혀 왔고, 사회주의 국가끼리의 전쟁이 마침내 미국이 움직일 기회를 제공했다. 현지 동조 세력들과 손을 잡고 미국은 마르크스주의 소말리아를 소위 온건한 아랍 진영으로 끌어들였다. 시아드 바레 자체는 어느 쪽도 아니었지만.[15] 길지 않은 전쟁에 투여된 미국의 군사 지원이 도합 2억 달러에 달했고, 경제 원조는 5억 달러가 넘었다.[16] 미국 원조의 상당 부분이 소말리아가 사우디아라비아, 이집트, 이란, 파키스탄 등지에서 무기를 구입하는 데 쓰였다.

1980년 시아드 바레는 과학적 사회주의를 포기했다. 과학적 사회주의는 부의 재분배는 어느 정도 성공했지만 인구 증가에 상응하는 경제 성장을 달성하지는 못했다. 1980년대 중반 시아드 바레 정권은 IMF의 영향을 받아 경제 자유화를 단행했다. 이런 조치는 바나나 수출의 실질적인 증가로 이어졌지만, 그로 인한 대부분의 수익이 일부 수출업자와 집권층의 수중으로 들어갔다. 시아드 바레의 아내와 딸은 둘 다 농장주가 되었다.[17]

넓은 의미의 세계 전략에서 보면 사회주의에 맞선 시장 경제 보호가 목적이겠지만, 소말리아 개입만 놓고 보면 당장 미국의 관심사는 경제적인 것이 아니었다. 소말리아의 중요성은 소수 다국적 회사가 거기서 획득할 얼마간의 이익이 아니라, 소말리아라는 나라의 지정학적인 위치에 있었다. 동아프리카에서 인도양 쪽으로 삐죽이 튀어나온 소말리아는 동아프리카와 인도양 모두를 굽어보는 정치적 군사적 요충지였다. 더구나 소말리아를 장악함으로써 동아프리카에서 확장 일로에 있던 '팍스 소비에티카'가 깨졌다. 말하자면 미국의 소말리아 개입은 현지 대리 세력을 동원한 전쟁을 통해 미국과 소련 사이에 힘의 균형을 회복하려는 취지였다.

전쟁 후유증

공식적인 오가덴 전쟁은 1978년에 수만 명의 사상자를 내고 끝났다. 하지만 1980년대 내내 에티오피아와 소말리아 사이에 저강도 분쟁이 끊이지 않았고, 서부소말리아해방전선은 지금까지 투쟁 중이다. 미군은 최소 두 팀의 훈련반을 소말리아에 두었고, 소련은 1980년대에 에티오피아에 50억 달러를 쏟아 부어 에티오피아군을 아프리카 사하라 이남에서 최강 군대로 만들었다. 쿠바군도 에티오피아를 떠나지 않고 지원을 계속했다. 1980년대 에티오피아 군대는 가끔씩 소말리아 국경을 넘어오거나 전투기를 보내 마을들을 폭격했다.[18]

소말리아는 오가덴에서 당한 대패의 충격에서 결코 회복하지 못했고 그로 인해 소말리아 전국이 분열하기 시작했다. 『포린어페어즈』는 오가덴 전쟁의 영향을 다음과 같이 요약했다.

소련의 지원을 받은 에티오피아 멩기스투는 소말리아의 공격을 분쇄하고 시아드 바레에게 굴욕을 안겼다. 또한 무려 50만 명이나 되는 난민과 게릴라를 소말리아로 돌려보냈는데, 밀물처럼 쏟아져 들어온

왜 열대는 죽음의 땅이 되었나

다는 표현이 적절한 대이동이었다. 이들 중에 다수가 현대식 무기를 소지하고 있었다. 오가덴의 대패는 점점 무자비해지고 차별적인 시아드 바레 정권에 대한 국내의 불만을 폭발시켰다. 1978년에는 쿠데타 시도가 있었고, 1981년에는 북부 이사크 씨족들이 소말리족 분리 독립 운동을 시작했다.[19]

막대한 전쟁 비용은 농경 기반으로 규모도 크지 않은 소말리아 경제를 완전히 망가뜨렸다. 외채가 1976년 9500만 달러에서 1979년 2억 8800만 달러로 세 배가 되었다.[20] 정부의 거시경제 정책은 "변덕스럽고 일관성이 없다."는 표현이 딱 맞았다. "수시로 바뀌는 경제 목표 때문에 국내 시장에 혼란이 가중되었다." 소말리아가 완전한 무질서와 혼란으로 추락하던 결정적인 시점인 1990년에는 서구 채권자들에 대한 외채가 무려 19억 달러로 소말리아 국내 총생산의 3.6배에 달했다. 오가덴 전쟁으로 인한 막대한 군비가 소말리아 경제 위기의 시작이었다.[21]

국가 붕괴

시아드 바레는 1991년 1월까지 소말리아를 통치하다가 느슨한 연합을 유지하는 세 개의 반란 집단에 의해 수도를 탈취당한 뒤에 국외로 탈출했다. 독재자가 떠나자 그의 군대는 씨족별로 해체되었고, 버려진 무기고에서 방출된 총기들이 소말리아, 케냐 북부를 비롯해서 아프리카의 뿔 지역 전체로 퍼졌다. 터렌스 리온세스와 아흐메드 I. 사마타르가 말하는 것처럼 "국가가 붕괴하면 광범위한 영역의 사회적 유대와 결합도 붕괴될 수밖에 없다. 시민 사회가 국가의 토대가 되는 지지와 요구사항을 만들어내지도, 결집시키지도, 분명하게 표현하지도 못하기 때문이다. 국가가 없으면 사회는 해체되고, 사회 구조가 뒷받침되지 않으면 국가가 생존하지 못한다."[22] 오랜 세월 부패를 거듭하던 체제가 무너진 이후 소말리아는 제대로 기능하는 정부를 가져본 적이 없다. 더욱 심각한 상황은 소말리아의 전쟁과 계속되는 불안이 지역 전체에 악영향을 미친다는 점이다. 무기, 탄약, 밀수, 무장한 사람들이 여기저기 국경을 넘나들면서 케냐까지 포함하여 '무법 지대'를 만들어내고 있다.

우간다의 탄자니아 침략이 그렇듯이 오가덴 전쟁도 냉전 시대 초강대국들이 먼저 시작한 싸움은 아니었다. 하지만 대리 세력들을 무장시키려는 초강대국들의 욕심이 갈등을 심화시킨 것은 부인할 수 없는 사실이다. 간단히 말하자면, 외부에서 유입된 무기가 아프리카를 망가뜨리고 마비시켰다. 연관성이 직접적으로 드러나지 않을지 모르지만, 지금까지 내가 설명한 모든 역사가 서두에서 말한 에카루 로루만의 죽음과 연관되어 있다. 가뭄에 시달리는 메마른 케냐 땅의 소와 물을 놓고 벌어진 싸움에서, 포코트족 약탈자들이 투르카나족의 소치기 에카루 로루만을 총으로 쏘아 죽인 순간은 지금까지 서술한 역사의 결과물이다.

왜 열대는 죽음의 땅이 되었나

8장

파탄 국가
이론

민사 및 형사 재판 절차가 …… 마침내 폐지되었다. 귀족, 평민, 노예의 구분 없이 마구잡이로 뒤섞인 군중은 독일의 양치기와 해적들에게 맞춰 조악하게 만들어진 전통 관습에 의해 통치되었다. 로마인들이 도입한 학문, 거래, 대화의 언어는 총체적 폐허 속에서 잊혀졌다.

_에드워드 기번Edward Gibbon, 『로마 제국 쇠망사The Decline and Fall of the Roman Empire』

키상가니의 하늘은 낮고 회색빛이었지만 비는 결코 내리지 않았다. 강변을 따라 장사하는 여인들이 식용 애벌레를 쌓아놓고 팔지만 도무지 사는 사람은 없어 보인다. 콩고 분지 중심에 위치한 작은 도시의 거리들은 왕래하는 차가 거의 없어서 기묘한 정적이 흘렀다. 최근 두 차례의 습격을 받아 차량 대부분을 약탈당했기 때문이다.

식민지 시기에 지어진 아르 데코 양식의 오래된 건물들은 비에 침식되고 곰팡이와 초목 등에 시달려 무너지기 직전이었다. 눈앞에서 당장이라도 사라질 것처럼 위태위태한 모습이었다. 콩고민주공화국의 다른 지역, 아니 세상의 어떤 지역으로든 연결되는 도로 따위는 없었다. 길게 뻗은 포장도로는 정글이 점령한 지 오래였다. 수천 년 동안 그래왔듯이 강에는 누런 황톳물이 흐른다. 강물은 여기서 거대한 급류들을 지나 2,000여 킬로미터를 더 달려 바다와 만난다. 하류까지 가면 거칠게 소용돌이치는 황토색 강물이 온갖 잔해며 부유 식물을 끌어안고 대서양으로 흘러드는 모습을 볼 수 있으리라.

콩고 강의 상류에 위치하는 키상가니는 벨기에의 무역 거점으로 시작했다. 헨리 모턴 스탠리가 자신의 아프리카 탐험을 지원해 준 벨기에의 레오폴드 2세를 위해 건설한 도시로 당시 명칭은 레오폴드빌이었다. 1883년 미국인의 세 번째 콩고 유혈 탐험에서 있었던 일이다.[1] 조셉 콘래드는 이곳을 영화 《지옥의 묵시록》의 원작인 『어둠의 심연』에서 커츠 대령이 있는 내부 기지의 모델로 삼았다. 이곳은 콩고 강에서 항해가 가능한 마지막 지점이다. 이후로 상류 400킬로미터는 절벽과 폭포 등으로 끊어진 구간이 많아 사실상 항해가 불가능하다. 당시 나는 세계에서 두 번째로 큰 열대 원시림에서 일어나는 벌목을 취재하려고 이상기라는 곳으로 가는 길이었다. 중간에 거치는 키상가니에서 경찰이 나를 가로막았다. 파견 명령서와 취재 허가서를 포함해서 장관 대여섯이 소인을 찍고 서명한 다섯 가지나 되는 공문서를 가지고 있었지만, 경찰은 아직도 추가 서류가 필요하다고 했다. 그들이 서류를 준비하는 동안 나는 하릴없이 기다려야 했다.

다음 날 나는 금방이라도 쓰러질 것 같은 낡은 관청을 찾아갔다. 음울한 분위기의 나이 지긋한 공무원이 허가를 받기 위해 200달러를 내겠느냐고 물었다. 내가 50달러를 제안했다. 그도 동의했지만 서류

왜 열대는 죽음의 땅이 되었나

준비가 나날이 지연되었다. 그동안 나는 도시 여기저기를 돌아 다녔다. 조니라는 애완 원숭이를 기르는 남자와 친구가 되고, 이탈리아 목재 상인이 주인이라는 술집에서 맥주를 마시고, 교회 계단 위로 올라가 콩고 강을 바라보았다. 비가 오지 않으니 강에는 배가 없었다. 열대 수렴대의 문제가 중앙아프리카까지 확대되었음을 알 수 있었다. 가뭄 때문에 콩고 강의 수위가 낮아져서 곳곳에 모래톱이 위험하게 드러나 있었다.

사흘을 기다린 뒤에 드디어 나는 며칠 전에 만난 나이 지긋한 공무원에게 추가 허가서 없이 떠나고 싶다고 말했다. 그와 상사 입장에서는 자신들이 요구한 '수수료' 50달러가 날아간다는 의미가 된다. 공무원의 낯빛이 흐려지더니 며칠이나 질질 끌던 서류가 순식간에 준비되었다. 낡은 갈색 종이 위에 손으로 써서 작성했지만 소인과 서명은 정식이었다. 예전 서류를 재활용했는지 뒤쪽에는 다른 내용이 쓰여 있었다. 수의사로 보이는 사람에게 발급한 일종의 여행 허가서로 목적지는 나와 마찬가지로 이상기였다. "벨기에령 콩고, 스탠리빌 사무국 …… 1957년 2월 7일."이라고 쓰여 있었다.

잔해의 해부

해당 서류는 국가가 어떻게 무너지는가, 그리고 파탄 국가failed state 또는 반半파탄 국가semi-failed state들이 기후 변화에 무척 취약하기 때문에 더욱 중요한 요소라는 사실을 압축적으로 보여준다. 파탄 국가에서 사회 해체는 전형적인 양상이다. 하지만 통치며 행정이 완전히 부재한 상황은 아니다. 그것들은 유령과 같은 형태로 여전히 존재한다. 파탄 국가는 통치나 상호 관계 면에서 예전의 편법으로 회귀한 듯한 느낌을 준다. 국가의 파탄이라는 말은 상대적인 것으로, 사실 파탄 국가라고 불리는 대다수 국가에서 정부는 마치 죽은 직후의 생명처럼 반쯤 망가졌으면서도 한편으로 반쯤 기능하는 상태로 존재한다. 키상가니 공무원이 내게 준 '여행 허가서'는 엉터리지만, 그러한 국가 기능의 확실한 예이다. 50년이나 지난 식민지 시기에 발급했던 서류의 뒷면에 손으로 작성한 메모라니! 붕괴 일로에 있는 대다수의 파탄 국가에서 이러한 형태의 관료주의가 나타난다. 제대로 보수를 받지 못한 공무원들이 이미 기능이 정지된 경찰 기구의 활동을 거들먹거리며 농간을 부린다. 물론, 목적은 법과 질서가 아니라 당장의 생존에 필요한 뇌물을 받아내는 것이다.

파탄 국가 또는 반파탄 국가 대부분이 비슷한 상황이다. 말하자면 정부가 공동화空洞化된 상태다. 이런 국가들 각각이 자국의 국기, 통화, UN 의석 등을 가지고 있지만, 안을 들여다보면 법과 질서라든지 제대로 기능하는 인프라는 거의 또는 전혀 없다. 파탄 국가가 항상 소말리아처럼 아비규환의 전쟁터인 것은 아니다. 파탄 국가들은 보통 발작성 폭력에 시달리기는 하지만 일상이 폭력으로 점철된 그런 모습은 아니다. 파탄 국가에서 일상은 오히려 콩고민주공화국에서 내가 목격한 것처럼 도둑 정치로 부패와 횡령이 뒤범벅된 모습이 보다 일반적이다.

소말리아, 아프가니스탄, 아이티, 기니비사우, 코트디부아르 같은

왜 열대는 죽음의 땅이 되었나

곳에서 국가는 유령처럼 나타났다 사라지곤 한다. 윤곽이 보이고 존재가 느껴지지만 실제로 국가는 거기에 없다. 예를 들어 콩고민주공화국의 수도 킨샤사에서는 법도 집행되지 않고 치안 유지 계획 같은 것도 없다. 하지만 북한을 떠올리게 하는 엄격한 사진 촬영 금지 규정은 분명하게 존재하며, 경찰이 이를 철저하게 규제하고 있다. 언젠가 나는 미래파의 스페이스 니들을 연상시키는 거대한 고층 건물 사진을 찍었다는 이유로 두 시간 동안 붙들려 있었다. 모부투 세세 세코의 과대망상증이 건축에 투영된 유물로, 흉측하게 망가진 채로 빈민가 위로 우뚝 솟아 있었다. 경찰에 붙들려 있는 동안 나는 그들이 제시한 '벌금'을 500달러에서 150달러로 서서히 낮추는 협상을 벌였다.

그러므로 파탄 국가에서는 한때 갖췄던 어엿한 국가로서의 근대성은 과거가 되고, 주권 기관들은 과거의 서류처럼 바래지고, 그런 서류를 보관하고 있는 식민지 시기의 행정 관청처럼 부패하고 희미해진다. 파멸적 수렴의 정치적 최전방에 있는 이들 나라에서 일관되게 관찰할 수 있는 것은, 근대성을 취하는 국가는 붕괴되었지만 관료주의의 잔재들은 남는다는 사실이다. 제복, 휘장, 사무 절차, 여러 부서, (키상가니의 굶주린 공무원 같은) 관료 집단 등등. 이런 관료주의 잔재는 유령과 같은 기묘한 형태로 꿈틀댄다. 잘려 나간 거미의 사지를 본 적이 있는가? 잘려 나간 뒤에도 다리들은 생명체가 여전히 전체로서 존재하는 양 실룩실룩 움직이며 몸부림을 친다. 콩고 경찰은 어느 크고 중앙집권적인 전제 국가의 대리인인 양 각종 허가, 여행자 증명서, 등록증, 영수증 등을 요구한다. 하지만 실제로는 그런 서류나 자료가 존재하지 않고, 이런 식의 주권 행사를 관리 감독하거나 계획할 실질적인 기관이나 장치도 존재하지 않는다. 전기나 종이조차 충분치 않은 실정이 아닌가?

　이런 정치적인 잔해 속에서 미신, 민족 갈등, 부족 이기주의, 천년왕국설에 대한 신봉, 폭력에 의존하는 불안 등이 싹을 틔운다. 국가경제 전체가 조직범죄의 수중에 떨어진다. 이들 망가질 대로 망가진 국가들의 주요 산물은 다이아몬드, 목재, 광석, 마약과 같은 분쟁을 부르는 자원들이다. 『포린폴리시』와 미국의 비영리 연구 교육 기관인 평화기금Fund for Peace은 13가지 기준을 가지고 국가의 상대적인 파탄 상태를 판단하는 '파탄 국가 지수'를 발표하고 있다. 13가지 기준을 구체적으로 살펴보면, 상승하는 인구 압력, 대규모 인구 이동, 보복 전쟁 문화, 만성적이고 지속적인 이민, 불균등 경제 발전과 불평등, 갑작스런 경기 침체, 부패, 국가의 불법 행위, 공공 서비스 악화, 공권력의 자의적인 사용과 인권 침해, 치안 유지 부대의 상대적 자율성, 국가 엘리트 사이의 파벌 싸움, 다른 국가 혹은 준국가 세력에 의한 외부 간섭 등이다. 이는 서술형 지표들의 모음이면서 동시에 설명이기도 하다.[2]

전쟁과 국가의 재사유화

　기후 변화의 최전방에 있으며 파탄을 향해 치닫는 국가들을 돌아다니다 보면, 막스 베버가 『직업으로서의 정치』라는 유명한 강의에서 주장한 내용을 거꾸로 통과하는 듯한 환각에 빠지게 된다. 강의 내용

왜 열대는 죽음의 땅이 되었나

을 담은 논문에서 베버는 국가를 "특정한 영토 내에서 정당한 물리력 **사용 독점권**을 (성공적으로) 관철하는 인적 공동체"라고 정의한다.[3] 근대 국가는 이를 포함한 여러 특성들로 규정되는데, 특히 핵심은 정치의 탈개인화이다. 근대 국가에서 국가의 수장은 정부, 군대, 행정 관청, 장비, 세입, 직원 등을 소유하지 않는다. 근대 국가에서 정치인과 통치자는 자신들이 의존하는 통치 수단, 실질적인 억압 수단, 암묵적인 억압 수단 등에서 법적으로 분리되어 있다. 이들은 통치 수단을 개인의 이익을 위해 사용할 수 없고, 그래서도 안 된다. 이와 같은 정치 권력과 통치의 탈개인화와 법적인 합리화는 근대 국가에 정당성을 부여한다.

베버는 정치 지배에는 그것이 주장하는 정당성에 따라 세 가지 형태가 있다고 보았다. **전통적 지배**는 정당성을 예로부터 내려오는 전통이나 관습 등에 의지한다. **카리스마적 지배**는 특정 리더의 권력, 천부적 재능, 성격 등에 의지한다. **합법적 지배**는 "법규의 타당성과 합법적으로 제정된 규칙에 따라 역할을 수행하는 '역량'에 대한 믿음"에 의존한다. "합법적 지배는 근대 '국가의 종복'들에 의해 수행되는 지배"이며 또한 근대 국가 자체의 의한 지배이다.[4]

이처럼 근대 국가의 결정적 특징은 '통치 수단'이 사유 재산이 아니라는 점이다. 그러므로 국가의 재再사유화, 정치의 재개인화, 전쟁의 사유화 같은 파탄 국가를 규정하는 특징들은 이와는 정반대 방향이자 일종의 뒤집기다. 베버의 글에서 적절한 부분들을 발췌해 보도록 하자.

관료 조직이 통치 수단을 소유하는지, 통치 수단과 분리되어 있는지를 기준으로 모든 국가를 분류할 수 있다. …… 여기서 문제는 권력자가 개인 심복, 고용된 관리, 총애하는 심복, 절친한 친구, 말하자면 물리적 수단의 소유자가 아닌 사람들, 그렇기 때문에 독단적으로 물리적 수단을 사용하지 않고 지시를 받는 그런 사람들에게 집행권을 위임하면서 직접적으로 행정을 관리하고 조직하는가이다.

100여 년 전에 살았던 프로이센 학자는 계속해서 근대 국가의 발전을 설명한다.

어디서나 근대 국가의 발전은 군주의 행동에서 시작된다. 군주는 독립적이고 '사적인' 집행 권한 소지자들에게서 해당 권한을 박탈할 환경을 조성한다. 이들은 군주와 어깨를 나란히 하면서 직접 통치와 전쟁 수단, 금융 기관은 물론 정치적으로 이용 가능한 온갖 것을 소유한 계층이었다. 전체 과정은 독립 생산자의 생산 수단을 점진적으로 박탈하면서 진행된 자본주의 기업 발전과 아주 유사하다. 결국, 근대 국가는 정치 조직의 모든 수단을 통제하며, 모든 정치 조직이 사실상 한 사람 아래 모인다. 어떤 관료도 자신이 집행하는 돈이나 관리하는 건물, 비품, 도구, 군수 물자 등을 사적으로 소유하지 않는다. 말하자면, 오늘날 '국가'에서는 행정 공무원, 관료, 직원들과 행정 조직의 물리적 수단과의 '분리'가 완결되었다. 이는 국가라는 개념 자체에 필수 불가결한 요소이기도 하다.[5]

왜 열대는 죽음의 땅이 되었나

하지만 파탄 국가에서는 상황이 정반대로 진행된다. 권력이 재개 인화되고, 통치 및 억압 수단은 재사유화된다. 집행 권한(베버가 말하는 집행 권한은 의사 결정 및 실행 권한이다) 또한 역으로 법적 정당성을 갖는 중앙 기관에서 전체 제도상으로 보면 주변부라 할 수 있는, 예를 들어 행정 관청, 서류, 기록, 부처, 무기, 검문소, 감방 등 국가 기구를 통제하는 관료 집단의 수중으로 돌아가고 있다. 행정 기술들도 파편화되고 기생하는 방식으로 재배치된다.

파탄 국가의 관료주의 붕괴는 독특한 정치 지형을 만들어낸다. 콜라주 작품을 연상시키는 '조각보 통치권'이다. 왕, 교회, 도시, 영주 같은 여러 '당국'이 통치권을 나누어 행사하던 중세를 생각하면 된다. 이런 '조각보 통치권'은 정도의 차이는 있지만 라틴 아메리카, 아프리카, 중동, 중앙아시아 등지에서 광범위하게 나타나고 있다. 수도는 보통 '대통령 경호대'나 역시 대통령 소유나 마찬가지인, 내무부의 준군사 부대가 통제할 가능성이 높다. 아프가니스탄의 카불이나 이라크의 바그다드, 콩고의 킨샤사가 모두 이런 경우다. 수도 외곽에서는 변절한 지휘관 휘하의 부하들이 국경으로 연결되는 핵심 도로들을 통제한다. 콩고, 아프가니스탄, 콜롬비아 등지에서 흔히 보는 상황이다. UN의 파란색 헬멧을 쓰거나 나토 휘장을 찬 외국 군대는 기지 인근 지역과 일부 정부 건물, 연결 도로, 공항 등을 지킨다. 이곳 너머는 대부분 비적과 반군이 통제한다. 자원이 풍부하거나 돈이 되는 무역 거점이 있는 보다 멀리 떨어진 지방에는 서구 열강의 지원을 받는, 중앙 정부에 충성을 맹세했지만 실제로는 독자적으로 움직이는 무력을 갖춘 지배자가 있다. 항구 도시에서는 당연히 수출입 상인이 최고 실권자이다. 수출입 상인은 거대한 부를 기반으로 뇌물로 경찰을 구워삶고 현지 정치인과 결탁하여 지역을 좌지우지한다. 이라크, 콜롬비아, 아프가니스탄, 아이티, 코트디부아르, 기니비사우, 콩고민주공화국, 소말리아 등이 모두 이런 모습을 보이고 있으며, 열거하자면 이외에도 많을 것이다.

알고 보면 이는 로마가 붕괴되고 흑사병이 휩쓴 뒤인, 14세기 유럽의 정치판을 그대로 복사한 듯한 모습이다.[6] 이는 저개발보다는 사회 해체와 정치 붕괴에서 나타나는 양상이다. 이는 이제는 과거가 되어버린 근대성의 제도적 정치적 파편들이다. 점점 이런 파편들이 현재를 지배한다.

월트 W. 로스토우가 주장한 '발전 단계설'과 '경제적 도약'이라는 개념을 기억하는가? 파탄 국가에서 우리는 로스토우의 이론이 기묘하게 뒤바뀌어 나타나는 양상을 볼 수 있다.[7] 로스토우가 말하는 발전처럼 붕괴 역시 점진적으로 이루어진다. 선행 단계에서 만들어진 조건에 따라 후속 단계들이 순차적으로 진행된다. 발전이 그렇듯이 붕괴도 일정 단계에 도달하면 자체 추진력에 의해 가속이 붙는 자기 강화 과정에 돌입할 수가 있다. 말하자면 붕괴와 혼란을 향한 활강은 전후 어느 서구 경제학자가 생각한 근대화와 산업화의 선순환과 비슷한 과정으로 진행된다. 방향이 반대라는 것과 훨씬 맹렬하다는 것만 빼고.

왜 열대는 죽음의 땅이 되었나

국가 붕괴 이론

막스 베버를 거꾸로 읽었다면, 찰스 틸리의 「조직범죄로서 전쟁 수행과 국가 건설」이라는 유명한 글도 같은 방식으로 살펴보는 것이 온당하리라 본다.[8] 틸리에 따르면, "전쟁이 국가를 만든다." 또한 "강도 행위, 해적 행위, 범죄 조직 간의 세력 다툼, 치안 유지 활동, 전쟁 유발 등은 크게 구별이 없으며 모두 동일한 연속선상에 있다."[9] 틸리는 폭력단이 보호세 명목으로 돈을 갈취하는 행위가 여러 측면에서 합법적인 국가의 세금 부과와 유사하다고 주장한다. 전쟁, 갈취, 약탈은 강도와 합법성에서 차이를 보이면서 하나의 스펙트럼 위에 존재한다. 글의 요점은 선박, 대포, 야전군 등에 드는 비용이 올라가면서 유럽의 전쟁 수행 비용이 전체적으로 상승했고, 이런 비용을 뒷받침하기 위해서 과세와 통치 계획도 한층 발전하고 결과적으로 근대화되었다는 것이다. 틸리는 이를 다음과 같이 표현한다.

이상적인 상황에서 위대한 군주는 아주 효과적으로 전쟁을 수행하여 상당한 영토를 차지하고 지배한다. 하지만 전쟁 수행은 해당 영토에 사는 주민들로부터 더욱 많은 전쟁 수단을 징발해야 한다는 의미가 된다. 여기서 말하는 전쟁 수단이란 사람, 무기, 식량, 숙소, 운송 수단, 보급, 혹은 이런 것을 구매할 금전 등을 망라한다. 말하자면 전쟁 수행 역량의 증대는 곧 징발 역량의 증대였다. 성공적인 징발 활동에는 현지 경쟁자를 제거하거나 중립화시키거나 아예 이쪽으로 끌어들이는 활동까지 포함되었다. 이런 활동은 부산물로 세금 징수 기관,

경찰, 법원, 재무부, 회계 관리자 등의 조직을 만들어내고, 이것이 다시 국가 건설로 이어진다.[10]

틸리의 말대로 전통적인 전쟁 수행이 근대 국가를 만들어냈다면, 기후 혼돈 시대에 비대칭 전쟁, 사회 해체, 공동체 내부 갈등, 비적 행위, 무제한 대게릴라전 등은 분명 근대 국가 붕괴로 이어진다고 볼 수 있다. 통치와 각종 '징발' 수단이 무너지고 파괴되면서 '무장한 남자들이' 징집 해제된 자유인이 되어 사회로 돌아와 자구책을 강구한다. 군인과 경찰이 뇌물 수수, 갈취, 비적 행위 등 구태로 회귀함에 따라 과세가 절도로 변한다. 완전한 국가 부재 상태에서, (도시 국가의 원형을 연상시키는) 범죄 조직들이 빈민가를 지배하기 시작한다.

근대 국가 권력의 해체에는 기술적인 요인도 있을지 모른다. 케냐에서 목격되는 것처럼 AK-47, 유탄발사기, 기관총 같은 소형 무기의 확산이 분명 근대 국가 권력의 해체와 관련되어 있다. 이런 '서민적인' 폭력 수단이 충분히 저렴해져서 널리 보급되면, 틸리가 주장한 내용과는 정반대 방식으로 국가 권력의 토대를 잠식하게 된다. 틸리는 값비싼 해군 함정과 대포 때문에 복잡하고 중앙집권적인 근대 관료제와 조세를 징수하는 정권이 필요했고, 결과적으로 그런 정권이 만들어졌다고 주장했다.[11] 틸리의 주장대로 대포와 해군 함정들이 근대 국민 국가를 만들어냈다면, 칼라슈니코프 소총과 야전용 무전기는 이를 파멸로 이끌고 있다.

왜 열대는 죽음의 땅이 되었나

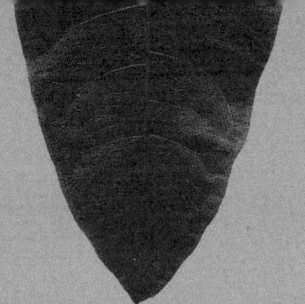

| 3부 |

아시아

9장

아프가니스탄의 기후 전쟁
: 마약, 가뭄, 지하드

그해의 수확은 봄에 결정된다.

_아프가니스탄 속담

늙은 농부가 토담을 두른 집의 뜰에서 호두와 석류를 까면서 어려움이 많다고 호소했다. 와지르라는 농부는 아프가니스탄 동부 낭가르하르 주의 남쪽 국경 지대에서 아편의 원료가 되는 양귀비와 대마초를 기르고 있다. 두란드 라인이라 불리는 이곳 국경은 아프가니스탄과 파키스탄을 나누는 경계로, 꼭대기에 눈이 덮인 험준한 산맥의 산등성이를 따라 이어진다. 이곳 산정으로부터 눈 녹은 물이 강으로 흘러들어 낭가르하르의 타는 듯이 뜨거운 계곡을 적셔 준다.[1]

내가 방문한 2006년 9월 초, 해당 지역은 지독한 가뭄에 시달리고 있었다. UN의 4년 전 조사에서 드러난 것처럼 지난 10년 동안 아프가니스탄은 "생존자들이 기억하기로는" 최악의 가뭄에 시달렸고 우물들이 말라가고 있었다.[2] 과학자들은 이처럼 건조한 상태가 기후 변화, 특히 그곳 산악 지대의 기온 상승과 약간의 강우량 감소와 연결되어 있다고 본다.

낭가르하르의 오랜 가뭄은 2010년에 마침내 끝났다. 아라비아 해에서 불어오는 엄청난 계절풍이 두란드 라인을 따라 스치고 지나갔다. 하지만 그 계절풍이 몰고 온 비로 파키스탄 국토의 5분의 1이 물에 잠겼다. UN은 당시 홍수로 파키스탄에서 거의 2,000명이 죽고, 1400만 명이 인도주의 지원을 받고, 240만 헥타르의 작물이 유실되고, 190만 채의 주택이 파손되고, 700만 명 이상이 집을 잃은 것으로 추정한다. 더욱 심각한 것은 홍수가 50년간 축적한 인프라를 파괴했다는 점이다. 전체 경제 손실액은 430억 달러로 추산되었다.[3] 이듬해인 2011년에는 홍수가 났던 지역 전체가 심각한 영양실조에 시달렸다.

당시 계절풍의 위력이 낭가르하르를 포함한 아프가니스탄 동부의 몇몇 주까지 강타했다. 낭가르하르는 계절풍이 미치는 범위의 끝자락에 위치하고 있다. 보통 낭가르하르에서는 8월이 가장 건조한 달이다. 8월 내내 강수량이 5밀리미터를 넘지 않는다.[4] 하지만 그해 8월에는 하늘에 구멍이라도 난 것 같았다. 엄청난 집중 호우가 작물과 가축은 물론 2,500채의 가옥을 휩쓸어 가고, 80명의 사상자를 냈다.

안보 보고서에 따르면 낭가르하르는 극심한 가뭄 혹은 홍수뿐만 아니라 폭력이 난무하는 곳이기도 하다. 내가 그곳을 방문한 2006년 9월 한 주 동안, 교전 관련한 사건이 23개나 접수되었다. 아프가니스

왜 열대는 죽음의 땅이 되었나

탄 NGO안전국에 따르면, 같은 주에 납치 협박, 계속되는 대게릴라전, "아랍인, 체첸인, 파키스탄인"으로 구성된 "신흥 집단 AGE반란군의 잠입" 사건 등이 일어났다. 또한 "무장 탈레반"이 이용하던 차량두 대가 셰르자드 지구에서 발견되었고, 대여섯 번의 로켓탄 공격도있었다. NGO안전국 보고서들은 정부의 통제를 벗어난 지역이 어떤모습인가를 보여주는 전형적인 초상이다.

지역의 경제적 파산을 막아주는 유일한 돈벌이가 바로 마약 판매이다. 하지만 지역민들 입장에서 이를 근절하겠다는 위협이 계속되고 있다. 와지르는 머나먼 카불에서 양귀비 박멸단이 왔다는 말을 듣고 현지 농민들이 얼마나 공포에 떨었는지를 이야기했다. "박멸 작전이 시작되었지만 그들은 뇌물만 챙겼을 뿐입니다." 우리는 아프가니스탄 사람들이 데라^{dera}라고 부르는 손님맞이 공간에서 이야기를 나눴다. 데라에는 주로 그늘진 야외에 마련되며 나무와 밧줄로 만든 차르파이^{charpai}라는 간이침대가 놓여 있다. 보통은 그 위에 앉아 이야기를 나눈다. "박멸단이 온다는 말을 듣고 우리는 지구장을 찾아가서금액을 협상했습니다." 와지르는 현지 지휘관 하실이 농민대표로 뽑혔다고 말했다. 카불에서 왔다는 박멸단은 뇌물을 챙긴 뒤에 보고용사진을 찍기 위해서 오래전에 버려진 메마른 양귀비밭을 파괴했다.

"지구장이 뇌물을 주자는 안을 받아들이지 않을 경우, 우리는 싸울 각오까지 했었습니다. 농부가 양귀비를 빼앗기면 당장 마실 차와설탕조차 구하지 못하게 됩니다. 그렇게 되면 우리 농부들은 어쩔 수없이 부자한테서 돈을 빌릴 테고, 결국 땅을 잃게 되겠지요." 와지르는 긴급 대출은 이자가 100퍼센트에 달한다고 알려 주었다.

아프가니스탄 불안의 기폭제 역할을 했던 기후 압박이 이제 폭력을 부채질하고 있다. 침식된 토양, 부족한 물, 탐욕스러운 경찰, 외국 군대, 만연한 분노, 양귀비 박멸 작전을 거부하는 반란. 빈곤, 폭력, 기후 변화의 파멸적 수렴은 아프가니스탄에서 바로 이런 모습으로 스스로를 드러내고 있다.

모든 것의 시작, 가뭄

2008년 영국 정부는 기후 변화가 아프가니스탄에 미칠 영향을 예측하는 보고서를 발표했다.

가장 가능성이 높은 악영향으로는 …… 가뭄과 관련하여 사막화와 토양 악화가 있다. 2030년쯤이 되면 가뭄은 일시적 혹은 주기적인 사건이 아니라 일상으로 간주될 것이다. …… 다음으로 때 아닌 강우로 인한 홍수와 전반적인 기온 상승이 있다. 기온 상승으로 봄에 눈 녹는 시기가 빨라질 것이다. 여기에 토양의 보호막이 되는 초목의 유실, 잘못된 토양 관리 등이 결합되어 악영향을 증폭시키는 결과를 낳을 것으로 예상된다.[5]

아프가니스탄에서 전쟁의 역사를 면밀히 살펴보면 날씨가 원인이라는 새로운 관점이 부각되는 것을 알 수 있다. 중앙아시아는 가뭄과 홍수라는 물 문제로 신음하고 있다. 물이 부족해서 혹은 물이 너무

왜 열대는 죽음의 땅이 되었나

많아서 문제가 되는 이런 재난은 인간이 만들어낸 지구 온난화의 패턴과 궤를 같이 한다. 국민의 3분의 2가 농업에 종사하지만, 국토의 대부분이 경작이 불가능한 사막이고, 관개 시스템도 심하게 노후화된 상태다. 기후 변화로 인한 극단적인 날씨가 궁핍을 낳고, 궁핍이 폭력을 낳고, 폭력이 다시 더욱 심각한 궁핍을 낳고, 그런 식의 악순환이 계속된다. 언뜻 보면 아프가니스탄 전쟁의 가장 중요한 원인은 미국의 존재가 아닌가 싶기도 하다. 알카에다를 찾아내 응징하고, 알카에다 같은 테러리스트에게 은신처 제공을 거부할 새로운 아프가니스탄 정부를 건설한다는 목적으로 미국과 나토 연합군이 아프가니스탄에 머물고 있다. 한편, 탈레반은 알라를 믿지 않는 불경한 침략자를 쫓아내기 위해서 싸운다. 그러니 전쟁의 원인은 아프가니스탄 내에 미군의 존재가 아닐까?

하지만 아프가니스탄에는 미국이 공개적으로 개입하기 전에도 전쟁이 있었고, 심지어 1979년 지미 카터 대통령 시절 미국이 처음으로 은밀한 개입을 하기 전에도 전쟁 중이었다. 1979년 12월 소련 개입 이전에도 있었다. 여러모로 봐서 현재 갈등의 최초의 기원은 1973년에 무함마드 다우드 칸 중장이 무함마드 자히르 국왕을 상대로 일으킨 쿠데타이다. 그리고 다우드 중장의 쿠데타에 얽힌 사연을 들춰보면 얼핏 드러나지는 않지만 기후라는 작인이 숨어 있다.

광적인 신앙, 민족 갈등, 제국주의 야심 등이 더욱 눈에 띄는 퍼즐 조각들임에는 분명하다. 하지만 기후 변화 역시 아프가니스탄 분쟁을 부채질하는 중요한 요인이다. 첫째, 아프가니스탄에서 폭력은 40년 전 가뭄 때문에 시작되었다. 둘째, 기후 압박이 빈곤과 절망을 낳고,

현재는 나토 점령군에 맞서는 반란에 자양분을 제공하고 있다. 셋째, 기후 변화는 국내의 경쟁을 유발하고, 그것이 아프가니스탄 내부의 비밀 공작들로 나타난다. 마지막으로 아주 중요한 것으로 아편의 원료가 되는 양귀비는 다른 작물에 비해 내건성, 즉 가뭄에 견디는 능력이 뛰어나다. 그렇다면 자히르 국왕을 퇴위시킨 가뭄과 쿠데타에서부터 이야기를 시작해 보도록 하자.

백성의 기근, 국왕의 휴가

1969년 아프가니스탄의 여러 지역에 비가 전혀 내리지 않았다. 이후 2년 동안도 비는 내리지 않았다. 그리고 혹독한 겨울이 왔다. 살아남기 위해 많은 농민이 종자를 먹고 황소를 도살해야 했다. 봄이 왔지만 심을 종자도, 쟁기를 끌어줄 가축도 거의 남지 않았다. 당연히 1972년 밀 수확량이 감소했고, 4월에는 기근이 아프가니스탄 북부와 중부를 휩쓸었다. 라자 안와르에 따르면 이는 "아프가니스탄 역사상 최악의 기근"이었다.[6]

아프가니스탄의 외딴 내륙 지방인 고르 주가 받은 타격이 가장 컸다. 1,000년 전에 이곳은 수목이 울창했다. 하지만 이곳의 산에 광물이 매장된 사실이 밝혀진 뒤에 채굴한 광물을 제련하기 위해 나무를 베어 태웠다. 벌거숭이가 된 다음 이곳은 중세 아프가니스탄에서 목축 산업의 중심지가 되었다. 하지만 소, 염소, 양들이 땅을 황폐화시켰다. 이제 고르의 토양은 달의 표면과 크게 다르지 않을 만큼 완전

왜 열대는 죽음의 땅이 되었나

히 황량한 불모지가 되었다. 강변과 강바닥에서만 경작이 가능하다. 여름에 멀리 떨어진 산지에서 주워온 소량의 샐비어 관목이 대부분의 주민들에게 유일한 에너지 공급원이다.[7]

1972년 기근 소식을 최초로 전한 기자는 압둘 하크 알레로『캐러밴』이라는 지방 신문 편집자였다. 그는 고르의 먼지투성이 작은 주도 차크차란에 갔다가 끔찍한 장면을 목격한다. 시체들이 거리에 널려 있었다. 생존자들이 망자를 위해 무덤을 파기도 전에 굶주린 개들이 달려들어 시체를 훼손했다. 곳곳에 고아들이 넘쳤다. 부양할 능력이 없는 부모에게 버림을 받았거나 부모가 굶어 죽은 아이들이었다.

이어서 이곳을 방문한 기자는『뉴욕타임스』의 제임스 스터바였다. 처음에『뉴욕타임스』해외소식란을 맡은 편집자들은 스터바의 기사 게재를 거부했다. 충분한 통계 자료가 없다는 이유였다. 그들은 얼마나 많은 사람들이 죽었는지를 확인하려 했다. 스터바는 아프가니스탄은 통계 같은 것이 있는 나라가 아니라는 사실을 어떻게든 이해시키려 했다. 기근으로 인한 사망자 수는 물론이고 아프가니스탄 인구조차 분명치 않았다. 여러 추정치가 있긴 하지만 많든 적든 500만 명 가까이 차이가 난다. 결국 스터바는 고르에서 찍은 세 통의 필름을 보냈다. 사진들은 끔찍한 재앙이 부인할 수 없는 사실임을 말해주었고,『뉴욕타임스』는 기근으로 버려진 아이들을 다룬 스터바의 기사를 실었다. 기사 내용을 살짝 발췌해 보면 이렇다.

남자아이가 막대기나 다름없는 몸을 천천히 먼지가 이는 자갈길에 뉘었다. 아이는 홀쭉한 볼을 손으로 괴고 자갈을 베개 삼아 누웠다.

아이의 메마르고 갈라진 입술은 다물어지지 않은 채였다. 아이는 여기저기 찢어지고 먼지가 자욱한 누더기를 걸치고 있었다. 옷을 당겨 어떻게든 발을 덮어 보려했지만 너무 짧아서 발이 그대로 드러났다. 아이는 유일한 소지품인 빈 깡통을 배 앞에 놓았다. 그리고 울기 시작했다.[8]

고르 산악 지대에서 수천 명이 아사하고 있었지만 수도 카불에서는 아무런 조치가 없었다. 아니, 그에 대한 이야기조차 없었다. 어느 기사에서 지적하듯이 "아프가니스탄과 외국에서 이를 지켜보는 사람들의 눈에는 가뭄에 시달리는 사람들을 죽인 것은 현지의 식량 부족만이 아니었다. 정부의 무관심과 탐욕, 관료 집단의 부패 또한 그들을 죽인 범인이었다."[9]

무함마드 자히르 국왕은 1933년에 아버지가 암살당하자 열아홉 나이에 정권을 잡았다. 어리고, 약하고, 백성들의 곤경에 무관심한 자히르 국왕 위에서 국정을 좌지우지한 이들은 왕의 사촌과 삼촌들이었다. 그들은 젊은 왕을 의식에 필요한 장식품이자 왕궁 문을 여는 열쇠로 생각하고 이용했다. 이런 구조에서 무능하고 수동적인 정부가 탄생했다. 하지만 나이가 들자 자히르 국왕은 이전보다 많은 권한을 행사했다. 1964년 자히르 국왕은 선출직 의원으로 구성되는 의회를 만들었다. 하지만 주로 지주, 종교학자, 부족 지도자들에게 휘둘리는 무능한 의회였고 전체적으로 보수적인 성향을 띠었다. 이런 보수주의 성향 때문에 의회는 어떤 형태의 근대적인 개혁에도 적극 반대했다.[10] 정당은 불법이었다. 사사건건 반대하는 보수 세력 때문에

왜 열대는 죽음의 땅이 되었나

의회 운영은 눈 뜨고 봐주기 힘든 상황이었다. 1970년에는 단 한 건의 법률도 통과시키지 못했다. 다른 해에도 한두 개의 법안만이 법률로 통과되었다.[11] 아프가니스탄은 고립되고, 경제적으로 침체되고 후진적이고 궁핍하고, 정치적으로 조직화되지 않은 그런 상태로 남아 있었다. 10년이 채 못 되는 기간에 5개의 정부가 선출되고 붕괴되었다. 서독에서 1000만 달러 상당의 지원을 받는 것을 골자로 하는 발전 계획은 3년 동안 아무런 조치 없이 의회에 계류 중이었다.

계속되는 가뭄이 기근을 유발했을 때에도 왕과 내부에서 티격태격하느라 바쁜 작은 의회는 현실과 동떨어진 자신들만의 환상의 세계에 살고 있었다. 마침내 구호 활동이 시작되었지만 부패 때문에 노력이 무색해졌다. 부패 관료들에게 구호 활동은 국민들을 우려먹을 새로운 방법일 뿐이었다. 기근의 중심지이자 고르 주의 주도인 차크차란에서는 자포자기 상태의 굶주린 농민들이 정부 건물을 공격했다.[12] 한편 1960년대 말 수도 카불에서는 이념 분쟁이 일어나 이런저런 소요가 끊이지 않았다. 대학생들이 이념을 놓고 가두시위를 벌이고 편을 갈라 캠퍼스에서 서로 싸웠다. 공산주의자 대 이슬람주의자, 마오주의자 대 스탈린주의자, 또는 그들 모두 대 스피로 애그누 같은 식이었다. (미국 공화당 소속 정치인인 스피로 애그누는 1970년대에 잠깐 아프가니스탄을 방문했다.)[13] 그리고 당시 이념 분쟁을 이끈 사람들 속에 훗날의 아프가니스탄 지도자들이 있었다. 1980년대에 공산주의 정부와 이에 대항하는 무자헤딘을 이끌 주역들 말이다.

당시 학생 시위의 직접적인 원인이 날씨나 기후, 농민들의 고통은 아니었지만 한편으로 이들 모두와 관련이 있었다. 특히 농민들이 굶어 죽기 시작하자, 농촌 지방의 기근은 왕의 무능과 국민과의 괴리감을 나타내는 확실한 상징이 되었다.

1973년 여름 아프가니스탄에는 3년째 가뭄과 기근이 계속되고 있었다. 밀 작황도 아주 나빴다. 그해 제작된 한 다큐멘터리에는 고통을 호소하는 아프가니스탄 농부의 모습이 담겨 있다. "지난 2년 동안 너무 힘들었습니다. 신의 뜻이 뭔지 아무도 모릅니다. 비가 내리지 않아 많은 사람이 굶주리고 있습니다. 이렇게 더운 날씨에도 우리는 아침 일찍 일어납니다. 차와 빵으로 식사를 때우고 오후 4시까지 일합니다."[14]

『뉴욕타임스』의 보도를 보자. "아프가니스탄에서는 3년째 계속되는 가뭄으로 기근이 들었다. 기근에 대처하는 정부의 태도를 놓고 사람들 사이에 불만이 팽배해 있다. 이번 기근으로 8만 명 이상이 죽었다고 한다."[15] 다른 『뉴욕타임스』 기사는 다음과 같이 말한다. "아프가니스탄 인구가 얼마인지는 아무도 모른다. 900만 명에서 1700만 명까지 다양한 추정치들이 나오고 있을 뿐이다. 기근으로 아사한 사람들에 대한 추정치는 아예 존재하지 않는다."[16] 그동안 왕은 나폴리 연안 이스키아 섬의 온천으로 휴가를 떠났다. 나중에 밝혀진 바에 따르면, 그곳은 거의 40년 동안 자히르 국왕의 휴가지였다고 한다.

쿠데타와 새로운 분쟁의 동력

1973년 7월 17일, 마침내 뭔가가 폭발했다. 왕의 사촌이자 매형인

왜 열대는 죽음의 땅이 되었나

무함마드 다우드 칸 중장이 쿠데타를 일으켜 정권을 잡았다. 왕은 해외 여행 중이었고, 왕에게 충성하는 경찰과 다우드를 따르는 군인들 사이에 벌어진 소규모 총격전에서 여덟 명이 죽었다고 한다.[17] 원래 대머리 다우드는 1950년대 말부터 1960년대 초반까지 자히르 국왕의 최측근이었다. 당시 다우드는 총리로서 왕을 대신하여 실질적으로 나라를 통치했다. 다우드는 근대화를 지향하는 사람이었고, 미국과 소련 양쪽의 비위를 맞추며 도로, 댐, 학교, 공장 등을 건설했다. 하지만 1963년 자히르 국왕이 친정 체제를 구축하면서 다우드는 여타 왕족들과 함께 권좌 밖으로 밀려났다.

쿠데타로 권좌에 복귀한 다우드는 계엄령을 선포하고 군주제를 폐지한 다음 스스로를 국정 수반으로 하는 대통령제 공화국을 설립했다. 다우드의 적들은 감옥에 갇히거나 살해당하거나 국외로 추방되었다.[18] 열렬한 파슈툰 민족주의자이자 실지 회복주의자인 다우드는 아프가니스탄-파키스탄 국경이 식민지 시기에 불합리하게 강제된 엉터리라고 생각했다. 1893년에 영국의 외교관 모티머 두란드에 의해서 확정되어 두란드 라인이라고 불리는 양국 국경은 아프가니스탄 왕실이 속한 파슈툰족이 지배하는 광대한 영토를 영국령 인도에 넘겨주도록 되어 있었다. (왕국의 겨울 수도였던 페샤와르도 영국령 인도로 넘어갔다.) 그리고 1947년 인도와 파키스탄이 영국에서 분리 독립한 뒤에는 파키스탄의 영토가 되어 버렸다.

대통령 다우드는 파키스탄에 대한 적대감을 고취하고 파슈툰 영토의 통일을 이야기하기 시작했다.[19] 다우드는 파키스탄 국경 곳곳에서 도발하는 발루치족 반란 세력에 대비하여 칸다하르 외곽에 군사 훈련소를 세우는 한편, 파키스탄 내부에서 파슈툰 민족주의를 고취했다.[20] 나중에 공산주의 정권하에서도 아프가니스탄은 비슷하게 행동한다. 예를 들면 공산 정권하의 아프가니스탄은 파키스탄의 무르타자 부토가 이끄는 적색 테러단 알주피카르에 은신처를 제공하고 지원했다. 알주피카르는 1977년부터 1988년까지 파키스탄을 지배했던 우익 독재자 무함마드 지아 울-후크 장군 정부를 전복하려고 했던 집단이다.[21]

말할 필요도 없이 파키스탄인들은 아프가니스탄인들의 '실지 회복' 운운이 당치 않다고 본다. 파키스탄은 다우드가 정권을 잡자마자 아프가니스탄에서 넘어온 급진적인 이슬람주의자들을 받아들이고 훈련시켰다. 1973년부터 파키스탄은 굴부딘 헤크마티야르와 그가 이끄는 헤즈브-이-이슬라미(이슬람당)를 지원했다. 헤즈브-이-이슬라미는 나중에 파키스탄에 본거지를 둔 무자헤딘 세력이 되어 소련에 반기를 들고, 2005년 무렵부터는 탈레반과 동맹을 맺었다.

파키스탄 군부는 처음부터 아프가니스탄을 약화시켜 유사시에 자신들이 통제력을 발휘할 방법을 찾았다. 인도와 지상전을 벌일 경우, 아프가니스탄 영토를 군대의 재집결지로 활용하는 방안을 고려하고 있었기 때문이다. 한편으로 파키스탄은 양쪽 국경 모두에 파슈툰족이 살고 있다는 것을 염려하고 있었다. 아프가니스탄에서 파슈툰족은 항상 지배적인 위치를 차지하는 민족이었지만, 파키스탄에서는 인구의 16퍼센트를 차지하는 가난하고 통제가 쉽지 않은 소수 민족이었다. 파키스탄이 가장 원치 않는 시나리오는 국경 지대의 파슈툰 소수 민족이, 파슈툰족이 지배하며 인도와 동맹을 맺은 강력한 이웃

왜 열대는 죽음의 땅이 되었나

투르카나족 사람들 | 투르카나족은 케냐 북서부의 한 목축민 부족이다. 동쪽으로 케냐의 포코트족, 서쪽으로 우간다, 북쪽으로 에티오피아 사이에 있다(4장).

총과 가축 | 언제 있을지 모를 가축 약탈에 대비하여 총을 든 채로 투르카나족 남성이 염소들에게 물을 먹인다. 냉전 시기를 거치면서 아프리카 목축민들의 손에는 창이 아닌 총이 쥐어졌다(4장).

추락한 블랙호크 | 1993년 소말리아 모가디슈에서 반군에 의해 두 대의 블랙호크가 격추되고, 18명의 미군이 살해되었다. 아이들이 블랙호크의 잔해 위에서 놀고 있다 (3장).

아프가니스탄의 양귀비 | 양귀비 관련 산업이 아프가니스탄 GDP의 절반을 차지한다. 아프가니스탄 정부가 양귀비 박멸 정책을 채택하고 있지만, 현실적으로 불가능하다 (9장).

고마운 꽃 | 양귀비의 끈적끈적한 수액으로 아편을 만든다(9장).

생명의 강 | 인더스 강은 히말라야로부터 물을 공급받아 파키스탄의 한가운데를 관통하며 인도양으로 흐른다. 위성사진 상의 푸른 부분이 인더스 강과 그 지류들이 흐르는 유역이고, 흰 부분이 히말라야의 만년설이다. 인더스 강을 중심으로 중앙부가 파키스탄, 오른쪽이 인도, 왼쪽이 아프가니스탄이다(11장).

사악한 댐 | 2008년 인도는 체나브 강에 발전량 450메가와트 규모의 바글리하르 댐을 건설하고 파키스탄으로 가는 유량을 제한하기 시작했다(11장).

리우데자네이루의 그리스도 상 | 그리스도가 두 팔을 벌려 안고 있는 하얀 하늘과 푸른 바다, 호화로운 연안의 도시는 눈부시게 아름답다(13장).

그리스도 상의 아래 | 리우데자네이루의 해안에서 눈을 돌려 산을 향해 가파른 경사면을 따라가면 파벨라라는 판자촌이 층층이 쌓여 있다(13장).

이것이 모두 마리화나 | 한 멕시코 군인이 미국 국경 인근의 한 터널에서 압수한 4.5톤에 달하는 마리화나 앞에 서 있다. 1990년대 중반 이후 멕시코는 마약 유통의 중심지가 되었다(11장).

몰디브 | 몰디브의 평균 해발고도는 2.1m에 불과하다. 지구 온난화로 인한 해수면 상승으로 2100년에는 섬이 물에 잠겨 사람이 살 수 없을 것이다(1장, 2장).

무인항공기 MQ-1 프레데터 | 적진 정찰용으로 개발되었지만, 점차 미사일을 탑재하고 폭격이 가능하도록 개량되었다. 1995년 이래 아프가니스탄, 파키스탄, 소말리아 등 세계 각지의 분쟁 지역에 투입되고 있다(3장).

나라 아프가니스탄과 연계하거나 그들의 도구가 되어 파키스탄에 대항하는 상황이었다.

다우드의 신흥 공화국 정부는 아프가니스탄 인민당의 공산주의자와 급진적인 이슬람주의자라는 서로 대립하는 두 집단을 끌어안고 있었다. 혁명적인 성향을 지닌 이들 적색과 녹색(이슬람교를 상징하는 색깔) 집단들은 모두 카불대학교 교정에서 잉태되었다. 1958년 쿠데타를 일으켜 왕정을 폐지하고 공화정을 탄생시킨 압둘-카림 카심을 비롯한 개발주의 독재자들이 숙명처럼 따랐던 패턴처럼, 다우드도 정치적 포용과 억압을 병행하면서 이들의 적대 관계를 적절히 활용하고자 했다. 다우드는 인민당에 내각의 자리를 내주면서 한편으로 그들을 억압했다. 그러나 이런 식의 균형 잡기는 그리 오래가지 않았다.

혁명, 소련, 탈레반

1978년 4월, 인민당 내의 파벌이 쿠데타를 일으켜 다우드 정권을 전복시켰다. 소위 사우르 혁명의 시작이었다. '사우르Saur'는 페르시아력에서 4월을 가리키는 단어로, 말하자면 4월 혁명이라는 의미이다.

아프가니스탄 공산당은 문제가 많고 분열된 데다 이념에 중독되어 있었다. 혁명과 거의 동시에 인민당은 자체 간부단을 공격하기 시작했다. 인민당은 또한 의도는 좋았지만 실제 계획은 엉망인 토지 개혁을 단행했고, 농민을 힘들게 하는 시장의 고리대금업을 폐지했지만 이를 대체할 대출 제도를 마련해주지는 않았다. 남녀 평등, 보편

교육, 노동자 권리 등을 강제하는 새로운 법률이 만들어졌지만, 무턱대고 근대성을 강제하는 이런 방식은 뼛속까지 보수적인 아프가니스탄의 지방에 적용하기에는 무리라는 사실만 확인했을 뿐이다. 1979년 4월 헤라트의 수비대가 폭동을 일으켰다. 그해 가을에는 아프가니스탄 육군이 사실상 와해되었다.

1950년대 이래 아프가니스탄은 소련으로부터 네 번째로 큰 규모의 원조를 받는 나라였다. 소련은 1930년대 중반까지 취약한 아프가니스탄을 근거지로 활용하면서 소련에 맞서는 이슬람교 저항 세력과 싸웠다.[22] 2차 세계 대전 뒤에 소련은 중앙아시아 전체의 안정이 아프가니스탄의 안정 및 아프가니스탄과의 우호 관계에 달려 있다고 보았다. 이런 판단하에 소련은 아무다리야 강의 남쪽에 위치한 이웃 국가로 대규모 원조를 퍼부었다. 1979년 아프가니스탄의 붕괴를 지켜보던 소련은 중요한 고객 국가가 사라질지도 모를 뿐 아니라 한동안 잠잠하던 이슬람교도들이 다시 반란을 일으켜 중앙아시아 공산주의 국가들까지 물들일지 모른다는 위기의식을 느꼈다. 소련이 침략을 했든 초대를 받았든, 아무튼 소련은 자신들을 불러들인 극단주의자인 인민당 대통령 하피줄라 아민을 죽이고, 온건파인 바브라크 카르말을 대통령 자리에 앉혔다. 그래도 전쟁은 이미 시작되었다.

미국은 소련의 개입이 크나큰 실책이며, 자신들에게는 절호의 기회라고 보았다. 이내 미국과 사우디아라비아는 파키스탄에 본거지를 두고 파키스탄의 지원을 받는 무자헤딘에게 80억 달러라는 거금을 지원한다. 그도 그럴 것이 무자헤딘은 인민당 정부의 전복을 목표로 싸우는 전사들이었다.[23]

178 왜 열대는 죽음의 땅이 되었나

1992년 마침내 무자혜딘은 정권을 잡았지만, 즉시 집안 싸움을 벌이기 시작했고, 그 과정에서 수도 카불의 절반이 파괴되었다. 내전의 와중에 탈레반이 법과 질서를 지키는 자경단원으로 등장하게 된다. 탈레반이 도로 안전을 보장하자 파키스탄 운송 마피아의 지지를 얻게 되고, 이어서 파키스탄 첩보 기관들도 탈레반을 지원하기 시작했다. 탈레반 정권은 수단에서 추방된 오사바 빈 라덴에게 은신처를 제공했다. 2001년 9월 11일 즈음에는 탈레반이 아프가니스탄 대부분 지역을 지배하고 있었으며, 그렇게 현재 벌어지는 아프가니스탄 전쟁을 위한 모든 무대가 마련되었다.

물이 말라버린 나라

영국 정부 연구자들은 지구 온난화와 아프가니스탄 분쟁이 연관되어 있다고 본다. 그들은 1960년 이래 아프가니스탄의 연평균 기온이 0.6℃ 상승했고, 평균 강수량은 10년에 2퍼센트씩 줄었다는 사실을 지적한다.[24] 비보다 더욱 중요한 것은 고지대에 쌓이는 눈덩이를 의미하는 스노우팩snowpack이다. 연중 대부분의 기간에 스노우팩이 녹은 물이 강, 개울, 운하 등으로 흘러들어가 일정한 수위를 유지해 주고, 이를 통해 뜨거운 태양 아래 타들어가는 아프가니스탄 들판에 수분이 공급된다.

스노우팩이 녹은 물이 건기에 카불 강의 강수량의 70퍼센트를 차지한다. 카불 강은 동쪽으로 흘러 낭가르하르를 지나 파키스탄으로 들어가서 인더스 강과 합류하고, 인더스 강은 다시 남쪽으로 흘러 바다로 들어간다.

수도 카불에서는 카불 강의 악화된 상태가 육안으로도 분명하게 보인다. 바람에 날리는 먼지 사이로 보이는 카불 강에는 온통 쓰레기가 가득하고 소량의 물만이 졸졸 흐르고 있을 뿐이다. 과거 10년을 보면, 300만 카불 시민에게 없어서는 안 될 결정적 수원인 카불 강이 완전히 말라버린 적도 많았다.[25] 지난 10년 동안 계속된 가뭄으로 아프가니스탄 농업은 전례 없는 수확량 감소를 경험하고 있다. 아프가니스탄 인구의 80퍼센트가 땅을 일구며 산다. 「아프가니스탄에서 기후 변화의 사회 경제적 영향」이라는 영국 정부 보고서에서 지적하는 것처럼 "현재 대다수의 아프가니스탄 농민들은 수확이 좋은 해에도 곡물 생산으로 자급자족하지 못한다." 영국 국제개발부에서 작성한 보고서는 계속해서 다음과 같이 지적한다. "아프가니스탄의 농업은 기온 상승과 강수 패턴, 스노우팩이 녹는 시기 변화 등에 상당히 민감한 것으로 보인다. 말하자면 이런 변화에 상당히 취약하다. 경작이 한창일 시기에 스노우팩이 녹는 시기가 빨라지고, 강수량이 줄어 토양 증발*이 증가하고, 하천 유량이 감소하면 농민들 입장에서는 농업 생산성과 작물 선택 모두에 영향을 받을 수밖에 없다."[26]

2010년 겨울도 역시 "비정상적으로 덥고 건조했으며," 가뭄이 "식량 부족을 야기하고, 양귀비 재배를 대폭 줄이려는 노력을 위태롭게 하고, 안보 문제를 악화시킬지 모른다."는 두려움이 고조되었다. 아

---

*토양 증발 토양에서 수분이 대기로 방출되는 현상

왜 열대는 죽음의 땅이 되었나

프가니스탄의 중부 산악 지대에서 스노우팩은 10센티미터에서 30센티미터에 불과해서 30센티미터에서 180센티미터 정도였던 과거의 평균치에 한참 못 미쳤다. 이슬람 성직자인 이맘들은 신도들에게 비를 내려달라는 기도를 올리라고 촉구했다.[27]

2010년 4월의 한 보고서는 "평균 이하의 강우량 때문에 빗물에만 의존하는 일부 전답이 완전히 말라버렸고 아프가니스탄 동부와 동북부의 식량 생산에 차질이 생겼다."고 지적했다. "밀을 심었지만 비가 오지 않아 망치고 말았습니다." 낭가르하르 출신 농부 하미둘라의 말이다. 인근 지역 다른 농부도 사정은 마찬가지였다. "7만 아프가니* 를 써서 밀과 양파 종자를 샀습니다. 하지만 밭이 말라버렸습니다." 2010년 봄에 가뭄은 낭가르하르 스물세 지구 중에서 열두 곳을 강타했다. 농민들은 식량 원조와 관개 지원을 간절히 요청했다. 5월이 되자 아프가니스탄 중부와 동부 곳곳에 갑작스런 폭우가 내렸다. 돌발 홍수가 작물, 가축, 표토를 쓸어가 버렸고, 수천 명이 실향민이 되고 수십 명이 죽었다.[28]

5월의 폭우와 홍수는 예고편일 뿐이었다. 8월에는 더욱 갑작스러운 홍수가 닥쳤다. 그야말로 전혀 예상치 못한 일이었다. 『알 자지라』의 일기예보 담당자는 다음과 같이 말했다.

이런 예상치 못한 날씨는 파키스탄을 강타한 뒤에 국경을 넘어 아프가니스탄으로 왔다. …… 보통은 파키스탄 남부의 높은 산들이 남서

---

*아프가니 아프가니스탄의 화폐 단위. 7만 아프가니는 미국 달러로 약 1,450달러이다.

계절풍을 막아준다. 평소 같으면 지금이 가장 건조한 시기이고 6월에서 10월 사이에는 사실상 비가 내리지 않는다. …… 하지만 이번에는 높은 산들도 파키스탄을 구하지 못했고, 폭우가 파키스탄을 덮쳤다. …… 파키스탄 페샤와르에는 평소의 연간 총량을 합친 것보다 많은 비가 내렸다.[29]

고마운 꽃

가뭄과 홍수에도 불구하고 한 가지 작물만은 상대적으로 안정적인 수입을 보장해주었다. 학명으로 파파베르 솜니페룸Papaver somniferum, 즉 양귀비이다. 왜 하필 양귀비일까? 일반적인 대답은 마약이 살구, 건포도, 밀보다 훨씬 높은 금액에 팔리기 때문이다. 하지만 이것을 생각해 보라. 밀 재배에 필요한 물의 6분의 1만 있으면 양귀비 재배가 가능하다. 그것만으로도 가뭄에 시달리는 아프가니스탄에서 마약 거래가 횡행하는 이유를 설명할 수 있다. 2008년 이후 곡물 가격이 급등하기는 했지만, 그래도 양귀비가 밀보다 많은 돈을 벌어들인다.[30] 전 세계 아편의 90퍼센트가 아프가니스탄에서 생산되며, 아편 거래로 벌어들인 수익이 아프가니스탄의 공식 GDP의 절반을 차지할 것으로 추정된다. 아프가니스탄에서 양귀비를 가장 많이 재배하는 지역은 가뭄과 홍수로 만신창이가 된 낭가르하르 지방, 즉 내가 만난 농부 와지르가 사는 곳이다.

가뭄에 견디는 내성도 강하고 가격도 높은 양귀비는 그런 장점에

왜 열대는 죽음의 땅이 되었나

도 불구하고 불법 작물이다. 나토 점령군과 하미드 카르자이 대통령 정부는 양귀비 재배를 비난하고 공격하지만, 탈레반은 반대로 보호한다. 그러므로 가뭄으로 더욱 불붙은 양귀비 재배는 아프가니스탄 농부들을 반란군에 합류하게 내모는 또 다른 요인이다. 어느 기자의 설명을 들어 보자. "흉작 때문에 탈레반이 전사들에게 제공하는 돈에 사람들은 더 큰 유혹을 느낀다. 흉작은 또한 많은 이들이 이미 부패했다고 간주하고 소원하게 생각하는 중앙 정부에 대한 지지를 더욱 약화시킨다. 흉작에 식량 지원까지 없다면 상황은 더욱 악화될 것이다."[31] 민간 연구 기관인 국제안보개발위원회(전 센리스위원회)는 미국이 지원하는 양귀비 박멸 작전이 "아프가니스탄 사람들로 하여금 외국인에게 등을 돌리고 저항하게 하는 가장 큰 이유"라고 지적했다.[32]

가뭄과 홍수는 빈곤을 심화시켰다. 빈곤은 사람들의 불만과 절망에 불을 붙이고 미혼에 일자리가 없는 청년층을 양산한다. 땅을 사거나 신부에게 지불할 돈도 없고 일자리를 찾기도 힘든 극빈 상태의 농장 노동자들이 떠밀리듯 탈레반 군대에 합류하게 되고, 전장에서 미국 무인항공기의 희생양이 된다. 전쟁에 쓰이는 인간 연료나 마찬가지 신세인 것이다.

아흐메드 라시드의 설명을 들어보자.

미국과 나토는 탈레반이 아프가니스탄에도 파키스탄에도 속하지 않으며 낙오된 사람들이라는 사실을 이해하지 못한다. 난민 수용소, 군사화한 이슬람 신학교들(마드라사), 아프간-파키스탄 국경 지방의 기회 부재의 산물이라는 사실을 말이다. 탈레반은 어느 국가의 진정한

왜 열대는 죽음의 땅이 되었나

시민이었던 적도 없고, 전통 파슈툰 부족 사회를 경험해본 적도 없다. 전쟁이 길어질수록 탈레반과 국경을 초월한 그들의 영향력이 더욱 깊이 뿌리를 내리고 광범위하게 퍼질 것이다.[33]

여기에 다음과 같은 말을 덧붙일 수 있을 것이다. 원인을 완화하려는 노력도, 영향에 적응하려는 노력도 없이 기후 변화가 오래 지속될수록, 어처구니없는 천년왕국설을 신봉하는 탈레반의 영향력이 더욱 널리 퍼질 것이라고. 이런 관점에서 보면 양귀비를 재배하고 무력을 써서라도 이를 지키려는 아프가니스탄 농민들의 노력은 기후 변화에 대한 현지의 적응 방법이라고 할 수 있을 것이다.

아편 재배의 정치 경제학

"3년 전만 해도 양귀비를 이렇게 많이 기르지 않았습니다." 내가 묵고 있는 집의 주인이 하는 말이다. 지금은 농부지만 예전에는 무자헤딘 전사였다고 한다. "지금은 다들 양귀비를 기릅니다. 경찰서장도 예외가 아니에요. 내일 조금 가져다드리지요."

아편 거래가 전쟁 속에서 어떻게 이루어지고 어떻게 전쟁과 맞물려 굴러가는가? 궁금했던 나는 2004년 카불에서 1시간 거리인 와르다크 주로 갔다. 지금은 게릴라 수중에 있지만 그때는 아직 정부 관리하에 있던 지역이었다.

와르다크 주의 풍경은 뉴멕시코와 비슷했다. 여기저기 포플러 나무들이 보이는 녹색 계곡이 보이고 도로 안쪽으로는 벽돌담으로 둘러싸인 칼라스라는 주택 단지가 있었다. 계곡과 주택 단지 위로는 거대하고 메마른 산들과 푸른 하늘이 전부였다. 나는 사진기자 테루 쿠와야마와 우리가 무스타파라고 불렀던 어떤 남자와 함께 와르다크에 갔다. 무스타파는 우리에게 자기 일가친척, 엄밀히 말하자면 남자 친척들을 소개시켜 주었다. (파슈툰족 전통에서는 여자들은 낯선 사람 앞에 모습을 드러내면 안 된다.) 우리는 이곳 사람들이 베테크[betek]라고 부르는, 카펫이 길게 깔린 2층 손님방에서 앉아 이야기를 나눴다. 우리는 여기서 먹고 잤는데, 다른 가족 숙소로부터 상당히 떨어져 있었다. 우리는 손님이었고, 주인은 턱수염을 기른 억센 남자들이었다. 그들 중에 다수는 1980년대와 1990년대에 군벌 굴부딘 헤크마티야르에 맞서 싸운 무자헤딘 출신이었다. 이란에 있는 아이스크림콘 공장에서 일하다가 막 돌아온 남자도 있었다. 그는 자기보다 몇 살 어린 여자와 결혼을 앞두고 있었다. 그는 여자가 열두 살이었던 시절 이후로는 그녀를 본 적이 없다고 했다. 다들 결혼이라는 큰 행사를 준비하고 있었다. 덕분에 우리의 주말 방문은 파티로 바뀌었다. 여러 가지 음식을 먹고, 차를 마시고, 담배를 피우고, 웃고 떠들고, 많은 판돈을 걸고 밤새 노름을 하는 그런 파티였다.

남자들 중에 한 명이 6년째 계속되는 심각한 가뭄 때문에 포도, 사과, 밀과 같은 와르다크의 전통 작물을 재배하기가 불가능하다고 설명했다. 내건성인 양귀비가 그들에게 남은 전부였다. "주변의 모든 사람이 양귀비를 키웁니다." 나지르라는 농부가 말했다. 친지들은 그를 농담 삼아 '알카에다 선생'이라고 불렀다. 알카에다 단원을 연상

왜 열대는 죽음의 땅이 되었나

시키는 턱수염과 스컬캡, 즉 테두리 없는 베레모 때문이다.

양귀비 재배붐은 와르다크만의 현상은 아니다. 아프가니스탄 전역에 양귀비가 돌아왔다. 주된 원인은 가뭄이다. UN 조사자들은 아프가니스탄의 2850만 주민 중에 170만 명이 양귀비 재배에 직접 관여하고 있으며, 양귀비 가공, 불법 거래, 자금 대출 및 자금 세탁 등 기타 관련 활동에는 더욱 많은 사람이 관여하고 있다고 본다. 군벌들은 농민과 마약 거래상 모두에게 세금을 징수한다. 최근에는 하미르 카르자이 대통령의 유화정책 덕분에 이들 군벌 중에 다수가 공식 지위를 획득했고, 마약 거래를 통한 경제적 착취에 더욱 박차를 가하고 있다.

탈레반도 양귀비 재배로 이득을 보는 집단이다. 첫째, 탈레반은 다른 모든 거래와 마찬가지로 마약 거래에도 세금을 물린다. 둘째, 탈레반은 양귀비 재배를 막지 않는다. 탈레반에 충성하는 지역에서는 농민이 박멸 작전이나 이를 빙자한 권력 남용과 뇌물 요구 등을 걱정할 필요가 없다.

어느덧 밤이 되었다. 저녁을 먹고, 차를 마시고, 카드를 돌리고, 사진을 찍는 사이 남자들은 점점 경계를 풀고 양귀비 재배업에 대해 상세한 이야기를 들려주었다. "양귀비는 저렴하게 기를 수가 있습니다. 어느 시장에서든 쉽게 씨앗을 구할 수가 있지요." 1990년대 전쟁에 참가했다가 지뢰를 밟아 한 쪽 다리를 잃은 마히드가 말했다. 와르다크에서는 양귀비를 재배하는 계절이 둘로 나뉜다. 더울 때와 추울 때이다. 어느 계절을 택하든 재배는 1년에 한 번만 가능하다. 3월에 심어서 6월과 7월에 수확할 때가 항상 작황이 낮고, 꽃은 노란색,

흰색, 자주색인데 흰색이 제일 낫다고 했다. 다음은 '알카에다 선생'의 설명이다.

양귀비 씨앗을 심고 물을 주면, 보름 뒤에 싹이 틉니다. 그리고는 잡초를 뽑아주어야 합니다. 양귀비가 잡초보다 커질 때까지 계속해서 제초 작업을 해줘야 하지요. 세 달 뒤에는 꽃이 핍니다. 이어서 꽃 안에서 씨앗주머니들이 생기고 점점 자랍니다. 꽃이 진 다음에도 씨앗주머니는 계속해서 자라지요. 때가 되면 고자ghoza(톱니 모양의 날카로운 이빨 여섯 개가 있는 집에서 만든 작은 모종삽. 고자로 긁은 생채기에서 끈적끈적한 하얀 유액이 나온다.)로 씨를 둘러싼 과피를 긁어 생채기를 냅니다. 아침에 생채기를 내고 오후에 수액을 모읍니다. 오후가 되면 수액이 더 끈적끈적해지고 색깔도 갈색으로 변색됩니다. 꽃 하나하나에서 소량씩 채취하다보면 어느새 둥근 공처럼 커지고, 그것을 말리면 아편이 됩니다.

아프가니스탄 대부분의 지역에서 하나의 과피에서 일곱 번까지 즙을 추출할 수가 있다. 마침내 즙이 하나도 남지 않게 되면 마르도록 내버려둔 다음 이듬해에 심을 종자를 수확한다. 종자로 식용 기름을 만들기도 하고, 엄마들은 오랜 시간 일을 하는 동안 아이들이 보채지 않게 하려고 끓여서 차를 만들어 아이들에게 먹이기도 한다.

양귀비의 경제적인 효과를 보여주기 위해서 외다리 마히드가 토지 면적에 대한 이야기를 꺼냈다. 여기서 단위는 제립jerib인데, 대략 0.5에이커 정도다. 와르다크 남자들은 1제립이면 보통 아편 28킬로

왜 열대는 죽음의 땅이 되었나

그램을 수확할 수 있고, 이를 팔면 5,000달러 정도가 된다고 말한다. 반면 농부가 1제립의 땅에 밀을 재배하면 100달러 정도를 벌게 된다. 날씨와 가격에 따라 수익이 100달러보다 적을 수도 있고, 아예 한 푼도 벌지 못할 수도 있다.

일부 지역에서는 밀수업자들이 대출을 해주고 아편으로 받아간다. 와르다크에서는 대출 시스템이 더 합리적으로 운영되고 있었다. 농민들은 상점 주인들에게서 돈을 빌리고, 밀수업자에게 아편 대금을 받은 다음 현금으로 갚는다. "지난 3년 동안 양귀비를 재배하면서 많은 농민들이 빚을 청산했습니다. 어떤 작물도 거기에 비교할 수는 없습니다. 가뭄이 심해서 사과와 밀을 재배하는 면적은 10퍼센트에 불과합니다. 이런 작물을 재배하려면 양귀비보다 훨씬 많은 물을 써야 합니다. 더구나 밀은 가격이 형편없습니다." 말을 마친 '알카에다 선생'이 카드 게임을 하려고 몸을 돌렸다.

"예전에 탈레반과 무자헤딘 지휘관으로 활동했던 사람들이 여럿 있습니다. 다들 미국이라면 치를 떨지요. 팔레스타인과 이라크에서 미국이 하는 짓도 그렇고, 무엇보다 미국 때문에 이곳 경제가 좋지 않으니까요.' '알카에다 선생'의 말이다. "양귀비를 없애겠다고 하는데, 그런 사람들의 화만 돋울 뿐입니다."

낭가르하르를 떠나며

안타까운 일이지만 기후 변화, 전쟁, 환경 악화는 변증법적으로 연결되어 하나가 다른 하나를 강화하고 증폭시킨다. 월드워치연구소 마이클 레너는 이런 상황을 깔끔하게 요약해서 설명한다.

30년에 걸쳐 계속된 무력 분쟁으로 많은 주민이 고향을 잃었고, 때로는 지뢰가 무서워 농지에 접근하지도 못하고, 많은 관개 시설이 파괴되거나 유지 관리가 불가능한 상황이 되었다. 여기에 반복적으로 일어나는 가뭄과 홍수, 주민들의 절박한 대응 전략을 더하라. 그러면 최종 결과는 아프가니스탄 자연환경 및 물과 경작 관련 인프라의 심각한 악화로 나타난다. 대규모 삼림 파괴와 방목지 남용은 토양 침식으로 이어졌고 결국 홍수에 더욱 취약한 환경을 만들었다.[34]

당국이 양귀비 박멸에 대해 밝히는 장황한 계획을 지상에서 일어나는 현실과 비교하면 꿈만 야무진 것이 아닌가 싶다. 박멸 계획의 5대 핵심 과제에는 '사법 제도 개혁'과 '대체 생계 수단' 등이 포함되어 있다. 하지만 현실에서는 찾아볼 수 없다. 지역의 유일한 NGO는 우물 파는 일을 지원한다. 하지만 와지르는 부패한 작업팀이 도움이 필요한 부분에 대해서 별도의 수수료를 챙긴다고 한다.

우리는 태양이 기울기 시작할 무렵 출발했다. 낭가르하르 주의 주도 잘랄라바드로 가는 도중에 다섯 명의 무장 괴한이 바위 뒤에 숨어 있다가 길을 가로막았다. 한 명은 우리 트럭에 로켓 추진식 유탄, 즉 RPG를 겨누고, 다른 사람은 도로로 들어서서 AK-47 소총으로 전면 유리를 조준했다. 두목으로 보이는 총잡이가 다가오더니 물었다. "경찰 트럭이 아직도 마을에 있나?"

왜 열대는 죽음의 땅이 되었나

천행인지 오는 길에 우리는 반대쪽으로 가는 국경 수비대의 소형 오픈 트럭을 지나쳤다. 아프가니스탄 동료 하나가 재빨리 머리를 굴려 대답했다. "그렇다. 몇 분 뒤에는 우리를 따라올 것이다." 총잡이가 잠깐 멈칫하더니 우리를 통과시켜주었다. 그 잠깐이 우리한테는 영원처럼 길게 느껴졌다. 당시 우리는 그들이 현지 도적이거나 탈레반으로, 숨어서 작정하고 우리를 기다렸지만 우연찮게 지나간 국경 수비대 때문에 마지막 순간에 거사를 망친 것이 아닌가 생각했다. 몇 주 뒤에 통역사 나키브가 와지르를 통해서 당시 무장 괴한들이 돈이 궁했던 현지 폭력배였음을 확인했다. 그들의 계획은 우리를 납치해서 탈레반 연락책에게 팔아넘기는 것이었다. 만약 성공했다면 가뭄, 홍수, 흉작이라는 삼중고에 시달리던 그들이 뜻밖의 횡재를 했을 것이다.

10장

키르기스스탄의 작은 기후 전쟁

사람들은 고통에 신음하고 있으며 이런 식으로는 지속이 불가능하다 싶을 만큼 힘든 시간을 보내고 있다. …… 토지세가 올랐다. 전기세와 난방비도 올라갔다. …… 젊은이들은 일자리가 없어 하릴없이 거리를 배회한다. 젊은이들을 제대로 교육시키기도 힘들다.

_시나르 마아트케리모바Shynar Maatkerimova, 키르기스스탄 연금 수령자, 2010년

키르기스스탄에 봄이 오고 있었다. 초록 새싹과 옅은 빛깔의 꽃들이 쑥쑥 고개를 내밀고, 구름 덮인 잿빛 하늘도 아름다웠다. 잔잔한 봄비가 키르기스스탄의 수도 비슈케크를 부드럽게 어루만지듯 내리고 있었다. 봄비 덕분에 소련 시절 지어진 널따란 광장들도 산뜻하게 단장을 했다. 이따금 새들의 노랫소리가 축축한 공기를 뚫고 텅 빈 거리에 울려 퍼졌다.

하지만 도시의 고요는 위기와 공포의 산물이었다. 머지않아 수천 명의 시위자가 여기저기 광장을 가득 메웠다. 『가디언』의 보도에 따

르면 "시위자들은 최근 들어 수도와 전기 같은 공공요금이 가파르게 상승하는 바람에 거리로 나올 수밖에 없었다고 말했다. 공공요금 인상은 만연한 실업과 빈곤으로 피폐할 대로 피폐한 나라에서 가까스로 견디던 낙타의 등에 올린 마지막 지푸라기 한 올 같은 역할을 하고 있다."[2] 그랬다. 추가된 지푸라기 한 올에 등이 부러지는 낙타처럼 사람들의 인내심이 한계에 다다랐다. 『뉴욕타임스』는 군중은 "오르는 공공요금과 권위적이고 부패했다고 생각되는 정부에 격분했다."고 지적했다.[3] 시위군중이 거리와 광장을 메운 대혼란이 시작된 것은 2010년 4월 초로, 정부가 공공요금 20퍼센트 인상안을 발표한 일주일 뒤였다.[4]

정부는 왜 공공요금을 인상해야 했는가? 나라 경제가 수력 발전과 전력 수출에서 나오는 수입에 거의 전적으로 의존하는데, 아프가니스탄과 파키스탄을 강타했던 것과 동일한 장기간의 가뭄 때문에 키르기스스탄의 수력 발전소들이 무력화되고, 결과적으로 나라 경제 전체가 절름발이 신세가 되었기 때문이다. 이런 관점에서 키르기스스탄은 기후 변화가 폭력을 야기하는 현실을 극도로 선명하게 보여주고 있다. 이번 장은 키르기스스탄의 위기가 어떻게, 그리고 왜 발생했는지를 살펴본다.

전력 대란

공공요금 인상에 항의하던 군중은 머지않아 폭도와 무장 갱단으

왜 열대는 죽음의 땅이 되었나

로 변해 정부 건물을 공격했다. 총성과 섬광 수류탄 소리가 거리에 울려 퍼지고, 최루가스 통이 광장 여기저기를 굴러다녔다. 관청 창문에서 갑자기 불길이 치솟았다. 처음에 한 건물, 이어서 다른 건물, 또 다른 건물이 방화로 불타버렸다. 시위자들이 내무부 장관을 붙잡아 잔혹하게 구타했고, 수비대 본부와 국영 텔레비전 방송국을 장악했다. 경찰이 실탄을 쏘기 시작했고 시위대도 이에 맞서 총을 쏘았다. 부상자와 사망자들이 차에 실려 갔다. 60명이 죽고 수백 명이 부상을 당했다. 머지않아 비슈케크의 중심 상업 지구가 불에 탔고 광기에 가까운 무자비한 약탈이 일어났다.

2010년 5월 초에는 대통령 쿠르만베크 바키예프가 남쪽에 있는 자신의 고향 오슈로 도망쳤다. 바키예프는 친서방 성향에 자유 시장 경제를 지향하는 '개혁가'로 2005년 3월에 일어난 튤립혁명*을 이끌었었다. 반대파가 정권을 잡았고, 신임 대통령 로자 오툰바예바 여사는 공공요금을 낮추고 빈곤층을 지원하겠다고 약속했다. 새로운 정부가 들어섰지만 여전히 법과 질서는 없었다. 동네마다 바리케이드가 세워지고 민병대가 만들어졌다. 뺏고 뺏기는 약탈이 자행되는 와중에 민족 간의 충돌까지 일어났다. 지배 민족인 키르기스족에 우즈벡족을 포함한 소수 민족이 맞서는 구도였다. 경제적인 고통과 도둑 정치를 펴는 권력층에 대한 분노가 순식간에 민족 간의 적대감으로 돌연변이를 일으켰다. 살인과 강간이 난무하는 '인종 청소' 분위기

---

*튤립혁명 14년 동안 장기 집권한 아스카르 아카예프 정권의 부정 선거에 반발하여 일어난 민주화 운동으로 튤립을 혁명의 상징으로 내걸어 튤립혁명이라는 이름이 붙었으며, 레몬색을 상징색으로 택하여 레몬혁명이라고도 한다.

속에서 겁에 질린 수천 명의 우즈벡족이 국경으로 도망쳤지만, 우즈베키스탄은 오히려 국경을 봉쇄했다.[5] 오툰바예바 대통령이 러시아 군의 개입을 요청했지만, 러시아 정부는 이를 거절했다.[6] 광란이 서서히 잦아들었지만 키르기스스탄은 유혈이 낭자하는 사태 속에 민족 분리 직전처럼 아슬아슬해 보였다.

6월 10일 잠시 진정되나 싶던 폭력이 다시 고개를 들었다. 이번에는 남부 도시 오슈였다. 카지노에서 우즈벡족과 키르기스족의 사소한 다툼이 금세 대학살로 비화했다. 이번에는 국가 보안군의 키르기스족이 우즈벡족을 추적해서 잡는 일에 가담했다. 역사적으로 보면 남부 도시들은 원래 정착 생활을 하는 우즈벡 상인 및 농부들의 삶의 터전이었고, 반면에 대부분이 유목 혹은 반유목 생활을 하는 키르기스족은 가축과 함께 이리저리 옮겨 다녔다. 하지만 1930년대 농업 집단화가 강제되면서 상황이 달라졌다. 키르기스족이 우즈벡족이 사는 계곡에 정착하게 된 것이다. 물과 토지를 놓고 다툼이 일어났다. 인권 감시 단체인 휴먼라이트워치가 보고서에서 지적하는 것처럼 "인구가 증가하면서 상황이 더욱 첨예해졌다. 개혁개방 기간인 1980년대 중반부터 말까지 민족·언어·문화 정체성이 더욱 강해졌고 토지와 물의 분배에 대한 불만이 점점 민족 갈등의 양상을 띠게 되었다."[7] 1990년대 소련이 붕괴되었을 때도 키르기스스탄 남부에서는 민족 갈등으로 인한 소요가 있었다. 1990년 키르기스스탄의 소수 민족인 우즈벡족이 자치권을 얻어 이웃한 우즈베키스탄에 귀속하려고 했을 때였다. 이를 놓고 지역 사회 내부에서 충돌이 발생했고 1,000명의 목숨을 앗아갔다. 2010년에는 350명 이상이 죽고, 수천 명이 집을 잃었다.[8]

왜 열대는 죽음의 땅이 되었나

멈춰버린 수력 발전

키르기스스탄에서 발생한 이런 갑작스런 폭력들은 언뜻 보면 사리사욕만 채우는 부패한 대통령의 권력 남용에 맞선 반란이고, 해묵은 민족 갈등의 재연이다. 하지만 깊이 들어가 보면 문제의 핵심에 환경 문제가 있다. 이는 광기 어린 민족 갈등이라는 형태로 펼쳐지는 파국적 수렴이다. 소련 붕괴 후에 강요된 신자유주의로 인한 경제적 충격과 냉전 시대 대리전쟁의 정치적 군사적 역효과가, 막 시작된 기후 변화의 위기와 만나 키르기스스탄의 비극을 만들어내고 있다.

앞서 지적한 것처럼 비슈케크 시위자들의 핵심 불만은 전기요금 인상과 전력의 부족이었다. 그리고 그것은 중앙아시아의 오랜 가뭄 때문이었다. 건조한 기후에 관리 부실까지 더해지면서 키르기스스탄의 수력 발전소들이 제 기능을 발휘하지 못하게 되었다. 2008년 봄부터 키르기스스탄은 정기적으로 정전을 해야 했다.[9] 일부 지역에서는 매일 10시간 이상의 정전이 일상이 되었다. 2009년 우즈베키스탄이 소련 시절 건설된 고압 송전선을 철거하자 상황은 더욱 악화되었다.[10]

키르기스스탄에서 생산하는 전력의 90퍼센트가 수력 발전소에서 나온다. 전력 생산의 가장 중요한 원천은 나린 강의 토크토굴 저수지에 있는 수력 발전용 댐이다. 실제로 토크토굴 발전소는 중앙아시아 최대 규모로 소련 현대 건축의 기념비적 작품이라고 불린다. 토크토굴 발전소는 1975년부터 1982년 사이에 건설되었는데, 이 시기는 레오니트 브레즈네프의 전성기이자 소련의 힘이 절정에 달하고, 고유가가 한창 기승을 부리던 시대였다. 가뭄이 든다는 것은 토크토굴 저수지의 수위가 낮아지고, 따라서 전력 생산이 줄어든다는 의미였다.

이런 위기를 야기한 극단적인 기후가 가뭄만은 아니었다. 몹시 추운 겨울도 부실 관리 및 탐욕과 결합하여 저수지 수위를 낮추는 데 일조했다. 2008년 겨울 한파는 유난히 길고 혹독했다. 기온이 영하 31℃까지 떨어져서 평소보다 두 배는 추웠다. 가뭄 때문에 정전이 계속되었고, 지독한 한파에도 난방이나 온수 사용이 불가능한 지역이 많았다! 도처에서 수도관이 얼고, 노인들이 죽고, 공장이 멈추고, 가축이 동사하고, 학교가 두 달 동안 휴교를 했다. 사실상 나라 전체가 활동을 멈춰 버렸다.

혹한 때문에 정부는 예정보다 많은 물을 방출할 수밖에 없었다. 그래야만 발전이 가능했고, 잦은 정전으로 인한 심각한 타격을 막을 수 있었다. 중앙아시아 지역에서 에너지 가격이 치솟자 부패한 관료들은 더욱 많은 물을 방출했다. 타지키스탄, 우즈베키스탄, 카자흐스탄 등에 불법으로 판매할 추가 전력을 생산하기 위해서였다.

2007년 겨울은 토크토굴 저수지 건설 이래 가장 건조한 겨울이었다. 이듬해인 2008년, 저수지에 "유입된 수량은 평년의 70퍼센트에 불과했으며," 전체 수량은 2005년의 절반 수준으로 떨어졌다.[11] 현지 정치 분석가는 당시 상황을 다음과 같이 말했다. "수위가 위태로운 수준이다. 올겨울 우리가 불을 켜고 난방을 할 수 있을지, 크고 작은 사업체들의 미래가 모두 저수지의 수위에 달려 있다. 말하자면 저수지 수위가 반드시 필요한 수준까지 도달하느냐가 관건이다."[12] 안타깝게도 저수지 수위는 거기에 도달하지 못했다.

왜 열대는 죽음의 땅이 되었나

더욱 큰 문제는 정전이 경제 전체에 연쇄적으로 해를 끼치는 일종의 도미노 효과를 일으킨다는 점이었다. 기업이 문을 닫자 실업이 증가했고, 수요가 감소하고, 결과적으로 실업 문제가 더욱 심각해졌다. 전부는 아니라도 대부분의 경제 활동이 전기에 의존한다. 따라서 전기가 없으면 전체 경제가 무너지기 시작한다. 비슈케크의 어느 제빵사가 하는 말을 들어보자. "저는 돌아가면서 계속되는 정전 때문에 사실상 망했습니다. …… 빵을 구우려고 반죽을 해놓았는데 전기가 없는 경우가 많았습니다. 1년 전에 대출을 받아 사업을 시작했고 조금씩 대출을 갚아가고 있었습니다. 하지만 전기가 자꾸 끊기면서 상황이 정말 힘들어졌습니다. 다달이 이자는 내야 하는데, 어디서 돈을 벌어 와야 할지 모르겠네요." 의류 제조업자도 전력 부족으로 지난해에 비해 30퍼센트밖에 일을 못한다고 했다. "계약을 제대로 이행하지 못해서 거래처들과 사이가 틀어졌습니다. 어떻게 대출을 갚아야 할지 막막합니다."[13]

생산 감소는 세수 부족으로 이어졌고, 정부의 재정 상황은 더욱 악화되었다. 키르기스–러시아슬라브대학 누르 오마로프 교수는 상황의 심각성을 제대로 파악하고 있었던 것으로 보인다. 오마로프 교수는 기자에게 다음과 같은 우려를 표명했다. "사회적 폭발이 머지않았습니다. 불만이 팽배할 대로 팽배한 대중을 누가 조직하느냐만 남아 있을 뿐입니다."[14]

마지막 한 올의 지푸라기

2010년 2월, 정부의 고위 관료들까지 불법 전력 판매에 가담하고 있는 시점에서 바키예프 대통령은 전기, 난방, 수도 요금을 두 배로 올렸고, 그해 중간쯤에 다시 올릴 계획이었다. 나린 같은 지방 도시 주민들이 당장 들고 일어났다. 항의하는 주민들이 들고 있는 플래카드에는 "우리는 인상된 전기료를 지불할 수 없다." "정부는 국민의 말에 귀를 기울여라!" 같은 말들이 적혀 있었다.[15]

비슈케크 시의 나리만 툴레프 시장은 공공요금 인상이 도시 예산 및 거시경제에 악영향을 미칠 것이라고 중앙 정부에 일찌감치 경고했던 인물이다. 툴레프 시장은 "혼자 사는 나이 든 연금 수령자, 장애인, 공공기관에서 저임금으로 일하는 많은 노동자들이" 가장 심각한 타격을 받을 것이라고 지적했다. 그는 또한 이런 조치로 "불만이 폭발할까" 두렵다면서 임금을 올리고 빈곤층 지원을 확대하여 "사회적 저항을 막아야 한다."고 덧붙였다.[16]

하지만 자유로운 시장 경제를 선호하는 대통령은 툴레프 시장의 말에 귀를 기울이지 않았다. 대통령이 단행한 공공요금 인상은 가까스로 버티던 낙타의 등을 부러뜨리는 마지막 한 올의 지푸라기, 말하자면 최후의 결정타 역할을 했고, 툴레프 시장의 우려대로 그간의 불만이 폭발했다.

독립 이후의 경제 자유화

가뭄이 전력 부족을 야기했고, 전력 부족이 경제를 무력화시켰고, 바키예프 대통령이 단행한 가혹한 공공요금 인상의 구실을 제공했다. 그렇다면 가뭄이 모든 문제의 원인일까? 그렇지 않다. 가뭄은 원인의 일부일 뿐이다. 키르기스스탄은 극단적인 기후로 벼랑 끝으로 몰리기 전에도 이미 취약할 대로 취약한 상태였다.

소련 시절 키르기스스탄 경제는 소비에트사회주의연방공화국USSR이라는 넓은 범위에 통합되어 지원을 받는 그런 구조 속에 있었다. 어느 학자의 표현을 빌면 '복지식민주의welfare colonialism'라는 형태로 말이다. 냉전 말기 키르기스스탄은 붉은군대의 무기와 군수 물자를 생산하는 핵심 생산자 역할을 했다. 하지만 소련의 해체라는 혼란 속에 시장을 잃었다.

아흐메드 라시드는 당시 상황을 이렇게 설명한다. "현재 중앙아시아 국가들과 관련하여 가장 핵심적인 사실은 해당 지역의 공산주의 지배 엘리트들이 독립 국가의 지위를 갈망하지도 추구하지도 않았다는 점이다. 말하자면 그들은 1991년 소련이 붕괴하면서 얼떨결에 독립 국가의 지위를 떠맡게 되었다. 해당 지역 지배층은 준비되지 않은 상태에서 갑작스럽게 여러 민족으로 구성된 다섯 국가, 즉 카자흐스탄, 키르기스스탄, 타지키스탄, 투르크메니스탄, 우즈베키스탄에 맞는 새로운 정체성을 만들어내고, 근본적으로 다른 이념들을 끌어안고 씨름해야 했다. 이는 그들이 일찍이 경험해보지 못한 낯선 상황이었다."[17] 여기에 새로운 경제의 건설이라는 과제까지 더해졌을 것이다.

1991년 이후 키르기스스탄은 중앙아시아에서 가장 작고 경제적으로 가장 자유화된 국가 중에 하나가 되었다. 소련이라는 시장과 보조금이 갑자기 사라지자 키르기스스탄은 세계은행과 IMF에 지원을 요청했다. 이들 기관은 지원의 대가로 여러 신자유주의적 개혁을 요구했다. 현실과 동떨어진 신고전주의 경제 이론에 취한 키르기스스탄 정치 엘리트들은 감지덕지하며 따랐다. 키르기스스탄은 농업, 산업, (수도, 전기, 가스 등) 도시 기반 사업을 민영화하고, 계속해서 자국 통화를 완전 태환 통화로 바꾸고, 모든 무역 장벽을 없앴다. 1990년대 말이 되자 경제의 75퍼센트가 사유화되었다.[18]

이런 변화가 성장에 자극제가 되리라고 생각했지만 현실은 반대였다. 이런 변화는 오히려 키르기스스탄의 제조업 쇠퇴를 심화시킬 뿐이었다. 시장은 무관세로 들어온 저렴한 외국 제품으로 넘쳐 났다. 민영화된 기업들은 저렴한 수입품 앞에서 경쟁력을 잃고 도산했다. 실업률이 급등했고 노동자들은 도시를 떠나 귀농하거나 나라 밖으로 이민을 떠났다. 50만 명에서 80만 명 정도가 해외에서 일을 하고 있으며, 그들이 보내주는 돈이 키르기스스탄의 국가 경제에 없어서는 안 될 중요한 부분이 되었다. 제조업이 무너지고, 키르기스스탄의 유제품을 소비하던 소련이라는 시장이 공중 분해되면서 1991년부터 1996년 사이에 키르기스스탄 GDP는 약 45퍼센트 떨어졌다. 1993년에는 인플레이션이 1,200퍼센트에 달했다.[19] 1인당 소득은 아직까지도 1989년 수준으로 회복되지 못했고, 키르기스스탄의 소득 불평등은 중앙아시아 국가들 중에도 가장 심각한 편에 속한다. 의료, 교육 같은 공공 서비스가 붕괴되었기 때문에 국민들은 모든 것을 스스로 해결해야 했다. 인구의 20퍼센트 이상이 하루에 2달러 미만으로 생활하고 있다. 키르기스스탄 인구의 40퍼센트 이상이 빈곤층이다. 여기서 빈곤층이라 함은 생활필수품을 마련하기에도 벅찬 생활을 한다는 의미이다.

국가 자산을 매각해서 얻은 정부 수입의 75퍼센트가 외채 상환에 들어갔다. 1990년대 말 이후에는 다시 국유화되는 흐름이 나타나기 시작하여, 1991년 이후로는 줄기차게 계속되던 민영화가 전반적으로 멈추었다. 2010년 키르기스스탄의 GDP는 약 116억 6000만 달러이고, (그나마 다행인 것은) 외채는 34억 달러에 불과하다는 사실이다.[20] 키르기스스탄 산지에는 금, 희토류, 기타 광물들이 매장되어 있고, 중국과 국경을 맞대고 있어서 중화인민공화국의 엄청난 개발붐에 편승할 기회도 있었다.

하지만 이런 기회에도 불구하고 키르기스스탄 국민은 빈곤과 부패로 얼룩진 진흙탕 속에서 빠져나오지 못하고 있다.[21] 공식 실업률이 20퍼센트에 육박한다. 사회 낙오자가 된 젊은이들에게 미래는 마냥 암담할 뿐이다. 결국 그들은 범죄, 마약 밀매, 편협한 민족주의에 기반한 외국인 혐오, 과격 이슬람주의 등에 빠져들고 있다.

중앙아시아 지하드

중앙아시아의 신생 독립 국가들은 도둑 정치, 독재, 기능 장애, 취약함 등으로 규정된다. 지난 20년 동안 군벌, 마약 밀매 조직, 용병, 부족 민병대, 비적, 국제 테러 조직, 알카에다, 우즈베키스탄 이슬람 운동IMU 같은 정규군이 아닌 무장 세력들이 중앙아시아 각지를 누비며 전투를 벌이고 있다. 불리하다 싶으면 무법 지대인 아프가니스탄이나 파키스탄으로 피신하는 패턴을 반복하면서 말이다.[22]

한때 소련이라는 연합체 안에서 정치 경제적으로 통합되고 상호 의존하는 관계였던 중앙아시아 국가들은 이제 과거 공동으로 사용했던 자원, 통신망, 교통망 등을 놓고 티격태격하는 처지가 되었다. 다섯 국가들의 국명의 근거가 되는 민족 구성원들도 분명하게 나뉘지 않고 국경을 넘나들며 여기저기 흩어져 있다. 예를 들면 우즈벡족이 카자흐스탄, 키르기스스탄, 타지키스탄 등지에서 소수 민족으로 사는 식이다.

인구 밀도가 높은 페르가나 계곡만큼 민족 간의 긴장이 뚜렷하게 나타나는 곳도 없다. 우즈베키스탄, 타지키스탄, 키르기스스탄의 국경 지대에 넓게 분포한 계곡은 정치적으로는 복잡하게 분열되어 있지만, 경제 인프라는 자연의 순리를 따르고 있다. 중앙아시아에서 가장 큰 하천인 시르다리야 강의 물이 세 나라 및 그곳의 주민들과 긴밀하게 연결되어 있다. 강은 지리학자 프리드리히 라첼이 말하는 경제적 통합 논리를 제공하고 있다. 강과 계곡은 주변 국가와 주민들이 수력 발전과 농경, 운송 등에서 상호 협력할 기반을 제공하고, 협력만이 모두에게 유리하다고 말하고 있다. 하지만 소련 붕괴 이후의 총체적 혼란, 정치 지도자들의 편협한 민족주의, 신자유주의의 충격으로 야기된 경제적 고통 등이 페르가나 계곡을 완전히 파괴하고 있다.

왜 열대는 죽음의 땅이 되었나

오늘날 이곳에서는 폭력 성향이 짙은 과격 이슬람주의와 실지 회복주의가 배태되고 있다.

불안했던 페르가나 계곡의 과거를 보면 이곳의 미래가 보인다. 1917년 페르가나 계곡과 중앙아시아 각지의 이슬람 율법학자, 지주, 씨족 지도자들이 볼셰비키에 반대하는 저항 운동을 시작했다. 최초의 무자헤딘이라 할 수 있을 이들 전통주의자들은 스스로 이슬람과 투르크 민족주의, 반공산주의 세력을 대변한다고 주장했다. (소련은 이들을 바스마치Basmachi라고 불렀는데 이는 '비적'이라는 의미이다.) 당시 일어났던 여러 반란 중에 하나를 이끌었던 인물이 바로 엔베르 파샤였다. 파샤는 과거 청년투르크당원이자 오스만 제국의 전쟁성 장관, 범투르크주의 몽상가, (터키를 떠나 먼 동쪽에서 싸웠던) 아르메니아인을 핍박했던 학대자까지 실로 다양한 면모를 가진 인물이었다. 여러 바스마치 세력이 아프가니스탄 북부를 은신처로 사용했다. 이브라힘 벡이 이끄는 집단은 1930년대 초반까지 건재하다가 아프가니스탄 군대와 붉은군대의 공동 작전으로 진압되었다.[23]

1980년대 아프가니스탄에서 다시 전쟁이 일어나자, 이번에도 과격 이슬람주의가 소련 지배하의 중앙아시아를 세차게 휘저었다. 아프가니스탄 전쟁이 계속되는 동안, 세계 각지의 3만 5천 명에 달하는 이슬람 전사들이 무자헤딘 편에 서서 싸웠다. 파키스탄에 있는 급진주의 이슬람 신학교에서 공부한 사람도 수천 명에 달했다.[24] 긴밀한 지하드 연락망을 통해서 지원자들이 흘러들었고, 국경의 교전 지역에 모여 전투 기술을 배우는 한편 급진적인 이념을 받아들였다. 거기에는 소련 지배하의 중앙아시아에서 온 우즈벡족, 타지크족, 키르기스족도 있었다.

1987년에는 아프가니스탄 출신 무자헤딘, 즉 광적인 굴부딘 헤크마티야르의 헤즈브-이-이슬라미(이슬람당) 일파가 소련 지배하의 타지키스탄으로 넘어와 국경 수비대를 공격하고 로켓탄으로 국경 도시 판즈를 공격했다.[25] 당시 미국 언론에 보도된 내용을 보자. "3월 24일 게릴라들은 2주쯤 전에 아무다리야 강 건너, 소련 영토로 로켓포를 발사했으며 열두 명을 죽였다고 발표했다." 4월 8일 두 번째 공격에서 소련 국경 수비대원 두 명이 죽었다.[26]

5년 뒤인 1992년에 문제의 지역은 사실상의 내부 붕괴를 경험한다. 1990년대 최악에 가장 맹렬했던 내전을 들라면 타지키스탄 내전이 아닐까 싶다. 내전에서 무려 6만 명이 죽었고, 휴먼라이트워치에 따르면 대규모 인종 청소 작전이 펼쳐졌다. 내전 말기에 이슬람 반란군 가담자들이 극단주의 세력인 우즈베키스탄 이슬람운동에 합류하여 페르가나 계곡의 키르기스스탄 영토를 침략했다. (세 나라의 국경에 넓게 걸쳐 있는 계곡에는 당연히 우즈베키스탄과 타지키스탄의 지배 지역도 있다.) 1999년과 2000년에 키르기스스탄과 우즈베키스탄의 합동 군사 작전으로 우즈베키스탄 이슬람운동은 아프가니스탄으로 갔다가 다시 파키스탄까지 밀려났다.[27]

2010년 여름, 이상 기후로 인한 압박과 불안으로 키르기스스탄이 혼란으로 치닫자 우즈베키스탄의 이슬람운동이 페르가나 계곡으로 돌아오고 있다는 소문이 돌았다. 키르기스스탄 정부는 남부의 적지 않은 지역에 대한 통제권을 상실한 상태다. 국제위기감시기구 대표가 『인디펜던트』에 기고한 글에서 경고했듯이 "페르가나 계곡 전체

왜 열대는 죽음의 땅이 되었나

를 뒤흔들 대규모 민족 분쟁 가능성을 과소평가해서는 안 된다." 작은 충격만 있어도 총체적인 혼란으로 빠져들 제반 여건이 마련된 상태이기 때문이다.

2010년 마침내 키르기스스탄의 오랜 가뭄이 끝났다. 파키스탄 경제를 마비시켰던 동일한 기상 현상이 수력 발전에 의존하던 키르기스스탄에는 오히려 숨통을 틔워주는 역할을 했다. 2010년 8월 폭우로 토크토굴 저수지의 수위가 회복되었다.[28] 하지만 이는 일종의 '집행 유예'지 완전한 철회는 아니다. 키르기스스탄의 위기는 끝나지 않았다. 점점 많은 사람이 무장을 하는 사분오열된 나라의 미래는 여전히 어둡다. 수력 발전에 의존하는 키르기스스탄 경제는 기후에 민감할 수밖에 없는데, 날씨 패턴이 점점 변덕스러워지고 있다. 기후 변화가 심해질수록 이곳의 날씨 패턴은 더욱 종잡을 수 없게 변할 가능성이 농후하다.

11장

인도와 파키스탄
: 빙하, 하천, 그리고 물 전쟁

물이 흐르지 않으면, 피가 흐르게 될 것이다.

_파키스탄의 시위 문구 중에서

악명 높은 견원지간인 파키스탄과 인도 사이에는 싸움이 끊이지 않는다. 갈등과 반목의 중요한 원인이 바로 물이다. 양국 분쟁에서 중요한 수단은 파키스탄이 인도에 맞서 싸울 대리 세력으로 활용하는 과격 이슬람 게릴라와 테러리스트들이다. 분쟁의 중요한 전장 중 하나가 바로 아프가니스탄이다.

남아시아와 중앙아시아에서 기후 변화가 확대되고 심화되면서 이미 여러 전선에서 진행 중이던 인도-파키스탄 분쟁이 더욱 악화되었다. 인도-파키스탄 분쟁의 원인이 물이라고 단순화시킬 수는 없다.

당연히 기후 변화 탓이라고 할 수도 없다. 하지만 물과 기후가 분쟁을 격화시키는 핵심 동력인 것은 사실이다. 극단적인 날씨, 계절풍 혼란, 홍수, 가뭄, 급속한 만년설의 해빙과 같은 현상들의 비중이 커지고 있고, 따라서 인도-파키스탄 분쟁에서 기후 변화가 차지하는 역할도 커지고 있다고 말할 수 있다.

급수탑 카슈미르

인도-파키스탄 분쟁은 카슈미르 지역을 중심으로 돌아간다. 부분적인 이유는 파키스탄의 농업 용수가 카슈미르에서 발원하는 강들에 의존하는데, 카슈미르 지역의 대부분을 인도군이 점령하고 있기 때문이다.[1] 분쟁은 1947년 분리 독립 시기에 이미 시작되었다. 영국이 인도를 통치하던 시절 토후국이었던 잠무카슈미르*는 이슬람교도가 다수를 차지했지만, 그곳을 지배하는 마하라자^{maharajah}, 즉 국왕은 힌두교도였고 왕의 측근들도 외지의 힌두교도였다.

분리 독립의 요지는 인도의 이슬람교도와 힌두교도가 별개의 국가를 구성하자는 것이었다. 종교에 따라서 국가를 둘로 나누자는 안을 처음 내놓은 쪽은 인도이슬람교도연맹이었고, 인도국민회의파는 마지못해 동의하는 식이었다. 그러나 분리 독립 과정은 이내 생지옥으로 바뀌었다. 분할 발표가 나자마자 힌두교도와 이슬람교도가 서

---

*잠무카슈미르 카슈미르 주의 정식 명칭.

로에게 덤벼들어 죽일 듯이 공격을 해댔기 때문이다. 양측의 유혈 충돌에서 무려 100만 명이 죽고 1500만 명이 고향을 잃고 난민이 되었다. 이러한 공동체 간의 분쟁은 겉으로는 종교가 원인이었지만 속내를 들여다보면 왜곡되고 비틀린 계급 갈등이 포함되어 있었다. 당시 어느 학자의 분석을 들어보자. "이러한 공동체 간의 갈등은 단순한 종교적 문제를 넘어선다. 그것이 가지는 사회 경제적 의미는 이슬람교도 소작농이 힌두교도 고리대금업자에게 억압을 당하거나, 이슬람교도 방직공이 힌두교도 공장주에 맞서 파업을 하는 경우에 명확하게 드러난다."[2]

분리 독립에서 핵심 사항은 반#자치 상태이던 소규모 토후국들의 운명이었다. 영국령 인도 내에는 이런 토후국이 560개나 있었다. 모두가 파키스탄 아니면 인도에 귀속하라는 권고를 받았다. 분리 독립 원칙대로라면 이슬람교도가 다수인 지역은 파키스탄으로 가야 마땅했고, 카슈미르도 파키스탄 쪽으로 귀속되는 것처럼 보였다. 카슈미르 인구의 70퍼센트 이상이 이슬람교도였고, 교역 관계며 통신망 등도 대부분 이슬람이라는 종교를 중심으로 돌아갔다. 또 파키스탄이라는 국명은 몇몇 지역의 두문자를 조합해 만들었다고 하는데, 유래에 관한 하나의 설을 보면 파키스탄Pakistan의 'k'는 카슈미르Kashmir를 가리킨다고 한다.[3] 종교 이외에 자연도 카슈미르의 파키스탄 귀속에 힘을 실어주고 있었다. "카슈미르의 산에서 발원한 인더스 강, 젤룸*강, 체나브 강이 하나로 합쳐져 파키스탄 저지대로 내려간 다음 카라

---

* 유명한 카슈미르 계곡을 통과한다.

치에서 아라비아 해로 흘러든다."[4]

하지만 인도 지도자들 입장에서 카슈미르는 내주기에는 너무 아까운 귀중한 자산이었다. 카슈미르는 거대한 빙하, 숲, 광물 같은 자원이 풍부할 뿐만 아니라 아프가니스탄, 소련, 중국 등과 국경을 맞대고 있어서 지정학적으로도 아주 중요했다. 인도 역사의 권위자인 앨리스 소너의 설명을 들어보자. "카슈미르는 중앙아시아에서 인도의 영향력을 키울 중요한 관문이자 수비를 위한 요새로 간주되었다. (인도 지도자들은) 또한 인도만이 카슈미르의 미개발 광물 자원을 개발하고 수력 발전소를 건설할 경제적 역량을 가지고 있다고 주장했다."[5]

한편, 토후국의 힌두교도 국왕과 측근들 입장에서는 그간의 자치권을 어느 쪽에도 내주고 싶지 않았다. 결국 인도, 파키스탄, 카슈미르 세 주체의 입장이 팽팽하게 대립하면서 모두가 옴짝달싹 못하는 교착 상태에 빠졌다. 마침내 1947년 10월 22일 파키스탄이 움직였다. 동트기 전 어둠 속에서 약 2,000명의 파슈툰족 남자들로 이루어진 부대가 카슈미르를 침략했다. 파키스탄의 용병 게릴라 1세대라 할 수 있는 이들은 주로 아프가니스탄과 접한 서북부 국경 지대에서 모집되었으며 지휘는 파키스탄 육군 소령이 맡았다. 국경을 넘어 100킬로미터쯤 전진했을 무렵 소규모 카슈미르 정부군과 교전이 벌어졌다. 토후국 정부는 인도군에 도움을 요청했다. 파견된 인도군이 비행기를 타고 산악 지대를 넘어오자 힌두교도 국왕이 마침내 인도의 카슈미르 지배에 동의했다. 주도인 스리나가르가 점령되기 전에 인도군이 도착했고, 곧 파슈툰족과 그들의 용병들을 상대로 전투가 벌어졌다. 인도군의 반격에 파슈툰족이 전진을 멈추고 멈칫거리는 사이, 본

왜 열대는 죽음의 땅이 되었나

대에서 이탈한 일부가 곳곳에서 약탈을 자행했다. 머지않아 인도가 카슈미르 영토의 절반을 장악했다.

파키스탄은 즉시 카슈미르의 인도 귀속을 인정하지 않겠다는 공식 입장을 밝혔다. 이어서 양국은 주민 투표를 통해 해당 문제를 결정해야 한다는 데에 합의했다. 하지만 이는 어디까지나 공식 입장일 뿐, 당시 인도 총리였던 자와할랄 네루의 속마음은 달랐다.[6] 인도는 카슈미르를 원하고, 필요로 하고, 그럴 만한 자격도 충분하다고 생각했다. 하지만 주민 투표는 카슈미르를 파키스탄에 넘겨주겠다는 의미가 될 가능성이 농후했다. 무엇보다 카슈미르 인구의 70퍼센트가 이슬람교도가 아닌가! 2주 뒤에 인도가 공격을 감행했고 파키스탄이 지배하던 지역의 3분의 2를 차지했다.[7] 이듬해 여름 신생 국가 파키스탄은 마침내 전투 참가가 가능한 정규군을 갖게 되었다.[8]

그리하여 카슈미르 지도층은 인도와 뜻을 같이 하고, 반면에 다수를 차지하는 이슬람교도 주민들은 인도 점령하에 속을 끓이는 구도가 만들어졌다. 물론, 주민 투표는 시행되지 않았다. 이렇게 카슈미르 문제는 인도의 분리 독립 과정에서 나타났다. 그리고 이슬람교도와 힌두교도 사이의 갈등 이면에는 물 문제가 숨어 있다.

강의 정치학

정치 지도자들은 일찍부터 물의 중요성을 간파하고 있었다. 1957년 당시 파키스탄의 총리였던 후사인 수흐라와르디의 말을 들어보자.

알다시피 여섯 개의 강이 있는데, 대부분이 카슈미르에서 발원합니다. 카슈미르가 파키스탄에 중요한 이유 중에 하나는 바로 물 때문입니다. 이들 하천은 인도 땅이 아니라 우리 파키스탄 땅에 물을 대주고 있으니까요. 그들이 대놓고 협박을 하지는 않지만, 지금 인도의 행동은 사실상 협박이나 마찬가지입니다. 인도는 지금 카슈미르에서 발원하는 하천에 댐을 건설하고 있습니다. 그리고 자기네 땅에 물을 대기 위해서 파키스탄으로 흘러드는 세 강의 수량을 줄이겠다고 위협하고 있습니다. 인도가 아무런 대안 없이 그렇게 하면 많은 파키스탄 사람들이 굶주림과 갈증에 시달리다 죽을 것이 불을 보듯 뻔합니다. 그런 상황이 닥치면 사람들이 가만히 있지는 않을 겁니다. 죽더라도 싸우다가 죽겠지요. 그런 불행한 사태가 일어나지 않았으면 하는 마음입니다만.[9]

실제로 그들은 앉아서 죽기보다는 싸우다가 장렬히 죽는 편을 택했다. 1965년에도 인도와 파키스탄은 카슈미르를 놓고 전쟁을 벌였다. 1999년에 다시 양쪽 군대가 같은 지역에서 격돌했다.[10] 인도와 파키스탄은 도합 네 번의 전쟁을 치렀고, 결과를 보면 보통 파키스탄이 처참하게 깨졌다. 두 번은 물이 풍부한 카슈미르를 놓고 싸웠다. 1971년 파키스탄은 인도 때문에 영토의 절반을 잃었다. 동파키스탄에 파괴력이 엄청난 사이클론이 발생했는데 중앙 정부의 미숙한 대응은 보기 안쓰러울 정도였다. 결국 분리주의 진영에서 독립을 쟁취하기 위한 전쟁을 일으켰고, 인도군이 개입하여 그들을 도왔다. 반란

왜 열대는 죽음의 땅이 되었나

군은 9만 명이나 되는 파키스탄군을 포로로 잡고 파키스탄의 항복을 받아냈다. 동파키스탄은 독립하여 방글라데시라는 새로운 나라를 세웠다.

파키스탄 관점에서 해당 분쟁을 생각해 보라. 파키스탄은 인도와 아프가니스탄이라는 적대국 사이에 끼어 있는, 길고 좁은 영토를 가진 나라다. 건조하고 메마른 땅에 인구는 많고, 게다가 인구의 대다수가 농업에 종사하고 있다. 상황이 이렇다 보니 파키스탄은 물로 인한 스트레스가 지구상에서 가장 높은 나라 중에 하나다. 이런 현실은 파키스탄이 카슈미르 지역에 더욱 집착하게 했고, 인도와의 분쟁을 부추기는 역할을 했다. 인더스 강과 주요 지류들은 티베트에서 발원하여, 인도를 거쳐서 파키스탄으로 들어온다. 파키스탄으로 들어온 하천들은 서늘한 산악 지대를 지나 무덥고 비옥한 펀자브 주의 평야로 내려가 나라의 곡창 지대에 물을 댄다.

인더스 강은 파키스탄 경제의 젖줄이나 마찬가지다. 인더스 강이 없으면 파키스탄의 지하수와 저수지로는 한 달밖에 못 버틴다. 강이 없으면 나라도 없다. 그렇게 중요한 강의 상류에 인도라는 적이 버티고 있다. 인도는 광대한 영토에 경제적으로 역동적이고, 정치적으로 민주적이고, 국제적으로 평판이 좋으며, 핵으로 무장한 나라다. 서쪽, 인더스 강으로 흘러드는 카불 강변에는 인도의 불안정하고 미덥지 않은 맹우 아프가니스탄이 있다. 아프가니스탄은 군주제에서 공화국, 일당제 공산주의 국가에서 다당제 민주주의로 변화를 거듭했다. 하지만 탈레반 통치 기간을 제외하고는 항상 인도 편에 있었다. 이런 상황에서 파키스탄의 군사 및 정치 엘리트들이 느꼈을 압박감을 상상해보라. 파키스탄은 인도 앞에서 완전한 열세이다.

인더스 수자원 조약

이런 대립 구도 안에서 물은 놀랍게도 양국 관계를 불안하게 하는 원인이면서 동시에 양국의 협력을 끌어내는 요소이기도 하다.[11] 중앙아시아에서 국가 간에 맺어진 물 관련 조약 중에 하나는 가장 합의에 이르기 힘들 것 같은 국가들 사이에서 체결되었다. 1960년 파키스탄과 인도는 '인더스 수자원 조약'에 서명했다. 세계은행의 지원을 받으며 협상을 진행한 결과였다.

조약에 따르면 파키스탄은 인더스 강과 서쪽의 주요 지류인 젤룸 강, 체나브 강의 물에 대해 독점권을 갖는다. 인도는 역시 인더스 강의 지류로 상대적으로 동쪽에 위치하는 라비 강, 베아스 강, 수틀레지 강을 할당받았다.[12] 인도는 이들 강에 전력생산용 댐을 건설하고, 물고기를 잡고, 선박 운항용 수로를 만드는 등의 활동이 가능하지만 대부분의 물을 파키스탄으로 방출해야 한다. 다른 개입이 없다면 당연히 인더스 강에 도달했을 물의 80퍼센트를 파키스탄에 보장해야 한다. 조약 내용이 구체화될 무렵인 1950년대 인도는 분명 파키스탄보다 우위에 있었다. 그런데도 인도가 파키스탄에 유리한 조건들에 동의한 이유는 뭘까? 경제 개발을 위해 세계은행의 자금 지원이 필요했기 때문이다.[13]

놀랍게도 해당 조약은 지금까지도 기능을 하고 있다. 왜일까? 어느 학자는 인도와 파키스탄은 그렇게 하는 것이 '수자원 관리에 합리적'이기 때문에 협력 관계를 유지한다고 주장한다. '수자원 관리에 합리적'이라는 말은 "양쪽 국가 공통의 수자원을 장기적으로 활용하고 보호하려면 협조가 필요하다."는 의미이다.[14] 개념과 설명이 사실상 동어 반복으로 보인다. 하지만 이런 동어 반복으로는 다음 질문에 답을 하지 못한다. 정복해버리면 '수자원 관리에 더 합리적'일 수 있지 않은가?

조약에서 핵심은 인도가 무엇을 얻느냐이다. 군사적으로 우위에 있는 강 상류의 소유자로서 인도는 더 많은 물을 가질 수도 있다. 실제로, 인도는 펀자브라는 곡창 지대를 사막으로 만들어버림으로써 파키스탄 국가 전체를 무너뜨릴 수도 있다. 하지만 조약에 대한 협상이 진행되던 1950년대 말, 양국 모두 세계은행의 자금이 필요했고, 수자원 조약에 협조해야만 자금 조달이 가능했다. 나아가 파키스탄이 비록 약자이긴 했지만 인도의 운신의 폭을 제한하는 요인이 적지 않았다. 우선, 파키스탄은 미국과 밀접한 관계를 맺고 있었고, 미국의 주도하에 결성된 동남아시아조약기구의 일원이었다. 파키스탄은 인도의 경쟁 상대인 중국과도 점점 가까워지고 있었다. 조약에 서명하고 2년 뒤에 인도와 중국은 빙하로 덮인 봉우리들에 대한 지배권을 놓고 잠시 전쟁을 벌이기도 했다.

이외에도 수많은 국제 상황에 대한 고려 때문에 인도는 강수를 두기 어려웠다. 인도가 카슈미르를 놓고 총력전을 벌이면서 인더스 강 상류에 물길을 돌리는 댐들을 건설했다면, 국제사회는 이를 용인할 수 없는 공격 행위로 간주했을 것이다.

대신에 인도는 이슬람교가 다수인 카슈미르를 점령지로 확보한
다. 이스라엘 점령지역에서 팔레스타인인들이 벌이는 인티파다투쟁
같은 민중의 저항 운동이 현재 카슈미르 주를 휩쓸고 있다. 위기가
고조되었던 2010년 여름에는 며칠이 멀다하고 시위자들의 사망 소식
이 들렸다.[15] 카슈미르의 인도 관료들은 "카슈미르의 심각한 경제적
어려움, 만연한 부패, 부정 선거 등을" 무시하고, "인도의 헌법에도
배치되는 방식으로 카슈미르의 정치에" 개입한다는 비난을 받고 있
다.[16]

　　1987년에는 주의회 선거 부정으로 대대적인 폭력 시위가 일어났
다. 1992년 무자헤딘 반군 세력이 수도 카불을 점령하면서 아프가니
스탄 지하드가 마무리되자 일부 무자헤딘은 카슈미르로 관심을 돌렸
다. 카슈미르 독립 투쟁이 "카슈미르 전체를 파키스탄에 귀속시키기
위한 이슬람주의 성전"으로 변모하기 시작했다.[17] 2001년 이후 나토
군이 아프가니스탄을 점령하고 있지만, 카슈미르의 과격 이슬람주의
자들은 줄어들지 않고 있다. 나토군의 아프가니스탄 점령은 분쟁
을 완화시키기는커녕 오히려 전체적인 중앙아시아 갈등 구조를 더욱
심화시키는 역할을 했을 뿐이다. 이제는 무자비한 가뭄과 홍수까지
가세하여 지역의 갈등과 긴장을 더욱 고조시키고 있다.

사악한 댐

2008년 인도는 체나브 강에 발전량 450메가와트 규모의 바글리하

　　　　　　　　　　왜 열대는 죽음의 땅이 되었나

르 댐을 건설하고 파키스탄으로 가는 유량을 제한하기 시작했다. 체나브 강은 카슈미르에서 발원하여 파키스탄으로 흘러간다. 2005년 파키스탄은 세계은행에 호소해 바글리하르 댐의 건설을 중지시키려 했다. 하지만 인도가 댐의 높이를 낮추고 강의 흐름을 제한하지 않겠다고 약속한 뒤에 공사는 계속되었다.[18]

바글리하르 댐은 공사 중인 대여섯 개의 댐 중에 하나일 뿐이다.[19] 우려가 지나쳐 편집증적인 반응을 보이는 주전파 파키스탄 활동가들은 인도가 이미 "파티스탄 강들"에 44개의 댐을 건설했고, 추가로 52개의 댐 건설을 진행 중이라고 말한다.[20] 인도는 댐 건설이 단순한 수력 발전 또는 편리한 선박 운항을 위해 하천을 정비하는 일이지 애초 할당량 이상으로 많은 물을 가두어 두거나 하천의 방향을 틀고자 하는 그런 의도는 아니라고 강조한다. 파키스탄은 이런 주장을 반박하면서 실제로 강의 유량이 줄어들고 있다고 지적한다.

2008년 여름, 체나브 강변의 농부들이 강과 지하수 모두 수위가 낮아졌다고 알렸다.[21] 1960년 인더스 수자원 조약에 따르면, 파키스탄은 5만 5천 큐섹 cusec*의 물을 받기로 되어 있다. 파키스탄은 최근 몇 년 동안 인도가 겨울에는 1만 3천 큐섹, 여름에는 최대 2만 9천 큐섹밖에 되지 않을 정도로 유량을 줄였다면서 항의하고 있다. 이는 파키스탄의 농업과 전력 생산 모두에 악영향을 미치고, 이는 다시 산업과 제조업에 지장을 준다.[22]

설상가상으로 파키스탄은 강수량이 감소하고, 지하수가 위험할

---

*1큐섹은 액체의 유량(流量)을 재는 단위로, 매초 1입방피트에 해당한다.

정도로 과도하게 개발되고 있다고 지적한다. 1982년부터 2000년 사이에 이슬라마바드와 라왈핀디의 지하수면은 매년 1~2미터씩 낮아졌다. 가뭄으로 타들어가는 발루치스탄 주의 주도 퀘타에서는 지하수면이 해마다 3.5미터씩 낮아지고 있다.[23] 파키스탄의 수자원전력자원개발청에 따르면 지난 50년 동안 1인당 연간 수자원 이용 가능량이 5,600세제곱미터에서 1,038세제곱미터로 거의 80퍼센트나 떨어졌다. 2025년에는 809세제곱미터까지 떨어질 것으로 예상된다.[24]

물 분쟁에서 시작되어 기후 변화 때문에 더욱 악화된 인도-파키스탄 사이의 긴장은 현재 종교 분쟁으로 치환되어 계속되고 있다. 파키스탄의 이슬람 광신도들은 물, 신, 폭력의 연관성을 동시에 이야기한다.

2010년에 과격 이슬람주의자 하피즈 무함마드 사이드는 인더스 강의 주요 지류에 터널과 댐을 건설하는 인도를 "물을 이용한 테러리즘"이라면서 맹비난했다. 사이드는 자마트-우드-다와*의 수장이자, 파키스탄 군대와 연결된 불법 테러 조직 라슈카르-에-타이바를 처음 만든 인물이다. 물론, 인도는 댐 건설 등이 수위에는 영향을 미치지 않는다고 주장한다. 하지만 수량은 줄어들고 있으며, 파키스탄 농민들은 "물을 내보내지 않으면 피를 흘리게 될 것"이라고 경고하며 가두 행진을 벌였다.[25]

이제 자마트-우드-다와의 과격파들은 물 위기를 다룰 운동 기구

---

*자마트-우드-다와 자선 단체지만 테러 집단인 라슈카르-에-타이바를 감추기 위한 위장 기관이라고 알려져 있다.

를 만들고 있다. 2010년 5월에 그들이 소집한 회합에는 파키스탄인
민당, 자마트-에-이슬라미, 크리켓 선수에서 정치인으로 변신한 임
란 칸이 이끄는 테르크-에-인사프를 포함하여 주요 정당 대표들이
모두 참석했다. 해당 회합에서 자마트-우드-다와는 카슈미르에서
인도의 댐 건설을 직접 저지하거나, "카슈미르 지역의 무자헤딘"에게
해당 문제에 대처할 "재량권"을 주라고 정부에 요구했다.[26] "우리한테
는 두 가지 선택이 있습니다. 인도의 '물 테러리즘'을 받아들이거나,
이에 맞서 전쟁을 벌이는 것입니다." 자마트-우드-다와의 원로 하피
즈 칼리드 왈리드가 단호하게 말했다. 다른 당의 지도자는 반유대주
의를 자극하는 발언을 했다. "파키스탄의 수자원 이용을 가로막는 댐
건설을 이스라엘 기술자들이 감독하고 있습니다."[27]

파키스탄의 생존 전략

핵무기로 무장한 양국의 물을 둘러싼 긴장은 기후 변화로 한층 악
화되었고, 아프가니스탄의 종교 및 민족 분쟁에도 영향을 미치고 있
다. 아프가니스탄 사람들은 아프가니스탄과 파키스탄 사이의 적대감
이 1893년 영국령 인도에 아프가니스탄 영토를 빼앗긴 것에서 연유
한다고 생각한다. 현재의 아프가니스탄-파키스탄 국경, 즉 두란드
라인이 확정되었을 때다. 아프가니스탄에서 '철의 국왕'이라 불리는
압두르 라흐만 칸 왕이 두란드 라인에 합의했지만, 말이 합의이지 사
실은 강제된 것이나 다름없었다. 아무튼 당시 합의 때문에 아프가니

스탄은 파슈툰족 영토의 상당 부분을 잃었다. 아프가니스탄 사람들에게는 그때의 일이 아직까지도 곪을 대로 곪은 아픈 상처로 남아 있다. 반면 파키스탄 사람들은 양국의 불편한 관계가 인도 때문이라고 본다.

인도는 2001년 이래 13억 달러가 넘는 재건 자금 지원으로 아프가니스탄의 환심을 샀다. 인도 정보기관의 정보력, 적극적인 외교적 포섭, 새로운 호텔의 건설, 수력 발전 지원, 대규모 도로 건설 등을 통해서, 인도는 아프가니스탄에 대한 정치적 영향력을 나날이 확대하고 있다. (특히 아프가니스탄에 건설된 많은 도로 중에 일부는 파키스탄 국경에서 아주 가까워 꿍꿍이가 있는 것 아니냐는 의심을 사고 있다.)

반면 파키스탄은 인도의 동맹국인 아프가니스탄이 취약한 상태로 남아 있기를 바란다. 그러므로 카슈미르에서 그랬듯이 파키스탄은 탈레반 등의 과격 집단을 지원한다. 1970년대 중반 이후 파키스탄은 아프가니스탄의 서쪽 국경에 불안을 조장해왔다. 지금도 파키스탄 정보부는 퀘타 슈라 탈레반, 하카니 네트워크, 헤즈브-이-이슬라미 등과 연결되어 있다.

아흐메드 라시드는 최근의 아프가니스탄 전쟁에서도 계속된 파키스탄의 아프가니스탄 분열 및 약화 정책을 그의 역작인 『혼돈으로 치닫는 내리막길 : 미국과 파키스탄, 아프가니스탄, 중앙아시아에서 국가 건설의 실패』에서 상세히 설명한다.

파키스탄 군부는 하미르 카르자이 대통령이 이끄는 아프가니스탄 임시정부가 파키스탄에 완전히 적대적이라고 보았다. …… 탈레반과

왜 열대는 죽음의 땅이 되었나

아프가니스탄의 파슈툰족 내에서 영향력을 유지하기 위해서, 파키스탄 정보부는 양면 작전을 썼다. 탈레반을 보호하면서 한편으로 알카에다의 아랍인과 비아프간인 조직원을 미국에 넘겨주는 방법이었다. …… (그래도 미국이 의심을 거두지 않자 파키스탄 정보부는) 정규군 바깥에서 활동하는, 말하자면 민간에서 운영되는 새로운 비밀 조직을 만들었다. 과거 탈레반 소속의 정보부 교관, 군에서 은퇴한 파슈툰족 장교, 특히 국경 수비대에서 은퇴한 장교들이 다시 고용되었다. 이들은 페샤와르, 퀘타를 비롯한 여러 도시의 민가에 사무실을 차리고 활동했으며, 정보부의 현지 지부장이나 군대와는 일절 연락하지 않았다. 대다수 요원들은 평범한 직업을 유지하면서 한편으로 첩보 활동을 했다. 아프가니스탄의 난민 관리자, 관료, 대학 연구원, 단과 대학 교직원은 물론 국제 단체 구호요원으로 활동하는 사람도 있었다. 일부 요원들은 아프가니스탄 난민을 돕는 NGO를 직접 설립하여 활동하기도 했다.[28]

2007년, 미국이 알카에다 및 탈레반과 싸우라고 파키스탄 군대에 지원한 50억 달러 중에 상당한 금액이 횡령되거나 전용되었음이 드러났다. 전용의 경우 주로 인도와 대치하는 부대의 전투력 강화가 목적이었다. 그 사이에도 일부 파키스탄 보안 부대는 계속해서 탈레반과 공조했다.

2006년 내가 아프가니스탄 자불 주에서 탈레반 전투원들을 인터뷰했을 때, 그들은 스스로를 파키스탄에 본거지가 있고 파키스탄에서 지원을 받는 사람들이라고 소개했다.[29] "파키스탄은 우리와 한 편입니다." 한 탈레반 전투원이 말했다. "그리고 파키스탄 국경 지대에 우리 사무실이 있습니다. 파키스탄은 우리를 지원하고 있습니다. 우리한테 물자를 대주지요. 우리 지도자들은 그곳으로부터 도움을 받고 있습니다. 아프가니스탄 사람들도 우리를 지지합니다." 며칠 뒤에 탈레반 대변인 무함마드 하니프 박사와 대화를 나눌 기회가 있었는데, 그도 역시 파키스탄이 탈레반을 지원하고 있다고 말했다. (하니프 박사는 나중에 체포되었다.)[30]

2010년 6월, 파키스탄 정보부와 탈레반이 연결되어 있다는 사실이 더욱 확실하게 드러났다. 런던정치경제대학교 개발연구소Development Studies Institutes에서 파키스탄의 첩보 조직이 가능한 최대한으로 탈레반을 통제하는 방법을 통렬하다 싶을 정도로 상세하게 설명한 보고서를 내놓은 것이다. 보고서를 보면 아프가니스탄에서 항상 파키스탄의 탈레반 통제를 반겼던 것은 아니고, 명확하게 반대 의사를 표명한 경우도 있었지만 파키스탄은 물러서지 않았다. 하버드대학교 카인권 정책연구소의 맷 월드먼이 작성한 보고서는 파키스탄 정보부와 탈레반 관계를 "단순한 접촉과 공존을 훨씬 넘어선 단계"라고 표현했다. 보고서는 파키스탄의 정보부 전문가들이 독립심이 강한 탈레반 지휘관들의 반대를 억누르는 방법, 이동, 정보 수집, 군수품 공급, 무기 지원 등의 방법을 개괄적으로 설명한다.[31]

파키스탄은 왜 이런 일을 할까?

미국 국가정보국 데니스 C. 블레어 국장은 2010년 2월에 다음과 같은 말을 했다. "과격 집단들은 (파키스탄의) 하나의 중요한 전략적 무기입니다. 무력과 경제력 면에서 앞서는 인도에 맞서려면 이런 세

왜 열대는 죽음의 땅이 되었나

력의 도움이 절대적으로 필요하지요."[32] 파키스탄의 대리 세력들은 카슈미르, 인도, 아프가니스탄에서 인도의 자산을 직접 공격한다. 탈레반 테러리스트들은 아프가니스탄에서 일하는 인도 기술자, 경찰 훈련 교관, 외교관들을 죽이고 있다. 2008년 7월 파키스탄 정보부와 연결된 것으로 보이는 탈레반 특공대가 카불의 인도 대사관에서 자살 폭탄 테러를 감행해 41명이 죽고, 130명이 다치거나 불구가 되었다. 2008년에 10월에도 자살 폭탄 차량이 인도 대사관을 공격해서 비자를 받으려고 기다리던 아프가니스탄 사람 17명을 죽였다. 2009년 가을에는 불법 테러조직 라슈카르-에-타이바 소속 남자들이 인도 육군의 의료 교육 인력이 묵는 카불의 숙소 두 곳을 공격했다.[33]

얽힌 매듭 풀기

파키스탄 군부는 인도와 아프가니스탄을 상대로 싸우는 과격 종교 집단에 대한 지원을 멈추지 않을 것이다. 인도로부터 파키스탄의 안전이 보장되지 않는 한, 탈레반 같은 근본주의 세력에 대한 강경 대응은 없을 것이며 카슈미르를 놓고 벌이는 싸움도 끝나지 않을 것이다. 한편, 파키스탄의 안보에서 수자원의 중요성이 점점 커지고 있으며, 1960년 인더스 수자원 조약은 나날이 효력이 떨어지고 있다.

12장

인도의
가뭄 반란군

자기가 원하는 모든 것을 가진 사람은 평화와 질서에 전적으로 찬성한다.

_자와할랄 네루Jawaharlal Nehru

인도 데칸 고원의 끝자락, 안드라프라데시 주의 북부 산악 지대가 메마르고 황량한 숲으로 덮여 있다. 여기서는 여름에 해당하는 2월인데 건조하고 더운 날씨에 낙엽수들이 잎을 떨어뜨리고 벌거숭이가 되었다. 위는 평평하고 경사는 가파른 구릉들이 줄지어 늘어선 가운데 여기저기 깎아지른 수직 절벽들이 들어선 독특한 풍경이 눈길을 끈다. 그 사이에는 가끔씩 무더기를 이룬 화산 잔해가 보이는 광대한 계곡 평야가 놓여 있다.[1]

이곳 농민들의 삶은 각박하다. "비가 줄어들고 있습니다. 비는 당연히 수확에 영향을 미치지요. 수확이 줄었는데도 작물 가격은 여전히 낮습니다." 잠니 마을에서 목화를 재배하는 링가 레디 사마가 탄식하듯 하는 말이다. 잠니 마을은 차티스가르 주와 마하라슈트라 주의 경계에서 멀지 않은 사트날라 저수지에서 불과 몇 킬로미터 거리에 있다. 주민 대다수가 아딜라바드 지구의 곤드족인데, 곤드족은 인도말로 '아디바시'라고 하는 인도 원주민에 속한다. 곤드족 외에 일부 주민은 마하라슈트라 주에서 이주한 힌두교도이다.

내가 투박하게 만든 나무 정자 그늘에 앉아 일단의 농부들과 이야기를 나누던 그날까지, 그들 중에 누구도 온실가스나 인간이 야기한 기후 변화 같은 말을 들어본 적이 없었다. 하지만 그들은 모두 날씨가 달라지고 있다고 생각했다. 농부들은 지난 10년에서 15년 사이에 가뭄이 일상화되고, 생각지도 못한 시기에 비가 내리는 일이 너무 잦아졌다고 말했다. 다수가 확증은 없지만 삼림 파괴가 범인이라고 생각했다.

"우리 세대가 강우에 영향을 미치는 뭔가 옳지 않은 일을 하고 있습니다." 모한 라오라는 농부가 말했다. "내가 어렸을 때는 바로 여기까지 숲이었습니다. 저기 구릉들이 보이지 않았지요. 여기까지 전체가 나무로 덮여 있었으니까요. 1년에 우기가 두 번 있었습니다. 6월이면 비를 걱정하지 않고 작물을 심었습니다. 보통 6월 15일에서 18일 사이에 심고, 9월에 수확을 했습니다." 라오는 보통 여름 서너 달 동안 큰비가 내리고, 이어서 늦가을에 여름보다 짧은 기간에 상대적으로 가벼운 비가 내린다고 했다.

라오가 말한 날씨 패턴은 인도 남부 전역에 공통된 사항이다. 인

왜 열대는 죽음의 땅이 되었나

도양에서 불어온 여름 계절풍이 보통 6월 1일경에 인도 남부에 상륙한다. 큰비는 여름에 인도 아대륙의 기온이 상승하면서 대양의 습한 공기를 빨아들이기 때문에 생긴다. 빨아들인 습한 공기가 위로 올라가면서 차가워지고 비가 되어 내리는 것이다. 인도양에서 불어온 계절풍은 인도 연안의 고츠 산맥을 만나 양쪽으로 갈라진다. 이로 인해 비는 주로 인도 서해안 쪽에 내리고, 반면에 중앙의 넓은 지역은 건조한 상태로 남는다. 계절풍은 9월까지 북쪽으로 이동한다. 태양이 남쪽으로 이동하면서 북반구에 겨울이 찾아오면 기후 시스템이 태양을 따라 반대로 바뀌면서 겨울 계절풍이 생성된다. 여름의 남동계절풍이 인도 총강우량의 5분의 4를 책임지고, 상대적으로 약한 겨울의 북서계절풍이 나머지 5분의 1을 책임진다. 상당히 안정적이던 이런 패턴이 최근 들어 안정감이 떨어지고 있다. 농부들은 최근 몇 년 동안은 약한 겨울비밖에 오지 않았다고 말한다. 이런 상태에서는 면화 이모작이 불가능하다.

설상가상으로 해당 지역은 성가신 소규모 게릴라 전쟁에 시달리고 있었다. 세계에서 가장 큰 민주주의 국가인 인도는 오랜 역사를 가진 게릴라 운동의 본거지이기도 하다. 바로 낙살라이트^Naxalites라고 알려진 마오주의 반군이 그 주인공으로, 이들의 반란은 1967년에 서西벵골 주에서 시작되었다. 하나의 통일된 조직이라기보다는 소규모 무리들로 이루어진 마오주의 반군은 전쟁의 부침에 따라서 분열과 통합을 거듭하고 있다.[2] 이들의 저강도 분쟁은 지금까지도 인도의 동부 곳곳에서 진행 중인데 구체적인 원인은 지역에 따라 다르다. 예를 들면, 마오주의 폭력의 중심지라 할 수 있는 비하르 주와 차티스가르

주에서는 원주민 토지에서 진행되는 대규모 광산 채굴이 직접적인 원인이다. 하지만 여타 지역에서는 기후 변화와 다른 요소들이 결합되는 파멸적 수렴 현상을 볼 수 있다.

인도의 강수 지도와 폭력 지도를 꼼꼼히 대조해 보면 걱정스러운 패턴이 보인다. 가뭄이 심한 곳에서 마오주의 반군의 활동도 두드러진다는 사실이다. 지도의 전체적인 윤곽을 보면 동고츠 산맥을 타고 남북으로 길게 내려오는 모양새다. 비하르 주와 서벵골 주에서 오리사 주와 차티스가르 주를 거쳐 안드라프라데시 주까지 온 다음 더욱 남쪽으로, 그리고 서쪽으로 확장되는 추세다. 낙살라이트 공산 반군이 활동하는 이들 지역을 묶어서 '붉은 회랑'이라고 하는데, 붉은 회랑은 동시에 '가뭄 회랑'이기도 하다. 가뭄이 이들 지역에서 부채, 토지 상실, 기근, 자살, 비적 행위, 그리고 마오주의의 강화라는 연쇄 반응을 야기하고 있다.

어쩌다 이런 연쇄 반응이 나타난 것일까? 이러한 연결은 '자연 발생적'이라기보다는 역사적으로 만들어졌다. 안드라프라데시 주에서 낙살라이트 반군이 증가한 해는 가뭄 또한 심각했다. 1984~1985년, 1986~1987년, 1997~1998년, 1999~2000년, 2002~2003년은 모두 가뭄이 들었던 해이다.[3]

규칙적이던 날씨 패턴이 점점 교란되는 동안, 인도의 경제 정책도 우경화하여 농경에 종사하는 농민 계급을 저버렸고, 이로 인해 불평등이 더욱 심화되었다. 동아프리카에서 파멸적 수렴의 주된 원인이 냉전 군국주의였다면, 인도에서는 신자유주의 경제 정책이 주범이라 할 수 있다. 마오주의라는 불길은 가뭄 때문에도 타오르지만, 정부의

왜 열대는 죽음의 땅이 되었나

신자유주의 정책 때문에도 타오른다. 이번 장의 나머지 부분에서는 안드라프라데시 주의 기후, 경제사, 정치적인 폭력 사이의 연관성을 살펴보기로 하자.

반란의 깊은 뿌리

안드라프라데시 주의 북부를 흔히 텔랑가나 지역이라고 부르는데, 이곳 곤드족의 정치 담론에 알게 모르게 게릴라들의 언어가 스며들고 있다. 정부의 억압 때문에 아무래도 자제하는 분위기이지만, 날씨와 경제 이야기가 나오면 대화가 금세 낙살라이트 운동의 색채를 띠는 것을 피하기는 힘들었다.

"잘Jal, 정글jungle, 자민zameen." 잠니 마을의 농부가 말했다. 이는 "물, 숲, 땅"이라는 의미로 현지 곤드족 사회단체들이 내세우는 슬로건이었다. 이는 또한 침략하는 모든 적에 맞서 서민들을 지키겠다는 낙살라이트 운동의 전투 구호이기도 하다. 그러나 이런 구호가 처음 등장한 것은 오래전이었다. 예전에 텔랑가나 지역을 다스렸던 이슬람교도 지배자 니잠*에게 맞서서 부족민들이 반란을 일으켰을 당시에도 그들은 이런 구호를 외쳤다. 1940년대 코마람 브힘이 이끄는 부족민과 공산주의 세력이 봉건 시대의 지배자에 대항해 반란을 일으켰을 때를 말한다. 영국이 인도를 통치하기 전에 텔랑가나는 반독립

---

*니잠 군주제 시절 텔랑가나를 지배했던 군주의 칭호.

상태의 토후국으로 명목상으로는 자유 국가였다.

구질서의 꼭대기에는 니잠이 있었다. 주도 하이데라바드에서 통치하는 토후국의 이슬람교도 수장이다. 17세기부터 1948년까지 니잠들이 대를 이어 이곳을 통치했지만, 통치는 항상 도라^{dora}라는 힌두교 지주 계급과 결탁해서 이루어졌다. 니잠과 많은 토지를 소유한 귀족 계층인 도라는 서로 힘을 합쳐 주민들로부터 높은 소작료를 수탈했지만, 지역의 인프라에는 거의 투자하지 않았다. 20세기 초반이 되자 영국이 서서히 니잠의 왕궁에서 영향력을 확대하여 재정과 대외 관계를 통제했다. 그렇지만 니잠은 여전히 호시절을 누리고 있었다. 1911년부터 1948년까지 지역을 다스렸던 마지막 니잠, 오스만 알리 칸 바하두르는 한동안 세계 최대 부호였고, 1937년에는 『타임』지의 표지를 장식하기도 했다.[4] 하지만 하늘 높은 줄 모르던 오만한 군주는 1948년에 분리 독립이라는 격변기를 맞이하여 자신의 역량을 과신하는 우를 범했다. 인도 연방 가입을 놓고서 협상을 재빨리 마무리하지 않고 꾸물거렸던 것이다.

카슈미르에서와 마찬가지로 인도의 중앙 정부는 국토의 동남부에 다소 적대적인 이슬람교도가 지배하는 국가를 남겨 두는 것은 절대로 불가능하다고 생각했다. 1948년 9월 13일 자와할랄 네루가 일방적으로 텔랑가나의 인도 귀속을 결정한 데에는 이런 생각이 밑바탕에 깔려 있었다. 이내 인도 군대가 대대적으로 밀고 들어와서 니잠의 근위병과 라자카르스라는 이슬람교도 비정규군까지 격파했다. 나흘간의 '전쟁'은 '폴로 작전'이라고 불렸는데, 호화 설비를 갖춘 폴로 경기장을 여럿 소유했던 니잠의 사치와 향락을 비웃는 의미가 담겨 있었다. 아무튼 이런 과정을 거쳐 하이데라바드 토후국이 인도 공화국에 통합되었다.

하지만 텔랑가나의 농부 입장에서 보면 근본적으로 바뀐 것은 없었다. 해당 지역은 여전히 고립되고 경제적으로 낙후된 상태였고, 소작농은 변덕스러운 시장과 주 정부 정책, 날씨의 포로가 되어 편안할 날 없는 나날들을 보냈다. 더구나 인도의 60퍼센트를 차지하는 건조 지역 혹은 반건조 지역에서 날씨의 영향이 점점 커지는 추세에 있다.[5]

다양한 낙살라이트 분파들은 마오주의를 표방하는 인도 공산당과 1967년 서벵골의 낙살바리라는 마을에서 토지를 둘러싸고 일어난 소작농과 지주 계급의 무력 충돌에서 자신들의 기원을 찾는다. 낙살바리는 서벵골 주 다르질링 지구에 속하는 차 재배로 유명한 마을로, 낙살라이트라는 이름은 이 마을의 이름에서 유래했다.[6] 1969년 낙살라이트 분파들이 결집하여 마르크스-레닌주의에 기반한 인도 공산당을 창설하였으나 해당 정당은 불법 단체로 규정되어 탄압을 받았다. 이 때문에 낙살Naxal 게릴라들은 외진 변두리를 찾아 숨을 수밖에 없었고, 중앙집권적 리더십이 없이 작은 분파로 나뉘어 활동하는 경향을 보이게 되었다.[7] 처음에 낙살 게릴라들은 서벵골, 비하르, 안드라프라데시 주에서 나타났다.[8]

낙살 게릴라

잠니 마을에서 힘겹게 사는 농부들과 이야기를 나누다 보니, 마을에 예전부터 낙살라이트와 관련된 대중 기반 조직들이 있었다는 사실이 드러났다. 이런 조직들을 통해서 주민들은 여러 차례 도로를 점거하고 급수 시설에 대한 투자를 요구하면서 시위를 벌였다. 집단 차원에서 그들은 시추공 우물과 사트날라 저수지에서 물을 끌어오는 양수관개가 원활히 되었으면 하는 바람을 가지고 있었다. 개인적으로는 많은 이들이 공사 현장과 일자리가 있는 하이데라바드나 대형 농장에서 농업 노동자로 일할 수 있는 북쪽의 마하라슈트라로 떠났으면 한다.

낙살라이트 투쟁은 학생과 도시 지식인의 공개적인 정치적 지지, 소작농 조직들의 비폭력 직접 행동(도로 차단), 게릴라 집단의 테러 방식(암살이나 지뢰 매설)이 뒤섞인 특이한 운동이다. 낙살라이트 세력이 정권을 장악하기는 힘들어 보이지만, 그들의 투쟁은 냉전이 종식된 뒤에도 사그라지지 않았다. 최근에 정부는 전통적이고, 점점 폭력적인 대게릴라전을 펴면서 그들을 압박하고 있다. 정부의 대게릴라전은 반란군은 물론 민간인 협력자까지 색출해서 죽이는 식으로 진행되고 있다. 전쟁은 사람들을 사회관계망에서 떨어져나가게 하는 폭력을 양산하며, 이로 인해 사회관계망이 약화되어 부패, 범죄, 병리에 쉽게 감염되게 된다.

이곳 아딜라바드 지구에서 낙살라이트를 진압하는 작은 전쟁은 대체로 승리를 거두어 왔다. 적어도 전쟁이 진행되는 순간은 그렇다. 하지만 전쟁이 끝나고 나서도 민간의 낙살라이트 지지자들은 다시 도로에 장애물을 설치하고 시위를 벌인다. 또한 이곳 사람들은 지금도 1981년 4월 20일 경찰의 발포로 인데르벨리라는 마을에서 100명

왜 열대는 죽음의 땅이 되었나

의 부족민이 죽은 대학살을 잊지 않고 해마다 애도하고 기념한다.[9] 낙살 게릴라들은 때로 밀고자를 죽이는 악역도 해야 한다. (희생자가 진짜 밀고자일 때도 있지만, 오해인 경우도 있다.) 나한테 주변을 안내해준 곤드족 학생은 지난해에 게릴라들이 밀고자라며 사촌을 죽였다고 말해주었다. 안드라프라데시 주의 경찰 특공대인 '그레이하운즈'의 손에 죽는 아딜라바드 주민도 계속 나오고 있다.

2008년 낙살 게릴라들은 안드라프라데시 주와 오리사 주의 경계에서 가까운 발리메다-실레루 저수지에서 경찰 보트를 공격하기도 했다. '수색 작전' 중이던 그레이하운즈 59명이 보트를 타고 저수지를 건너는 것을 보고, 근처 구릉에 숨어 있던 마오주의자들이 총을 쏘았고, 당시 공격으로 경찰 보트가 뒤집히고 특공대원 38명이 죽었다.[10]

인도 아대륙의 기후 격변

텔랑가나에서 물은 정치와 직결된다. 물을 지배하면 사회를 지배한다. 텔랑가나는 북쪽은 고다바리 강으로, 남쪽은 크리슈나 강으로 경계가 지어져 있다. 빙하가 녹은 물에 수량을 의존하는 갠지스 강이나 인더스 강과 달리, 고다바리 강과 크리슈나 강의 수원은 빗물이다. 그렇다 보니 두 강 모두 날씨 변화와 삼림 파괴에 극도로 민감하다. 고다바리 강과 크리슈나 강은 둘 다 서고츠 산맥에서 발원한다. 인도양의 여름 계절풍이 서고츠 산맥의 높은 산과 수직의 절벽들을 만나면서 다량의 비를 뿌리기 때문이다. 두 강은 계속해서 데칸 고원을 가로질러 동쪽으로 흘러가고 텔랑가나를 지나 마지막에는 벵골 만으로 흘러든다. 하지만 비를 뿌리는 계절풍이 오지 않으면, 강의 수량은 겨우 흔적만 남을 정도로 줄어든다. 2010년 엄청난 계절풍에도 아딜라바드에 도달한 강물은 지역 평균에서 25퍼센트나 모자라는 상태였다.[11]

기후학자들은 아주 가까운 미래에 인도 아대륙에 일대격변이라 부를 만한 물리적인 변화가 있을 것으로 예측한다. 정부간기후변화위원회IPCC의 4차 평가보고서는 빙하의 해빙 속도를 잘못 예측하는 심각한 실수를 저질러 오명을 남겼다.[12] 하지만 그로 인해 신빙성에 타격을 입었다고는 해도 보고서의 핵심 내용은 사실이다. "지난 20년 동안 힌두쿠시 산맥과 히말라야 산맥의 두꺼운 얼음층이 줄어들고 있다."는 지적도 마찬가지다. 두 산맥의 빙하는 앞으로도 경악할 만한 속도로 줄어들 것으로 보인다.[13]

그렇다면 이제 다음 사실을 생각해 보라. 인도 인구의 3분의 2가 농민이고, 인도 농민의 대다수가 히말라야의 빙하가 녹아 흘러내리는 물이나 계절풍이 몰고 오는 비에 의존해 농사를 짓는다. 그런데 이곳의 수자원 순환 시스템이 위기로 치닫고 있다. 규칙적으로 찾아오던 계절풍에 변화가 생기고 있다. 전반적으로 비가 늦어지거나 약해지고, 그게 아니면 일시에 무섭게 쏟아져서 홍수가 진다. 일부 지역에서는 겨울에 아예 비가 내리지 않는다.

인도 최고의 기상학자로 꼽히는 무라리 랄 박사를 인터뷰했을 때, 박사는 정치권의 반응 때문에 상당히 흥분한 상태였다.

왜 열대는 죽음의 땅이 되었나

"정치권에서는 완전히 반대하는 입장입니다. 그들은 기후 변화 문제를 다루지 않습니다. 배부른 사람들이나 하는 말이라고 치부해버리지요. 인도를 경제 대국으로 만들자는 '빛나는 인도India Shining' 캠페인 아시죠? 그들은 무엇도 '빛나는 인도'로 가는 길을 막아서는 안 된다고 생각합니다. 이해되세요? 발전이 우선이고, 환경 문제는 경제 발전 이후에 본격적으로 다루면 된다는 식입니다. 정치권에서 환경에 문제가 있다는 사실을 깨닫기 시작한 것도 최근 3년 사이의 일입니다. 그나마도 자발적으로가 아니라 국제사회의 압력 때문이었지요."

몇 달 뒤에 인도의 자이람 라메슈 환경부 장관은 부유한 선진국들이 환경 문제를 가지고 필요 이상으로 호들갑을 떤다는 취지의 발언을 해서 세계를 경악시켰다. 당시 장관은 "과학도 자체적인 한계가 있다."며 기후 변화에 관한 예측을 불신한다는 입장을 피력했다.[14]

정부간기후변화위원회에서 활동하는 핵심 인물이기도 한 랄 박사의 전문 분야는 계절풍이다. 그는 과거 규칙적이던 계절풍의 "변화가 점점 커지는 가운데" 전체 강우량은 소폭 증가했다면서 불규칙한 강우에 미숙한 토지 관리, 빗물 수거에 관한 관심의 결여까지 더해져 강우량 증가에도 불구하고 사막화와 가뭄이 전반적으로 심해지는 추세라고 지적했다. "10년 전에 제가 북부에서 겨울비가 감소할 것으로 예측했는데, 이미 그런 현상이 일어나고 있습니다." 랄 박사의 목소리에서 서글픔과 분노가 느껴졌다.[15]

미국의 정보기관 관계자들도 이미 파악하고 있는 사실이다. 2010

년 2월 국가정보원의 데니스 C. 블레어는 의회에서 다음과 같이 말했다. "우리가 분석한 바에 따르면 2030년까지는 인도 정부 차원에서 기후 변화로 인한 결과를 감당할 수 있으리라 봅니다. 하지만 2030년이 되면 농업 생산력 저하, 물 공급 감소, 국경을 넘어오는 이민 압력 등이 겹치면서 인도의 대처 역량이 한계에 다다를 것입니다."[16]

핵심 문제는 물이다. 물의 양과 질 모두가 문제가 된다. 언제 비가 내리고, 어떻게 내리느냐가 비가 오느냐 마느냐 여부만큼 중요하다. 계절풍에 변화가 많아진 것은 인도 농민들에게 나쁜 소식이다. 총 강우량과 평균 강우량을 예측하기가 불가능한 상황은 작물 생산에 부정적인 영향을 미칠 수밖에 없다. 불규칙해진 계절풍 때문에 사회적으로 부채가 증가하고 궁핍해지고, 사람들의 이주와 사회적 갈등이 나타난다.

인도의 다른 수원은 '제3의 극지'라고도 불리는 히말라야의 두꺼운 얼음층인데 이것 역시 빠른 속도로 녹고 있다. 히말라야의 4만 6298개의 빙하는 수십억 인구가 쓸 물을 냉동 보관하는 형태로 저장하고 있다.[17] 온실가스의 배출이 줄지 않고, 지구의 기온이 계속 상승한다면, 히말라야의 빙하들은 머지않아 완전히 녹아 사라질 것이다. 히말라야의 빙하가 사라지면, 인도의 북부 평야를 가로지르는 갠지스 강, 인더스 강, 야무나 강, 브라마푸트라 강을 비롯한 많은 강이 계절풍으로 비가 내리는 동안에만 흐르는 계절성 수로로 변해버릴 것이다.[18]

예를 들어, 인도인들이 '만물의 어머니'라는 의미로 '강가 마'라고 부르며, 힌두교에서 가장 신성시하는 대상이며, 약 5억 명의 수원이 되는 갠지스 강의 갈수기 유량의 70퍼센트가 강고트리 빙하가 녹은 물로 채워진다. 폭이 8킬로미터, 길이가 24킬로미터에 달하는 강고트리 빙하는 매년 35미터씩 줄어드는데, 20년 전과 비교하면 거의 2배나 빨라진 속도다.[19] 강고트리 빙하는 "그야말로 '초강력' 스피드로 줄어드는 히말라야 산맥 빙하"의 대표적인 예로 꼽힌다.[20] 유량이 워낙 빠른 속도로 줄어들고 있어서, 갠지스 강은 위기에 빠진 10대 강 중에 하나로 꼽힌다.[21]

히말라야의 빙하가 녹음으로써 단기적으로는 흘러내리는 물의 양을 늘리는 결과를 가져오겠지만, 장기적으로는 수원을 빙하에 의존하는 아시아의 여러 강들이 사라지는 결과로 이어질 것이다.[22] 그러는 사이에도 인구는 늘어나고 물에 대한 수요도 증가하리라고 예측된다. 2050년이면 인도의 인구가 중국보다 많아지고, 전체 인구 중에 약 9억 명이 여전히 땅을 경작하며 생활할 것으로 추정된다.[23]

▎관개 국가 : 이론과 실제

아딜라바드 지구의 잠니 마을로 돌아가면 여전히 물이 핵심 쟁점이다. 이곳의 일부 농민은 작은 우물이나 현지의 강물을 사용해 농사를 짓지만, 오직 빗물에만 의존해 농사를 짓는 사람이 대다수다. 말하자면 계절풍의 '은총'으로 살아가는 셈인데, 동고츠 산맥과 서고츠 산맥이 막고 있어서 계절풍의 일부만이 데칸 고원까지 도달한다. 마을에서 그리 멀지 않은 곳에는 완전히 마르다시피 한 강이 하나 있다. 주민들이 '큰개울'이라 부르는 곳이다. 큰개울은 수십 년 전에 댐이 건설되면서 생긴 사트날라 저수지로 흘러간다.

그런 기후에서는 빗물 수거와 관개가 필수 불가결한 부분이다. 안드라프라데시 주와 타밀나두 주에서는 농업이 대부분 이리저리 가두고 저장해둔 빗물에 의존한다. "빗물을 여러 저수지로 들어가게끔 우회시키고, 잡아두고, 저장하고, 관리한다." 이곳 주민들이 탱크라고 부르는 저수지는 원래 움푹하게 패인 배수로를 반월형의 흙댐으로 막아서 만든다.[24] 운하에도 탱크에서 물이 공급되고, 물을 어떻게, 언제 배분할 것인가를 결정하는 정교한 규칙이 있다.

마르크스와 베버의 이론에 따르면, 인도 남부의 관개 시스템은 훌륭하게 조직되고, 안정적이며, 경제적으로 자급자족하는 국가의 산물이다. 유명하지만 다소 부정확한 이론이기도 하다. 이론의 토대를 세운 마르크스와 베버의 뒤를 이어 실로 많은 후학이 대규모 관개는 보통 사회가 생산한 잉여를 군주가 흡수하는 전제 군주제와 안정적인 관료주의를 수반한다고 상정했다. 관개와 국가 권력 사이의 이런 관계는 마르크스의 '아시아적 생산양식'이라는 이론에서는 필수 요소이다.

칼 비트포겔은 유명한 저서 『동양적 전제주의 : 절대 권력에 대한 비교 연구』에서 물과 정치의 관계를 다음과 같이 설명했다. "농부가 토지를 관리하고 식물을 재배하는 작업에서는 다수의 타인과 협력해야 할 필요가 없다. 하지만 물은 다르다. 아주 작은 수원들 말고 규모가 있는 수원들은 대규모 노동력을 써야만 해결되는 기술적인 문제를 수반한다."[25] 다른 학자의 말을 들어보자. "여러 집단 사이의 경쟁

왜 열대는 죽음의 땅이 되었나

을 막고, 부역 노동자를 통제하기 위해서 더욱 큰 공사가 필요하다. 공사가 크면 그만큼 많은 부역 노동자가 필요하고, 부역 노동자가 많을수록 한층 높은 수준의 통합과 협조가 요구된다. 이런 대규모 사업이 상시적으로 진행되면 결과적으로 어디에서 어떤 업무에, 얼마나 많은 사람들이 필요한가를 결정하고 관리할 상시적인 전문 관료들이 필요하게 된다. 관료들은 반드시 '수직적으로' 조직되어야 한다."[26] 관개 전제주의灌漑 專制主義, hydraulic despotism, 혹은 아시아적 생산양식이라는 개념 이면의 주장을 다시 말해보자면 이런 형태가 아닐까 싶다. "대규모 관개수로 시스템은 대중 동원을 필요로 하며, 대중 동원은 중앙집권적인 강력한 국가를 필요로 한다."

그렇다면 실제는 어떨까? 과거 인도의 관개 시스템은 처음부터 방향을 설정하고 일관되게 추진되었다기보다는 여러 차례의 정치적 합의를 통해서 서서히 단편적으로 발전한 것처럼 보인다. 정치적 합의들은 때로는 불안정하기 짝이 없었고, 가끔은 폭력과 분쟁으로 단절되기도 했다. 장기적으로 보면 수많은 사회 변화와 불안이 존재했다. 국가의 정치적 지리적 주변부에서는 특히 그랬다.[27] 인류학자 데이비드 모스는 마르크스와 베버 이래 학자들 사이의 합의처럼 굳어진 이론과는 다른 주장을 편다. 모스는 인도 남부에서 전쟁과 전사 계급의 지배는 항상 관개 및 수리권水利權과 밀접하게 관련되어 있었으며, 관개와 수리권이 항상 안정적이었던 것은 아니라고 주장한다. 정치적 갈등이 진행되는 상황에서 관개 시스템은 항상 상대적으로 위험하고 보수 작업이 이루어지지 못하는 상태였을 가능성이 농후하다.

동인도회사의 영국 대표들은 이런 사실을 파악하고 필요에 따라

이념적인 선전에 활용했다. 그들은 보고서에서 급수 시설의 파손 상태를 설명하는 데 많은 공을 들였다. 이에 대한 모스의 설명을 들어보자. "당대의 착취적인 지배자들 때문에 파괴되는 과거 공동체의 고귀한 전통의 일부로 저수조를 묘사하기 시작한 이들은 바로 동인도회사 간부들이었다. 그리고 이런 파괴 속에서 그들은 질서 유지와 자산에 관한 영국의 영향력을 확장할 구실을 찾았다."[28]

이처럼 물과 관개, 극단적인 날씨는 수세기에 걸친 인도의 정치, 권력 구조, 자산 관리, 억압과 저항의 역사에서 핵심적인 역할을 했다. 기후 변화, 그리고 기후 변화가 사회에서 표현되는 방식인 파멸적 수렴은 이미 핵심에 있었던 물의 중요성을 더욱 부각시켰을 뿐이다.

▌신자유주의와 사람을 죽이는 목화

▌텔랑가나 농민들은 모두 유전자 조작된 바실루스 튜링기엔시스 Bacillus thuringiensis, Bt 목화를 재배한다. 농업 관련 제품을 생산하는 거대 다국적 기업인 몬산토에서 개발한 제품이다. 유전자 조작 신종 목화를 재배한 것은 몇 년 전부터이다. 목화씨벌레 등의 해충을 무력화시키는 박테리아가 들어 있어 살충제가 필요 없다고 광고하지만 실제로는 필요하다. 처음에 신종 목화는 산출량과 수입을 증대시켰지만 몇 년 뒤에 수입은 떨어졌고, 신종 목화는 일종의 저주가 되었다. 신종 목화의 뿌리가 토양 깊숙이 침투해서 모든 영양분을 빨아들였다. 머지않아 농민들은 다량의 인공 비료를 써야 했고, 이는 곧 돈을 빌

왜 열대는 죽음의 땅이 되었나

려야 한다는 의미였다. 학자들은 이를 '화학 농업의 악순환'이라고 부른다.

"삼사 년 뒤에는 영양분을 뺏겨 토양이 죽는다는 사실을 우리도 알고 있습니다." 링가 레디 사마의 말이다. 그의 집안은 현지 원주민인 곤드족이 아니라 힌두교도 이주자들이다. 마을 농민들은 자신들이 땅의 영양분을 몽땅 뽑아내 값싼 면화 형태로 수출하면서 땅을 파괴하고 있다는 사실을 안다. 작물 생산량이 줄면서, 빚은 나날이 는다. 심한 경우 농민들이 자살을 한다. 이는 지역 규모에서, 그리고 특정 작물과 가구 규모에서 경험하는 파멸적 수렴이다.

잠니 마을에서도 자살한 사람이 있을까? 그렇다. 마흔다섯 정도 나이였던 안잔나라는 농부가 지난해 살충제를 마시고 자살했다. '빚에서 벗어나려고 자살을 택한 것입니다." 농부 중에 하나가 말했다. "지금 그의 아내와 장성한 아들은 마하슈트라 주에서 농장 노동자로 일합니다."

다시 문제는 물로 돌아간다. 최근 몇 년 동안 신자유주의로 인한 무관심 속에서 관개 문제가 더욱 악화되고 있다. 정부에서 소농민에게 제공하는 중요한 보조금을 없앴고 결과적으로 수천 명이 자살했다.

과정은 이렇다. 1991년부터 인도 정부는 경제 자유화를 시작했다. 효율성을 슬로건으로 내건 정부는 농민들에게 지급된 전력 보조금을 중단했다. 그 때문에 우물물을 끌어올리고 관개를 하는 데서 펌프를 돌리는 비용이 올라갔다. 부족한 돈을 충당하려고 농민들은 현지 은행이나 고리대금업자에게서 돈을 빌리기 시작했다.[29] 신자유주의로 인해 정부 주도의 개발정책들이 중단되면서 지역의 관개 시스템은 황폐화되었다. 머지않아 관개 시설 악화가 일상이 되자 농민들은 아예 방향을 바꿨다. 민간에서 자금을 대서 우물을 파고 거기서 나오는 지하수를 이용하는 것이었다. 이런 방식의 수자원 확보는 신중한 계획이나 적절한 수자원 관리 없이 그때그때 상황에 맞춰 개인이나 마을 단위로 이루어졌다. 결과적으로 지하수가 남용되고 물이 고여 있는 대수층滯水層이 줄기 시작했다. 민간 차원의 자구책에는 당연히 민간의 자본이 들어가야 했다. 농민들은 우물을 파기 위해서 때로는 터무니없을 정도로 높은 이자를 물면서 고리대금업자에게 돈을 빌려야 했다. 흉년이 들거나 우물이 마르면 농민들은 빌린 돈을 갚을 길이 없었다. 설상가상으로 기후 변화가 심해지면서 이런 일이 점점 흔해지고 있다.

1990년대 말이 되자 많은 농민들이 벼랑 끝에 몰렸다. 연체 때문에 추가로 빚을 낼 수도 없고, 무일푼이라 농사를 지을 수도 없었다. 이런 빚의 구렁텅이에서 벗어날 유일한 탈출구가 자살이라고 생각하고 수천 명이 자살을 택했다. 살충제를 마시고 자살하는 경우가 많았다. 국가범죄기록청 자료에 따르면 1997년부터 2005년 사이에 인도 농민 15만 명이 스스로 목숨을 끊었다. 하지만 아누라다 미탈의 보도에 따르면 "농민 단체들은 자살자의 수가 훨씬 많을 것으로 본다."[30] 1998년부터 2004년 사이에 안드라프라데시 주에서만 2,000~3,000명이 자살한 것으로 추정된다. 어느 채권자가 『뉴욕타임스』와의 인터뷰에서 말한 것처럼 "많은 고리대금업자들이 엄청난 돈을 벌었습니다. …… 농민들은 다수가 망했습니다."[31]

가뭄, 관개, 빚, 자살 사이의 연관성이 뚜렷해지자 12년 전에 인도

왜 열대는 죽음의 땅이 되었나

뭄바이에서 발행하는 『이코노믹앤폴리티컬위클리』에서 취재에 나섰다. "(아딜라바드 근처) 와랑갈 지구에서 죽은 농민 50명을 조사한 결과, 농민 넷 중 세 명에게는 우물이 가장 중요한 관개수 공급원이었다. 우물 중에 3분의 1만이 정부 보조금을 받아 판 것이었다. 나머지는 농민들이 직접 우물을 파는 비용을 댔다. 더구나 최근 들어 지하수가 고갈되면서 우물을 더욱 깊이 파고, 우물 안에 다시 시추공을 뚫어야 하는 상황이 되었다."

1990년대 말에 우물을 파는 비용은 평균 1,400달러에서 3,000달러였다.[32] 안드라프라데시 주에서 기후 변화와 가뭄 상황을 파악한 세계은행 조사에서 드러난 것처럼 해당 비용은 고스란히 빚이었다. 세계은행은 "가구의 가뭄 대책은 주로 사후 대응 수준이고, 장기적으로 가뭄을 극복하기 위한 근본적인 역량을 기르려는 노력은 거의 없다."고 지적했다. 실제로 조사 대상 가구의 68퍼센트가 가뭄 때문에 돈을 빌렸다. 토지를 많이 소유한 지주들은 "(은행 등의) 공식 기관을 통해 빌렸지만, 땅이 없거나 소규모인 농민들은 높은 이자로 고리대금업자에게서 돈을 빌렸다."[33] 이런 비공식적인 대출은 이율이 터무니없이 높을 뿐만 아니라, 돈을 받아낼 때도 훨씬 무자비하고 모욕적인 수단을 사용한다.

▎녹색 혁명

부채의 또 다른 원인은 종자 구매다. 종자 구매로 인한 빚의 정점에 있는 것이 바로 몬산토의 유전적으로 조작된 Bt 면화다. Bt의 역사는 근대화 이론과 녹색 혁명 Green Revolution이 주장되던 평온한 시대에 시작된다. 1960년에 발간된 월트 W. 로스토우의 『경제성장 단계 : 비공산주의 선언』이 서구 학자와 정책 입안자들 사이에서 추앙받던 시절이다.[34] 당시의 전반적인 목표는 농업을 산업화하여 생산량을 늘리고 농업에 묶인 노동력을 해방시킨 다음, 해방된 노동력이 도시의 신규 제조업 분야에서 활용되게끔 하는 것이었다. 그런 목표를 위해서 다양한 신품종이 개발되었다.

녹색 혁명이라는 용어는 미국 국제개발처의 윌리엄 고드가 처음 사용했던 말로 1968년까지 거슬러 올라간다.[35] 엄밀한 의미에서 녹색 혁명은 일정한 목표와 계획하에 세계은행과 국제개발처의 지원을 받아 진행되는 일련의 농업 생산력 증대 프로그램으로 이루어졌다. 전문가들은 다수확 품종, 합성 비료, 화학 살충제, 지하수에 의존하는 관개 시스템 등을 개발했다. 정부와 재단들은 농지를 확장하고 농민들에게 신기술에 따른 농업 방식을 가르치는 교육 프로그램을 지원했다. 넓은 의미에서 보면 녹색 혁명은 남방 개발도상국들에 이와 동일한 방법과 기술들이 무계획적으로 확산되는 것을 가리킨다.

안드라프라데시 주에서 녹색 혁명의 공식 목표는 연안 삼각주로 국한되었다. 처음 목표한 작물은 쌀과 밀이었다. 인도 전체로 보면 프로그램의 목표는 식량의 자급자족을 달성하고, 시골에서 잉여 노동력과 자본을 만들어내어, 도시화와 공업화를 촉진한다는 것이었다. 로스토우에 따르면 이를 통해 경제적 '도약', 즉 신속한 근대 공업화와 경제 성장이 가능해진다.

왜 열대는 죽음의 땅이 되었나

환경 운동가들은 유해한 화학 약품을 악의적으로 사용한다는 이유로 인도에서 녹색 혁명을 강력히 비난했고, 반면에 마르크스주의자들은 농민들 사이의 불평들을 훨씬 심화시킨다는 이유로 이를 공격해왔다.[36] 하지만 대중의 인기에만 영합하는 정치인들은 이런 식의 근대화 추진을 지지했고, 여기에는 농민들을 위한 물가 안정 프로그램과 기본 소득 지원 같은 재분배 형태의 정책들도 포함되어 있었다.[37] 현재 신자유주의적 원칙하에 긴축으로 일관하는 정부의 태도와 비교하면, 당시 정부는 그야말로 왕성하게 개입하는, 거의 사회주의자에 가까운 역할을 했다. 정부 소유의 국립종자회사에서 융자를 해주고 교육을 시키면서 신품종을 보급하자 정말로 수확이 늘었다. 1960년대에는 실제로 수확이 두 배로 뛰었다. 하지만 산출량 증가는 자본 투자와 함수 관계에 있었다. 비료, 살충제, 관개를 위한 도관 설비, 기계류 구입 등을 위해 더욱 많은 자금이 필요했다.[38] 그리하여 부채는 산출량과 더불어 늘어갔다.

이내 목화가 주요 작물이 되었다. 이제 문제는 식량 안보가 아니라 국제 상품 시장에서의 경쟁력과 이윤 창출이었다. 하지만 난감한 것은 목화 역시 다량의 물이 필요한 작물이라는 점이었다. 10년이 지나자 토양이 영양분을 모두 빼앗기고 살충제에 오염되면서 산출량이 떨어지기 시작했다. 대다수 농민들로서는 투자를 곱절로 늘리는 것밖에 방법이 없었다. 더욱 많은 돈을 빌려서 투자하고, 더욱 많은 기술을 투여하고, 더욱 많은 빚을 지는 악순환을 되풀이하는 수밖에.

좀 더 내륙인 데칸 고원의 녹색 혁명은 간접적이고 비공식적인 방법으로 찾아왔다. 캄마라는 부유한 농민 계급이 목화와 고추를 재배할 토지를 찾아 연안에서 내륙으로 이주해오면서 시작되었기 때문이다. 이주민들은 정착해서 자기들끼리 뭉쳐 살았고 결혼을 통해 연안 지역과 강한 유대 관계를 유지했지만, 한편으로 현지에 새로운 자본 집약적 농사 방식을 퍼뜨렸다.[39] 이곳에서도 똑같은 패턴이 되풀이되었다. 처음에는 생산량이 늘었지만 시간이 흐르면서 감소할 수밖에 없었다.

지난 30년 동안 텔랑가나에서 자본집약적인 목화 재배가 증가하면서 두 가지 기묘한 모순이 나타났다.[40] 첫째, 주요 환금 작물인 목화의 가격이 계속 떨어지는데 농민들은 계속해서 목화를 더욱 많이 심는다. 농민들은 왜 다른 작물로 바꾸지 않을까? 둘째, 해당 지역의 농업 생산량이 전체적으로 증가하는 것이 분명한데도 (오랫동안 연간 4퍼센트 이상이었다) 대다수 농민의 수입과 소비는 가파르게 감소하고 있다. 농민들의 자살 증가와 낙살 게릴라들에 대한 지지가 이런 현실을 반영한다.[41] 그렇다면 이제 남는 질문은 이렇다. 농민들은 왜 가격이 떨어지는 작물(목화)을 심으려고 계속 빚을 내는 걸까?

명석한 젊은 경제사학자 밤시 바쿨라바라남은 모순되고 터무니없어 보이는 현상 이면에 어떤 이해관계가 숨어 있는가를 정확하게 꿰뚫어보고 명쾌하게 설명한다. 바쿨라바라남은 해답은 돈을 빌려주는 신용 제도에 있다고 말한다. 대금업자들은 자신들이 빌려주는 돈으로 반드시 목화를 심어야 한다는 조건을 내건다. 목화는 식용이 아니므로 위기가 닥쳐도 생산자들이 '훔칠 수'(여기서 훔친다 함은 먹는다는 의미이다) 없기 때문이다. 보통 대금업자들은 작물을 담보로 선금을 주고 대가로 수확물을 받는다. 어느 농사꾼 가족이 굶주림으로 죽어가

왜 열대는 죽음의 땅이 되었나

는 상황이라고 가정해보자. 그런 상황에서 그들이 재배하는 작물이 곡식이라면, 담보물인 작물을 대금업자에게 주지 않고 생존을 위해 먹어버릴 가능성이 높다. 하지만 목화는 그런 문제를 예방할 수가 있다. 말하자면 목화보다 곡식 같은 식용 작물이 가격이 높아도, 대금업자 입장에서는 담보로서 안정성이 떨어진다. 대금업자들에게 목화는 살아 있는 보험 증서 같은 것이다. 때문에 그들은 잠재적인 이윤이 더 높아도 농민들이 식용 작물을 재배하지 않도록 유도한다. 목화만이 믿을 만한 담보물이라고 생각하기 때문이다. 바쿨라바라남은 이런 논리에 따라 텔랑가나 농민들이 1980년대 이후 팥수수, 보리, 기장 같은 알갱이가 굵은 곡식 재배에서 목화 재배로 꾸준히 이동하는 현상을 설명한다. 작물 가격만 봐서는 반대로 움직여야 마땅한데도 말이다.

이런 흐름은 관개와 관련한 공공 대출이나 공공 투자를 포함해서 농업에서 여러 가지 법적인 보호 장치 및 정부 보조금을 없앤 신자유주의 개혁과 동시에 일어났다.[42] 정부가 투자와 지원을 거두어들일수록 농민들은 더욱 많은 비용을 떠안았고, 어디든 가능한 곳에서 자금을 조달해야 했다. 가능한 곳이란 결국 고리대금업자들이었다. 농민들이 민간 고리대금업자에게 손을 벌릴수록, 심어야 할 목화의 양은 늘어났다. 그리고 목화를 많이 기를수록, 가격은 더욱 낮아졌다.

그리하여 텔랑가나 농민들은 한없이 추락하는 경제 순환 곡선의 덫에 갇히게 된다. 투자를 할수록 가치가 떨어지는 작물을 생산하고자 더욱 많은 노동과 비싼 자금을 투입해야 하는 악순환이 계속되었다. 목화 재배에서 빠질 수 없는 것이 바로 우물과 관개 시스템이다.

기후 변화로 해당 지역이 더욱 건조해지고, 극단적인 날씨 때문에 가뭄이 잦아지면서 우물과 관개 시스템의 필요성은 한층 절박해졌다. 이 때문에 농민들은 돈을 빌려야 했다. 바쿨라바라남은 농업 산출량은 늘지만 수입은 줄어드는 이런 현상을 '궁핍화 성장'이라고 불렀다. 이런 모순을 '근대의 빈곤' 혹은 '개발이 야기하는 결핍'으로 설명하는 학자들도 있다.[43]

관개 부패

최근 관리 부실과 정치권의 잘못된 참견으로 이미 기후 변화로 악화된 안드라프라데시 주의 물 문제가 더욱 악화되었다. 특히 전통적인 물 관리 시스템을 방치한 데는 N.T. 라마 라오의 영향이 컸다. 안드라프라데시 주에서 사용하는 텔루구어를 쓰는 영화배우였던 N.T. 라오가 텔루구데삼당을 설립하며 정치에 뛰어든 것은 널리 알려진 사실이다. 감독이 시키는 대로 하는 배우가 아니라 정치판에서 직접 대본을 쓰고 연출을 하는 주도적인 위치를 원했던 모양이다. 텔루구데삼당은 텔랑가나 지역 정당으로 안드라프라데시 주 북부의 개발과 발전을 꾀하면서 1980년대와 1990년대 대부분의 기간에 지역 정치를 주도했다. N.T. 라오는 좌파와 우파에서 대중의 구미에 맞는 요소를 뽑아 혼합한 이념과 카리스마로 무장하고 직접 찾아가는 방법으로 사람들을 매료시켰다.

한편으로 N.T. 라오는 낙살라이트 운동을 강경 진압하는 정책을

왜 열대는 죽음의 땅이 되었나

펼쳤다. 대게릴라전에 투입되는 경찰 특수 부대인 그레이하운즈의 창설을 주도한 인물도 바로 그다. 다른 한편으로 그는 과거 일부 권력 집단이 독점하던 특권을 없애고 지역 서민 계급의 이익을 챙기는 데도 열심이었다. 대대로 내려오는 기존의 특권을 공격하는 일환으로, 그는 봉건적인 무나소브 제도와 카라남 제도를 폐지했다. (지역 고위급 인사들이 세금 징수, 물 관리, 관개 시설 유지 관리 등의 권한, 말하자면 농민을 갈취할 모든 기회를 대물림하게 해주는 제도들이다.) 영화배우는 정의로운 구석도 있지만 자신과 대중 사이에 끼어 있는 정치적 장애물이기도 한 이들 지방 세력가들을 없앴다. 그러나 안타까운 것은 이들이 하던 역할을 대신할 대비책이 전혀 마련되지 않았다는 점이다. 일부에서 라이투 상감이라고 하는 마을 주민위원회가 만들어졌지만 자금을 전혀 지원받지 못했다. N.T. 라오는 이전과 차별화되는 민주적인 물 관리 시스템으로의 전환을 꿈꾸었을지 모르지만, 불완전하고 지리멸렬한 상태가 되었고 결과적으로 지역 관개는 더욱 악화되었다.

부패도 물 관리에 영향을 미치는 문제다. 잠니 마을에서 큰개울을 건너고 작은 언덕을 넘어 몇 킬로미터 가면 파타그바다라는 마을이 나온다. 그곳 마을 주민들은 인도의 다수당인 인도국민회의파에 노예나 다름없는 충성을 바치고 있다. 이들이 국민회의파에 콘크리트만큼이나 견고한 충성을 바치는 이유는 국민회의파가 마을의 중심 도로를 시멘트로 포장해주고, 마을 사람들이 몰래 전력을 빼내려고 불법으로 엉성하게 연결한 선들을 인정해주고 보완해주겠다고 약속했기 때문이다. 마을 주민들은 국민회의파가 다섯 개의 시추공을 약속해서, 해당 지구의 공식 기록에는 모두 뚫은 것으로 되어 있지만,

실제로는 하나만 완공되었다고 하는 쉬쉬하는 이야기도 들려주었다. 그렇게 사람들은 감소된 수확량, 줄어든 수입, 커진 스트레스, 질병, 공포, 절망 등으로 고통스러운 나날을 보내고 있다. 겨울비가 내리지 않는 상황에서 큰개울은 그저 물이 고여 있는 몇몇 웅덩이에 불과한 상황이다.

메마른 분노의 폭탄

이상의 모든 사회적 요인들, 구체적으로 정부의 지원 철회와 무관심, 자본집약적 농업과 고리대금업자들의 약탈 증가, 지방 정부의 무능과 부패 등으로 반*건조성 기후인 이곳에는 이미 위기가 존재하고 있었다. 그리고 이제 기후 변화가 갑자기 이곳을 덮쳤다. 대게릴라전과 전쟁이 그랬던 것처럼 이런 상황은 기후, 빈곤, 폭력의 파멸적 수렴을 유발한다.

정자 아래에 앉아 이야기를 나누다 보니 링가 레디 사마를 비롯한 잠니 마을의 농민들이 왜 그렇게 농업을 비관적으로 보는지 알 수 있었다. 그들은 자신들의 농경 행위가 환경에 미치는 영향에 대해 몇 가지 명확한 생각을 가지고 있었다. 우선, 자신들이 재배하는 Bt 목화가 땅을 죽이고 있었다. 몇몇은 인구 증가로 숲의 나무를 과도하게 베는 것도 강우에 좋지 않은 영향을 미친다고 말했다. (안타까운 일이지만 그들의 생각은 옳았다.) 먼 산으로 가면 종종 불법으로 상업적 목적의 벌채가 행해지고 있었다. 하지만 마을 가까운 곳에서 일어나는 삼

왜 열대는 죽음의 땅이 되었나

림 파괴는 주민들의 땔감과 건설자재에 대한 수요 때문이다.

멀리 차티스가르 주의 숲에서는 맹렬한 낙살라이트의 기세에 눌려 의용 경찰이 모래주머니, 철조망, 통나무 담장, 포탑 등을 갖춘 자체 요새에 갇혀 꼼짝을 못하는 실정이다. 경찰이 어쩌다 위험을 무릅쓰고 밖으로 나올라치면 낙살 게릴라들이 매복했다가 공격을 퍼붓는다. 게릴라들은 때로 대규모 공격을 위해 군대를 운집시킨 다음, 의용 경찰이 틀어박혀 있는 요새와 교도소 등을 쳐부수고 들어오기도 한다. 예를 들면, 낙살라이트 게릴라들은 2005년 11월 비하르 주의 제하나바드에 있는 감옥을 습격해서 "소이탄으로 건물을 불태우고 수백 명의 죄수들을 풀어주었다." 2006년 3월에는 "차티스가르의 경찰 캠프를 공격해서 55명의 경찰을 죽이고 다량의 은닉 무기들을 가지고 급히 도망쳤다." 낙살라이트 게릴라들은 철도역과 송전탑을 폭격하기도 한다. 2009년 선거 기간에는 승객들이 타고 있는 열차 한 대를 인질로 잡고, 수십억 달러짜리 철광석 슬러리 수송관*을 공격하기도 했다.[44]

낙살라이트가 즐겨 쓰는 무기는 원격 조종 지뢰다. 압력을 받으면 폭발하는 일반 지뢰와는 달라서 사용 몇 달 전에 도로 밑에 묻어 놓을 수가 있다. 지뢰가 묻힌 도로 위로 몇 달 동안 비가 오고, 먼지가 쌓이고, 차들이 지나가고, 태양이 비추면 누구도 알아보지 못할 만큼

---

*철광석 슬러리 수송관 철광석 농축물을 원산지로부터 멀리 떨어진 항구 등에 공급하기 위한 파이프 라인. 슬러리는 농축물을 반액체 상태로 옮기기 위해 농축물에 물을 섞은 것을 말하며, 목적지에 도착하면 물은 다시 필터를 통해 제거된다. 철도 수송에 비해 경제적, 환경적 장점이 있어서 천연자원 수송에 종종 쓰인다.

감쪽같은 위장이 된다. 묻힌 지뢰는 단단히 다져진 길 밑에 있으면 탐지가 불가능해지지만 여전히 작동한다. 기다란 선을 통해 기폭 장치와 연결되어 있어 게릴라들이 마음만 먹으면 언제든지 터뜨릴 수가 있다.

이라크와 아프가니스탄에서 많이 쓰이는 사제 폭발물처럼 낙살라이트의 지뢰도 여러 면에서 효과적이다. 전술적으로, 지뢰는 경찰을 불구로 만들거나 죽이는 역할을 한다. 심리적으로, 폭발물은 적을 압박하여 사기를 꺾는 효과가 있다. 정치적으로, 지뢰는 대게릴라전 세력과 그들이 통제하려는 주민들 사이에 사회적인 장벽으로 기능한다. 하지만 상황은 점점 나빠지고 있다. 인도 공군에서는 붉은 회랑 지대의 메마른 땅에 공중 폭격을 허락해달라는 로비를 진행 중이다.[45]

게릴라 사냥

새로운 친환경 농업 기술들을 활발하게 받아들이고, 농민들이 변덕스러운 기후에 대처하게끔 지원하는 대신 주 당국은 억압에만 초점을 맞추고 있다. 텔랑가나에서 게릴라를 상대로 거둔 어느 정도의 승리는 흔히 총과 버터로 상징되는 '무력'과 '민생 복지'를 거의 완벽하게 혼합한 대게릴라전의 결과이다. 이런 대게릴랄전의 발단에는 앞서 언급한 그레이하운즈가 있다. 그레이하운즈는 이미 말한 대로 대게릴라전 투입을 염두에 두고 조직한 주 경찰 산하의 준군사 특수

왜 열대는 죽음의 땅이 되었나

부대다. 1990년대 초반에 설립된 부대는 아주 효과적이었다. 무력 사용에 망설임이 없으면서 한편으로 정보 수집에도 엄청난 에너지를 투자했다. 말하자면 그레이하운즈는 게릴라들의 테러를 효과적으로 겨냥했다. 때로 그레이하운즈는 점령군이 아니라 암살자 집단으로 제복을 벗고 민간인 복장으로 거리를 누빈다. 중무장을 했지만 주민들 사이에서 눈에 띄지 않게 은밀하게 움직인다. 그들은 특수 부대지만, 암살단이기도 하다.

오랫동안 그레이하운즈는 텔랑가나 북부 숲에서 게릴라 수색 및 섬멸 작전을 수행해왔고, 지금도 마찬가지다. 그레이하운즈는 가끔은 '달람dalam', 즉 무장한 게릴라 부대를 만나 총격전을 벌이지만, 주로는 비무장 게릴라와 민간인 협력자들을 죽인다.[46] 돈을 받는 정보원, 정부 편에서 싸우는 원주민 비정규군, 전향한 과거 낙살 게릴라 등으로 이루어진 인적 네트워크의 도움을 받으면서 그레이하운즈는 5년 넘게 산악 지대를 샅샅이 뒤지면서 물리적 지형은 물론 사회적 지형까지 꼼꼼하게 지도로 그렸다. 활동가들이 오고 가는 것을 세심하게 관찰하고, 마을의 사회적 네트워크를 파악한 다음 베트남에서 미군이 펼쳤던 '불사조 작전'에서처럼 게릴라와 주민들 사이의 핵심적인 사회적 연결고리들을 부수고 있다. 다시 말하자면 그레이하운즈는 '달람'이라고 하는 무장한 게릴라는 물론 무장하지 않은 활동가, 즉 상감sangam들도 죽였다. 전만큼 강력하게는 아니지만 이런 전략은 지금도 계속되고 있다. 그레이하운즈에게 살해당한 주검 사진들이 종종 언론에 보도된다. 주검들은 피가 묻은 지저분한 모습으로 둘 혹은 세 구씩 갈대 자리 위에 널브러져 있다. 그레이하운즈는 이런 암살이 정당방위라고 주장한다. 그레이하운즈가 자신들의 살인을 묘사하는 완곡한 표현은 항상 똑같다. 그들은 항상 "우연히 마주쳤다."는 표현을 쓴다. 무장한 비적과 질서유지군이 우연히 충돌해서 그런 일이 일어났다는 말이다. 붉은 회랑 지대에서 '우연히 마주쳤다'는 말은 공권력에 의한 테러를 에둘러 말하는 표현으로 굳어졌다.[47]

안드라프라데시 주에서 낙살라이트 활동이 최고조에 이르렀던 때는 2003년 10월이었다. 주 정부 총리 N. 찬드라바부 나이두가 힌두교 축제 참석 차 유명한 벤카테스와라 사원을 방문했을 때였다. 총리의 호송 대열이 사원을 떠나자 원격 조종되는 클레이모어 지뢰* 여섯 개가 터지면서 귀가 먹먹한 폭발음을 내고, 차량 밑의 땅이 솟아올랐다. 총리가 타고 있는 방탄 차량이 뒤집히면서 산산이 부서져 도로 밖에 나뒹굴었다. 하지만 나이두 총리는 얼굴과 가슴에 가벼운 상처만 입고 살아남았다. (차량 개조를 담당한 힌두스탄모터스 입장에서는 영광으로 생각해도 되지 않을까?) 그렇지만 운전기사와 다른 네 명의 의원들은 심각한 중상을 입었다. 가해자들은 불법 단체인 인민전쟁그룹의 핵심 당원들로, 인민전쟁그룹은 인도에서 가장 크고 오래된 마오주의 정당 중에 하나다.

"나이두 총리 공격은 인민전쟁그룹과 정부 사이에 대화와 평화회담의 재개 이외에 달리 대안이 없음을 말해준다." 공공연하게 활동

---

*클레이모어 지뢰 미군이 사용하는 M18A1 대인용 지뢰. 여타 지뢰들과 달리 원격에서 원하는 시간에 폭파가 가능하고, 폭파 방향도 미리 설정할 수 있다. 폭파되면 수많은 금속 공이 튀어나와 전방의 대상에 피해를 입힌다.

왜 열대는 죽음의 땅이 되었나

하는 낙살라이트 대변인이자 대중적으로도 인기 있는 좌경 포크 송 가수 가다르의 말이다. (그는 성 없이 가다르라는 이름만 쓴다.)[48] 실제로 당시 공격은 규모 때문이 아니라 표적 때문에 낙살라이트 공격 중에 가장 극적이고 눈길을 끈다는 평가를 받는다. 주 정부 수반의 목숨이 날아갈 뻔한 대사건이기 때문이다. 『이코노믹앤폴리티컬위클리』는 당시 테러가 향후에 미칠 영향을 우려하며 다음과 같이 개탄했다.

찬드라바부 나이두의 생명을 빼앗으려 했던 공격으로 주 정부가 공황 상태에 빠진 반면, 인민전쟁그룹은 공격 실패로 잔뜩 성이 난 상태다. 양측 모두 복수심에 불타는 상태이므로 안드라프라데시 주에는 또 한 번의 잔인한 피바람이 불 공산이 크다. 피해자들은 남의 잘못을 뒤집어 쓴 희생양이 될 것이다. 경찰은 (베테랑 민권 운동 지도자 K. G. 칸나비란의 집을 습격했을 때처럼) 가난한 마을 주민과 인권 운동가들을 '낙살라이트 용의자'로 지목하고, 우연적인 충돌로 가장하여 그들을 체포하거나 살해할 것이다. 한편, 인민전쟁그룹는 그들대로 어느 마을의 프라단pradhan, 즉 말단 정부 직원을 '밀고자'로 매도하면서 그들에게 화풀이를 하고, 기차역이나 버스 터미널을 불태우는 식으로 분풀이를 할 것이다.[49]

주 정부 총리 나이두에 대한 폭탄 공격 이후에 안드라프라데시 주의 경찰은 압박의 강도를 한층 높였다. 나이두가 이끄는 정부는 인민전쟁그룹과의 협상을 재개했다. (2002년에 대화가 시작되었지만 경찰이 가득 타고 있던 버스를 습격하는 대규모 사건이 있는 뒤에 중단되었다.) 대화를 재개하자 정부는 경찰에 후퇴 명령을 내렸고 반란군에게도 그렇게 해달라고 요청했다. "우리 첩보에 따르면, 소규모 분대들이 무기를 소지한 채로 여러 마을을 돌아다니고 있다. 무기를 소지하고 돌아다니는 행위를 중지하도록 요청하는 바이다." 안드라프라데시 주 내무부 장관이 말했다.[50]

2002년에 시작된 최초 대화는 일종의 특사들을 통해 수행되었다. 유명한 낙살라이트 작가 바라바라 라오도 당시 사자들 중에 하나였다. 나는 무더운 오후에 하이데바라드에서 라오를 만나 이야기를 들었다. "정부가 진지하지 않았습니다." 나이가 지긋한 작가가 말했다. "그들은 대화를 낙살의 조직망 파악에 이용하고 있었습니다." 2005년에는 바라바라 라오도 체포되어 경찰 살해 혐의로 기소되었다고 했다. 주에서 대화 재개를 주장했을 때도 라오는 언론을 향해 다음과 같이 경고했다.

의회는 달콤한 독과 같다. 과거 TDP(지역 정당) 정부는 항상 우리와의 대화를 배척했는데 현재 의회는 평화와 대화를 이야기한다. 하지만 실제로 그들은 협상 테이블 마련이라는 만남을 가장하여 혁명가들을 색출하고 죽이려는 속셈이다.

안드라프라데시 주를 비롯한 여러 주 정부의 정전(停戰)은 결국 인민전쟁그룹의 지하조직망이 드러나게 해서 조직원을 체포하고 제거하려는 전략의 일부일 뿐이다. 연방 정부가 마침내 주 수준에서 정보부 강화, 정보부 중심의 일관된 진압 활동, 낙살라이트 운동이 벌어지는

왜 열대는 죽음의 땅이 되었나

지역에서 경제 발전 촉진이라는 세 갈래로 진행되는 대게릴라전을 입안하고 홍보하기 시작했다. 낙살라이트 폭력이 기승을 부리는 11개 주에서 2003년부터 2005년까지 매년 1,500명이 넘는 사상자가 나왔다. 1,500은 11개 주를 합친 숫자가 아니라 주당 평균이라는 점에 주목해야 한다. 같은 시기에 경찰 사망자는 300명에 불과했다.[51]

혼돈의 씨앗 뿌리기

안드라프라데시 주에서 낙살라이트 폭력은 2005년 직후에 최고조에 달했다.[52] 결국, 그레이하운즈는 텔랑가나 낙살 게릴라들을 당해낼 수 없음이 입증되었다. 마오주의자들은 차티스가르의 숲으로 들어가 버렸고 그곳에서 더욱 세력을 키웠다. 해당 지역에서 경찰은 곤드족 방언으로 '평화 행진'을 의미하는 살바 자둠이라는 민간인 자경단을 지원했다. 원래 유기적인 자위조직으로 출발했던 살바 자둠은 주에 편입되었다. 참가가 의무가 되었고, 경찰 진압 작전에도 참가하는 무장 보조 부대가 되었다.[53]

이들 새로운 준군사 부대에는 과거의 낙살 게릴라들이 다수 참여하고 있다. 이런 관점에서 보면 과테말라 대게릴라전 때의 민간인 순찰대나 콜롬비아의 초창기 준군사 부대와 유사하다고 볼 수 있다.[54] 안드라프라데시 주 시민자유위원회는 2009년 1월 차티스가르에서 '우연한 만남'으로 인한 교전이 사실은 경찰이 지원하는 무장 살바 자둠에 의한 계획적인 원주민 학살이었다고 보고했다. 당시 살해당한 원주민은 18명이었다.[55] 비판자들은 정부의 허가하에 진행되는 살바 자둠의 자경 활동으로 주민 5만 명 이상이 노변 난민 캠프로 쫓겨났다고 주장한다.[56]

인도 내전은 파멸적 수렴의 실상을 가감 없이 보여주는 전형적인 예다. 이곳에서 신자유주의로 심화된 빈곤이 대게릴라전과 만나고, 대게릴라전으로 인한 억압이 다시 기후 변화로 촉발된 생태계 위기와 만난다. 비를 뿌리는 계절풍이 오지 않거나 너무 세게 덮치면, 마오주의자, 그레이하운즈, 살바 자둠 모두가 향후 상황을 점점 불안하게 몰고 갈 소지를 안고 있다. 그들은 반란과 대게릴라전이 남긴 무책임하고 폭력적인 우범 세력들로 이미 상처투성이인 사회관계망을 더욱 약화시키는 역할을 하고 있다. 현재 사회 위기와 폭력이 난무하는 혼돈에 대한 대처 방법으로 선호되고 있는, 풀뿌리 대중 수준에서 진행되는 이런 총력전은 부패, 아노미, 정신적 충격, 병적 이상 등을 유발하는 일종의 정치적 패혈증을 사회에 풀어놓는 격이다. 물론, 어떤 것도 기후 변화 대처에 도움이 될 리 없다.

낙살 게릴라들은 인도가 안고 있는 사회 불안의 한 가지 원인에 불과하다. 인도 총리 만모한 싱은 인도를 "분체 생식하는 동물" 같다고 표현했는데 정말 적확한 표현이다. 국민회의파가 이끄는 연립 정권이 2009년 총선에서 압도적인 승리를 거두었지만, 나라의 의회 정치는 지독하게 독립적인 지역 정당과 강력한 카리스마를 가진 현지 지도자들이 좌우한다.[57]

인도의 지방 곳곳에서 사회적 긴장이 극심하다. 힌두교, 이슬람교, 기독교 공동체 사이에 폭력이 산발적으로 일어난다. 방글라데시

왜 열대는 죽음의 땅이 되었나

이슬람교도들이 힌두교도가 다수를 차지하는 지방으로 이주하면서 양쪽 공동체 모두에서 종교적 신념에 근거한 민족주의가 강화되고 있다. 힌두트바^{Hindutva}, 즉 힌두성性 광신자, 힌두민족주의를 신봉하고 힌두교 국가 건설을 주장하는 광신자들의 지지를 받는 인도인민당은 은밀한 파시즘 성향을 보이면서 '이슬람공포증'을 조장하고 교묘히 악용하고 있다. 한편에서 파키스탄은 이슬람 테러리스트 집단을 후원하며, 인도 북동부에서는 무장한 분리주의자들이 아삼 주의 독립을 주장하며 무력 투쟁을 벌인다. 바위투성이에 메마른 북부 지역에서는 비적 활동이 끊이지 않고, 델리처럼 점점 커지는 거대 도시에서는 범죄가 증가 추세에 있다. 이런 모든 문제가 이미 인도의 앞길에 놓여 있으며, 기후 변화가 심해지면서 이런 문제들도 더욱 악화될 조짐을 보이고 있다.

남부 도시에서는 정보통신 기술과 비즈니스 프로세스 아웃소싱 붐으로 새로운 억만장자 계층이 생겨나고 있다.[58] 그런데도 인도의 정치 지도층은 절대다수의 국민에게 전력, 물, 기본적인 의료 및 교육 서비스도 제공하지 못한다. 아니, 그러려는 의지가 없다. UN의 다차원 빈곤 지수에 따르면 인도의 여덟 개 주에 사는 빈곤 인구가 아프리카 사하라 이남의 빈곤 인구 전체를 합친 것보다 많다. 인도의 지배 계층은 사태의 심각성을 알고 각성해야 한다. 그렇지 않으면 기후 변화가 그들을 파멸로 몰아갈 것이다. 인도가 어떻게 낙살 게릴라들에 맞서 싸워야 할까? 답은 이미 나와 있다. 경제 재분배, 사회 정의, 지속가능한 개발로 기후 변화에 적응하는 길만이 반란을 진정시키고 평화와 질서를 회복하는 길이다.

4부

라틴 아메리카

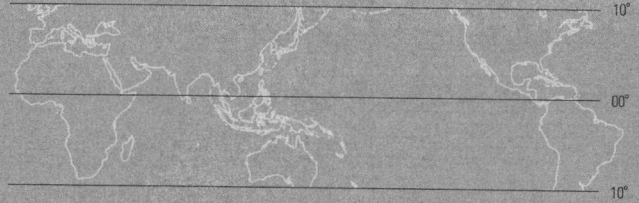

10°

00°

10°

13장

리우의 비애
: 지구를 뒤덮은 빈민가

꩜

우리 시대 사회 질서의 죽음 앞에 우리는 괴로워하기보다 기뻐해야 마땅하다. 하지만 경악스러운 것은 떠나는 세계가 이를 떠안을 상속인이 아니라 임신한 미망인을 남긴다는 점이다. 한쪽에 죽음과 다른 쪽에 탄생을 두고서, 그 사이로는 헤아릴 수 없이 많은 물이 흘러갈 것이고, 혼돈과 쓸쓸함으로 가득 찬 기나긴 밤이 지나갈 것이다.

_알렉산드르 헤르첸Alexander Herzen, 1848년 혁명 실패에 관하여

검은색 경찰 헬리콥터가 리우데자네이루 상공을 비행 중이다. 우리 앞으로 산꼭대기의 거대한 그리스도 상이 불쑥 모습을 드러냈다. 도시를 향해 양팔을 벌린 모습이었다. 밑으로는 길고도 광활한 이파네마 해변이 펼쳐져 있다. 연안의 호화로운 마을에서 내륙으로 들어가면 정상이 무성한 정글로 뒤덮인 가파른 바위산들이 불쑥불쑥 솟아 있다. 가파른 경사면을 따라 이곳 말로 파벨라favela라고 하는 판자촌이 층층이 쌓여 있다. 가난한 노동자 계급이 사는 주택 지구로 판잣집이 빽빽하게 들어선 모습이 한 눈에도 무계획적으로 뻗어나간 것

을 알 수 있다.

하얀 해변과 검은 산의 대비가 엽서에 실리는 리우의 완벽한 지형을 만들어낸다면, 리우의 사회적 풍경을 규정하는 것은 해변의 호화로운 아파트와 산에서 이를 내려다보는 가난한 빈민가의 초현실적인 불평등이다. 처음 파벨라들은 북동부 시골에서 온 무단 거주자들에 의해 건설되었다. 파벨라라는 명칭은 이곳에 자생하는 생명력이 질긴 나무에서 이름에서 유래했다. 빈곤과 범죄에 시달리는 파벨라들은 리우의 따사로운 미소 뒤의 아물지 않는 상처다.

해변의 부유한 동네가 내려다보이는 빈민가에 산다는 것은 사람의 화를 이만저만 돋우는 일이 아니다. 이런 확연한 대비 때문에 리우는 '상대적 빈곤'을 지리적으로 구현하는 화신이 된다. 사회학 연구 결과들을 보면 절대적 빈곤, 즉 빈곤 자체가 폭력을 야기하지는 않는다고 한다. 깊은 상처를 주고, 범죄와 반란, 폭력으로 사람을 내모는 것은 오히려 상대적 빈곤이다. 다른 사람들과의 비교, 가능하거나 마땅히 그러해야 할 상태와의 비교, 혹은 과거 상태와의 비교 속에서 경험하는 빈곤이 사람을 좌절하게 하고 폭력적으로 만든다.[1] 당연히 이런 상대적 박탈감은 공동체 내의 사회적 단결을 파괴한다.[2]

경찰이 이런 기묘한 지형을 공중에서 살펴보게 안내해주면서, 그들이 무력을 써서 이런 상황을 통제하는 방법, 파벨라의 총잡이들에 맞서는 새로운 공격 방법 등을 설명했다. 파벨라 비지갈이 가까워지자 조종사가 헬리콥터를 조종해 커다란 포물선을 그리면서 바다 쪽으로 나아갔다. 비지갈은 경찰 헬리콥터를 향해 총을 쏘는 것으로 유명한 리우의 대표적인 갱단 코만두 베르멜류*의 지배하에 있는, 말하

266 　　　　　　　　　　　　　　　　　　왜 열대는 죽음의 땅이 되었나

자면 '적지敵地'다. 위아래 일체형의 파란색 점프 수트를 입고 검은색 선글라스를 낀 젊은 조종사는 출발 직전에 꼬리회전날개 근처에 새로 때운 총탄 구멍을 자랑스럽다는 듯이 보여주었다. 보통 꼬리 회전 날개를 망가뜨리면 헬리콥터가 제어 불능 상태로 빙빙 돌게 된다.

2009년 10월 파벨라의 총잡이들이 경찰 헬리콥터 한 대를 격추시켰다. 갱단 내에서 알력 다툼을 벌이는 두 파벌과 경찰 사이에 온종일 계속되는 총격전 도중에 일어난 일이었다. 당시 총격전으로 경찰관 세 명이 죽고 네 명이 중상을 입었으며, 민간인도 열두 명이나 죽었다. 인근 지역에서는 젊은이들이 화염병을 던져 버스 열 대를 불태웠다. 1년 뒤에 다시 총격전이 벌어졌다. 경찰의 급습으로 열세 명이 죽었고, 이어서 나흘간 계속된 싸움에서 갱단 조직원들이 버스 열다섯 대를 불태웠다.[3]

실제로 리우의 갱단들은 파벨라와 도시의 마약 소매 거래를 관리한다. 지역 사회에서 그들은 경찰이라도 되는 양 공공연히 기관총을 들고 다니고, 국세청인 양 경제 활동에 세금을 징수하고, 자신들이 법전이라도 가지고 있는 양 비공식 법정을 운영하면서 징벌을 부과한다. 휴대폰을 훔쳤다고? 손발에 총을 맞아야 해. 다른 사람을 밀고 했다고? 사형감이군.

리우의 크기는 뉴욕과 비슷하지만 살인율은 뉴욕의 여섯 배나 된다. 2009년 한 해에 리우에서 살해당한 사람이 약 5,000명에 달한다. 대부분의 빈민가에는 경찰서가 없다. 경찰이 파벨라에 들어가는 경

---

*(앞쪽)코만두 베르멜류 Comando Vermelho, 의미는 붉은 특공대. 줄여서 CV라고 쓴다.

우는 짧게 진행되는 무자비한 급습 때가 전부다. 한밤중에 무장한 경찰들이 들이닥쳐 판자촌을 들쑤시고 사람들을 잡아 고문하고 죽인다. 2009년 휴먼라이트워치 보고서에 따르면, 리우의 경찰 부대는 해마다 1,100명 이상을 죽인다. 하지만 재량권 남용으로 유죄 판결을 받은 리우 경찰관은 지난 10년을 통틀어 네 명에 불과하다. 리우 경찰들을 위협하는 요소는 따로 있다. 2009년 한 해에 거의 90명이 순직했다.

그것으로도 충분하지 않았는지 이제는 제3의 원인이 등장하여 폭력에 자양분을 대고 있다. 이번엔 비번인 경찰관, 소방관, 교도관들이 갱단을 견제하려고 결성한 민병대가 문제다. 이들 자경단원이 그들의 적과 다름없는 범죄자가 되기도 한다. 2008년에는 이들 민병대가 도시 최대 신문사의 기자를 고문하는 일까지 일어났다. 상황이 점점 저강도 전쟁에 가까워지고 있다.

도시에서 나타나는 파멸적 수렴

리우에는 왜 그렇게 사람이 많을까? 왜 그렇게 폭력이 난무할까? 기후 변화는 리우 같은 도시에서 어떤 역할을 할까? 이런 의문을 품고 나는 리우라는 거대 도시를 탐험하기로 했다. 리우는 농촌의 기후 위기가 도시 폭력으로 표출되는 전형적인 예이다. 지난 50년 동안 지구상에서 일어난 가장 극적인 변화를 꼽자면 급속한 도시화를 빼놓을 수 없을 것이다. 도시화 과정은 지금도 계속되고 있으며, 이제는

왜 열대는 죽음의 땅이 되었나

기후 변화까지 가세하여 농촌에서 도시로의 이주를 부추긴다. 오늘날 리우를 보면 기후 변화와 관련한 정치 문제들을 예측할 수 있다. 여러 면에서 리우는 다른 지역의 극단적인 날씨 때문에 만들어진 도시이기 때문이다. 리우에서 수백 킬로미터 떨어진 브라질의 메마른 북동부 지역, 노르데스치에서 반복되는 가뭄과 홍수가 리우라는 도시의 성장에 에너지를 공급하는 연료 역할을 해왔다. 지구 온난화 때문에 예전에 일정하게 반복되던 날씨 패턴이 점점 흐트러지고 극단적으로 변하면서 농촌을 떠나는 이주자가 급증한 것이 원인이다.

열대 수렴대 패턴에 생긴 혼란이 이미 기후 충격을 야기하고 있다. 장기적으로 가뭄이 지속되다가 갑자기 지독한 홍수가 찾아오는 식이다. 이런 극단적인 날씨 때문에 노르데스치에서 생업으로 농사를 짓는 일이 더욱 힘들어지는 추세다. 농민들은 어쩔 수 없이 고향을 떠나 기후 난민이 되고, 리우, 상파울루 같은 거대 도시를 찾아 남쪽으로 이동한다. 대도시에서 그들은 파벨라에 정착하게 되고, 많은 젊은이가 무기, 마약, 돈, 섹스, 음악, 의리, 단결, 충성 등으로 얼룩진 은밀한 지하 경제의 소용돌이에 빠져들게 된다. 기후 변화로 인한 극단적인 날씨는 이처럼 농촌 사람들을 대도시 빈민가인 파벨라로 내몰면서 리우의 '범죄 전쟁'에 연료를 공급한다.

리우 역시 극단적인 날씨에서 자유롭지 않다. 내가 방문한 직후에도 이상 폭풍우가 몰아쳐 불과 24시간 동안 300밀리미터 가까운 폭우가 쏟아졌다. 리우 기상관측 이래 최악의 폭우였다. 거리에는 오수가 범람했고, 꽉꽉 막힌 도로 정체가 하루 종일 이어졌으며, 판자촌의 널빤지들이 산허리를 타고 떠내려가고, 100명 이상이 죽었다. 1월에는 상파울루에서 비슷한 악천후가 나타났다. 강둑이 두 개나 무너지면서 수천 명이 일시적으로 집을 잃은 노숙자 신세가 되었고, 64명이 익사했다.[4] 하지만 브라질에서 기후 변화의 진짜 최전방은 단연 건조한 노르데스치다.

새로운 기후가 만드는 새로운 일상

1970년대 이후 노르데스치는 잦은 가뭄에 시달렸고, 이제는 규칙적으로 찾아오는 돌발 홍수까지 가세했다. 과거 여느 해처럼 2010년 여름에도 참혹한 홍수가 여러 차례 일어났다. 홍수로 거의 50명이 죽고, 12만 명이 집을 잃고, 2,000킬로미터에 달하는 도로가 파괴되고, 최소 80개의 다리가 무너졌다. 워낙 상황이 안 좋아서 룰라 다 시우바 대통령이 G20 회의를 건너뛰어야 할 정도였다.[5]

홍수, 가뭄, 이상 폭풍우 등으로 구성된 극단적인 기후가 이제 새로운 일상이 되었다. 과학자들은 그것이 인간이 야기한 기후 변화의 산물이며, 브라질 북동부 지역을 엄청난 힘으로 강타할 것으로 예측하고 있다. 과학자들은 항상 특정 기후 현상이 기후 변화라는 상위 패턴 때문이라고 단정적으로 말하는 데는 신중한 입장을 취한다. 하지만 그럴 가능성 자체는 부정하지 않는다. 정부간기후변화위원회 IPCC 4차 평가보고서의 조사결과를 생각해 보라. "지난 30년 동안 라틴 아메리카는 기후 변화와 관련된 엘니뇨 발생 증가에 시달려왔다. …… 1970년과 1999년, 2000~2005년 사이에 기후 관련 재해 발생

왜 열대는 죽음의 땅이 되었나

이 2.4배 증가했고, 1990년대 관측된 추세는 지금까지 이어지고 있다."⁶ 뒤에서 보고서는 다음과 같이 지적한다. "반건조 지역인 브라질 북동부에서 오래 계속되는 가뭄 때문에 생계형 농민들이 농촌에서 도시로 이주하고 있으며" 질병의 발생도 늘어나고 있다.

파벨라 주민 중에 많은 수가 노르데스치 출신이다. 내가 두 모후 두스 카브리투스라는 파벨라의 계단에서 만난 데자시르 알베스는 그런 주민의 전형적인 예다. 그는 세아라 주의 바르조타에서 리우로 이주했다. "일자리를 찾아서 이리 왔습니다. 한 20년 전쯤에요. 그때 우리 가족은 농사를 짓고 있었습니다. 대가족이었지요. 하지만 지금까지 남아서 농사를 짓는 사람은 둘뿐입니다. 그들은 겨우 가족의 식량 정도를 해결하는 생계형 농업을 하고 있습니다. 거기서는 삶이 정말 녹록치 않습니다. 가뭄이 워낙 심해서 상황은 계속 악화되고 있지요."

알베스는 리우에서 건설, 서비스업, 버스 차장 등등 가리지 않고 "온갖 종류의 일을" 하고 있다. 콘크리트로 덮인 산비탈, 담장이 쳐진 골목들과 손수 지은 엉성한 집들이 다닥다닥 붙어 있는 이곳에서, 조리 슬리퍼와 축구 셔츠를 입고 이런저런 이야기를 들려주는 그에게 농사와 토지는 아득한 과거처럼 보인다.

식민지 시기에 노르데스치는 연안의 플랜테이션 농업과 목축업을 주로 했다. 1870년대 말과 1880년대 말에 여러 차례의 가뭄 때문에 지역의 빈민층이 대거 그곳을 떠났다. 20세기 대부분 기간에 브라질의 농업은 낙후된 상태였다. 멕시코, 볼리비아 같은 여러 라틴 아메리카 국가들과 달리, 땅을 소유한 봉건적인 과두 지배층을 견제하고 토지 개혁을 강제할 진정한 부르주아 혁명이 한 번도 없었다. 1930년대 제툴리우 도르넬리스 바르가스 대통령 집권하의 에스타두 노부Estado Novo, 즉 신체제에서 시행된 재분배 정책들은 도시의 노동자와 중산 계급에게만 영향을 미쳤을 뿐 농촌은 예외였다.[7] 1964년 군사 쿠데타 이후, 군사 독재 체제하에서 정부 주도로 농업 분야에서 급속한 근대화 정책이 시행되었지만 토지 재분배는 포함되지 않았다.

오늘날까지 인구의 3퍼센트 정도가 농지의 3분의 2를 소유하고 있다.[8] 녹색 혁명과 기계화와 같은 형태의 농업 근대화는 오히려 농촌의 실업률 상승을 초래하고, 도시로의 대규모 이주를 부채질했다. 1972년까지 밀과 콩 등의 주요 작물은 거의 60퍼센트가 기계화되었다. 삶의 터전을 잃은 농촌 노동자들이 도시로 이동하여 파벨라를 건설했다.[9] 1940년대에는 브라질 인구의 15퍼센트만이 도시에 살았지만, 1970년대에는 도시 인구 비율이 50퍼센트까지 올랐다.[10] 현재는 브라질 인구의 80퍼센트 이상이 도시에 산다. 그리고 이제 우리는 어긋난 기후 시스템과 이상 기후 때문에 야기된 새로운 이주의 물결을 목도하고 있다.

거대 빈민가에서 수행되는 진압 작전

북동부 농촌 지대의 '사회 기후학적' 위기가 도시에서 사회적 압력을 촉발하고, 이는 범죄자의 폭력과 당국의 억압이라는 형태로 표출된다. 수십 년 동안 파벨라들이 내부에서 곪을 대로 곪도록 방치하

왜 열대는 죽음의 땅이 되었나

던 정부가 통제권을 되찾으려는 움직임을 보이고 있다. 정부의 전략은 이렇다. 첫째, 포르투갈어 두문자를 따서 BOPE라고 불리는, 리우의 경찰 특공대가 파벨라를 습격하여 갱단을 진압한다. 이어서 정규 경찰 부대가 상설 기지를 세우고 순찰을 시작한다. 일단 지역 안전이 확보된 다음에는 의료, 교육, 문화 시설, 민사 법원과 같은 정부 서비스가 들어간다. 정부는 이 계획을 평화 회복이라 부르지만 전형적인 대게릴라전이다. 적이 응집력 있는 반란군이 아니라 유령, 무정형의 위협, 지역 범죄, 갱단, 혼란 등이라는 사실만 다를 뿐이다.

내가 리우에 머물던 2010년 초, 대략 10개 도시에서 어림잡아 1,000개 정도의 파벨라에서 평화 회복 작전이 진행 중이었다. 정부의 점령 정책에 대해서 파벨라 주민들은 호불호가 엇갈렸다. 갱단들은 아무튼 반대였고, '포장도로'에 있는 통근 버스에 화염병을 던지면서 사회 전체를 향해 분풀이를 했다. 그들에게 '포장도로'는 파벨라가 아닌 리우데자네이루 다른 지역을 나타내는 상징물이었다. "누구든 총을 가진 사람이 법입니다." 두 모후 두스 카브리투스 파벨라의 주민협회 회장 클라우디우 카르발류의 말이다. 그가 사는 파벨라는 서로 경쟁관계에 있는 두 갱단 코만두 베르멜류(붉은 특공대)와 아미구스 두스 아미구스(친구들의 친구)의 끊임없는 싸움에 시달려왔다.

"누가 부상을 당하면, 그들은 부상당한 사람을 우리 협회에 던져놓곤 합니다. 피를 철철 흘리고 반쯤 죽은 사람일 때가 많습니다. 우리가 알아서 병원에 데려가겠지 하는 것입니다." 클라우디우의 말이다.

도나 마르타 파벨라는 정부의 평화 회복 작전하에 2008년 최초로 수복되어 여러 사회보장 프로그램이 시행되는 모범 사례로 꼽힌다.

이곳에서 나는 일단의 실직 청년들을 만났다. 일부는 예전에 코만두 베르멜류의 조직원이었을 수도 있다. 아무튼 그들은 정부의 점령 정책이 채찍만 있고 당근은 없는 상태라고 보았다.

"점령군은 지금 사람들을 마구 때리고 있습니다." 작은 키에 문신을 한 막스라는 청년이 낡아빠진 판잣집 담장에 몸을 기댄 채로 말했다. 올해 스물셋이라는 청년은 빨간색 반바지에 플라스틱 조리 슬리퍼 차림이었다. 그가 기대고 있는 낡은 판잣집이 그와 아내 아만다가 사는 집이었다. 소형 라디오에서 브라질 특유의 힙합 음악인 바일레 펑크baile funk가 낮게 흘러나오고, 청년의 아내 아만다는 집에서 약간 떨어진 곳에 설치된 옥외 수도꼭지를 이용해 설거지를 하는 중이었다. 날이 상당히 더워서인지 웃통을 벗고 헐렁한 반바지만 입은 다른 젊은이 몇이 우리 주위로 모여들었다.

"사람들은 다들 경찰이 떠나주기를, 괴롭힐 다른 대상을 찾아보기를 바라고 있습니다." 아만다가 말했다. "경찰은 우리를 범죄자 취급하고 있습니다. 11시 이후에는 밖에도 못 나가게 합니다. 자기들 기준에 돈이 너무 많다 싶으면 빼앗아 가지요."

"우리가 마을에 들어가고 나갈 때도 들볶고 못살게 굽니다." 팔뚝에 빽빽하게 문신을 한 다른 남자가 말했다. '권투 선수'라는 별명으로 통하는 친구였다. "그들은 사소한 잘못으로도 우리를 잡아갑니다. 우리를 발로 차고, 급소를 때리고, 몸수색을 하고, 문을 부수고 들어오고, 마구 팹니다. 말하자면 그들은 뭐든 내키는 대로 합니다. 하지만 우리는 반항할 수가 없지요. 반항했다가는 죽을 테니까요."

"사회의 미래에 대해서도 충분히 생각하지 않습니다." 막스의 말

왜 열대는 죽음의 땅이 되었나

이다. "탁아소, 진료소, 일자리 등을 약속했습니다. 하지만 제가 본 것은 경찰들뿐입니다."

브라질 역사의 사생아

학자들은 브라질의 폭력 위기는 노예 제도와 정복 전쟁으로 점철된 역사가 원인이라고 주장한다. 맞는 말이다. 하지만 최근에 추가된 원인도 있다. 바로 심각한 경제적 불평등과 이로 인해 유발된 유혈 계급 투쟁이다. 브라질 정부는 오랫동안 노동자 단체를 무자비하게 탄압했다. 1964년부터 1985년까지 브라질은 철저한 군부 독재와 10년간의 '더러운 전쟁'으로 신음했다. 반란과 무자비한 진압의 시대 이후에 브라질은 이제 그로 인한 일종의 '역류'를 경험하고 있다. 브라질의 역사를 보면 신자유주의적 경제 구조조정과 냉전의 폭력이라는 양대 요소가 결합된 파멸적 수렴이 선명하게 드러난다.

리우에서 가장 오랜 역사와 규모를 자랑하는 갱단은 냉전 시대 무장 투쟁에서 시작되었다. 구체적으로는 우익 군부 독재와 이에 맞서는 마르크스주의자들의 저항에서 기인한다. 과거 조직원들에 따르면 코만두 베르멜류는 1970년대 중반 일랴그란지 섬에 있는 칸디두 멘지스 교도소에서 창설되었다. 붙잡힌 게릴라들이 일반교도소에 수감되던 시절이었다.

1960년대 말과 1970년대 초에 대부분의 라틴 아메리카 국가들에서 그랬던 것처럼, 브라질에서도 정치적 억압과 경제적 착취에 반대하는 도시 게릴라들이 늘어났다. 1968년에는 소규모 게릴라 집단인 MR8의 특공대가 미국 대사 찰스 B. 엘브릭을 납치하기도 했다. 납치를 계획한 사람은 페르난두 가베이라로 지금은 유명한 기자 겸 작가, 좌파 정치인으로 활동하고 있다.《9월의 나흘》이라는 영화는 그때 사건을 토대로 제작된 것이다. 브라질 역사상 최초의 여성 대통령에 당선된 우마 바나 호세프도 당시 두각을 드러냈던 게릴라이자 정치범이었다.

모든 혁명가가 훗날 그렇게 화려한 경력을 쌓은 것은 아니다. 독재 정부는 좌익 세력을 억압하기 위해 암살단, 고문, 구금 같은 극도로 폭력적인 방법을 동원했다. 나아가 장발이나 기타처럼 조금이라도 자유분방한 분위기를 풍기면 누구라도 체포할 수 있게 하는 포괄적인 국가보안법을 제정하고 시행했다. 상파울루의 가톨릭 교구 덕분에 브라질 독재 정권의 무자비한 탄압의 역사가 세상에 알려지게 되었다. 교구에서는 비밀 변호사 팀을 만들어 7,637명의 피고가 연루된 707 비밀 군사 법정의 사건기록을 불법으로 복사해서 공개했다.[11] 훔친 사건기록을 보면 당시에 고문과 살인이 광범위하게 행해졌음을 알 수 있다. 사건기록을 요약해서 출간한『브라질 : 다시는 이런 일이 일어나지 않기를』이라는 책이 생각지 못한 베스트셀러가 되기도 했다.[12]

일부 혁명가들이 훗날 정치계에서 두각을 드러냈다면, 다른 낙오자 부대는 코만두 베르멜류의 1세대 리더가 되었다. (다른 갱단들은 코만두 베르멜류에서 분리되면서 형성되었다.) 벤 펭글라즈의 지적처럼 "상당히 직접적인 의미에서 코만두 베르멜류는 독재 정권이 무장한 정

왜 열대는 죽음의 땅이 되었나

치 반대파를 억압하는 과정에서 탄생한 사생아다."[13]

게릴라에서 갱단으로

칸디두 멘지스 교도소 B통로의 정치적 급진주의자들은 옥중에서 자체적으로 조직을 갖추고 일반 수감자들과도 손을 잡았다. 일반 수감자들은 정치범들이 단결을 통해 세력을 키우고 높은 생활 수준을 누리는 모습을 직접 보았다. 수감된 급진주의자들은 "음식이든 돈이든 밖에서 들어오는 모든 것을 공유했고, 재소자들끼리 싸우거나 물건을 훔치는 일을 금하는 엄격한 규율을 정해 시행했다. 재소자 사이의 싸움이나 절도는 흔한 일이었지만 그들은 달랐다. 정치범들은 자기들 중에 누구도 교도관이나 다른 죄수들에게 공격을 당하지 않도록 똘똘 뭉쳐서 방어하고 처우 개선을 요구했다."[14]

이런 역사를 기록한 최초의 문서는 윌리엄 다 시우바의 회고록으로, 젊은 시절 감옥 생활을 하면서 코만두 베르멜류의 창설을 도왔던 인물이다. 그는 최초의 '붉은' 죄수 갱단 팔랑지 LSN이 1979년 경쟁 관계에 있던 일반 죄수 조직의 지도자들을 죽이고, 교도소 전체 죄수에 대한 통제권을 장악한 다음, 코만두 베르멜류가 되고, 이어서 혁명적인 새로운 규칙을 강제한 과정을 설명한다. 다 시우바에 따르면 새로운 규칙에는 "동료 죄수를 폭행하거나 강간할 경우에는 사형에 처한다. 교도소 밖의 갈등을 교도소 안으로 가져와서는 안 된다. 탈출을 위한 폭력만 허용한다. 억압과 학대에 맞서 부단히 투쟁해야 한

다." 등이 포함되었다.[15]

이런 규율과 단결은 이내 파벨라까지 확대되었다. 취지는 사회로 복귀하는 죄수를 지원하고 마약 거래를 포함하여 지역 사회 전반을 장악하여 리우와 그 외 지역에서의 혁명을 준비하자는 것이었다. 코만두 베르멜류는 죄수와 전과자들의 이익을 생각하는 정치 조직이자 사회단체 역할을 했다. 이어서 코만두 베르멜류는 지역 사회에까지 침투하여 자위와 혁명이라는 미명하에 마약 거래에 대한 세금을 걷기 시작했다.[16] 머지않아 정치적 급진주의자였던 1세대 지도자들이 제거되었고, 1980년대가 되자 코만두 베르멜류는 더 큰 규모로 훌륭하게 조직화되었지만 속내를 들여다보면 일반 마약조직과 다를 바가 없게 되었다.

코만두 베르멜류가 성장할 무렵, 브라질의 정치와 경제 전반이 무자비한 신자유주의 변화 과정에 돌입했다. 그것은 한창 형태를 갖추어가던 초기 단계의 파멸적 수렴과 만났다. 말하자면 정치적 폭력이 새로운 빈곤의 물결을 만난 것이다.

신자유주의 브라질

때는 1983년, 양복 상의의 접은 깃이 아직 넓고 남자들의 구레나룻이 길던 시절이다. 성난 시위대가 거리로 나섰다. 새로이 실업자 대열에 합류한 산업 노동자 수천 명이 상파울루 거리를 행진하고 있었다. 군사 정권은 꺼져라! 이들의 인내심은 이미 한계에 도달했다. 일

왜 열대는 죽음의 땅이 되었나

부는 "우리가 뭉치면 패배는 없다."며 구호다운 구호를 외쳤지만, 다른 이들은 그저 악에 받혀서 소리를 질렀다. "배고파 못살겠다!"

코만두 베르멜류가 감옥에서 파벨라로 옮겨가던 무렵, 브라질 경제는 무너지고 있었다. 거리로 나선 시위자는 무너진 경제에서 나타나는 하나의 증상이었다. 1월 첫째 주와 둘째 주에 상파울루에서 1만 4860명이 해고되었다. 동시에 정부는 긴축 정책을 시행하여 공공 서비스, 빈곤층 원조, 산업 지원 등을 줄였다. 4월 초에는 부글부글 끓던 분노가 마침내 폭발했다. 실업자들이 거리로 나와 행진을 했지만 1만 명의 경찰이 그들을 맞았다. 처음에는 구호를 외치면서 행진을 했지만 머지않아 시위대는 돌을 던지고 약탈을 시작했다. 경찰의 대응 수위도 그만큼 높아졌다. 최루가스, 고소, 잔인한 구타가 이어졌다. 폭력과 충돌이 사흘 동안 계속되었고, 최소한 11곳의 슈퍼마켓과 수십 곳의 빵집이 약탈을 당했다. 일자리를 달라고 소리를 지르면서 시위자 수천 명이 주지사의 관저까지 공격했다. 경찰은 450명이 넘는 사람들을 체포했고 피해액이 150만 달러에 달했다.[17]

브라질은 고통스러운 경제 구조조정에 착수한 참이었다. 부채의 수렁에 빠진 정부는 IMF와 세계은행에 손을 벌렸다. 하지만 그들이 제공하는 긴급 자금에는 경제 구조조정이라는 엄격한 조건이 딸려 있었다. 부채 정리를 위해 브라질은 궁핍화, 실업, 기아, 노숙, 절망 등으로 신음해야 할 상황이었다.

바로 이런 상황에서 마약 거래가 증가하고, 코만두 베르멜류의 중심이 리우의 여러 교도소에서 파벨라로 이동했다. 브라질의 파멸적 수렁을 이해하려면 먼저 기존의 폭력과 빈곤을 이해해야 한다. 폭력과 빈곤이라는 위기가 이미 존재하는 상황에 기후 변화가 가세하면서 전체적인 위기를 더욱 심화시키고 가속화시켰기 때문이다.

세계 경제와 브라질의 수입 대체 산업

여러 개발도상국처럼 브라질은 1930년부터 줄곧 정부 주도의 수입 대체 산업import substituting industrization이라는 모델을 따라왔다. 이는 대공황으로 이전의 수출 시장이 붕괴하자 이에 대처하기 위해 발전한 국가 주도 자본주의의 한 형태다. 개입주의를 표방하는 정부가 기업과 노동자 사이에 불안한 계약을 중개하는 역할을 했다. 생산 현장을 규제하는 대가로 정부는 각종 사회 보장 프로그램을 만들고 노동 귀족의 임금 인상을 허용했다. 투자와 금융도 정부에서 규제했고, 상당수 은행이 국영이었다. 1930년대와 1940년대에 대공황과 2차 세계대전을 겪으면서 다양한 형태의 협동조합주의가 여러 곳에서 뿌리를 내렸다. 민주주의 국가들이 협동조합주의 정책을 수행하는 경우도 있었다. 미국의 뉴딜 정책을 생각해 보라. 하지만 20세기 중에 이탈리아, 스페인, 포르투갈, 일본, 볼리비아, 아르헨티나와 같은 '상대적으로 자율성이 강하고' 권위주의적인 정부들이 발전을 목표로 노동계와 자본가를 적극적으로 중재하는 일종의 '발전 계약'을 성사시킨 사례가 더욱 일반적이다.

브라질은 국내 산업과 시장을 강력하게 보호했다. 예를 들면 1960년대 제조업 수입에 대한 브라질의 관세는 유럽경제공동체EEC에서

왜 열대는 죽음의 땅이 되었나

부과하는 관세의 거의 10배였다. 유럽경제공동체가 17퍼센트 관세를 부과한 반면, 브라질은 무려 165퍼센트를 부과했다.[18] 미성숙한 유치 산업은 물론 확실히 자리를 잡은 견실한 산업까지 강력한 보호를 받았다. 이런 체제에서 산업이 왕성하게 성장했지만, 한편으로 분야별로 편차도 컸다. 일부 산업은 매우 역동적이고, 효율적이고, 혁신적인 방향으로 성장하여 "일단의 선두 기업들이 제조업 분야에서 경쟁 우위를 확보했다." 반면에 다른 부문은 수입 대체 산업 체제에서 허용되는 인위적인 독점 때문에 경쟁력이 점점 약해졌다. 하지만 오늘날의 경제 통설과 달리, 수입 대체 산업 체제하에서 노동 생산성, 생활 수준을 포함한 경제 전반이 발전하고 성장했다.[19]

데비이드 하비는 국가 주도의 개발 시대를 다음과 같이 설명한다. "이런 체제하에서 선진 자본주의 국가는 높은 성장률을 달성했고 상당한 잉여를 창출했다. 1950년대와 1960년대 초반 자본주의 '황금기'에 이런 현상은 일본에서 가장 두드러지게 나타났다. 하지만 남아메리카 전역과 남아프리카 일부 국가는 상당한 기복을 보였다."[20] 다양한 형태로 반복되던 이런 모델은 1970년대 초반 난관에 봉착했다. 국가들 내부 문제도 부분적인 원인을 제공했고, 과잉 생산과 과잉 축적이라는 세계적인 위기도 일조를 했다.[21]

대략 1945년부터 1973년까지로 보는 자본주의의 황금기는 사실 전후 재건 역사에 다름 아니다. 오랜 호황의 원인은 2차 세계 대전으로 인한 파괴 이후 대대적인 재건이었다. 전쟁은 5900만 명의 삶을 파괴했을 뿐만 아니라, 엄청난 규모의 기존 자본 또한 파괴했다. 공장, 도시, 농장, 부두, 가스 배관, 수도관, 도로, 철도, 통신 시스템 등이 모두 전쟁으로 파괴되고 훼손되었다. 주요 선진국들의 과학 분야의 천재성과 헤라클레스처럼 막강하던 산업 역량은 6년 동안 이어졌던 전쟁이란 수렁에 처박혔다. 당시 총 손실액이 얼마인가를 놓고 1.5조에서 2조 달러까지 다양한 예측이 나오고 있지만, 실제 금액은 결코 알 수 없을 것이다.

말하자면 1945년 이후 경제 호황은 기본적으로 대규모 재건과 복구 덕분이었다. 전쟁의 종식은 그동안 묶여 있던 수요와 대규모 투자가 살아난다는 의미였고, 산업 개발 계획에는 다양한 법적인 특혜가 주어졌다. 대대적인 재건 기간에 임금, 세입, 이윤이 함께 증가했다. 하지만 1960년대 중반이 되자 수요는 충분치 않은데, 공급이 과도한 증상이 나타났다.[22] 1970년대에는 미국 가정의 99퍼센트가 냉장고, 전기다리미, 라디오를, 90퍼센트 이상이 세탁기, 진공청소기, 토스터를 가지고 있었다.

어느 학자는 다음과 같이 말했다.

내수 시장 팽창이 한계에 달하자 생산자들이 국외로 눈을 돌리면서, 이쪽 시장의 포화 상태가 다른 시장의 포화 상태로 이어졌다. 결과적으로 선진국 기업들이 비슷한 기술적 우수성을 자랑하는 상품을 들고 서로의 시장에 진출하려고 기를 쓰는 수출 주도 정책이 동시다발적으로 진행되었다. …… 태국, 한국, 멕시코, 브라질 같은 개발도상국들의 …… 수출 증대 또한 선진국 시장의 공급 과잉을 더욱 심화시켰다.[23]

왜 열대는 죽음의 땅이 되었나

1970년대 초반 자본주의는 산업적인 성공이 턱밑까지 차올라 숨이 막힐 정도가 되었다. 세계 각지의 기업들은 산업 전반에 걸쳐 전후에 자신들이 누렸던 (궤를 벗어날 정도는 아니더라도) 대단히 놀라운 수익성을 유지하기가 점점 힘들어지는 현실을 자각하기 시작했다.[24]

부채 대륙

1970년대 초반이 되자 그간의 방정식에 새로운 변수가 추가되었다. 바로 세계적인 유동성 과잉 현상이었다. 너무 많은 자본이 극소수 투자처를 놓고 각축을 벌였다. 이는 저렴하게 빌릴 돈이 넘쳐난다는 의미이기도 했다. 브라질은 그동안도 돈을 빌려 산업화에 필요한 자금을 댔는데, 이제 성장은 둔화되고 자본은 저렴해졌다.

1973년에 또 다른 올 것이 왔다. 유대교의 속죄일인 욤키푸르에 일어나 욤키푸르 전쟁이라고도 불리는 4차 중동 전쟁에서 아랍이 패배하자, 아랍의 주요 산유국들이 이스라엘을 지지하는 국가에 석유 수출을 금지하는 조치를 단행했다. 1년이 못 되어 석유 가격이 네 배로 뛰었다. 소위 말하는 1차 석유 파동이다. 유가 급등은 브라질에게도 직격탄이 되었다. 지금은 주요 산유국이지만, 당시에는 석유의 80퍼센트를 수입하고 있었기 때문이다. 유가가 진정되기 전에 이란 혁명으로 팔레비 왕조가 무너지면서 1979년 2차 석유 파동이 일어났다. 유가가 다시 거의 두 배가 되었다. 1980년대 초에 브라질 정부는 돈을 빌려 지출을 늘림으로써 국내 경제를 활성화시키려 했다. 『마이

애미 헤럴드』 경제 기사는 거시 경제 상황이 브라질에게 불공평했다고 지적한다.

> 브라질의 상황은 아르헨티나나 멕시코와는 달랐다. 브라질이 빌린 수십억 달러 중에 상당액이 생산적인 프로젝트에 쓰였다는 것이 전문가들의 결론이다. 특히 '위대한 브라질' 건설 관련 프로젝트에 많은 돈이 투여되었다. 핵 발전소, 수력 발전용 댐, 정글의 고속도로, 석유 화학 복합 단지, 수출 지향적인 무기 산업, 제철소, 철강 수출 촉진을 위한 30억 달러짜리 철로 건설 등등.[25]

그러나 브라질은 돈을 빌려 비생산적인 곳에 쓰는 다른 국가들과 마찬가지로 긴축 정책을 펴야 했다.

이런 상황에서 세 번째 위기가 덮쳤다. 세계 경제를 주도하는 미국도 심각한 곤경에 처했다. 설비 과잉으로 세계적으로 투자 회수율이 폭락했다. 말하자면 투자 수익률이 폭락한 것이다. "국내 비금융권 회사들의 세후 평균 순이익률이 정점이던 1965년 거의 10퍼센트에서 1970년대 후반에는 6퍼센트 밑으로 곤두박질쳤다. 3분의 1 이상이 줄어든 것이다."[26] 전후 20년에 걸친 복구 기간 내내 지속적으로 올라가던 수익률이 1966년에 둔화되기 시작하더니 1974년까지 지속적으로 감소해서 4.5퍼센트 정도까지 떨어졌다.[27] 선진 자본주의 국가 모두가 20~30퍼센트의 세후 수익률 감소를 경험했고, 이런 양상은 독일과 일본에서도 다르지 않았다.

관련 역사에 정통한 중진 학자 로버트 브레너의 설명을 들어보자.

왜 열대는 죽음의 땅이 되었나

"설비 과잉과 생산 과잉 때문에 제조업 상품 가격이 임금과 공장 및 장비 비용에 맞춰 상승하지 못하는 상황이 세계적으로 일어났다. 결과적으로 이윤과 자본 산출 비율이 떨어지고 수익률도 떨어졌다."

이런 상황에 어떻게들 대처했을까?

수익률이 회복되려면 임금이 떨어져야 했다. 노동자에게 지급되는 급여뿐만 아니라 국민생산에서 정부가 자금을 대는 교육, 의료, 복지 등의 공공재 형태로 노동자 계급에게 재분배되는 몫을 말하는 사회적 임금social wage을 줄여야 했다. 미국 연방준비제도이사회 신임 의장 폴 볼커가 구조대로 도착했다. 볼커는 1979년부터 이자율을 극적이다 싶을 정도로 인상하기 시작했다. 1979년 7.9퍼센트였던 이자율이 1981년 16.4퍼센트가 되었다. 이로 인해 경제 전반에서 대출이 감소되었고, 더불어 투자와 소비 지출도 급감하기 시작했다. 1982년에는 실업률이 10.8퍼센트에 달했다.[28] 동시에 미국 레이건 대통령과 영국 대처 총리는 노동조합에 공세를 취하고, 사회 지출을 줄이고, 부유층의 세금을 대폭 삭감해주었다. 결과적으로 미국 경제는 대공황 이래 최악의 침체에 빠졌다.[29] 그런 과정은 미국의 문제로 끝나지 않았다. 경기 침체로 수입이 급감하면서 미국의 무역 상대국들까지 몰락의 길을 걸었다.

라틴 아메리카 역시 새로운 통화 정책 때문에 기존 부채에 대해 지급해야 할 이자가 치솟았다. 그리하여 라틴 아메리카 대륙 전체의 부채 위기가 시작되었다. 1978년부터 1982년 말 사이에 라틴 아메리카 대륙의 부채가 1590억 달러에서 3270억 달러로 두 배 이상 증가했다. 원리금 상환액은 훨씬 빠른 속도로 증가했다. 보통 라틴 아메리카 국가는 수출로 벌어들인 돈의 30퍼센트 이상을 부채 이자를 갚는 용도로 썼다. 브라질은 거의 60퍼센트를 썼다.[30] 언론인 안드레스 오펜하이머는 이를 두고 빚이 빚을 낳은 상황이었다고 표현했다. "예전 빚에 대한 이자 지급이 점점 늘어나면서 그것 때문에 새로운 빚을 내야 하는 상황이 되었다. 라틴 아메리카 주요 국가들은 이자 지급 때문에 IMF와 일반 은행에서 점점 많은 긴급 자금 대출을 받아야 했다. 그렇게 빌린 돈은 채 쥐어 보기도 전에 빚을 갚는 용도로 사라져 버렸다."[31] 공채가 급증하면서 브라질 통화는 가치를 잃었다. 만성적이던 인플레이션이 초인플레이션hyperinflation으로 악화되고, 1980년대 말에는 1,765퍼센트까지 치솟았다.[32]

IMF와 신자유주의

위기에 대한 해결책은 IMF와 세계은행에서 강제하는 긴축 재정이라는 형태로 찾아왔다. 1983년에 브라질은 개발도상국에서 가장 많은 외채를 짊어지고 있었다. 무려 838억 달러였다. 이자를 갚기 위해 계속 돈을 빌려야 하는 악순환에 빠져 들었다. 1983년 초에 브라질은 IMF에서 60억 달러를 빌렸는데, 1회 대출로는 IMF 역사상 최대 금액이었다. 자금 지원의 대가로 브라질은 무자비한 긴축 프로그램에 동의했다. 인플레이션 억제가 최우선이었고 성장은 뒷전이었다. 공공지출을 줄이고, 통화를 평가절하하고, 수입을 제한하고, 공공 자산을 민영화하고, 수출을 장려했다.[33] 머지않아 노동자들이 상파울루에서

왜 열대는 죽음의 땅이 되었나

폭동을 일으켰다.[34] 이후 10년에 걸쳐 위기가 계속되었다.

　브라질 군사 정부도 마냥 손 놓고 있었던 것은 아니다. 브레턴우즈 기구들*이 강제하는 엄격한 자금 지원 조건에 반발도 해보았다. 재무부 장관 딜손 푸나로는 1986년 "성장이야말로 부채 위기에서 벗어나는 방법인데, IMF에서 내놓는 처방은 성장에 도움이 되지 않는다."고 지적했다.[35] 하지만 결과적으로는 신자유주의의 승리였다. 통화 수축, 규제 완화, 민영화, 공격적인 수출, 실업, 임금 인상 억제, 기아, 부패, 범죄, 이민 …… 브라질 경제 지형도는 이런 것들로 채워졌다.

　안타까운 것은 브라질의 수출 드라이브가 원자재 가격이 하락하는 가운데 진행되었다는 점이다. 여기에는 두 가지 요인이 동시에 작용했다. 브레턴우즈 기구들은 다른 제3세계 채무국에도 수출에 주력하라는 압력을 가했다. 한편, 부유한 선진국에서는 심각한 경기 침체와 높은 이자율 때문에 소비가 감소했다. 말하자면 공급은 증가하는데 수요는 감소하는 상황이었다. 가격 폭락은 불을 보듯 빤한 이치였다. 설탕, 구리, 알루미늄, 기타 원자재 가격은 그야말로 바닥을 쳤다.

　IMF의 구조조정 프로그램은 실업률을 높이고 빈곤을 심화시켰다. 농촌 빈곤층이 일자리를 찾아 도시로 이동하자 도시가 확대되었다. 1980년부터 1990년까지 리우의 전체 인구 증가율은 8퍼센트였지만 파벨라만 놓고 보면 41퍼센트로 급증했다. 경제학자이자 라틴 아메

---

*브레턴우즈 기구들　브레턴우즈 체제에서 합의한 국제 통화 질서를 관장하는 기구로 IMF와 세계은행이 대표적이다.

리카 전문가 마크 와이스브로트는 신자유주의 정책 때문에 경제가 발전하지 못했다고 지적한다. "1960년부터 1980년 사이에 브라질에서 1인당 소득이 123퍼센트 증가했지만, 1980년부터 2000년 사이에는 채 4퍼센트가 되지 않는다. 1인당 소득은 경제학자들이 가장 기본적인 경제 발전 지표로 간주하는 요소이다." 와이스브로트는 만약 브라질이 신자유주의를 받아들이지 않았다면, 상황이 전혀 달랐을 것이라고 본다. "신자유주의가 아니었다면 브라질은 지금 유럽 정도의 생활 수준을 누리고 있을 것이다. 브라질에는 지금 대략 5000만 명에 달하는 빈곤층이 있는데, 그러한 빈곤층도 거의 없었을 것이다. 또한 거의 모든 사람이 아주 높은 생활 수준, 교육 수준, 의료 서비스 등을 누리고 있을 것이다."[36] 와이스브로트의 지적이 조금 과장되었을 수도 있을 것이다. 그가 말하는 '유럽 정도의 생활 수준'이 구체적으로 어느 나라 수준을 가리키는지도 의문이다. 그리스의 농촌? 아니면 네덜란드의 도시? 하지만 신자유주의가 브라질 경제에 부정적인 영향을 미쳤다는 핵심 지적은 유효하다.

대가를 치러야 할 차례

브라질이 신자유주의를 받아들이지 않았다면 폭력은 분명 훨씬 덜했을 것이다. 빈곤이 심화되고 파벨라가 늘어나면서 파벨라 내부의 사회관계는 약해질 대로 약해졌다. 신자유주의적 변화 속에서 코만두 베르멜류를 비롯한 갱단들이 이데올로기 혹은 정치적인 대의는

왜 열대는 죽음의 땅이 되었나

빼고, 전쟁이라는 수단과 조직만 활용하는 게릴라 군대로 발전했다.

"1991년쯤 되자 코만두 베르멜류는 완전히 범죄 조직이 되었습니다. 더 이상 이데올로기 따위는 없었지요." 리우 경찰 특수 부대 사령관 로드리구 올리베이라는 단정적으로 말했다. 내가 갱단과 경찰이 그들을 상대로 치르는 전쟁 이야기를 들으려고 그의 사무실에 들렀을 때였다. "이제 그들의 목표는 권력입니다. 따져 볼 것도 없이 분명한 사실이지요. 빈민가의 '주인'으로 군림하면서 얻는 엄청난 재산도 그들의 최종 목표는 아닙니다." '주인'은 갱단 우두머리를 지칭하는 현지 은어다. "그들은 조직적인 권력, 무기, 사회적 지위를 목표로 하고 있습니다."

학계는 리우에서 갱단이 기승을 부리는 이유가 국가 기관의 부재 혹은 무능 때문이라고 본다. 파벨라에서 범죄 구조를 보면, 갱단, 경찰, 지역 지도층, 주류 정치인 등이 상호 이익을 보는 일종의 네트워크로 묶여 있다는 주장도 있다. 이런 주장을 펴는 학자로 특히 눈길을 끄는 이는 엔리크 데스몬드 에어리어스이다. 지방 정부가 사실상 범죄 집단화했다는 이런 비난은 신자유주의 위기에 근거를 두고 있다.[37] 에어리어스의 주장이 옳다면 파벨라에서 범죄는 정부의 부재보다는 사회 부패의 문제이다. 이런 시각에서는 지하 경제, 부패, 폭력이라는 괴저壞疽에 감염된 사회 전체가 문제가 된다.

노르데스치

투박한 장대 꼭대기에 걸린 혁명의 붉은 깃발이 뜨거운 바람 속에 펄럭인다. 깃발 아래로는 무단 토지 점유자들의 작은 판자촌이 있다. 가난한 농민들이 멀리 떨어진 외지에 사는 부유한 지주 소유의 땅을 불법으로 점유하고 일종의 농성을 벌이고 있다고 보면 된다. 관목으로 뒤덮인 무더운 노르데스치에 오신 것을, 그리고 브라질 세아라 주에 위치한 보케이랑이라는 작은 마을에 오신 것을 환영한다. 마을은 양쪽으로 검고 메마른 바위산들이 우뚝 솟아 있는 계곡 바닥, 1차선 비포장도로변에 자리 잡고 있다. 구글 지도에서 찾아보면 보케이랑은 222번 국도변의 이라우수바에서 거의 정북쪽에 있다. 전체적으로 검게 보이는 산악 지대 중간으로 길게 흐르는 계곡이 창백한 상처처럼 보일 것이다.

도로 한쪽에는 작은 집들이 옹기종기 모인 진짜 마을이 있다. 회반죽으로 바른 단단한 벽과 매끄러운 시멘트 바닥, 붉은 타일 지붕, 어느 모로 보나 어엿한 진짜 집들이다. 맞은편에는 모비멘투 두스 트라발랴도리 후라이스 셍 테하^{MST}라는 소작농 운동 단체 회원들의 판자촌이 있다. MST는 브라질 전역에 흩어진 1,000여 개의 공동체로 조직된 사회운동 단체로 약 37만 명이 참여하고 있다. MST의 목표는 단순하다. '굶주린 농민에게 토지를 재분배하라.' 지난 20년 동안 MST는 놀라운 승리를 거뒀다. 목표처럼 사용하는 방법도 단순하다. '해당 토지로 이주해서 토지를 이용하면서 살아라.' 이곳, 보케이랑에서도 같은 전략을 수행하고 있었다. MST 회원들은 육중한 검은색 플라스틱과 나무를 이용해 기다란 공용 판잣집 두 채를 짓는다. 바라쿠스barracos라고 부르는데, 영어로 하면 barrack, 즉 병영이라는 의미이다. 하나는 요리, 식사, 모임용으로 쓰이고, 다른 하나는 잠을 자는 숙소다. 숙소 건물에는 해먹*들이 걸려 있는 모습을 볼 수 있다. 바라쿠스를 사람 없이 비워두는 일은 절대 없다.

가뭄의 땅

노르데스치는 반건조 지역으로 비가 거의 오지 않는다. 잦은 가뭄 중간중간에 큰 홍수가 진다. 1877년부터 1879년 사이에 심각한 가뭄이 들어 50만 명이 넘게 죽었고, 북동부 농촌 지역이 정치적인 위기에 빠졌다.[38] 가뭄에 대한 공포가 지역 문화 깊숙이 자리 잡고 있다. 예를 들어 세아라 주의 여러 지역에서는 보통 이듬해 가뭄을 점치는 의식으로 한 해를 마무리한다. 12월 13일, 성루치아의 날 전야에 사람들은 바나나 잎사귀에 암염 여섯 개를 세워 둔다. 암염 하나가 이듬해 우기의 한 달을 상징한다. 다음날 아침, 이슬에 녹은 암염은 비가 내릴 달을 상징한다. 내게 이런 전통을 들려준 농부는 이런 말을 덧붙였다. "그런 예측이 이제는 맞지 않는 것 같습니다." 그도 그럴 것이 조사 결과에 따르면 20세기 내내 가뭄이 "점점 잦아지고 있으며 최근 10년에 벌써 다섯 번의 가뭄이 기록되었다."[39]

---

*해먹 hammock. 기둥이나 나무 그늘 같은 곳에 달아매어 침상으로 쓰는 그물.

왜 열대는 죽음의 땅이 되었나

지속 기간, 시기, 강도 면에서 지역에 따라 상당한 차이가 있지만 세아라 주의 우기는 전체적으로 1월부터 6월 사이다. 열대수렴대가 최남단으로 이동했을 무렵 이곳에 비가 내린다.[40] 『응용기상학 저널』에 실린 한 연구는 해수면 온도가 "브라질 북동부의 강수량 변화에 영향을 주는" 주된 요인이라고 본다. "해수면 온도가 상승하여 엘니뇨 남방 진동이 나타나는 시기에 가뭄이 발생하는 경향이 높다."는 의미이다.[41]

해당 지역의 온도 추이를 연구한 결과들을 보면 "온난화 정도를 어떻게 예상하느냐, 특히 야간의 기온 상승을 어떻게 보느냐에 따라서 다른 예측들을 내놓고 있다." 그렇지만 대다수 기후 이론은 브라질 북동부가 "21세기에 지구 평균보다 급속한 온난화를 경험할 것으로 예상한다." 기후 분석 모델과 향후 수십 년 동안 대기 중으로 배출될 온실가스 양이 얼마나 될지에 대한 예측에 따라 달라지겠지만, 금세기에 예상되는 기온 상승은 1℃에서 6℃ 범위에 있다. 또한 대부분 이론이 브라질 북동부가 2050년에는 매우 심각한 물 부족에 직면할 것으로 예상한다.[42]

리우의 파벨라에는 주로 이들 메마른 땅에서 온 사람들이 거주하고 있다. 엄혹한 기후에도 불구하고 북동부 지역은 인구 밀집 지역이다.[43] 기후 변화가 생계형 농민들을 압박할수록, 더욱 많은 노르데스치 사람들이 일자리를 찾아 그곳을 떠날 것이다. 세아라 주의 주도 포르탈레자, 페르남부쿠 주의 주도 헤시피 같은 경기 침체에 시달리는 인근 연안 도시로 가는 이도 있을 것이고, 남쪽 상파울루와 리우 같은 거대 도시로 가는 이도 있을 것이다. 이처럼 기후 변화의 최전방에 있는 노르데스치 지역의 생태 위기가 도시에서 실업, 가건물 주거, 마약 거래, 폭력 등의 형태로 모습을 드러내고 있다.

이런 관점에서 보케이랑 농민들의 투쟁은 의도하지는 않았겠지만 도시의 폭력과 사회 해체에 맞서는 투쟁이라고 볼 수도 있다. 동시에 토지를 불법 점유한 그들의 투쟁은 세계에서 가장 불평등한 나라 중 하나에서 사회 정의를 요구하는 투쟁이다. 또한 이는 이미 극단으로 치닫는 환경에서 기후 변화에 적응하려는 몸부림이기도 하다. 따라서 이들의 투쟁은 파멸적 수렴에 직면한 브라질인의 삶에서 위험 요소와 가능성 모두를 압축적으로 보여주고 있다.

적응을 위한 기술

"감사하게도 우리는 모두 강인한 사람들입니다. 우리는 빚을 내지 않았습니다." 우스마르 카레인호 아라우주가 말했다. 우리는 MST 바라쿠스의 부엌에 해당하는 판잣집 그늘에 앉아 있었다. 주변의 오후 풍경은 고요하면서도 무더웠다. 모든 것이 태양이 누그러지기를 기다리고 있는 것 같았다. 공동체의 실질적인 지도자인 우스마르는 40대 초반에 피부가 검은 편이고 키가 작은 남자였다. 유독 검은 콧수염과 사시에 무척 사려 깊어 보이는 눈동자가 인상적이었다. 토지 점유 아이디어를 제안한 사람이 그였다.

"몇 년 동안 심각한 가뭄이 없었습니다. 그러더니 지난해 겨울, 정말

294   왜 열대는 죽음의 땅이 되었나

그런 겨울은 처음이었습니다. 8월까지 비가 내리더군요. 기온 상승은 우리가 예측할 수 있는 문제가 아닙니다. 하지만 분명한 것은 훨씬 덥다는 겁니다. 오래전부터 우리는 기온 상승을 피부로 느끼고 있습니다. 농사는, 사실 상황이 좋지 않습니다. 지난해 수확은 정말 엉망이었습니다. 홍수가 나서 콩이 절반은 유실되었습니다. 누에콩은 수확이 좋았습니다. 하지만 풍작이다 보니 가격이 낮았습니다. 진짜 농부는 어떤 상황에서도 종자를 보관합니다. 지난해에 상황이 나쁘긴 했지만 아직은 괜찮습니다. 하지만 그런 날씨가 되풀이된다면, 회복하기 힘들지 않을까 싶습니다."

공동체에는 스물일곱 가족이 있는데 대부분이 서로 친인척 관계다. 그들은 가뭄과 홍수에 기술적 정치적 방법을 써서 적응하고 있다. 우선, 그들은 목화와 콩 같은 단일 작물 재배에서 여러 작물을 섞어서 재배하는 생태학적 농법, 임업과 농업을 겸하는 혼농임업으로 바꾸고, 화학 살충제나 비료를 거의 혹은 아예 쓰지 않는 병해충 관리 체제로 바꿨다. 특히 단일 작물 재배는 휴한지에 불을 지르고 값비싼 화학 약품들을 사용해야 한다. 그들은 또한 환경 훼손이 적은 독창적인 취수 및 빗물 수거 기술을 사용한다.

우스마르와 그의 동지들이 나를 길 건너로 데려가 해당 '시스템'과 독창적인 빗물 수거 기술을 직접 보여주었다. '지하 댐'을 건설하는 방법도 그중에 하나다. 방법을 설명하자면 이렇다. 우선 농민들은 마른 강바닥이나 자연 수로를 찾아낸다. 산비탈에서 멀리 떨어진 지점에 그들은 자연 수로와 십자로 교차하는 기다란 도랑을 판다. 도랑의 길이는 보통 10미터에서 30미터 정도이고, 지하의 단단한 바위가 나올 정도의 깊이다. (여기서는 보통 1.5미터에서 3미터 정도를 파면 바위가 나온다.) 이어서 도랑 안에 시멘트와 돌로 벽을 만들고 튼튼한 비닐로 감싸서 물이 빠져나가지 못하게 만든다. 말하자면 댐을 만드는 것이다. 그런 다음 도랑을 다시 메우고 벽을 묻는다. 이렇게 만들어진 지하의 댐 때문에 자연 수로의 유속이 훨씬 느려지고, 물을 많이 머금은 수로 '상류'의 토지는 촉촉하고 비옥해진다.

혼농임업에서는 과일 나무, 옥수수, 지피 작물*, 덩굴 식물 등을 섞어서 심는다. 이렇게 여러 가지 식물이 복잡하게 뒤엉켜 있다 보니 얼핏 보면 버려진 들판처럼 보인다. 그물처럼 복잡하게 뒤엉켜 무성하게 자라는 식물들이 땅에서 습기가 달아나지 않게 잡아준다. 또한 다양한 해충이 서로 먹고 먹히는 생태계의 균형이 만들어져 화학 살충제가 제한적으로만 필요하거나 아예 필요하지 않게 된다. 처음 3년에서 5년 동안은 수확량이 감소하지만 토양이 개선되면서 이후에는 수확량이 증가한다. 또한 거기서 나온 생산품은 유기농이기 때문에 훨씬 높은 값을 받는다.

밭에 기다란 막대를 걸쳐놓고 물을 줘야 하는 식물들 위에는 구멍이 뚫린 빈 플라스틱 병을 매달아 놓는다. 이런 방법을 세류細流 관개, 혹은 방울 물주기drip irrigation라고 부르는데, 물이 필요한 식물에만 천천히 떨어지게 함으로써 소량의 물로 관개가 가능하다. 이외에도 기발하고 독창적인 방법이 많았고, 아직도 새로운 방법을 개발 중이었

---

*지피 작물 거름이 흘러내려가거나 토양이 침식되는 것을 막기 위해 심는 작물.

왜 열대는 죽음의 땅이 되었나

다. 카리타스라는 가톨릭 NGO도 농민들의 이런 노력을 지원하고 있었다. 특히 카리타스는 모범사례를 여러 공동체에 널리 알리고 보급하는 일을 한다.

전통적인 방식을 부활시키고 장려하는 혼농임업 혹은 생태학적 농법은 세계 각지에서 사용되고 있다. 정부간기후변화위원회 4차 평가보고서에도 이를 언급하는 대목이 보인다. "생물종 보호 구역과 농경 지역이 상당히 겹치는 점을 감안하면, 생태학적 농법을 사용하는 혼농임업은 라틴 아메리카에서 생물종 다양성 유지에 더없이 좋은 청신호가 아닐 수 없다."[44]

주민들은 이를 그저 '시스템'이라고 부른다. 이런 시스템은 토양의 습기를 보존하고 더욱 비옥하게 만든다. 토지를 초목이 없이 발가벗은 나지裸地로 버려두지 않으며, 덕분에 토양 침식이 미연에 방지되기 때문이다. "지속가능한 농업 이야기가 한창입니다. 하지만 그러려면 돈과 시간이 들지요." 우스마르가 말했다. "우리에게는 당장 토지개혁이 필요합니다. 그리고 물수거 및 저장 시설에 대한 지원이 절실합니다."

적응을 위한 정치

보케이랑에 있는 동안 모순이 눈에 들어왔다. 우스마르를 비롯한 농부들이 '시스템'을 지지하면서 도로 한쪽, 자신들이 소유한 토지에서는 환경 친화적인 영농 방법을 실행하는 반면, 자신들 소유가 아니라 점유하고 있는 토지에서는 불을 질러 해충을 죽이는 관행과 단일 작물 재배를 계속하고 있었다. 이유를 보면 적응과 사회 정의가 실제로 어떻게 연관되는가를 알 수 있다. 혼농임업은 수익성이 있으려면 3년에서 5년이 걸린다. 이런 상황에서 이곳 농부들은 합법적인 소유권도 없이 토지를 되살리고 보살피는 노동집약적이고 장기적인 프로젝트에 희소한 자본과 귀중한 노력을 투자할 여유가 없다. 보케이랑에서 비포장도로를 타고 북쪽으로 가면 나오는 다른 마을에서 나는 토지 개혁이 곧 기후 변화에 대한 적응이라는 더욱 확실한 증거를 찾았다.

부에누 마을에서 안토니우 브라가 모타를 만났다. "시스템은 자연의 균형을 생각합니다. 정말로 비료와 살충제 없이 농사를 지을 수 있다는 사실에 얼마나 놀랐는지 모릅니다." 우리는 덩굴 식물 및 나무들과 뒤섞여 자라는 안토니우의 작물을 둘러보는 중이었다. "이전 방법은 환경 파괴적이었습니다. 불을 질러 해충을 잡으면 지력이 고갈됩니다. 안타깝지만 나도 많이 썼던 방법이지요." 안토니우는 사라졌던 동물 테이퍼*와 희귀 조류까지 돌아오고 있다고 말했다. 안토니우는 자기 땅을 가지고 있었으므로 시스템 적용에 열심일 수 있었다. 그는 부자는 아니었지만 이전 방법에서 환경 친화적인 농업으로 전환할 만큼은 충분한 토지를 가지고 있었다.

MST 바라쿠스에서 나는 역이농, 즉 귀농 사례도 보았다. 도시의 파벨라에서 땅으로 돌아오는 사람들이었다. 깡마른 젊은 농부 마르시

---

*테이퍼(tapir)는 몸길이 2미터, 몸무게 250kg 이상의 커다란 초식 동물로 돼지와 비슷한 외양에, 짧지만 코끼리처럼 물건을 쥘 수 있는 코를 갖고 있다. 멸종 위기 종이며, 브라질을 포함하여 전 세계에 4종이 있다.

왜 열대는 죽음의 땅이 되었나

우 로메루 디 아라우주 브라가는 2003년 3월 상파울루의 화려한 불빛을 쫓아 계곡을 떠났다. 상파울루에서 그는 건물에 페인트칠을 했다.

"도시야 좋은 점도 있고 나쁜 점도 있지요." 새로 점유한 토지에서 작은 나무를 뿌리째 뽑다가 잠시 휴식을 취하면서 마르시우가 말을 이었다. 상파울루에서 그는 바이아 주 농촌 출신인 아가씨를 만나 결혼을 했고 이내 아이를 낳았다. "하지만 위험했습니다. 아내가 매일 아침 파벨라를 가로 질러 일하러 가야 했습니다. 폭력이 난무하고, 항상 지척에 마약이 있는 그런 곳이지요. 저는 땅을 일구며 사는 편이 좋습니다."

고향으로 돌아가고 싶은 마르시우의 바람은 쓰지 않는 토지를 점유하는 운동이 시작된 다음에야 가능했다. 이제 그에게는 땀 흘려 일굴 토지가 있다. "여기 정착해서 계속 농사지으며 사는 것이 제 꿈입니다." 미래를 어떻게 전망하느냐고 묻자 토지 소유가 관건이라는 답이 돌아온다. "우리가 투쟁에서 승리하면 그럴 수 있겠지요." 그렇게 말하면서 마르시우는 몸짓으로 자신과 다른 십여 명의 남자들이 개간 중인 토지를 가리켰다.

신자유주의 물리기

권좌에 앉아 있던 8년 동안 룰라 대통령은 경제 재분배와 브라질 인프라 개발이라는 임무에 진지하게 매달렸다. 즉, 그는 브라질에서 신자유주의를 물리고 상황을 되돌리려고 했다. 룰라 대통령은 루즈

벨트의 뉴딜 정책 같은 것을 약속했지만, 실제로는 린던 B. 존슨의 '빈곤과의 전쟁'에 가까운 결과물을 내놓았다. '빈곤과의 전쟁'은 가난한 사람들에게 혜택을 제공하되 부유한 사람들을 간섭하지 않고 내버려두는 그런 정책이었다. 룰라 대통령은 기후 위기에 완화와 적응이라는 거창한 프로그램으로 대처하지 않았다. 오히려 그는 훗날 나타날지 모르는 진짜 적응을 위해 터전을 닦는 작업을 했다.

룰라 정부 아래서 브라질은 외채를 상환하고 2400억 달러의 외환 보유고를 축적했다. 2005년 브라질은 파리클럽(19개 경제 대국들로 이루어진 채권국 모임)과 지긋지긋했던 IMF 양쪽의 채무를 모두 청산하겠다고 선언했다.[45] (타인의 부채로 돈을 버는) 부유한 채권국 수중에 떨어지던 엄청난 세입을 브라질 내부의 사회 및 경제 투자로 되돌린다는 데 부채 청산의 진정한 의미가 있었다.

룰라 대통령의 핵심 경제 프로그램 중에 하나는 '보우사 파밀리아'로, 빈곤층 가정에 한 달에 최대 104달러까지 지원해주는 프로그램이었다. 예를 들어, 자녀가 있는 엄마에게는 아이를 학교에 보내고, 예방 접종을 하고, 적절한 영양 섭취를 보장할 비용을 받는다. 보우사 파밀리아 프로그램은 극빈층뿐만 아니라 안정적인 노동자 계급에게도 음식을 제공하는 등 다양하게 지원했다. 보우사는 1990년대에 주 정부에서 처음 시작되었고, 페르난두 엔히키 카르도주 대통령 하에서 확대되고, 룰라 대통령에서 의해 재차 확대되었다. 2010년이 되자 브라질 사람 넷 중에 하나는 보우사에 의존했고, 보우사는 210만 명이 빈곤에서 벗어나도록 도와주었다. 보우사 프로그램에 들어가는 비용은 사실 얼마 되지 않는다. 1조 6000억 달러에 달하는 브라질 GDP

중에 빈곤 퇴치 프로그램에 쓰이는 금액은 0.5퍼센트 미만이다. 이는 재분배를 통한 사회 정의의 실현이지만, 기존의 사회적 관계에 어떤 전환을 준비하도록 할 만큼 혁신적이지는 않다.

룰라 대통령의 다른 대규모 계획은 정치적인 측면에서 한층 심오하다. 성장촉진계획[PAC]으로, 고전적인 케인즈 학설로 표현하자면 거시 경제 및 인프라에 초점을 두는 정책이라 할 수 있다. 성장촉진계획은 2007년 42억 달러의 초기 투자로 시작되었고, 브라질 인프라를 개선하는 것이 목표였다. 성장촉진계획은 도로, 철도, 송전선, 주택 등을 건설했다. 노르데스치에서는 주로 취수, 관개, 운송, 항만 시설 등을 건설하여 농산물 수출업자들을 도왔다. PAC는 브라질의 왕성한 경제성장을 유지하는 데도 일조를 했다. 최근 최악이라는 세계 경제 침체에도 브라질은 굳건하게 흔들리지 않았고, 국내 불평등은 감소했다. 룰라 정부에서 브라질의 최상위 10퍼센트의 수입은 11퍼센트 증가했지만 최하위 10퍼센트의 수입은 72퍼센트나 증가했다. 하지만 성장촉진계획이 자본집약적인 대규모 사업에 집중하다보니 풍부한 인맥과 자원을 가진 기업에 의존할 수밖에 없었고, 이는 예전의 수직적 위계 질서를 강화하는 경향이 있다.[46]

기후 변화는 브라질 정부가 경제 영역에서 더욱 적극적인 역할을 해줄 것을 요구하고 있다. 정부의 도움 없이 일반 대중 차원에서 기후 변화에 적응하기란 가혹하리만치 힘든 일이기 때문이다. 하지만 정부가 추진하는 아주 간단한 재분배조차도 무심코 피후원자[client]와 후원자[patron] 사이의 종속적 위계 질서를 강화하는 결과를 낳을 수 있다. 500년 역사를 가진 이런 수직적 관계는 브라질의 발전을 저해하는 대표적인 악습으로 꼽힌다. 예를 들어 사정이 좋지 않은 노르데스치에서 빈곤층의 기후 적응을 지원하는 문제를 생각해 보자. 이런 지원 때문에 빈곤층이 주 정부와 주민들 사이에서 거간꾼처럼 행동하는 현지 엘리트, 즉 현지의 정치 지배층에 예속되고 의존하는 상황이 되지는 않을까? 정확한 답은 시간이 지나 봐야 알 수 있을 것이다.

이쪽 분야의 전문가로 꼽히는 도널드 R. 넬슨과 티모시 J. 피넌은 현재 가뭄 피해자가 생기면 정부에서 음식, 물, 현금을 제공하는 구호 조치를 취한다고 지적한다. 브라질 북동부는 100년 넘게 긴급 가뭄 구호 및 대규모 저수貯水 인프라 구축의 대상이었다. "덕분에 가뭄으로 인한 대규모 사망자 발생이 눈에 띄게 줄었고, 불가피한 이농도 상당히 줄어들었다. 이런 결과는 국가가 가뭄으로 야기되는 최악의 상황을 방지하고 완화하는 데 성공하고 있다는 의미이다. 그렇지만 워낙 위기에 취약한 상태이므로 농업에 종사하는 가구들은 위기가 닥치면 정부 기구 그리고 현지 엘리트에게 의존하게 된다."⁴⁷

MST와 코만두 베르멜류는 일반 대중 차원에서 고통에 맞서는 상반된 적응 반응이었다. 마찬가지로 룰라 대통령의 '열대 뉴딜 정책'과 준군사적인 경찰 특공대를 동원한 파벨라 공격은 브라질 정부가 보여주는 모순된 반응이다. 기후 변화가 심해질수록 빈곤과 폭력 같은 사회 문제도 악화되고 심각해질 것이다. 그러므로 어느 정도의 억압은 불가피하리라고 본다. 그렇다면 남는 질문은 '정부 내부의 어떤 경향이 향후 정책을 좌우할 것인가?'이다. 고통을 완화시키려는 움직임인가, 폭력을 동원해 고통을 억누르고 사람들을 억압하려는 움직임인가?

왜 열대는 죽음의 땅이 되었나

14장

멕시코의 골고다 언덕
: 기후 난민과 마약 전쟁

새날이 시작되었는데 여전히 밤 같다.

_찰스 보든Charles Bowden, 『살인도시Murder City』

모래가 섞인 멕시코 사막의 바람은 싸늘하고 껄끄럽다. 창백한 겨울 태양이 서서히 저무는 시간, 도시 후아레스의 기다란 그림자들이 도로를 가로지른다. 순찰을 도는 군용 트럭에 나와 순찰병 한 명이 타고 있었다. 울퉁불퉁한 지형 때문에 차가 위아래로 통통 튀고 비틀비틀 요동을 친다. 콘크리트 블록으로 만든 오두막들이 가파른 작은 언덕이며 골짜기에 아무렇게나 흩어져 있다. 우리는 폭력 사태에 대비하면서 트럭을 타고 주변을 돌고 또 돌았다. 이곳 군인들이 늘 하는 일이었다. 동그라미를 그리며 차를 몰고, 잠시 멈춰 간식을 먹고, 계속 차를 모는 식이었다. 머지않아 총알이 숭숭 뚫린 시체가 나타나리라. 그런 시체가 밤마다 대여섯 구씩은 나타난다. 이곳이 바로 폭력이 난무하는 도시로 세계에서도 손꼽히는 후아레스다.

동승한 순찰병은 장갑을 낀 한 손에는 G-3 소총을 들고, 다른 손으로는 트럭의 롤바를 잡은 채로 트럭 뒤에 앉아서 껌을 씹고 있었다. 그가 유사시의 복안을 이야기했다. "계엄령이죠." 말을 하면서도 그는 연노랑색의 사격용 광각 안경 너머로 평평한 지붕들을 유심히 살폈다. "야간 통행 금지. 호별 수색. 무기 일체 수거. 인정사정없이."

멕시코에는 전쟁이 벌어지고 있다고들 하는데, 사망자 수를 들으면 정말로 그렇다는 생각이 든다. 펠리페 칼데론 대통령이 2006년 군대를 동원해 국경 도시에서 마약 퇴치 작전을 시작한 이래, 이곳에서 3만 명 가까운 사람이 죽었다.[1]* 2009년에는 사망자 중에 1,100명 이상이 군인, 경찰, 보안 요원이었다. 멕시코의 기밀 보고서에 따르면, 2009년이 그때까지 가장 많은 사상자를 냈던 해로 9,600명 이상이 죽었다. 하지만 다음해에는 상황이 훨씬 심각해졌다.[2]

2009년 말, 나는 국경 지대에 위치한 후아레스를 이리저리 배회하면서 약간의 시간을 보냈다. 후아레스는 추레하고, 더럽고, 반쯤 버려진, 2,600건이라는 놀라운 살인 사건기록을 보유한 도시였다.[3] 여기서 일어난 살인 사건 중에는 납치, 고문, 수족 절단 같은 신체 상해 사건도 많다. 반면에 리오그란데 강을 사이에 두고 후아레스와 마주보는 미국 텍사스 주 엘패소에서는 네 건의 살인 사건만 일어났다.

---

*AFP통신에 따르면, 2012년까지의 사망자 수는 5만 명에 달한다.

한 번에 한 명이 살해되는 사건도 있지만, 일부는 한번에 많으면 열여덟 명까지도 죽어서 대량 학살에 가까웠다.[4] 야간에 일어난 살인이 있는가 하면, 오후의 교통 체증 속에 일어난 살인도 있었다. 2010년 새해 첫날은 여럿이 죽은 살인 사건과 함께 시작되었다. 열두 명이 넘는 총잡이들이 가정에서 열린 파티를 급습해서 열세 명이 죽고, 스물네 명이 부상을 당했다. 파티 참가자들은 중산층 가정의 고등학생들이었다.[5] 이어서 미국 대사관 직원 두 명이 매복 공격으로 살해되었다. 2010년 4월 말까지 후아레스에서만 이미 스물아홉 명의 경찰관이 죽었다. 곧이어 총잡이들이 도심 한복판에서 경찰 차량을 기습하여 일곱 명이 넘는 경찰관이 죽었다. 비슷한 시각에 총잡이들이 멕시코 카마르고와 미국 텍사스 주 리오그란데를 잇는 다리의 멕시코 쪽 세관을 습격했다. 같은 날 게레로 주 라우니온에서는 경찰이 수류탄 공격을 당했다. 누에보레온 주의 로스 알다마스라는 농촌에서는 경찰서장과 두 명의 부관이 처형을 당했다. 인근 도시의 경찰서장은 참수되었다. 역시 비슷한 시각에 총잡이들이 매복 공격으로 소노라 주 노갈레스의 경찰서 과장과 경호원을 죽였다. 타마우리파스와 누에보레온 주에서는 마약조직의 조직원 수십 명이 군 주둔지 두 곳을 동시 공격해서 공격자 열여덟 명이 죽었다고 한다. 후아레스에서 차량에 설치된 폭탄이 터졌고, 텍사스 주 브라운스빌에서 약 160킬로미터 떨어진 타마우리파스 주에서는 이주민 열일곱 명이 한꺼번에 살해되었다.[6] 최근 들어 멕시코의 시장, 경찰관, 마약중독치료센터 환자들이 일상적으로 살해되고 있으며, 전체 숫자는 놀라울 정도다. 이외에도 믿기지 않는 끔찍한 사건들을 나열하자면 끝이 없다.

분명히 연관되어 있다

얼핏 보면 이런 폭력은 기후 변화와는 무관해 보인다. 마약 밀매업자들이 열대 수렵대의 상태가 좋지 않다고 해서 경찰관을 살해하지는 않을 테니까. 하지만 속내를 들여다보면 멕시코 북부의 파국은 파멸적 수렴의 또 다른 예임을 알 수 있다. 빈곤과 폭력을 양산하는 정책들이 이제 기후 변화라는 새로운 현실과 만났고, 이들 세 힘이 합쳐져서 파괴적인 형태의 사회 적응을 유발하고 있다.

후아레스를 둘러보는 동안, 이런 위기에서 기후 변화가 이미 중요한 역할을 하고 있다는 사실이 점점 명확해졌다. 무엇보다 기후 변화는 농업과 어업을 위태롭게 만들었다. 기후 변화는 신자유주의 경제 정책과 더불어 실업률을 높이고, 사람들을 북쪽으로, 미국으로, 그리고 지하 마약 경제의 덫으로 밀어 넣고 있었다.

멕시코 전역이 기후 변화로 난타당하고 있었다. 나라의 북부 절반이 60년 만에 최악이라는 가뭄으로 신음하는 반면, 남부는 홍수로 곳곳이 범람해서 문제였다. 최근 어느 연구는 작물 수확량이 10퍼센트 감소할 때마다 멕시코 인구의 2퍼센트 이상이 미국으로 떠나게 된다는 예측을 내놓았다. 같은 연구는 현재 15~65세의 멕시코 인구 중에 10퍼센트가 온난화 때문에 북쪽으로 이주할 가능성이 있다고 예측했다.[7]

2010년에는 날씨가 더욱 변덕스럽고 기괴해졌다. 나야리트와 시날로아 같은 태평양 연안 주에서는 비 때문에 콩 수확을 대부분 망쳐버렸다. 미초아칸 주에서는 강둑이 무너져서 작물들이 침수되었다.

왜 열대는 죽음의 땅이 되었나

허리케인 알렉스가 멕시코 북동부를 강타해 최소한 30명의 인명 피해를 내고 작물을 파괴했다. 타바스코 주는 4년 동안 두 번이나 심각한 홍수 피해를 경험했다. 2007년에는 타바스코 주의 80퍼센트가 홍수로 불어난 물에 잠겼다.[8]

이민

1990년 정부간기후변화위원회[IPCC]는 "기후 변화의 가장 심각한 영향 중에 하나는 인구이동에 미치는 영향일 것"이라고 예측했다. 폭풍우, 가뭄, 홍수 등의 증가, 병원균 확산, 해수면 상승은 세계 각지의 연안 도시와 농업을 무자비하게 파괴할 것이다. 이는 머지않아 수백만 명이 삶의 터전을 옮겨야 한다는 의미이다. 해수면이 1미터 상승하는 경우, 현재 세계 인구의 10퍼센트가 거주하는 땅이 물에 잠길 것이다. 태양 극소기solar minimum*와 같은 자연의 오묘한 간섭이 없다면 금세기 말에는 해수면이 1미터 이상 상승할 것이 거의 확실시된다. 바다에서 멀리 떨어진 반건조 농경 지대 주민 중에 다수도 기후 변화에 적응하지 못해 어쩔 수 없이 고향을 등져야 할 것이다.

이런 관점에서 미국-멕시코 국경은 세계 곳곳에서 나타날 위험한 움직임을 이해할 좋은 본보기다. 세계 곳곳에서 외국인을 배척하고

---

*태양 극소기 태양 활동은 11년을 주기로 변하며 이를 태양 주기라고 하는데, 주기의 최고점에서는 더 많은 수의 태양 흑점과 태양 폭발이 일어난다. 태양 극소기란 태양 주기상 가장 활동이 적은 시기를 말하며, 태양 활동이 적었던 날로부터 대략 6개월 정도를 말한다.

이민을 제한하는 정책이 시행되고 국경의 수비와 치안 유지 활동이 강화될 것이다.

2050년에 세계 인구는 90억 명으로 정점에 달할 것으로 예측되며, 세계 기온은 지금보다 2℃ 혹은 그 이상으로 올라갔을 가능성이 높다. 90억 인구 중에 기후 난민은 얼마나 될까? UN 산하 국제이민기구의 보고서는 확실치 않다는 전제를 달면서도 "현재 추정은 2050년에 2500만 명에서 10억 명 사이라고" 예측했다. 해당 보고서는 또한 "정치 난민에서 이미 드러난 것처럼 기후 난민을 부양하는 부담 또한 최빈국들의 몫이 될 가능성이 농후하다."면서 "(이런 국가들이) 온실가스 배출에는 가장 책임이 작다."는 사실을 아울러 지적했다.[9]

영국의 2006년도 스턴 보고서는 2억 명에서 2억 5천만 명이 기후변화로 집과 땅을 잃을 것으로 예측했다. 이는 현재 세계 난민의 열 배에 달하는 숫자다.[10] 난민이 2억 명이 넘는다는 것이 어떤 의미인지 충분히 감이 오지 않을지도 모르겠다. 방글라데시 학자 아티크 라흐만은 "수백만 명이 이동을 하게 될 것이다. 아무리 많은 핵 잠수함으로도 그들을 막지는 못할 것이다."라고 했는데 열 번 옳은 지적이다.[11] 다른 보고서는 현재 세계 이민자 숫자가 2억 1400만 명 정도라고 추정했다. "향후에도 지난 20년과 같은 속도로 늘어난다면, 2050년에는 이민자가 4억 500만 명에 달할 것이다."[12]

그렇다고 이민이 직접적인 인과 관계가 드러나는 형태로 이루어지는 것은 아니다. 빈곤국에서 제일 먼저 그리고 멀리 이주하는 사람이 반드시 가장 가난하고 가장 심각한 타격을 입은 사람들은 아니다. "이민을 가는 능력은 기동성과 자원(경제적 자원과 사회적 자원 모두)의

왜 열대는 죽음의 땅이 되었나

함수다. 다시 말해, 기후 변화에 가장 취약한 사람이 반드시 이민 가능성이 가장 높은 사람들은 아니다."[13]

여기서도 역시 파멸적 수렴이 나타난다. 기후 위기가 있기 전에 멕시코에는 이미 엄청난 파괴력을 가진 신자유주의와 냉전 시대의 군사적 모험이라는 유산이 영향을 미치고 있었다. 여기에 가세한 기후 위기는 기존 문제를 더욱 강화하고 악화시키는 역할을 한다. 기후 변화는 기존의 이주 흐름을 더욱 부채질하는 결정적인 요인이다. 이민이 증가하면서 부유한 선진국과 개발도상국 사이의 국경이 더욱 견고해지는 한편, 국경 주변의 군사력이 증강되고 있다.[14]

기후 난민이란 누구인가?

리오그란데 강의 남안에서 호세 라미레스를 만났다. 작달막하고 불그레한 얼굴에, 청바지와 후드티를 입은 그는 실직 상태라면서 강 건너 미국 쪽을 응시했다. 예전에 미초아칸 주에서 어부로 일했지만, 1997~1998년 엘니뇨로 인한 경제적인 여파 때문에 고향을 떠나야 했다. 라미레스의 이야기는 환경 위기와 경제 위기가 서로 긴밀히 연결되었음을 보여주는 좋은 예다.

"바다가 붉어지더니 고기가 모두 사라져버렸습니다." 라미레스가 자기가 고향을 떠난 이유를 설명하면서 말했다. 미초아칸 연안은 육지와 바다 모두 점점 따뜻해지고 있었다. 처음에 그는 힘들어도 어떻게든 버텨 보려고 했지만 엘니뇨 때문에 빚더미에 앉게 되었다. 라미레스 가족은 소규모 식당을 운영했다. 엘니뇨로 지역 주민들이 모두 경제적으로 타격을 입자 가게 문을 닫을 수밖에 없었다. 결국 그는 소형 보트와 선외 모터를 팔아야 했다. 그런 다음 라미레스는 대형 새우잡이 어선에서 일했지만 수입이 너무 적었다. 엘니뇨라는 기후 충격이 있고 2년 뒤에 라미레스는 고향을 떠나 나라의 북쪽 후아레스로 갔다. 후아레스로 갈 때부터 목표는 미국행이었고 실제로 그렇게 했다. 약 1년 동안 라미레스는 뉴멕시코 주, 라스크루스에서 지붕을 수리하는 일을 했다. 하지만 불법 체류자였던 그는 당국에 붙잡혔고 강제 추방되었다.

지금 라미레스는 미국으로 돌아갈 날을 기다리는 중이다. "전화로 예전 사장과 이야기도 했습니다. 제가 할 일이 있다더군요." 이야기를 하면서 라미레스는 메마른 리오그란데 강 너머 엘패소 도심을 응시했다. 하지만 요즘은 국경을 넘기가 쉽지 않다. '코요테'라고 하는 전문 밀입국자 안내인을 고용해야 하는데 그러려면 돈이 필요하다. 하지만 이곳 후아레스에는 일자리가 없다. 세계적인 경기 침체와 마약조직의 극단적인 폭력이 난무하면서 후아레스의 경제는 침체 일로를 걷고 있었다. 라미레스는 가끔 날품을 팔아 겨우 먹고 살 만큼의 돈을 벌고 있었다.

"도시 여기저기서 일어나는 살인 사건 때문에 상황이 더욱 힘들어지고 있습니다. 어린아이가 바로 내 눈 앞에서 살해되는 것도 봤습니다. 여기서 멀지 않은 가게에서였죠. 사람들이 어떤 남자를 쏘고, 이어서 아이를 쏘았습니다. 저는 마약에는 연루되고 싶지 않습니다. 그냥 정직한 노동을 하고 싶을 뿐입니다."

라미레스의 말이다. 호세 라미레스에게 무슨 일이 일어난 걸까? 간단히 말하자면 엘니뇨가 그를 빚더미로 내몰았고, 그로 인해 고향을 등지고 북쪽으로 이주할 수밖에 없었다. 이미 여러 차례 지적한 것처럼 특정한 악천후 하나를 콕 집어 말한다면, 지구 온난화가 그것의 원인이라고 단언하기는 불가능하다. 하지만 서로 연결된 전체적인 패턴은 확실하다. 지표면의 기온 상승은 분명 엘니뇨의 발생과 연관이 있다.

기후 변화는 복잡한 인과 관계의 일부분이다. 엘니뇨 현상으로 해수면 온도가 상승하여 적조를 일으키는 독성 조류가 이상 증식하게 되고, 이로 인해 물고기가 죽거나 오지 못하게 되었고, 그것이 원인이 되어 라미레스가 고향을 버리고 북쪽으로 와서 살게 되었다. 하지만 독성 조류의 증식 원인이 수온 상승만은 아니었다. 육지에서의 각종 활동도 독성 조류의 증식을 부채질했다. 관광객을 상대로 하는 호텔, 골프장, 기업형 과일 농장 등이 무분별하게 들어서면서 더욱 많은 오수와 유기 인산 화합물이 바다로 방출되어 독성 조류가 증식하는 자양분이 되었다.

엎친 데 덮친 격으로, 오염은 증가하는데 맹그로브 숲이나 습지 같은 자연적인 정화 방법은 오히려 약화되고 줄어들었다. 맹그로브 숲은 바다와 육지 사이의 간석지에서 자라며 바다로 흘러드는 담수를 정화하고, 조류 증식의 자양분이 될 영양분을 미리 흡수한다. 그러므로 맹그로브 숲이 줄어들면 바다에 조류가 늘어날 수밖에 없다.

연안 해역의 무분별한 난개발은 오염 물질 방출뿐만 아니라 맹그로브 숲을 없앤다는 점에서도 문제가 된다. UN의 식량농업기구에 따르면 1971년 멕시코에는 140만 헥타르의 맹그로브 숲이 있었지만, 1980년에는 거의 절반으로 줄어서 73만 3000헥타르에 불과했다.[15]

마찬가지로 적조가 사회에 미친 영향도 반드시 불가피한 것은 아니었다. 잘못된 정치와 경제 정책도 적조로 인한 사회적 파장에 영향을 미쳤다. 예를 들어, 수자원이 왜 그렇게 쉽게 고갈되었는가? 멕시코의 어장이 제대로 관리되지 않아 이미 감소 상태에 있었기 때문이다. 1980년대 이후 어느 때보다 투자를 많이 했지만 어획량은 그대로였다.[16] 호세 라미레스가 고군분투하는 동안 그를 지원하는 공적 시스템이 없었던 이유는 뭘까? 현재 멕시코는 급진적인 자유 시장 경제 이론을 사회에 적용하는 실험실이기 때문이다.

신자유주의 물고기

20세기 초반 멕시코 혁명은 전반적으로 진보적인 성격을 띠었다. 멕시코 혁명 당시 추진된 여러 개혁들 중에는 당연히 어업 및 어자원 관리와 관련된 것들도 있었다. 멕시코 혁명은 개혁을 통해서 소규모 개인 어업자와 주에서 후원하는 협동조합에 최고의 어장을 떼어주었다. "1930년대 내내 협동조합들은 점진적으로 국가의 어장 사용권을 받았다. 이런 과정은 1947년 어업법에서 협동조합에 아홉 개의 가장 중요한 연안 해역과 조개류 어장 독점권을 허용했을 때 최고조에 이

왜 열대는 죽음의 땅이 되었나

르렀다."[17] 나머지는 생계형 혹은 영세 어업자들에게 돌아갔다. 다른 경제 분야와 마찬가지로 물고기를 잡고, 가공 처리하고, 판매하는 방식도 경제 민족주의에서 규정하는 여러 겹의 규제로 둘러싸여 있었다. 준국영 기업인 프로페멕스가 물고기의 포장, 가공 처리, 가격 규제, 마케팅 등의 전 과정을 관리했다.[18]

1980년대 라틴 아메리카가 부채 위기로 신음하던 기간 멕시코는 서서히 경제를 자유화시켰다. 과정의 최종 목표는 미국, 캐나다와의 자유 무역 협정이었다. 경제 자유화 과정의 일부로 갖가지 통조림 공장, 가공 처리 공장, 선박을 소유한 프로페멕스도 민영화되었다. 금융권의 규제 완화로 민간 회사들은 정부의 자금 지원을 받는 어업 분야를 배려할 필요가 없어졌다.[19] 1989년에는 어업과 어업 관련 가공업에서 외국인 소유 지분이 50퍼센트까지 가능해졌다.[20] 협동조합들의 독점도 끝났다. 협동조합들은 공식 사용권을 놓고 민간 부문과 경쟁을 벌여야 했다. 정부는 국가 소유의 주요 수산 가공업체와 수출업체들을 민간 은행에 매각하고 영세어민들에게 제공하는 보조금을 삭감하는 식으로 공공 지출을 줄였다. 범위를 넓혀서 보면 1982년에서 1994년까지 경제 전반에 걸쳐 국가 소유였던 1,155개의 기업 중에서 940개가 민영화되거나 사라졌다. 과거에 닫혀 있던 시장이 개방되었다. 이런 모든 것의 대가로 멕시코는 미국 시장에 보다 쉽게 접근할 수 있는 권한을 얻었다.[21]

어업 관리의 신자유주의 모델은 사회적으로나 환경적으로 높은 대가를 치렀다. 어자원은 급감하고 어업 종사자들의 빈곤율은 급등했다. 정부의 역할이 줄어들고, 과거 엄격하게 규제하던 분야에 민간

자본이 침투하면서 관의 부패와 해양 자원 불법 포획이 증가했다.[22]

그나마 남아 있는 규제들도 제대로 기능을 발휘하지 못했다. 『타임스』의 베테랑 기자 팀 위너는 이런 상황을 "멕시코의 법률과 집행 사이의 엄청난 괴리"라고 불렀다. 당국은 캘리포니아 만(코르테스 해라고 한다)에서만 약 1만 2000대나 되는 규제받지 않는 어선들이 조업 중인 것으로 추정했다.[23] 외국 어선들이 훨씬 많은 고기를 잡았다. 멕시코 어선들의 몫은 전체 어획량의 10퍼센트 미만이었다. 나머지는 미국, 캐나다, 일본 등에서 온 어선들 차지였다.[24] 이처럼 부실한 어자원 관리 때문에 호세 라미레스 같은 사람들이 이상 기후 앞에서 더욱 취약해질 수밖에 없었다. 결국 그들은 원래의 생계 수단을 버리고, 멕시코의 도시로, 그리고 미국으로 떠났다.

호세 라미레스의 사연은 신자유주의라는 정치적 경제적 현실 속에서 기후 변화가 어떤 모습으로 드러나는가를 말해준다. 물론 멕시코 전역에는 수천수만의 호세 라미레스들이 있다. 1997~1998년의 엘니뇨가 기후 변화 때문이라고 콕 집어 말할 수는 없다. 하지만 기온 상승이 엘니뇨 남방 진동 같은 극단적인 날씨나 독성 조류 증가로 이어질 가능성이 농후한 것은 사실이다. 잘못된 경제 정책과 결합되어 기후 변화는 이미 기후 난민들을 만들어내고 있다.

▌멕시코를 강타한 엘니뇨

후아레스 남서단에서는 빈민가가 시에라 마드레 산맥을 타고 서

왜 열대는 죽음의 땅이 되었나

서히 뻗어 나가고 있다. 이곳의 라라무리* 인디오 지구에서 또 다른 기후 난민들을 만났다. 타라우마라라고도 알려진, 이들 유명한 장거리 주자들은 치와와 주의 시에라 마드레 옥시덴탈 산맥 출신이다. 라라무리 인디오의 도시 거주지도 광장과 노란 담장의 성당을 중심으로 주거지가 흩어져 있는 기존 산악 마을의 배치를 그대로 따르고 있다. 거주지 위로는 차가운 회색의 대산괴^{大山塊}가 우뚝 솟아 있다. 담장에 축일을 맞아 도살한 소가죽 두 장을 걸어 놓고 말리는 모습이 인상적이다. 이곳 라라무리 남자 대부분은 일거리가 없거나 간헐적으로 생기는 날품팔이 일이 전부다. 그렇다보니 많은 수가 술에 취해 산다. 라라무리 인디오들은 일자리를 찾아 이곳으로 왔다. 하지만 고향의 가뭄도 그들이 이곳으로 내몰리는 원인이었다.

"고향에는 비가 내리지 않습니다. 그래서 사람들이 여기로 오는 것입니다." 첼소 나바 갈린도가 말했다. 서른여섯 살인 그는 일곱 시간 거리인 보코이나라는 마을에서 이곳으로 이주했다. "비가 없으면, 사람도 없습니다." 갈린도의 말이 이어진다. "고향에서는 농사를 지어 먹고 살고 우리 부족 말을 씁니다. 하지만 가뭄 때문에 그런 생활이 힘들어졌습니다."

2008년 여행 작가 리처드 그랜트도 같은 이야기를 했다. "지금은 타라우마라족이 해당 인디오 지구를 나와 다른 곳으로 이동했다. 무엇보다 기후 변화 때문이다. 지난 15년 중에 12년 동안 가뭄이 들었

---

*라라무리(Raramuri)는 '맨발 주자' 혹은 '빠르게 달리는 사람'이라는 의미이며, 넓은 산지에 흩어져 살아온 관습 때문에 짧은 시간에 장거리를 걷는 데 익숙해서 '장거리 주자'라고 불린다.

다. 생계형 농부들이 명맥을 이어가기가 사실상 불가능해지고 있었다. 그동안 타라우마라족이 맞닥뜨린 문제며 난관이 적지 않았지만 이번처럼 속수무책인 적은 없었다."[25]

가뭄으로 농업이 무너지자 갈린도는 전업 벌목꾼이 되었다. 하지만 나무가 사라지자 다시 일자리를 잃었다. 결국 그는 고향에서 온 목재처럼 후아레스까지 흘러 왔다. 후아레스에서 갈린도는 건설 현장에서 일했다. 광장에 있는 다른 남자들처럼 갈린도도 현지에서 직접 경험한 사람의 시각에서 가뭄의 원인을 설명했다. "나무를 너무 많이 베어내서 그렇습니다."

실제로 타라우마라 산지의 숲은 과다한 벌채로 압박을 받고 있다. 치와와 주에서 생산하는 목재 중 거의 90퍼센트가 여기서 나온다. 사실 멕시코는 숲이 울창한 나라가 아니다. 멕시코 전체로는 숲의 3분의 1 이상이 벌목으로 벌거숭이가 되었다. 1980년대 북미자유무역협정NAFTA을 최종 목표로 자유화가 끊임없이 진행되던 10년 동안 삼림 벌채도 급속히 진행되었다. 이어서 1990년부터 2005년 사이에 멕시코는 숲의 6.9퍼센트를 잃었다.[26]

삼림 벌채가 가뭄의 원인이라는 광장에 모인 남자들의 지적은 아마도 옳을 것이다. 그렇지만 가뭄은 그들이 사는 산악 지대만의 문제가 아니다. 멕시코의 많은 지역이 메마르고 변덕스러운 날씨로 신음하고 있다. 가뭄에 시달리는 지역에서 종종 돌발 홍수가 일어나기도 한다. 이민과 이주에서 기후 변화의 영향은 앞으로 더욱 커질 것으로 전망된다. 월드워치연구소는 "(멕시코의) 건조 지역에서 일어나는 사막화 때문에 매년 60만 명에서 70만 명이 이주한다."고 지적했다.

왜 열대는 죽음의 땅이 되었나

2009년과 2010년에 멕시코는 엘니뇨 때문에 수십 년 만의 최악의 가뭄에 시달렸다. 멕시코의 많은 지역에서 물이 있느냐가 토지가 있느냐보다 훨씬 중요한 그런 상황이 되었다.[27] "정부의 조사 결과 거의 40퍼센트의 농경지가 가뭄에 영향을 받고 있으며, 이로 인해 옥수수, 콩, 밀, 수수 등의 수확량이 감소하고 있다." 어느 경제 뉴스 전문 통신사에서 전하는 소식이다. 멕시코 정부는 농민들에게 긴급농작물재해보험금(악천후 등에 의한 작물의 피해손실을 보상하는 보험) 지급에 1억 달러 이상을 썼다.[28] 멕시코 정부는 2009년 가뭄으로 주요 산물인 흰옥수수 수확량이 10퍼센트 줄었지만 "실제 소비에 필요한 물량은 공급 가능하다."고 주장했다.[29]

국제 구호단체인 케어인터내셔널은 멕시코에서 사막화와 이주 상황을 조사하고 기후 변화로 인한 이주의 증거들을 더욱 많이 찾아냈다. "수확량이 좋지 않아도 믿을 것이라곤 우리뿐입니다." 한 농부가 설명했다. "많은 사람들이 미국이나 캐나다로 떠나야 했습니다. 거기서 내가 번 돈이 가족들에게 큰 도움이 되었지요. 그런 수입이 없었다면 정말 힘들었을 겁니다." 다른 농부도 역시 비슷한 이야기를 했다. "우리 할아버지, 아버지, 그리고 저까지, 모두 이곳의 땅을 일구며 살아왔습니다. 하지만 세상이 변했습니다. 예전에 비해 비가 내리는 시기가 늦어졌습니다. 그래서 수확량이 줄었지요. 유일한 해결책은 떠나는 것입니다."[30]

멕시코보다 남쪽으로 내려가도 상황은 마찬가지다. 페루 연안 태평양의 온난화는 과테말라에 직격탄을 날렸다. 과테말라는 현재 30년래에 최악의 가뭄에 직면했다. 2009년에는 네 개 주에서 옥수수가 흉작이었고, 40만 명이나 되는 소작농 가족들이 식량 원조를 받아야 했다. 정부는 원조를 위해 1억 달러가 필요하다며 긴급 모금 참여를 호소했다. 엘살바도르에서는 허리케인 아이다로 엄청난 홍수가 일어났다. 1만 5000명이 삶터에서 쫓겨났고, 200명 이상이 죽었다. 하지만 폭우로 인한 진짜 파괴는 나중에 찾아왔다. 침식된 토양, 망쳐버린 작물, 늘어난 가계 부채로 사람들은 땅을 버리고 도시로, 멕시코로, 거기서 다시 더욱 북쪽으로 이동했다.

삶의 터전을 잃어버린 사람들이 더욱 심한 빈곤, 실직, 빈민가 생활, 지하 마약 거래의 유혹, 정부 부패, 불평등, 물질주의, 자아도취, 성차별, 핏빛 충동으로 팽배한 매스컴의 세계를 만나면 어떻게 될까? 그들이 경험하는 총체적인 아노미 상태와 상대적 박탈감이 범죄를 부채질한다. 범죄는 정부의 억압에 구실을 제공하고, 뒷부분에서 살펴보겠지만, 미국의 외국인 혐오와 경직된 이민 정책에도 구실을 제공한다. 이처럼 자연계의 위기가 도시 폭력과 국경 지대에서의 억압 정책 같은 새로운 문제를 낳는다.

멕시코 북부 지방에서 나타나는 것처럼 파멸적 수렴은 이민, 경제, 폭력, 기후와 연결되어 있다. 현재 기후 난민들이 유입되고 있는 멕시코의 마약 전쟁과 사회 해체를 이해하려면 멕시코의 경제사를 알아야 한다. 사람들을 땅에서 내모는 이상 기후는 역사가 남긴 경제 현실 안에서 분명한 모습을 드러내기 때문이다. 미초아칸에서 왔다는 어부 호세 라미레스, 라라무리 농민에서 벌목꾼이 되었다가 다시 날품팔이 도시 노동자가 된 첼소 나바 갈린도의 경우를 보면 이런 사실이 명확하게 드러난다. 라미레스나 갈린도 같은 이주자들은 가뭄,

왜 열대는 죽음의 땅이 되었나

홍수, 이상 조류 증식 때문에 원래 삶의 터전에서 밀려났을 뿐만 아니라, 산업 노동자라는 미끼를 보고 이민과 국경 정책이라는 복잡한 소용돌이 속으로 끌려온 측면도 없지 않다. 그러므로 멕시코에서 기후 변화와 나날이 무력이 증강되는 미국의 국경 상황을 이해하려면, 멕시코 혁명으로 인한 개혁, 북미자유무역협정에 의한 변화 등의 멕시코 경제사를 이해하려는 노력이 선행되어야 한다.

혁명의 멕시코

멕시코 혁명의 총성이 잠잠해진 1920년부터 1980년대 초반까지 멕시코 경제는 내정을 중시하는 정부 주도 협동조합주의에 따라 발전했다. 이는 브라질을 비롯한 라틴 아메리카 전체에서 흔히 보이는 유형이기도 했다. 혁명 이전 포르피리오 디아스 대통령 시절 멕시코는 외국인들의 어머니, 멕시코인들의 계모라는 소리를 들었다.[31] 『네이션』지의 통신원이자 역사학자인 카턴 빌스가 디아스의 전기에서 말했듯이 "디아스를 따르는 무리는 단순한 한 가지 생각밖에 없었다. 훔쳐라, 많이, 자주, 그리고 과학적으로."[32] 특히, 1898년 미국-스페인의 전쟁이 미국의 승리로 끝나고 북방의 경제적 압력이 커지자 디아스는 자신의 대명사나 다름없는 권위주의적 총통 정치로 빠져들었다. 1903년 경기 침체는 상황을 더욱 악화시켰다. 1906년과 1907년 경제 회복기에 일어난 파업을 디아스는 잔인하게 진압했다. '판 오 팔로pan o palo', 즉 '빵 아니면 곤봉'이라고 표현된 디아스의 방법은 글자 그대로 억압과 지저분한 뒷거래를 결합한 방식이었다. 그가 권좌에 있던 마지막 10년 동안 경제정책은 갈피를 잡지 못한 채 혼란만 거듭했고, 1893년과 1903년에 세계 경제 위기를 헤쳐 나가느라 디아스는 고리에 많은 돈을 빌렸다.[33]

혁명 전야에 멕시코의 권력 관계는 썩어 문드러진 상태였다. 카턴빌스는 디아스의 전기에서 당시 부패상을 거의 모욕적이다 싶을 정도로 극단적으로 묘사한다. (아마 약간은 과장된 측면도 있지 않을까 싶다.) "어디서든 아센다도hacendado, 즉 농장주가 여자들을 가질 우선권을 가졌다. 아센다도가 막 사춘기에 접어든 여자아이를 데려다 즐긴 다음에, 밑에서 일하는 젊은 소작농을 불러 '이 애가 네 아내다.'라고 하면 말이 떨어지기가 무섭게 결혼식이 진행되는 경우도 빈번했다."[34] 이런 썩어 문드러진 구조의 최정상에 디아스가 있었다.

마침내 디아스에 대항하는 혁명이 발발했을 때는, 디아스와 그의 지지층에 맞서는 잡다한 혼성 세력들이 지리적으로, 이데올로기적으로 경쟁을 하는 복잡한 상황이었다. 디아스의 지지층이라고 하면 대농장주, 부패한 관료 집단, 주로 영국인과 유럽인인 거물급 외국 자본가 등이다.[35] 맞서는 세력에는 자유 시장을 지지하는 자유주의자, 토지를 원하는 원주민 소작농, 전리품을 바라는 무법자와 갱단, 근대적인 경제 발전 방법을 모색하던 민족주의 기업가 등이 있었다. 프랭크 탄넨바움이 당시에 나온 명저 『혁명에 의한 평화』에서 말한 것처럼 "멕시코 혁명은 작자 미상이었다. 이는 사실상 (이름 없는) 서민들의 작품이었다. 혁명 탄생 시에 어떤 조직을 갖춘 정당도 이를 주도하지 않았다. 어떤 위대한 지성도 혁명 프로그램을 정하고, 신조를

왜 열대는 죽음의 땅이 되었나

공식화하고, 목표를 제시하지 않았다."[36]

혁명 헌법 27조와 협동조합주의 국가

승리 속에서 혁명은 흥미롭게도, 세계 최초의 사회주의 헌법을 근간으로 하는 경제 근대화와 자본주의 발전이라는 목표를 설정했다.[37] 구체적으로 보면 1917년 제정된 혁명 헌법 27조는 "모든 천연자원의 직접적인 소유권은 국가에 있다."고 선언한다. 여기서 천연자원이란 모든 토지, 광물, 삼림, 물, 수산 자원을 의미했다. 실제로 헌법 본문에서는 아주 상세하게 해당 자원을 열거한다. "보석용 원석, 암염, 해수 형태로 만들어진 소금 침전물 …… 석유, 모든 고체, 액체, 기체 형태의 탄화수소."[38] (심지어 암염까지 포함시켰다!) 27조의 핵심은 대다수 소작농을 빚의 노예에서 해방시킨 토지 개혁에 있다. 1940년에는 전체 토지의 거의 23퍼센트가 집단적으로 소유하는 에히도ejido*, 즉 공유지였는데, 혁명 말기 1.6퍼센트에서 23퍼센트까지 증가한 것이다.[39] 1960년에는 약 2만 개의 에히도가 200만 명의 회원을 거느리고 "전체 경작지의 절반에 살짝 못 미치는 땅을" 경작했다.[40]

국가는 국가 주도의 수입 대체 산업을 육성하여 경제 발전에 박차를 가할 방법을 모색했다. 20세기에 브라질을 포함한 여러 라틴 아메

---

*에히도 에히도 시스템에서 에히도는 집단적으로 소유하는 토지와 토지를 소유하는 집단 모두를 가리키는 용어이다.

리카 국가들처럼 멕시코는 노동자와 자본가 사이를 중재하는 제한적인 협약을 만들었다. 국가가 일부 산업을 소유하고, 다른 산업에 대해서는 관리권을 행사했다. 결과적으로 이런 반*사회주의적 개입을 통해 기업계와 "이윤을 매개로 하는 일종의 동맹 관계"가 형성되었다.[41]

노동조합과의 협력 및 협상 대가로 멕시코 자본가들은 독점과 카르텔 형성을 허락받았다. 그들은 또한 국가가 주도하는 상공회의소에도 가입해야 했다. 정부는 기업 간의 무한 경쟁으로 인한 파괴적인 영향을 둔화시키고, 멕시코 기업들을 외국의 경쟁자들로부터 보호할 목적으로 고안된 각종 보조금, 보호 관세, 규제 등을 동원해 기업을 지원했다. 부분적인 국가 소유 덕분에 경제의 강한 부문에서 약한 부문을 지원하는 것도 가능했다.[42]

"외국인이 소유하던 금융 시스템이 점진적으로 국가와 주 소유로 바뀌면서" 국가는 저렴하고 안정적인 대출을 제공했다.[43] 정부는 "토지 개혁을" 촉진하고 개별 소농과 "마을 공유지를 경작하는 소작농"을 위해 토지 기준이 아니라 작물 기준의 대출 제도를 발전시켰다. 이런 장치 덕분에 소농과 소작농이 쉽게 대출을 받을 수가 있었다. 그러나 공유지는 담보로 제공하여 저당 잡힐 수 없었다.[44] 한편, 내부 급진파들의 주장이 무시되었지만 노동조합은 여러 합법적인 권한을 얻었다. 노동조합의 적극적인 활동과 단체교섭으로 임금이 올라갔고, 임금 인상은 소비를 촉진하고 내수 시장의 성장을 자극했다. 소비 증가와 내수 시장의 성장은 다시 보다 생산적인 투자로 이어지고, 생산적인 투자는 고용, 소비, 이윤 증가로 이어지는 선순환 고리가

왜 열대는 죽음의 땅이 되었나

만들어졌다.[45] 이런 진보적인 개혁 덕분에 멕시코의 산업이 포르피리오 디아스 지배하에서 (농업을 제외한) 멕시코의 산업과 무역을 좌지우지하던 영국이나 미국 대기업과 경쟁할 수 있었다.[46]

카르데나스 대통령과 석유 국유화

이러한 멕시코 식의 협동조합주의는 1930년대 말, 라사로 카르데나스 대통령 집권기에 상당히 강화되었다. 카르데나스 대통령은 토지 개혁과 기간산업 국유화를 더욱 가속화시켰다. "카르데나스 대통령이 추진한 정책의 기본 가정은 자본주의가 경제 발전에 반드시 필요하지만, 노동과 마찬가지로 자본도 국가가 통제하고 규제할 수 있다는 것이었다."[47] 카르데나스 대통령은 "교육, 토지 재분배, 협동 농장(에히도), 외국 자본 억제, 국영 기업의 역할 확대 등을 통해 다수의 하층 계급, 특히 인디오의 상황을 개선하는 프로그램에 역점을 두었다."[48]

1937년에 카르데나스는 철도를 국유화하고, 최종 목표를 석유 산업 국유화로 정했다. 그러나 이런 목표는 스탠더드오일오브뉴저지, 셸과 같은 다국적 석유 기업 및 미국 정부와 정면으로 충돌하는 것이었다. 하지만 카르데나스가 우세했고, 그는 다국적 석유 기업들의 멕시코 내 운영권을 몰수해서 국영 석유 회사인 멕시코석유공사, 즉 페멕스를 설립했다.[49]

하지만 이런 시스템은 나름의 문제를 안고 있었다. 권력이 중앙에 집중되고 자본가를 권력에서 배제하되 분쇄하지는 않음으로써, 멕시코라는 국가는 점차 심각한 부패와 유착에 길을 터주는 격이 되었다. 기본 발상은 국가가 "경제의 주임 사제"여야 한다는 것이었다. 기업은 정치에서 배제되고 의사 결정 집단에도 낄 수 없었다. 심지어 사기업 소유주들은 여당의 당원조차 될 수 없었다.[50] 하지만 공식적으로 영향력을 행사할 공적인 통로가 완전히 차단되자 기업가들은 비공식적으로 영향력을 행사하고 권력에 접근할 수단을 모색했고, 나름의 시스템을 구축했다. 이는 결국 부패와 정실주의로 흘렀다.

1960년대 일부 산업에서는 국가의 경제 개입을 반대하는 독립적인 조직들이 설립되었다. 가장 영향력 있는 것들로는 1962년에 설립된 경영인협회와 1975년에 설립된 경영인협력위원회가 있다. 이런 엘리트 집단 내에서 경제 정책을 우경화해야 한다는 압력이 커져갔다.

저주받은 석유 호황

협동조합주의 모델은 1970년대에 시련을 만났다. 성장 둔화와 인플레이션에 국채 증가까지 더해졌다. 동시에 석유 호황이 시작되어 멕시코 경제를 왜곡하기 시작했다. 새로 석유가 발견되어 생산에 들어간 직후인 1973년에 석유 가격이 배럴당 3달러에서 12달러로 치솟았다.[51]

동시에 멕시코 전역에서 사회적 압력이 점점 커졌다. 농민, 노동

왜 열대는 죽음의 땅이 되었나

자, 특히 학생과 도시 젊은이들이 뭉쳐서 적극적인 사회 운동을 조직해 항거에 나섰다. 그들의 항거에 정부는 체포, 고문, 살해, 대량 학살 같은 진압 전략으로 일관했다. 1968년 멕시코시티에서 하계 올림픽이 열리기 열흘 전에 틀라텔롤코 유적지의 삼문화 광장에서 군인이 학생 시위대를 향해서 총을 쏘았다. 당시 발포로 약 200명에서 300명이 죽고, 수백 명이 부상을 당하고, 역시 수백 명이 체포되고 구타를 당했다. 군대가 가져가서 감춘 시체만도 수십 구에 달했다.[52]

긴장이 높아가는 가운데 1970년 루이스 에체베리아가 대통령에 당선되어 6년 임기를 시작했다. 1968년 삼문화 광장에서 일어난 학살 사건과 직접 연루된 에체베리아 대통령은 추락한 정권의 합법성을 회복하려고 안간힘을 썼다. 그는 대중이 원하는 정치 사회 개혁을 하겠다는 신포퓰리즘neopopulism으로 무장하고 "이익을 공유하는 개발"을 캐치프레이즈로 내걸었다. 이를 실현하는 수단은 공공 지출의 엄청난 증대였다. 이런 정책으로 특히 대학생 수가 1970년부터 1976년 사이에 290퍼센트 증가했다.

대중의 환심을 사는 각종 부양책에 드는 비용은 국제 유가가 급등하면서 계속 늘어나는 석유 판매 수입으로 충당했다. 하지만 에체베리아는 더욱 많은 돈이 필요했다. 부자에게서 더욱 많은 세금을 거둬들여야 했지만 그럴 수가.없었다. 대다수 부유층이 재산을 해외에 은닉해 세금을 물릴 수가 없었기 때문이다. 결국 정부는 해외 시장에서 점점 많은 돈을 빌렸다.[53] 에체베리아 정권에서 외채는 32억 달러에서 160억 달러로 급증했다. 각종 부양책은 인플레이션을 유발했다. 1976년 8월 에체베리아의 부채 거품이 붕괴하자 페소화가 45퍼센트 평가절하되었다. 원래 멕시코는 인플레이션이 낮은 국가였다. 하지만 1970년대 초반부터 물가가 오르기 시작했다. 1965년부터 1970년 사이 연간 평균 물가 상승률이 3.6퍼센트에서, 1977년부터 1982년 사이에는 30.5퍼센트로 뛰었다. 1980년대 중반에는 물가 상승률이 평균 90퍼센트까지 올라갔다.

차기 대통령이었던 호세 로페스 포르티요도 정치적으로 급진 좌파를 억압하면서 한편으로 공산당의 선거 출마를 허락하는 절묘한 줄타기를 계속했다. 그는 각종 개발 프로젝트에 돈을 아낌없이 썼고, 농업, 주택, 보건, 교육처럼 그동안 소외된 분야에도 투자했다. 다시 유가가 오르고 있었다. 1979년부터 1980년 사이에 멕시코의 석유 판매 수입은 거의 3분의 2만큼 증가했다.[54] 하지만 정부는 여전히 돈을 빌려서 각종 비용을 지불해야 했다. 경제는 연간 8퍼센트 성장률을 보이고 있었다. 많은 공장이 전면 가동 중이었고, 멕시코의 작은 주식 시장도 호황을 누렸다. 1960년대 초반부터 1970년대를 거치면서 초등학교 숫자가 곱절이 되었고, 문맹률은 15퍼센트로 떨어졌다. 공중 보건의의 숫자가 거의 10배로 증가한 덕분에 영아 사망률도 절반으로 떨어졌다.[55]

빚을 내는 논리

이론상으로 미래에 석유 판매로 발생할 수입을 가불하는 전략은 문제가 없어 보인다. 국제 유가가 오르는 중이므로 멕시코의 아직 개

왜 열대는 죽음의 땅이 되었나

발하지 않은 석유의 가치도 올랐다. 멕시코 경제 계획 입안자들은 석유에 과도하게 의존하는 불균형 경제 발전이라는 '자원의 저주'를 피하려 했다. 이러한 맥락에서 핵심 정치인들은 대출 이자는 저렴하고 유가는 높은 호기를 이용하면, 멕시코 경제에서 석유 이외 분야를 쇄신하여 발전시킬 수 있을 것으로 확신했다. 석유를 담보로 빌린 돈으로 말이다! 석유 호황 덕분에 저리로 돈을 빌릴 수가 있었다. 대다수 산유국들이 뜻밖의 호재로 벌어들인 수익을 국내 시장에 투자할 곳이 자국 내에는 없었기 때문에 세계 금융 시장은 유동성이 넘쳤다. 속칭 '오일 머니'로 불리는 돈이 세계 금융 시장을 통해 재활용되었다. 경제 여러 분야가 균형을 이루는 다각적인 발전이 이루어지면, 그동안 빌린 돈을 상환할 만큼 세수가 증가할 것이다. 이런 전략으로 무장한 멕시코의 전문 관료들은 20세기 대부분의 기간에 석유를 수출해서 많은 돈을 벌었지만 해당 수익을 허투루 낭비해버린 '베네수엘라의 실수'를 피하려고 했다. 여기서 전략의 핵심은 석유를 담보로 얻은 수익을 소비해버리지 않고 생산에 투자한다는 것이다.[56]

하지만 안타깝게도 수입은 줄지 않고 국내 생산도 급증하지 않았다. 페소화 가치가 올랐기 때문에 물건을 수입하는 편이 더 저렴했다. 곡물 수입은 1979년부터 1980년 사이에 곱절이 되었다. 석유와 서비스업 분야에서 인재를 끌어가 버리는 바람에 다른 영역은 더더욱 뒤쳐질 수밖에 없었다. 멕시코의 핵심 산업인 농업도 여타 비석유 부문과 마찬가지로 석유 호황 속에 발전 없이 정체되었다. 곳곳에 만연한 빈곤은 심각한 수준이었다. 1980년대 말이 되면 멕시코는 외국 은행들에 330억 달러를 빚지게 된다. 위기가 모습을 드러내기 시작했을 때에도, 호세 로페스 포르티요 대통령은 "우리 경제는 석유에 의존하지 않는다."고 우겼다. 하지만 사실은 정반대였다. 멕시코 수출 대금의 75퍼센트가 석유 판매 수입이었다.[57]

멕시코 경제는 이제 접시를 높이 쌓아 올리고 돌진하는 웨이터 같은 형국이었다. 계속 움직이는 동안은 괜찮다. 하지만 은행가들이 하는 말처럼 "사람을 죽이는 것은 속도가 아니라, 급정차다."

붕괴

우려하던 급정차는 1979년 미국 연방준비제도이사회가 이자율을 대폭 올리면서 찾아왔다. 장기간 지속되는 미국의 스태그플레이션을 잡으려면 인위적인 경기 불황을 만들어야 한다는 연준 의장 폴 볼커의 논리에 따라 취해진 조치였다. 이런 조치가 라틴 아메리카의 외채 위기를 촉발한 것은 맞지만 진짜 원인은 아니었다. 위기가 심화되자 IMF와 세계은행이 개입했다. 브라질을 다룬 13장에서 설명했듯이 브레턴우즈 기구들의 지원에는 항상 붙는 조건이 있었다. 긴급 자금 지원은 긴축 정책을 펴고 수출을 증대한다는 조건에서만 주어졌다. 하지만 수출 증대 노력 때문에 1차 상품의 공급 과잉이 야기되었고 결과적으로 가격이 떨어졌다. 외채 위기가 원자재 위기를 유발한 격이 되었고, 목재 같은 원자재 가격이 장기적으로 약세를 면치 못했다. 철, 알루미늄의 원광인 보크사이트, 주석 등의 광석, 그리고 설탕, 코카, 커피 같은 곡물과 식량은 물론 석유도 어느 정도는 영향을 받았다. 추정치에 따르면 1980년대에 원자재 가격은 35퍼센트 하락했다.[58] 이로 인해 남방의 많은 개발도상국들이 20년 가까이 상대적인 경기 침체로 고통을 받았다. (이들은 현재 기후 변화 전선의 최전방에서 직격탄을 맞고 신음하는 국가들이기도 하다.) 장기간 계속되던 중국 붐의 과열과 초기 기후 변화의 영향 때문에 2004년 무렵부터 동면과도 같던 마비 상태가 깨지고, 2008년과 2010년 식량 위기로 치달았다.[59]

원자재 위기에는 본질적으로 세 가지 원인이 있다. (1) 하나는 선진국의 경기 침체이다. (2) 부분적으로는 1970년대 유가 급등의 결과로 화학합성물에 대한 보조금이 증가했고, 이로 인해 새로운 산업공학 기술의 인센티브가 높아졌다. (3) 채무국에게 수출 증대와 평가절하를 강요하는 IMF와 세계은행의 구조조정 정책 때문이다.[60]

1981년 여름, 볼커의 통화주의 정책에 따른 통화 긴축의 영향이 세계적으로 나타나면서 유가가 내려가기 시작했다. 유가 하락으로 멕시코는 석유 판매 수입이 급감하고, 부채는 세계 최대 수준이라는 난감한 상황에 직면했다. 당시 부채가 700억 달러에 달했다. 멕시코 경제 전문가들은 석유 판매 수입이 1981년에는 200억 달러, 1982년에는 270억 달러가 될 것으로 예측했다. 그런 수치에 근거해서 멕시코 정부는 돈을 빌리고 사용했다. 하지만 1981년에 멕시코는 석유를 팔아 겨우 140억 달러를 벌어들였고, 석유 판매 수입은 다음 해에도 목표치를 밑돌았다.[61] 1982년 여름이자 되자 멕시코는 외국 은행에 거의 810억 달러를 빚지고 있었고, 총액은 계속 늘어나는 중이었다. 정부는 어떻게든 채무 불이행 사태를 피하고자 페소화를 평가 절하하고, 제한적인 자본 통제를 실시했다. 그해에만 두 번이나 페소화

평가절하가 있었다.[63] 정부의 자본 통제에 부유한 개인과 사기업이 당황하기 시작했고 재산을 해외로 빼돌렸다.

1982년 8월 12일, 멕시코는 부채 상환이 불가능하다면서 90일간의 지불 유예를 선언함으로써 채무 불이행을 향한 첫걸음을 내디뎠다. 페소화는 30퍼센트 평가절하되었고, 연말 전까지 다시 53퍼센트가 떨어졌다.[64] 『뉴욕타임스』의 설명대로 "멕시코의 채무 불이행은 미국을 비롯한 세계 각지 은행에 심각한 타격을 줄 것이다. 일부 미국 은행의 경우 대출금의 90퍼센트가 멕시코에 빌려준 돈이라고 지적하는 은행가도 있다. 상대적으로 영향이 적다는 은행들에서도 멕시코 국채가 자산의 30퍼센트를 차지한다."[65] 그해 9월 초에 호세 로페스 포르티요 대통령은 IMF와의 협상을 중지하고 멕시코의 민간 금융 시스템을 국유화했다.[66]

구제 금융과 경제 자유화

최종 절충에는 미국 연방준비제도이사회, IMF, 멕시코에 돈을 빌려준 800개 은행 중에 대다수가 참여했다.[67] 120억 달러 신용 차관을 제공받는 대가로 멕시코는 경제 자유화를 시작하고 긴축 정책을 시행했다. 국가의 적극적 개입을 주장했던 케인즈가 떠나고, 신자유주의의 사상적 아버지로 불리는 하이에크가 들어왔다. 정부는 106개의 국영 기업과 기관들을 매각했다. 여기에는 제당 공장, 조선소, 섬유 공장, 발전소, 준국영 수산물 가공 공장 겸 수출회사인 오션가든프로

왜 열대는 죽음의 땅이 되었나

덕츠 등이 포함되었다. 실직한 어부 호세 라미레스가 잡은 물고기들을 내다 팔던 회사가 바로 오션가든프로덕츠다.[68]

민영화는 노동조합을 깨부수고, 노동자를 해고하고, 임금을 삭감하는 새로운 주인들을 데려왔다. 1980년대 말에는 과거 1,155개이던 국영 기업이 400개로 줄었다. 정부는 민영화를 통해서 20억 달러 가까운 돈을 벌었지만, 돈은 곧장 채무 상환에 들어갔다.[69] 또한 식량 보조금이 삭감되었다. 계란, 우유, 조리용 기름, 설탕, 콩, 쌀 등에 대한 보조금은 완전히 없어졌다. 휘발유와 천연가스의 소매 가격은 두 배로 뛰었다.[70] 1986년이 되자 일반 멕시코 국민의 구매력은 1982년의 절반 정도로 떨어졌다.[71]

하지만 호세 로페스 포르티요 대통령은 은퇴하고 산꼭대기에 있는 3,000만 달러 상당의 대저택으로 들어갔다. 부정 축재와 오만함의 기념비라 할 만한 대저택에는 사람이 걸어서 들어가도 되는 대형 '모피 전용 냉장고', 도서 100만 권을 비치할 공간을 갖춘 서재, "국립 대학보다 나은 장비를 갖춘 천문대" 등이 있다.[72]

북미자유무역협정

외채로 인한 멕시코의 시련은 북미자유무역협정, 즉 NAFTA를 향한 기나긴 여정의 시작이었다. 해당 협정은 1982년 외채 위기에서 시작된 자유화를 완결시키는 최종 과정이었다. 이런 과정에서 1917년 혁명 헌법의 27조는 삭제되었다. 27조 삭제는 여러 변화를 가져왔는데, 외국인 투자가 훨씬 쉬워졌다는 점도 그중에 하나였다. NAFTA는 1994년 1월 1일 발효되었다.[73] NAFTA 발효와 동시에 멕시코 남부 치아파스 주에서는 주로 토착 소작농들로 구성된 사파티스타민족해방군이 결성되었다. 사파티스타는 NAFTA가 원주민에 대한 사형 선고나 다름없다며 투쟁을 선언했다.[74]

당시 대통령으로 협정 체결에 적극적이었던 카를로스 살리나스는 NAFTA 덕분에 멕시코는 "사람이 아니라 상품을 수출하게 될 것"이라고 주장했다.[75] 또한 NAFTA 덕분에 농촌 경제가 근대화되면서 거기에 적응하지 못하는 농민들은 확장된 도시의 공업 및 서비스 분야에서 일자리를 찾을 것이었다.[76] 그렇다면 실제로 자유 무역은 멕시코에서 어떤 일을 했을까? 2009년 『뉴욕타임스』에 실린 기사는 짓궂은 감이 없지 않지만 해당 질문에 부정적인 답을 제시한다.

"경우에 따라서는 NAFTA는 애초 약속과는 정확히 반대되는 결과를 내놓았다. 일례로, 다국적 기업들이 자체 공급자를 두고 부품을 수입했기 때문에 국내 공업은 해체되다시피 했다. 무관세로 수입되는 식량 때문에 현지 농민들은 시장에서 경쟁력을 잃었다. 결국 많은 멕시코 농민이 토지를 버리고 북쪽으로 떠났다."[77] 기사는 계속해서 15년 동안 멕시코의 수출 대금이 다섯 배로 뛰었지만, 해마다 50만 명에 가까운 멕시코인이 일자리를 찾아 이민을 떠나며, 이민자 중에 농어촌 출신이 기형적으로 많다고 지적했다. 멕시코 전체 인구의 25퍼센트에 불과한 농어촌 주민이 미국으로 가는 멕시코 이민자의 44퍼센트를 차지한다.[78]

NAFTA 체제하에서 정부는 소농을 지원하면서 보조금 지급 업무

왜 열대는 죽음의 땅이 되었나

를 집행하던 기관들 대부분을 해체했다. "1994년 이후 정부와 민간 부문 모두에서 농촌 자금 계획에 의한 대출이 75퍼센트 줄었고, 반면에 농촌에서의 파산 인구는 여섯 배로 늘었다. 1994년은 NAFTA가 효력을 발휘한 시점이다."[79] 개정된 헌법 27조는 과거 금지되던 에히도의 토지 매각을 허용하는데, 이로 인해 경작할 토지가 없는 사람이 늘어나는 추세다.[80] 옥스팜*의 2010년 보고서에 따르면, 멕시코는 식량 수입에 800억 달러를 쓰며, 현재 식량 수입으로 인한 적자가 4억 3500만 달러다.[81] 이런 상황에서도 멕시코 농업은 사람과 내수 시장을 위한 식량 생산을 외면하고 수출용 가축 사료 생산에 열을 올리고 있다.[82] 주식인 옥수수 시장은 NAFTA 이전에는 정부 정책에 따라 보호를 받았지만 현재는 완전히 개방되었다.[83] 소작농 조직은 재협상을 통해 협정 내용을 바꿀 것을 요구하고 있다.[84]

1994년 이후 멕시코의 경제 성장은 둔화 일로에 있다. 이제는 평균 3퍼센트에 불과하다. 1921년부터 1967년까지 연간 성장률은 평균 5.2퍼센트였고, 6퍼센트를 상회한 적도 많았다.[85] 세계은행 수치를 보면 "2004년 농촌 거주자 중에 28퍼센트가 극빈 상태이고, 57퍼센트가 상당히 가난한 상태다."[86]

신자유주의로 촉발된 고통과 사회 양극화는 부패를 양산하고, 상대적 박탈감을 심화시킨다. 이런 제반 여건이 갖춰진 상태에서 기후 변화라는 새로운 변수가 등장했고, 경제 위기 및 정치적 억압이라는

---

*옥스팜 인터내셔널(Oxfam International)은 14개 기구의 연합체로서 100여 개국에서 3,000여 개의 제휴 협력사와 함께 구호 활동을 펼치고 있는 단체이다. 빈곤 해결과 불공정 무역에 대항하는 대표적인 기구이다.

유산과 결합했다. 제반 요인의 결합 속에 사람들은 멕시코 북부로, 다시 미국으로 이주할 수밖에 없다. 하지만 희망을 가지고 찾아간 낯선 땅에서 그들은 사회를 야금야금 갉아먹는 혼탁한 마약 전쟁과 조우한다.

마약 전쟁 : 초읽기에 들어간 혼돈

후아레스 서단에 자리 잡은 타닐라 가르시아의 판잣집 맞은편은 미합중국이다. 남방 개발도상국의 후진적이고 추레한 모습과 북방 선진국의 눈부신 풍요가 극명한 대비를 이룬 이곳의 풍경은 사회적 균열로 규정되는, 요지경 같은 정치적 지형을 고스란히 담고 있다. 판잣집의 흙바닥에는 세로로 기다란 회색 사무실용 카펫이 깔려 있는데, 난파선에서 주워오기라도 한 양 상태가 엉망이었다. 벽마다 납작하게 누른 골판지 상자를 여러 겹으로 세워두고, 작은 창문에는 안개가 낀 것처럼 불투명한 비닐을 덧댔다. 고지대 사막의 매서운 겨울바람을 어떻게든 막아보려는 눈물겨운 시도들이다. 판잣집에 방이 셋인데 하나같이 땀에 전 더러운 옷가지 냄새가 난다. 하나는 타닐라 방이고, 다른 하나는 남편 방, 나머지 하나는 아이들 방이다. 남자아이 둘, 여자아이 둘이다. 판잣집 위에 계단식으로 층은 내놓은 땅에 합판으로 만든 옥외 화장실이 있다.

아나프라 마을에 위치한 이 작은 판잣집을 타닐라는 2,000달러 정도를 주고 구입했다. 그녀는 나무 막대, 가시철조망, 불 탄 매트리

왜 열대는 죽음의 땅이 되었나

스 프레임 등을 가지고 황량한 마당에 직접 울타리를 만들었다. 벌거 벗은 낮은 나무 위에는 타닐라가 잡은 명금류를 키우는 나무 새장 세 개가 걸려 있다. 조그만 빨간 새 두 마리는 구리온, 큰 녀석은 치보라 고 불렀다. 신발 상자만한 공간에 갇힌 새들은 앞뒤로 신경질적으로 뛰어 다녔다. "아침에 새들이 노래 부르는 소리가 좋아요." 타닐라가 말했다.

타닐라는 가정집을 청소하는 일을 하고, 남편은 건설 현장에서 날 품팔이를 한다. 내가 찾아갔을 때는 둘 다 일이 없었다. 자신들의 삶 이 어떤지를 이야기하는 타닐라 옆에는 열한 살 딸아이가 서 있었다. 타닐라는 "식량이 있을 때 아껴 둔다."며 팍팍한 현실을 토로했다.

타닐라는 이웃집 수도꼭지에서 물을 끌어다 쓴다. 전기도 근처 전 신주에서 불법으로 빼낸다. 타닐라 집으로 들어오는 낡은 전선들이 나뭇가지며 지붕 위에 아무렇게나 걸쳐져 있다. 임시방편으로 대충 해놓은 배선 때문에 폭풍우라도 치는 날이면 진창길을 걷다가 감전되 는 아찔한 사고가 일어나기도 한다. 이곳의 연평균 강우량은 약 20센 티미터로 극미한 수준이다. 그런데도 후아레스와 엘패소 곳곳이 이 따금씩 갑작스러운 홍수를 만나 고생하기도 한다. 2006년 8월의 홍 수는 글자 그대로 하늘에서 물을 내리붓는 형국이었다. 순식간에 연 평균 강우량의 두 배에 가까운 38센티미터의 비가 내렸다. 야외에 구 멍을 파서 만든 변소들이 범람해 후아레스 빈민가는 감전 위험이 곳 곳에 도사리고 있는 오물 천지가 되었다.

작은 주택 건너편에는 모래로 덮인 진입로와 미국과의 국경에 설 치된 철제 담장이 있다. 담장 너머에는 활처럼 휘어진 서던퍼시픽 철도가 있고, 프랭클린 산맥의 비탈길을 타고 올라가면 엘패소 서쪽에 코로나도 힐스와 리지 크레스트가 나온다. 두 곳 모두 주로 중산층이 사는 교외 지구다.

이런 풍경은 양쪽 사회의 대비가 워낙 극명해서는 정치적으로 보면 교훈적이기까지 하다. 이민자, 땅 투기꾼, 정치인, 관료, 저렴한 노동을 찾는 제조업체들이 이미 만들어놨기에 망정이지, 그렇지 않았다면 혁명가나 목사, 혹은 게으른 기자가 상상 속에서 지어냈을지도 모를 그런 풍경이다. 이곳이 바로 후아레스다. NAFTA가 만들었고 이어서 죽이기 시작한 도시. 그러나 도시 죽이기 임무도 머지않아 종식되지 않을까 생각된다. 종결자는 기후 변화가 될 테고, 시기는 2050년 즈음이 아닐까? 기후 변화가 사람들을 땅에서 밀어내기 때문에, 그들은 일자리를 찾아 이곳으로 오고, 다시 국경을 건넌다. 젊은 이들이 이곳 후아레스에서 국경을 건널 기회를 기다리는 동안, 지하의 마약 경제가 그들을 재빨리 삼켜버린다.

후아레스라는 도시, 그리고 도시와 맞닿은 삼엄한 국경은 원래는 기후 변화의 산물이 아니다. 하지만 현재 기후 난민들은 이곳을 지나가고, 때로는 이곳에 갇혀 옴짝달싹 못 하는 신세가 되고, 때로는 여기서 죽는다. 지금 후아레스를 특징짓는 살인과 폭력의 소용돌이는 기후 변화를 무시하고, 폭력적인 계급 격리라는 형태의 적응 방식을 택했을 때 나타나는 세상의 전조라고 볼 수 있다.

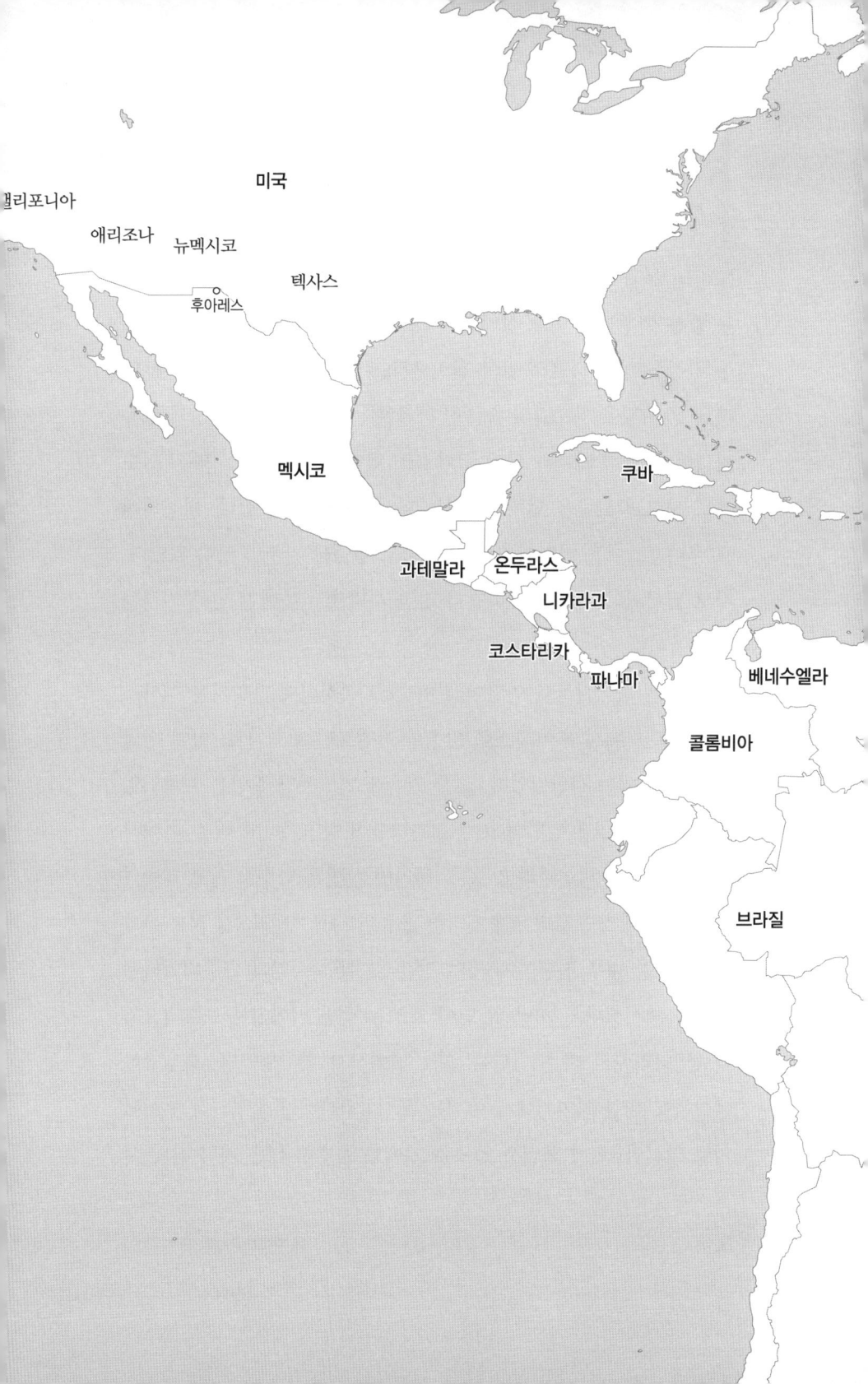

태초에 살인이 있었다

후아레스의 악명 높은 폭력이 처음 세간의 관심을 끈 것은 NAFTA 통과 직전인 1993년이었다. 부품 조립 공장에서 힘들게 일하는 젊은 여성들이 연쇄 살인범의 표적이 된 것 같았다. 여자들은 보통 강간을 당한 다음 손발이 잘린 시체로 나타났다. 이른 아침에 인적 드문 사막을 가로질러 출근을 하기 때문에 부품 조립 공장의 노동자들이 특히 피해자가 되기 쉽다고들 했다. 인적 드문 사막은 쥐도 새도 모르게 사람을 납치하기에는 더없이 좋은 장소였다. 희한하게도 후아레스에는 이렇게 인적이 드물고 황량한 자투리 땅이 많았다. 서로 앞서거니 뒤서거니 하면서 점점 사막으로 들어간 땅 투기꾼들의 작품이다.

경찰은 용의자들을 연달아 잡아들였다. 첫번째 용의자는 텍사스주 미들랜드에서 후아레스로 이주한 이집트인 화학자로, 이미 성범죄 전력이 있는 사람이었다. 그를 감옥에 가뒀지만 살인은 계속되었다. 다음에 경찰은 일단의 10대 강간범들이 범인이라고 했고, 이어서 버스 운전수가 범인이라고 했다. 하지만 살인은 멈추지 않고 계속되었다. 로르데스 포르티요가 제작한 훌륭한 다큐멘터리 《길 잃은 아가씨》는 경찰 내부 집단이 문제의 강간 및 살인 사건과 연결되었다는 증거를 제시했다.[87] 지난 몇 년이 흐르는 동안 이야기는 포르티요가 다큐멘터리에서 다룬 범위를 훌쩍 넘어서서 확장되었다. 희생당한 여성들에 대한 이야기에서 이제는 도시 그 자체가 죽어간다는 이야기로 말이다. 현재 폭력은 얼핏 보기에는 무수히 많은 마약 집단 사

왜 열대는 죽음의 땅이 되었나

이에 영역 및 주도권 다툼에 의한 것으로 보인다.

오랫동안 후아레스를 연구하고 기록해 온 찰스 보든은 현재 일상이 된 세기말적인 무법 상태를 다음과 같이 묘사한다.

"당신이 원하는 누구든 죽일 수 있고, 그렇게 해도 상대가 죽어 넘어지는 것 이외에 아무 일도 일어나지 않는 그런 곳에 산다고 상상해보라. 당신은 체포되지 않는다. 신문에 이름이 나오는 일도 없을 것이다. 당신은 계속해서 자신의 삶을 영위할 수가 있다. 물론 원한다면 살인도 계속할 수 있다. 여자를 납치해 며칠 동안 강간해도 아무 일도 일어나지 않을 것이다. 마음이 내키면, 여자가 무엇이 되었든 눈에 거슬리는 행동이라도 하면, 강간한 다음 죽여도 무방하다. 안심해도 좋다. 그런 행동 때문에 어떤 불이익도 당하지 않을 테니까."[88]

뒤에서 그는 이를 좀 더 추상적인 언어로 설명한다.

"오랫동안 사람들은 후아레스에 만연한 폭력을 설명해줄 하나의 일관된 논리가 있으리라 생각하고 그것을 찾아왔다. …… 보통 새로운 권력이 이전 권력을 대체해야 하고, 새로운 구조가 이전의 구조를 대체한다고 주장한다. …… 잠시만 다른 뭔가를 상상해보라. 새로운 구조가 아니라 하나의 반복되는 패턴은 어떤가? 이런 패턴에는 기능적으로 위도 아래도 없고, 중심도 주변도, 우두머리도 부하도 없다. …… 폭력은 부단히 부는 바람처럼 후아레스를 통과한다. …… 폭력은 공동체라는 직물 안에 날실과 씨실로 엮여 들어가 있으며, 하나의 일관된 원인이나 동기 따위는 없으며, 이를 멈출 정지 버튼도 없다."[89]

바로 이런 무법 상태에 기후 변화가 영향을 미치기 시작했다. 이런 무법 상태는 멕시코가 기후 변화에 매우 취약할 수밖에 없는 부분적인 원인이기도 하다. 그렇다면 현재 멕시코 북부를 유린하는 마약 폭력은 어떤 역사와 사연을 가지고 있을까?

자유 무역의 피고름

대다수 설명에 따르면, 악명을 떨치는 멕시코의 마약 카르텔들은 주류 밀매에 뿌리를 두고 있거나, 콜롬비아 마약조직을 돕는 보조 부대에서 출발했다.[90] 1980년대 후반 멕시코는 미국에 불법으로 마약을 들여오는 과정에서 운송 수단을 바꾸는 환적 지점이 되었다. 미국 마약단속국이 1982년부터 플로리다를 통한 밀수 경로를 엄중 단속한 이후의 일이다. 말하자면 집중 단속으로 플로리다가 닫히고, 멕시코가 열린 셈이다.[91] 1988년 캘리포니아 국경 지대에서 압수한 코카인이 불과 1년 사이에 700퍼센트나 급증했다. 콜롬비아인이 속칭 '멕시코 루트'로 불리는, 전통적인 헤로인·마리화나 밀수 경로를 통해 코카인을 옮기기 시작하면서부터이다. 1988년 당시 마약단속국은 미국으로 유입되는 전체 코카인의 30~40퍼센트가 이제는 멕시코를 경유해 들어오는 것으로 추산했다.[92] 이 비율은 나중에는 훨씬 극적으로 올라간다.

왜 열대는 죽음의 땅이 되었나

오랫동안 멕시코인들은 더욱 강력한 콜롬비아 카르텔들을 대신해서 코카인과 마리화나 환적을 돕기만 했다.[93] 1990년대 중반 이후 상황이 바뀌었다. 콜롬비아 카르텔들이 깨지기 시작했다. 첫째, 메데인 카르텔 두목 파블로 에스코바르가 투옥되었고, 탈옥하다가 미국 마약단속국 특공대에 의해 사살되었다. 에스코바르의 죽음과 함께 조직은 분열되기 시작했고, 이런 혼란을 틈타 칼리 카르텔이 메데인 카르텔의 지위를 빼앗았다. 들리는 말로는 칼리 카르텔에서 멕시코를 경유하는 수송로를 열었다고 한다. 하지만 머지않아 칼리 카르텔의 우두머리들도 검거되었다.[94]

파블로 에스코바르가 살해되고 한 달 뒤에, 미국과 멕시코는 NAFTA에 서명했다. 이제는 고인이 된 켄 더모타 기자는 당시 메데인 카르텔이 어린아이가 크리스마스 이브를 기다리듯이 자유 무역을 손꼽아 기다린다는 뉴스를 전했다. (더모타 기자는 투옥된 파블로 에스코바르를 인터뷰했고 콜롬비아 마약 전쟁의 실태를 누구보다 소상히 알고 있었던 훌륭한 기자이다.) NAFTA 체결이 멀지 않았다는 소식을 듣자마자, 후안 페르난도 토로라는 마약 밀매업자가 더모타에게 했던 말은 이렇다. "머지않아 멕시코를 경유해 미국으로 (물건을) 실어 나를 수 있겠네요."[95]

콜롬비아 조직의 조수 역할을 하던 멕시코 조직들이 점점 영악해지고 독립적으로 움직이기 시작했다.[96] NAFTA 체결을 눈앞에 두고 있던 1993년은 아마도 카리요 푸엔테스가 후아레스 카르텔을 결성한 해이기도 하다. 푸엔테스는 여러 대의 제트기를 이용해 마약을 수송해서 '하늘의 제왕'이라 불리기도 했다. 1년 뒤에 미국 마약단속국은 미국으로 유입되는 코카인의 80퍼센트가 멕시코를 경유해 들어오며 멕시코가 서반구의 마약 거래 중심지로 부각되고 있다고 지적했다.[97] 「남서부 국경에서 마약 밀수 및 교역과 NAFTA」라는 극비 보고서는 밀수업자들이 "국경을 넘나드는 무역 흐름을 활용하려고 …… 일반 무역과 관련된 사업체들을" 이용하고 있다고 밝혔다.[98] 해당 보고서는 미국 관세청에서 이끄는 특별 대책 본부인 오퍼레이션얼라이언스에서 1998년에 작성했다. 과거 마약단속국 관계자였던 필 조던의 이야기를 들어보자. "멕시코 마약 갱단에게 NAFTA는 마약 천국으로 들어가는 협정이었다. 하지만 자유 무역 협정을 어떻게든 체결하려는 욕심에 미국, 멕시코 모두 그것이 마약왕들에게 도움이 되리라는 사실을 인정하지 않으려 한다. 말하자면 이는 금기시되는 주제였다. …… 내가 마약단속국에 있을 때도, 자유 무역에 대해서는 부정적인 말은 일절 하지 말라는 엄중한 지시가 있었다."[99]

더모타는 단편적 사실들을 연결하여 나름의 결론을 도출한다. "NAFTA 개시 앞뒤를 비교하면 1990년과 1995년 사이에 멕시코와 미국의 교역량은 두 배가 된 반면, 멕시코의 콜롬비아로부터의 합법적인 상품 수입은 1990년 1700만 달러에서 1995년 1억 2100만 달러로 훨씬 큰 폭으로 증가했다." 늘어난 교역량의 많은 부분은 콜롬비아 밀수업자들의 엄폐물 역할을 했을 것이 분명하다. 콜롬비아 밀수업자 중에 다수가 합법적인 회사를 소유하고 이를 이용해서 코카인을 멕시코로 들여오기 때문이다. 1995년 더모타는 콜롬비아 주재 미국 대사에게 미국 관리들이 자유 무역이 마약 유통을 증가시킬지 모른다는 사실을 우려하느냐고 물었다. 대사의 설명은 아무튼 자유 무역

왜 열대는 죽음의 땅이 되었나

이 더 중요하다는 내용이었다. "NAFTA를 지지하는 사람들 그리고 클린턴 행정부가 생각하는 바는 이렇습니다. 해당 협정을 이용한 무역 증가가 마약 밀수와 돈세탁 증가로 이어질 가능성이 있다는 우려보다 수출을 위해 해외 시장을 확대하고, 북미 국가들과 무역을 확대해야 한다는 미국의 목표가 우선입니다."[100]

1996년에 마약단속국은 네 개의 주요 카르텔로 구성된 멕시코의 마약 연합을 이야기했다. 티후아나 조직, 소노라 카르텔, 후아레스 카르텔, 그리고 걸프 그룹이다. 1990년대 말에는 티후아나와 후아레스가 가장 강하다고들 했다. 코카인은 여전히 안데스 산맥에서 생산되었지만 아편을 만드는 양귀비와 마리화나 원료인 대마는 멕시코 중부와 북부 지역(특히 미초아칸 주, 시날로아 주, 치와와 주)에서 재배 가공되었다. 카르텔들은 조직력과 외교 수완을 동원하여 마약 밀매업자들이 정치 권력과 유착되고 일상생활 속에 깊이 뿌리를 내릴 수 있게 해주었다. 위험천만한 부패가 점점 심화되었다. NAFTA 이후 마약 밀매업자들은 점점 전문적이 되고 정부와도 긴밀한 관계를 유지했다.

『샌프란시스코 크로니클』의 외신부장 로버트 콜리어는 이제 일상이다 싶을 만큼 흔해진 멕시코 경찰의 부패를 잔인하리만치 유머러스하게 그려냈다. "연방 경찰 본부에서는 …… 사실상 모든 요원이 묵직한 금시계를 차고, 신형 사륜구동 자동차를 몬다. 구두닦이 소년 세 명이 아예 본부 복도에서 상주하다시피 한다. 요원들의 악어 가죽 부츠에 광을 내는 일거리가 밀려 있기 때문이다." 콜리어가 어느 경찰관에게 월급이 겨우 500달러인데 어떻게 신형 지프 체로키를 모느냐고 묻자 경찰관은 "모아둔 돈이 많다."고 대답했다. 콜리어가 마리화나를 재배하는 영세 농민들을 체포하느라 한창 바쁜 연방 경찰서장에게 후아레스 카르텔을 이끄는 아마도 카리요 푸엔테스에 대해 물었다. "카리요 씨에게 무슨 문제가 있는지 모르겠습니다. …… 우리나라에는 대규모 마약 밀수 조직 같은 것은 없습니다."[101]

1990년대 말과 2000년대 초에 메스암페타민* 역시 산업의 일부가 되었다. 이번에도 역시 북쪽 국경의 일제 단속이 불법 행위를 남쪽으로 밀어내는 식이었다. 미국에서 메스암페타민의 주요 성분인 에페드린과 수도에페드린이 포함된 감기약 판매를 제한하자, 대규모 산업에 맞먹는 메스암페타민 제조 장소가 멕시코로 바뀌었고, 제조에 필요한 약품의 합법적인 거래가 급증했다.[102]

불안정화

기업형 카르텔들이 지배하는 비교적 안정적인 상태는 지속되지 않았다. 먼저, 아마도 카리요 푸엔테스가 서투른 성형 수술을 받다가 죽었다. 부하들 사이에서 권력 투쟁이 일어났고, 경쟁 관계에 있던 카르텔들이 후아레스 카르텔에 영향력을 행사하려 했다.[103] 최근에도 시날로아 카르텔, 후아레스 카르텔, 그리고 아스테카스 같은 이들 카르텔 밑에서 일하는 갱단들은 시우다드 후아레스의 지배권을 놓고

---

*메스암페타민 흔히 '히로뽕'이라 불리는 마약인 필로폰.

왜 열대는 죽음의 땅이 되었나

싸우고 있다. 짧은 안정기 이후에 폭력은 다시 증가 추세다.

치와와 주의 카우보이 문화 출신인 우파 대통령 펠리페 칼데론은 이런 위기에 맞서 군대를 파견했다. 엄중한 조치다 싶겠지만 알고 보면 정치적인 쇼에 불과했다. 군대 파견은 실질적인 전략이나 검사, 판사, 자금 등의 추가 자원 지원이 전혀 없이 이루어졌다. 군사를 동원한 진압에 나섰다고 해서 후아레스에서 법과 질서를 재건하고 부패한 기관들을 혁신할 발판이 마련되지는 않았다. 군대의 존재는 후아레스에서 살인으로 기소되는 사람이 거의 없다는 사실을 바꾸지 않았다. 폭력은 계속 증가할 뿐이었다.

이미 멕시코 군부대 엘리트들이 마약 카르텔에 넘어간 상태였다. 전직 특수 부대원으로 구성된 세타스는 마약 밀매업자 밑에서 경호원으로 일하다가 이제는 자체적으로 하나의 갱단이 되었고, 가끔은 마약 밀매에 직접 관여하기도 한다. 대략 3만 명이 죽었고 칼데론 대통령의 일제 단속은 확실한 실패였다.[104] 해결책을 내놓은 것 같았지만, 상황은 더욱 악화될 뿐이었다.

앤서니 플라시도 마약단속국 정보부 부사무관도 의원들 앞에서 이런 점을 지적했다. "멕시코에 심각한 악영향을 미치는 마약 밀매 문제에서 가장 큰 걸림돌은 부패입니다. …… 사실 멕시코에서 법 집행은 해결책이 아니라 오히려 문제를 양산하는 경우가 허다합니다. 자치 도시나 주 정부 수준에서는 특히 그렇습니다."[105] 이와 관련된 가장 극적인 사례는 과거 멕시코 마약 퇴치 기관의 수장이었던 노에 라미레스 체포가 아닐까 싶다. 그는 예전 동료에게서 얻은 정보를 마약업자들에게 흘리는 대가로 45만 달러 뇌물을 받았다는 혐의로 기소되었다.[106] 멕시코 국가의 핵심까지 썩어 문드러졌다는 사실이 확실해지는 순간이었다.

멕시코는 어디로?

2008년 12월 『포브스』는 멕시코를 '파탄 국가'라고 묘사했다. 과거 클린턴 정부에서 마약 단속 총책을 맡았던 배리 맥카프리는 멕시코를 "마약 테러리즘에 직면하여 생존을 위해 몸부림치는" 모습으로 표현했다. 2009년 1월 미국 특수 부대와 함께 일하는 전략 기획가들이 내놓은 위험 평가보고서는 멕시코를 갑작스러운 붕괴 위험이 있는 고위험 국가로 거론했다.

"주요 국가 중에 두 곳이 갑작스러운 붕괴 우려를 안고 있다. 바로 파키스탄과 멕시코다. …… 파키스탄보다는 낫지만 멕시코의 정부, 정치인, 경찰, 사법 제도 등이 모두 갱단과 마약 카르텔의 지속적인 공격과 압력에 노출되어 있다. 향후 몇 년 동안 이런 내부 갈등이 어떻게 전개되느냐가 멕시코의 안정에 중요한 변수가 될 것이다. 어떤 형태로든 멕시코가 혼란에 빠진다면 미국이 영향을 받지 않을 수 없다. 국경을 맞대고 있는 멕시코의 혼란은 우선 미국의 국토 안보 자체에 중대한 영향을 미치기 때문이다."[107]

멕시코 정부는 이런 지적에 즉각적이고 강렬한 불쾌감을 표시했

왜 열대는 죽음의 땅이 되었나

다. 칼데론 대통령은 이런 우려가 "터무니없다"고 일축했다.[108] 멕시코에서 일어나는 갖가지 정치적인 움직임을 북미 지식인들에게 알리는 역할을 해온, 호르헤 카스타녜다도 이런 꼬리표를 거부했다. 그는 멕시코 정부가 "현재 사실상 국가의 모든 영역을 통제하고 있으며 …… 자국 국경 안에서 무력행사에 대해서 거의 독점적인 권한을 행사하고 있다."면서 미국인들을 안심시켰다.[109]

하지만 이와 상반된 견해도 있다. 2010년 9월 19일 후아레스 주요 일간지 『엘 디아리오』 1면에 실린 사설이 그렇다. 신문사 기자가 자객에게 저격당해 사망한 뒤에 도시 마약왕들에게 보내는 공개질의서 형식으로 쓰인 사설의 제목은 "우리한테 원하는 것이 무엇인가?"이다. 가장 간담이 서늘해지는 부분은 후아레스에서 이성과 법의 패배를 사실상 인정하는 대목이다. 사설은 "우리가 공개해도 좋은 것과 그렇지 않은 것은 무엇인지, 우리가 따라야 할 원칙을" 알려달라고 간청한다. "당신들은 현재 사실상 도시의 지배자다. 합법적인 정부가 우리 동료의 죽음을 막아주지 못하니까."[110]

멕시코는 파탄 국가는 아니다. 하지만 만연한 무정형의 폭력과 무법 상태 때문에 멕시코 당국이 기후 변화에 합리적으로 대응하거나 진취적으로 적응하는 것이 사실상 불가능하다. 화석 연료 소비를 줄이지 않고 지금처럼 온실가스를 배출하면서 향후 50년 동안 멕시코 사회가 버틸 수 있을지는 미지수다. 억만장자와 굶주린 대중이 공존

---

*(뒤쪽)2012년 7월 멕시코에서는 12년간 집권한 국민행동당의 후보가 낙마하고, 2000년 당시 권력을 잃기까지 71년간 장기 집권했던 제도혁명당의 페냐 니에토가 대통령으로 선출됐다.

하는 나라, 가뭄과 홍수의 나라, 사회 구조며 기관들이 마약 범죄와
부패로 썩어버린 나라는 기후 변화가 야기하는 해수면 상승, 이상 기
후, 곡물 생산 감소와 이로 인한 대규모 이민에 적응할 수가 없다.*

15장

미국의 장벽과
선동가들

불법 이민? 담장을 치고 당장 총을 쏴버리라고.

_샘 워철바커Sam Wurzelbacher, 배관공 조Joe the Plumber라고도 함.

국토안보부 산하의 세관국경보호국 요원 호세 로메로의 차를 타고 미국-멕시코 국경에서 엘패소에 속한 부분을 둘러보는 중이다. 총길이 420킬로미터 중에 철조망이 쳐진 곳이 138킬로미터다. 여기서 멀지 않은 곳에 후아레스에서 만난 타닐라 가르시아의 판잣집이 있다. 로메로는 정부 기관 '요원'이라고 하면 누구나 상상하는 모습 그대로였다. 짧게 자른 스포츠 머리에 짙은 갈색 제복을 입고, 구두는 한껏 광을 내서 번쩍번쩍 빛났다. 치카노Chicano, 즉 멕시코계 미국인 3세지만 이념적으로는 백 퍼센트 미국인이었고, 규칙을 준수하는 바른 이미지의 친절한 안내인이기도 했다.

"여기를 건너오는 불법 이민자가 있으면 발자국을 보고 추적할 수 있습니다. 여기 틈으로 넘어온다면 말입니다. 여기를 확인한 다음, 불법 이민자가 넘어올 만한 다음 지점을 찾아가면 됩니다." 로메로가 북쪽으로 도주하는 불법 이민자들을 잡으려고 아무것도 심지 않은 채로 평평하게 골라놓은 땅을 보여주면서 말했다. 국경선을 따라 넓은 띠 모양으로 골라 놓은 벌거숭이 땅은 누군가 걸어가면 흔적을 남길 수밖에 없도록 되어 있다.

기후 변화로 미국으로 가려는 사람의 수가 늘어날 것이다. 기후 변화 때문에 2050년에는 2억 5000만에서 10억 명이 이주하게 되리라는 추정치를 생각해 보라.[1] 영국의 2006년도 스턴 보고서는 금세기 후반에는 기후 변화로 인한 난민이 현재의 10배로 증가하리라고 예측했다.[2] 이런 맥락에서 보면 미국-멕시코 국경은 미래를 읽는 하나의 문서, 혹은 미래의 한 형태라고 볼 수도 있다. 이곳 국경에서 우리는 파멸적 수렴이 남방 개발도상국의 국가 파탄과 북방 선진국의 권위주의적 '국가 경화증'을 동시에 유발하는 모습을 목격하게 된다.

이민의 원인으로 기후 변화의 중요성이 점점 커지고 있다. 앤드류로스 기자는 미국 남서부에서 교묘하게 위장한 채로 나타나는 외국인 혐오를 이야기하면서 다음과 같이 지적했다. "이미 5000만 명이 기후 변화의 영향으로 고향을 떠나 이주한 것으로 추정되며, 이런 수치는 이후에도 계속 상승할 것이다. 주지하다시피 애리조나 이민자들은 주로 멕시코 북부 출신이다. 멕시코 북부에서는 강우량 감소로 토양이 빠르게 침식되고 있으며, 여러 연구 결과들은 해당 지역의 강우량이

왜 열대는 죽음의 땅이 되었나

세기 말에는 70퍼센트까지 감소할 가능성이 있다는 예측을 내놓고 있다. 애리조나 중부, 무질서하게 뻗은 도시에서 사막의 공기 속으로 분출되는 매연을 본 적이 있는가? 이런 매연이 간접적으로라도 불법 이민과 관련이 있지 않을까? 이런 매연이 미국에 50만 명이나 된다는 밀입국자 전부는 아니라도, 적어도 일부에 대해서는 책임이 있지 않을까?"[3] 아마도 그럴 것이다. 하지만 현실을 보면, 마구잡이식 도시 확장과 과소비 같은 환경 위기를 부른 근본 원인은 내버려둔 채로, 억압, 감시, 폭력 등을 앞세우는 군사적 적응 방법만이 부각되는 실정이다. 이민 대책으로 이산화탄소 배출 완화는 안중에도 없다.

3,168킬로미터에 달하는 미국-멕시코 국경 곳곳은 이미 총성 없는 전쟁터나 마찬가지다. 철조망을 따라 빽빽하게 늘어선 빈민촌의 비참한 모습이 국경 한쪽의 풍경을 지배한다. 티후아나, 멕티칼리, 노갈레스, 마타모로스, 후아레스 같은 국경 대도시에는 어김없이 이런 빈민촌이 있다. 급증하는 폭력이 사회를 잠식하고 무력하게 만드는 그곳에서 타닐라 가르시아 같은 사람들이 끼니를 해결하려고 몸부림을 치고 있다. 반면 북쪽의 풍경을 지배하는 것은 1,100여 킬로미터의 철조망, 군용 동작 감지 센서, 적외선 카메라, 그리고 이따금씩 하늘을 나는 무인항공기와 주 방위군의 헬리콥터 등이다.[4]

1990년대는 국경의 군사력 강화와 각종 수단을 동원한 이민자 억압이 급격히 강화된 시기이다. 관련한 법무부 예산이 1991년에서 2002년 사이에 두 배로 늘었다. 2001년 9월 11일 테러로 인한 세계무역센터 붕괴와 뒤이은 국토안보부 탄생 이래 이민 단속 자금 지원은 증가 일로에 있다. 국경을 전문으로 연구하는 학자 피터 안드레아스의 설명을 들어보자. "단속은 냉전 종식 이후 연방 정부에서 가장 빠르게 성장한 분야였다. 굵직한 것들로는 이민 통제, 마약 단속, 대게 릴라전 등이 있다." 정치적 프로젝트이자, 군사적 공간이자, 외국인 혐오를 대표하는 관념인 '국경'에 기생하여 존재하는 모든 분야가 급속하게 성장하고 강화되었다.[5]

지금과 같은 이민 반대 단속 활동은 시민의 자유를 침해하고, 사실상 미국을 미개 국가로 되돌린다. (더구나 기후 변화로 이민 단속 활동은 더욱 강화될 것이다.) 미국은 지금 차별과 일상화된 폭력에 호소하며, 인종과 국적이 모든 것에 우선하는 나치 식의 '지배 민족 민주주의'로 회귀하고 있다. 국경의 군사력 증강과 내부 단속은 실제로 미국인의 기본 인권이 근본적으로 박탈되는 합법적인 '회색 지대'이다. 이런 의미에서 이민자들은 정치라는 탄광의 현주소를 알려주는 카나리아*이며, 이민은 '비상 사태'라는 논리가 일상 생활, 법률, 정치에 은근슬쩍 들어오는 수단이 되고 있다.

비상 사태라는 논리

비상 사태, 즉 예외 상황이라는 개념은 권위주의 국가 정치 이론

---

* '탄광 속의 카나리아'는 유해 가스 탐지 기술이 발달하지 않은 과거에 광부들이 유독 가스에 민감한 카나리아를 데리고 들어가서 탄광 내의 공기 위험도를 가늠하던 데서 유래했다. 카나리아가 노래를 멈추고 죽으면 탄광 내의 공기가 위험한 것으로 보고 비상 탈출을 시도했다. 탄광 속의 카나리아는 말하자면 위험이나 변화를 미리 알려주는 매개체를 상징한다.

왜 열대는 죽음의 땅이 되었나

에서 아주 중요하다. 칼 슈미트는 이런 개념에 의지함으로써 나치 독일에서 독재의 법적인 토대가 되는 유명한 이론을 제시했다. 보통 비상 사태는 민주주의에 권위주의나 절대주의 정치 및 법 집행 관행을 몰래 들여오는 수단 역할을 한다. 정치 이론가 조르조 아감벤은 "(아마 엄밀한 의미에서 선언까지는 아니라도) 상시적인 비상 사태를 자발적으로 만들어내는 일은 현대 국가에서 없어서는 안 될 필수 관행이 되었다. 소위 민주 국가들도 예외는 아니다."라고 주장한다.[6] 지금까지 미국에서 권위주의는 진짜 비상 사태보다는 가식적으로 행동하는 입후보자와 선출 관리들의 아둔한 정치쇼가 주범이었다. 예를 들어 2005년 뉴멕시코 주와 애리조나 주의 주지사였던 빌 리처드슨과 재닛 나폴리타노의 '국경 지역 비상 사태' 선언을 생각해 보라. 둘 다 민주당원이었다.[7]

이민 단속은 국경 지대에서 무력이라는 수단과 정당한 절차의 결여를 통상적인 법 집행으로 둔갑시키는 기묘한 연금술을 수반한다. 국가 권력의 일상적인 집행에 대한 개념을 바꾸는 것이다. 새로운 장비, 경찰권 확대, 유례없는 관계 부처 간 협조 등도 이민 단속에 수반되는 요소들이다. 국토안보부 산하 이민 관리 부서인 이민세관단속국과 세관국경보호국은 FBI, 마약단속국, 현지 경찰, 군대 등과 합동 기동 부대를 짜서 움직인다. 이제 국경 지역 전체가 미국 헌법이 반드시 적용되지는 않는 '회색 지대'가 되었다.

다음을 생각해 보라. 법적 공간으로서 '국경 지역'은 미국의 육지와 바다의 경계를 따라 이어지며 전부를 감싸고 있는 너비 160킬로미터의 고리의 모양 영역이다. 미국의 10개 대도시 권역 중에 9개가 이곳에 있고, 인구의 3분의 2에 달하는 1억 9740만 명이 이곳에 산다.

미국 수정 헌법 제4조는 임의적으로 행해지는 수색을 금지한다. 하지만 누군가 국경을 넘어오는 순간 전혀 다른 규칙이 적용된다. 나아가 시민이라도 수정 헌법 제4조에서 규정하는 모든 권리를 백 퍼센트 향유하지는 못한다. 자기 나라에 들어가기 위해 신분증을 제시하고, 소지품 수색을 허용해야 한다. 개연성 있는 명분이나 의심할 만한 정당한 사유 없이도 당국은 신분증 제시와 소지품 수색을 요구할 수 있다. 9·11 이후 이런 원칙이 넓은 '국경 지역' 전체로 확장되었다. 현실적으로 이런 원칙이 일상적으로 적용되는 곳은 남서부 국경 지대에 국한되지만 말이다.

하지만 캐나다 국경에서도 국경 순찰대가 버스를 세우고, 고속도로에서 검문소를 운영하고, 캐나다와 국경을 접한 워싱턴 주나, 챔플레인 호수에 있는 국내선 선착장의 기사들을 심문한다. (버몬트 주와 뉴욕 주 사이에 위치한 챔플레인 호수 역시 캐나다와 국경을 접하고 있다.) 법으로 따지자면 이런 지점들은 행정상의 필요에서 국경 순찰대가 시민권 증명만을 요구할 수 있는 곳이다. 하지만 이런 한도를 넘어서는 경우가 드물지 않다. 행정상의 필요에서 검문을 시작하지만, 공무원들이 이런저런 의심스러운 것들을 꼬치꼬치 캐물으면서 심문이나 취조 비슷하게 변질되기 쉽다. 그리고 세관·국경보호국이 다른 경찰 병력과 공조하는 순간, 국경에서 갖는 특수 권한이 사라지고 협력 기관의 '보조 기관'으로 바뀌고 만다.

왜 열대는 죽음의 땅이 되었나

도시의 국경 지대

국경의 도시 구역은 현재 감시탑과 3.6미터나 되는 담장과 같은, 감옥에나 어울릴 법한 시설로 관리되고 있다. 담장 곳곳에는 3중 가시철조망, 적외선 카메라, 고성능 마이크, 수천 개의 최첨단 동작 감지 센서, 대형 경기장에서나 볼 수 있는 최신형 탐조등 수십 개가 설치되어 있다. 2만 명의 국경 순찰대 요원들이 담장을 따라 순찰을 돌고, 3만 7천 명이 넘는 민간 인력과 세관 검사관들이 이들을 지원한다. 세관국경보호국 소속 항공기가 250대가 넘고 조종사도 500명이 넘는다. 군대가 아닌 법 집행 기관으로는 세계 최대 규모가 아닐까 싶다.[8] 이외에도 마약단속국과 알코올담배무기국의 다수 요원들이 이민법을 어기는 자들을 언제든 수색할 만반의 준비를 하고 국경 지역에 대기 중이다. 6천 명의 군인과 기관총, 지프차, 장갑차, 항공기 같은 군용 장비들도 마찬가지다.[9] 해병대와 주 방위군의 기술 인력들은 접근 가능한 도로를 건설하고 감시 장비들을 운영하며, 정규 주 방위군은 국경 작전을 이라크와 아프가니스탄 같은 해외 배치에 대비한 훈련으로 활용한다.[10] 국경 바로 근처가 아닌, 캘리포니아, 애리조나, 뉴멕시코, 텍사스 등의 스페인어 사용자 거주 지구에서 여러 기관이 참여하는 수색 작전이 심심찮게 벌어진다. 중무장한 기습조가 동원되고 헬리콥터와 마약 탐지견이 투입되는 이런 작전은 대규모 체포로 이어지는 경우가 많다.

2006년 초에 이민세관단속국은 7명으로 구성된 탈주자 검거 전담 팀들에게 125명에서 1,000명으로 연간 체포 할당량을 끌어올리도록 지시했다! 팀원들 입장에서는 자고 일어났더니 생산성을 여덟 배로 올려야 하는 난데없는 상황이었다.[11] 이내 대대적인 불시 단속의 물결이 곳곳을 휩쓸었다. 탈주자 검거 전담 팀들은 특히 텍사스, 콜로라도, 미네소타, 아이오와, 유타, 네브래스카 주에서 여섯 개의 정육 공장을 급습했다. 네브래스카 현장을 급습했을 때는 1만 2000명의 노동자를 한자리에 모아 놓고 총부리를 겨눈 채로 이민세관단속국 직원들이 직접 한 명씩 심문했다. 전화나 가족 혹은 변호사와의 연락은 물론 화장실도 가지 못하게 했다. 작전 당시 이민세관단속국은 훔친 신분증을 사용하는 노동자 133명의 신원을 확인한다는 구실로 영장을 받았다. 나중에 미국 식품 노조는 보고서를 발표해 이런 방식을 맹비난했다. "연방 요원들은 공장 인사부의 협조를 얻어 확인된 용의자들을 생산 라인에서 불러와 심문을 하고, 필요하다면 체포했어야 한다. 일주일 전에 켄터키 주 루이빌의 스위프트 공장에서 했던 것처럼 말이다. 하지만 2006년 12월 12일 불시 단속에서 이민세관단속국의 영장은 효율적인 법 집행 도구가 아니라 신문에 대서특필되는 수단이자 이민자들을 히스테리로 몰고 가는 방편으로 악용되었다."[12]

당시 공장에 갇혀 있었던 사람들 중에는 미국에서 태어난 아프리카계 미국인 마이클 그레이브스도 있었다. 그레이브스는 '이민, 시민권, 난민, 국경안보, 국제법에 관한 하원 법사위원회'에 출석해 당시 상황을 설명했다. "그들은 무작정 저를 여덟 시간 동안 가둬두었습니다. 아무런 이유 없이, 그럴싸한 근거도 없이 말입니다. 우리 공장이 교도소 혹은 강제 수용소로 변해버린 것 같았습니다. 나는 미국 시민입니다. 이곳에서 나고 자랐습니다. 그러다가 난데없이 범죄자 취급

왜 열대는 죽음의 땅이 되었나

을 받았습니다. 여느 때와 다름없이 아침에 일어나 출근을 했는데, 범죄자처럼 가둬두고 꼼짝을 못하게 하더군요." 다른 억류자도 비슷한 증언을 했다. "물도 음식도 없이 여섯 시간 동안 갇혀 있었습니다."[13]

라틴계 시민들에게는 여권이나 신분증명서 제시를 요구했다. 증명을 제시하지 못한 이들은 480킬로미터나 떨어진 아이오와 주의 존스턴에 있는 군사 기지로 이송되었다. 이민세관단속국의 할당량 끌어올리기 정책은 당연히 국외 추방자의 엄청난 증가로 이어졌다. 1996년에 6만 9226명에서 2009년에는 거의 40만 명으로 늘었다.[14]

이것이 정치 이론가들이 '비상 사태' 혹은 '예외적인 상태'라고 부르는 것의 실상이다. 온실가스 배출 완화에 실패하고, 결국 군사적인 적응 방법을 택한 세상에서 우리의 일상이 이런 모습이 될 가능성이 농후하다.

구금

국경에서 붙잡힌 많은 사람들이 신속히 국경 너머로 추방된다. 하지만 불법 입국은 이제 처벌 받아 마땅한 범법 행위이므로 이민세관단속국은 다수의 밀입국자들을 구금했다가 추방한다. 근래 이민세관단속국 구금 시설에는 시기에 상관없이 항상 2만 9000명 정도가 구금되어 있다. 불과 몇 년 전인 2005년과 비교해도 거의 50퍼센트가 늘어난 수치다.[15] 국토안보부에 따르면 이들 구금자 중에 80퍼센트 이상이 밀입국 말고는 아무런 범죄에 연루되지 않았다.[16] 범죄로 인한 수감자가 아니라 일반 수감자이므로 그들은 국선 변호를 받을 권리도 없고, 대부분은 너무 가난해서 개인적으로 변호인을 고용할 여유도 없다. AP통신사에서 정보자유법에 근거에 이민세관단속국의 공식 자료를 받아 분석한 결과는 그야말로 놀라웠다. 2009년 1월 25일 저녁을 기준으로 구금된 인원이 3만 2000명에 달했다. 더욱 놀라운 것은 이들 중에 1만 8690명은 어떤 범죄에 대해서도 (이전의 밀입국에 대해서조차도) 유죄 판결을 받지 않았다는 사실이다. 전혀 죄가 없는 수감자 중에 400명은 1년이 넘도록 갇혀 있는 상태였다.[17]

이민세관단속국은 500개가 넘는 구금 시설을 운영 중이다. 각지에 흩어진 구금 시설 운영비용만 17억 달러에 달한다. 다수는 버려진 숙박 시설이나 교외 사무실 단지를 개조해서 사용하고 있으며, 하나같이 열악한 환경과 지나치게 많은 수감자, 일상적인 폭력으로 악명 높다.[18] 시설의 절대다수는 정부와 지방 정부, 미국교도소주식회사와 같은 전문적인 민간 회사들이 운영한다. 사설 감옥 운영회사인 미국교도소주식회사에서 형태가 다양한 60개의 수용소를 운영한다. 이런 교도소와 구금시설에는 학대가 만연해 있지만, 가난한 데다 강제 추방에 직면한 수감자들은 교도관들을 상대로 불만을 표출하거나 소송을 제기하기가 쉽지 않다. 사정이 이렇다 보니 이민세관단속국의 굴라크*에서 실제로 일어나는 일을 알기가 그만큼 어렵다.

하지만 단서가 될 만한 것들은 있다. 우선, 정신 지체 때문에 몇 년

---

*굴라크 gulag. 소련의 악명 높은 정치범 강제수용소.

왜 열대는 죽음의 땅이 되었나

동안이나 갇혀서 괴로운 생활을 했던 멕시코 남자 둘의 사연이 언론에 공개된 적이 있다. 두 사람에 대한 판결은 각각 2005년과 2006년에 결정되었고, 그들은 석방되었어야 했다. 하지만 어린아이 수준의 지적 능력을 가지고 있던 두 사람은 석방 기일이 언제인지 몰랐고, 교도관들에게 알려달라고 조르지도 않았다. "여러 교도소, 정신 병원, 유치장 등을 오가는 사이" 그들은 완전히 잊혀졌다.[19]

애리조나 주의 마리코파 카운티에서는 여자들이 신체 학대를 당했다고 주장한다. 분만 중에도 수갑을 차고 있었다고 한다.[20] 워싱턴 카운티의 법정 경위로 일하던 재러드 핸킨스는 2008년 3월 어느 날, 멕시코에서 밀입국한 불법 이민자를 법원 내 작은 유치장에 가뒀다. 아드리아나 토레스-플로레스라는 여자였다. 그리고 핸킨스는 그녀의 존재를 까맣게 잊어버렸다. 핸킨스가 그녀의 존재를 망각한 나흘 동안 아드리아나는 음식도 물도 없는 상태에서 끔찍한 고통을 겪었다. 맨바닥에서 잠을 자고 살기 위해 자기 오줌을 받아 마셔야 했다.[21] 적어도 2008년까지는 강제추방 예정자를 비행기에 태우기 전에 향정신성 진정제를 투약하는 것이 이민세관단속국 관리들의 일상적인 관행이었다. '비행 전의 칵테일'이 과해서 몸을 가누지 못하는 억류자를 휠체어까지 사용해 비행기에 탑승시키는 일도 종종 일어났다.[22]

때로는 구금자들이 억눌렀던 절망과 분노를 폭발시키기도 했다. 2008년 12월 12일 텍사스 주 페코스의 이민자 수용소에서 폭동이 일어났다. 민간 회사인 지오그룹이 운영하는 수용소였다. 구금된 이민자들은 헤수스 마누엘 갈린도가 의료진의 적절한 보살핌을 받지 못해 사망했다며 거세게 항의했다. 수용소는 "세계 최대의 민간 운영 교정 시설"이라는 수사에 맞게 규모와 위용을 자랑하는 복합 단지였다. 단지 전체가 가시철조망으로 둘러쳐져 있고, 3,700명의 밀입국자를 수용할 감방이 마련되어 있었다. 하지만 의무실이나 진료소는 하나도 없었다. 2010년 2월 2일 톰 배리 기자가 취재를 하러 갔는데, 공교롭게 그때 구금자들이 주거동 전체를 불태우면서 두 번째 폭동을 일으켰다.[23] 배리 기자는 이런 이민자 수용 시설을 "새로운 유형의 미국 감금 시설"이라고 불렀다. "이런 시설은 세금이 아니라 자체 사업 수익에 의존하므로 유권자의 승인을 필요로 하지 않는다. 이런 시설은 오히려 감옥 전문 컨설턴트에 의해서 시장에서 거래되는 대상이다. 카운티나 시 정부는 이런 사설 교정 시설을 유망한 고용 창출 수단이자 투자 없이도 세수 확장이 보장되는 수단으로 간주한다."[24]

이민관세단속국 구금 시설의 또 다른 특징은 수감자를 끊임없이 이송한다는 점이다. 보통 이민자들은 국경이나 북동부 및 캘리포니아 도시 내의 자기 집 근처에서 체포되어 구금된다. 하지만 대체로 체포된 이민자들은 애리조나, 루이지애나, 텍사스 등지의 벽지의 감금 시설로 이송된다. 가족이나 호의적인 변호사와 수백 수천 킬로미터 떨어진 곳으로 말이다. 휴먼라이트워치는 1999년부터 2008년 사이에 적어도 140만 명의 구금자가 이송되었음을 발견했다.[25] 정치적인 의도든, 단순히 관료주의적인 습성이든, 이런 이송 정책은 가학적인 통제 메커니즘이며 구금자의 사기를 저하시킨다.

이것은 기후 변화의 얼굴이기도 하다. 멕시코와 중앙아메리카에서 일어난 가뭄과 홍수가 시간이 경과한 뒤에 다른 장소에서 이민관세단속국의 강제 수용소라는 형태로 모습을 드러낸다. 지구 온난화가 심화되면서 권위주의와 억압적인 이민 정책이라는 미국의 정치적 종양은 다른 곳까지 전이될 것이다. 이미 유사한 질병이 유럽을 감염시키고 있다. 게다가 필수적인 이산화탄소 배출 완화가 시작된다고 해도 기후 변화는 더욱 심화될 것이다. 우리는 이미 선진국에서 적응이 어떤 형태가 될지를 살펴보았다. 이민자를 상대로 벌이는 전쟁에 고스란히 담겨 있는 권위주의적이고 인종 차별주의적인 경직성은 기후 변화로 인해 이주 압력이 거세짐에 따라 더욱 심화될 것이다.

폭력을 부추기는 토크쇼

국경의 군사력 증강, 군사 작전을 방불케 하는 이민자 일제 검거, 광범위하게 민영화된 구금 시설 등은 모두 인권 유린이라는 점에서 문제가 크다. 이는 또한 이념적으로도 볼썽사나운 정책이 아닐 수 없다. 정부가 무고한 라틴 아메리카 사람들을 범죄자 취급하는 행위는 인종 차별주의에 힘을 실어주는 것이나 다름없다. 본토박이, 특히 백인들은 그런 메시지를 접하면서 종족 결속을 통한 카타르시스의 유혹을 느낀다. 어려운 때일수록 그런 유혹은 거셀 수밖에 없다.

신자유주의의 구조적 폭력, 냉전 시대의 군국주의, 그리고 현재의 기후 변화로 삶의 터전을 잃은 사람들이 남에서 북으로 끊임없이 이동하고 있다. 앞서 살펴본 것처럼 가시철조망과 최첨단 감시 장비를 갖춘 높은 담장, 무장한 순찰병, 열악한 구금 시설이 이들을 기다리고 있다. 하지만 그것이 다가 아니다. 이러한 이주 물결은 또한 우익 선동가들의 각종 중상, 증오, 이념적인 공격에 직면하고 있다. 특정 이슈에 관한 토론, 인터뷰, 청취자와의 대화 등으로 구성되는 라디오 토크쇼만큼 그런 현상이 분명하게 드러나는 곳도 없다. 시간과 다이얼에 상관없이 언제 어디서든, 날것 그대로의 증오로 가득찬 무삭제 판 연설을 들을 수가 있다. 글렌 벡, 러시 림보, 마이크 새비지 등은 증오를 발설함으로써 먹고 사는 사람들 중에 유명한 일부일 뿐이다. 매일 수억 명이 전파를 타고 전해지는 극우파의 메시지에 귀를 기울인다. 운전하고, 일하고, 지하실에서 서투른 망치질을 하고, 개인적인 걱정거리를 생각하느라 잠 못 드는 밤에도 미국인들은 라디오 토크쇼에서 끊임없이 쏟아내는 공포, 분노, 과장, 자유 시장 만능주의 등과 함께 한다.

이러한 적의로 충만한 야단법석에서 즐겨 쓰는 표현이 '이민이라는 유령'이다. 사실, 외국인 혐오와 오만한 민족주의는 미국인의 오랜 전통이다. 프랑스 정치가이자 역사가인 알렉시 드 토크빌은 1835년에 이미 미국인의 이런 속성을 간파했다.

일상생활 속의 교류에서 미국인들의 이런 성마른 애국심만큼 짜증스러운 것도 없다. 어느 외국인이든 미국인이 자기 나라에 대해 이것저것 칭찬하는 내용에 기꺼이 찬성하리라. 하지만 동시에 외국인은 잘못된 부분에 대한 비판도 가능한 분위기를 바랄 것이다. 그러나 미국인들은 비판을 절대적으로 거부한다.[26]

왜 열대는 죽음의 땅이 되었나

이런 성마른 애국심의 현대판이, 점점 따뜻해지고 인구 이동이 증가하는 지구에서 나타나고 있다. 이민의 비율, 강도, 절박성은 나라 전역에서 가파르게 상승할 것이 확실시된다. 이런 상황에서 미국의 정치 분야를 보면 외국인에 대한 증오라는 형태로 파멸적 수렴이 표출되고 있다. 미국 라디오 토크쇼를 들어보면 정말 아찔하다는 생각이 든다. 불쾌한 일이지만 우파 외국인 혐오 세력이 지극히 현실적인 문제를 이용하고 있다는 사실도 간과하지 말아야 한다. 즉 세계 정치경제는 현재 불공정하며, 점점 중차대한 사회적 이슈가 되고 있는 이민 문제를 해결하기 위해서는 사회 정의에 근거한 기후 적응이라는 완전히 새로운 정책을 필요로 한다는 것 말이다.

펜타곤 중심으로 작성된 기후 변화 보고서인 「결과의 시대」의 준비에 참여했던 전직 정보부 관계자, 군인, 정치인들의 말을 다시 떠올려보라. 여기서 전직 CIA 국장 제임스 울지는 온실가스 배출을 전혀 규제하지 않은 성장이 이루어졌을 경우에 닥칠 최악의 시나리오를 설명하는 장에서 다음과 같이 말했다.

미국인들이 지금과 같이 이민 규제에 대해 적절한 합의점을 찾지 못한 채로 내국인의 대규모 이주와 외국인의 대규모 이민이 동시다발적으로 일어나는 상황이 된다면, 논쟁이 어떻게 전개될지 상상해보라. 라틴 아메리카와 카리브 해 국가에서 대규모 인구가 북쪽으로 이동하는 가운데, 멕시코 만과 플로리다 남부, 거의 뉴잉글랜드까지 이어지는 동부 연안 대부분 지역에서 해수면 상승으로 발생한 자국 이주민 수백만 명을 어딘가에 재정착시키는 문제까지 겹치는 상황이 된다면 어떻게 될 것인가? 이민 문제는 대규모 기후 변화 및 해수면 상승으로 서반구가 겪는 초기 사회적 결과 중에 하나일 가능성이 농후하다. 자국 영토의 많은 부분이 침수되면서 발생하는 이주민 문제가 물 부족과 굶주림에 시달리는 남쪽의 이웃 수백만 명이 국경 지대로 이동하는 상황과 맞물리면서 미국의 안보와 인도주의 문제를 좌지우지할 가능성이 있다. 마찬가지로 전 지구적 차원에서 건조한 열대 지역 인구가 온대 지역으로 이주할 것이다.[27]

무장한 구명정이라는 적응 방식은 미국인이 특정 방향으로만 생각하고 다른 방향을 보지 못할 경우에만 가능한 시나리오이다. 그렇다면 이런 질문이 떠오른다. 방송에 나오는 고등 교육을 받은 미국 지식인들은 어떤가? 나라 곳곳에 범람하는 방송인들의 메시지를 살펴보는 것도 유용하다. 사람들이 그런 정치 환경 안에서 이민과 기후 변화를 이해한다는 의미가 되기 때문이다. 2006년 이민법 개혁안이 논쟁 주제로 부각되었을 당시 많은 미국 언론이 입에 거품을 물고 '증오로 충만한' 독설을 내뱉었다. 2010년 이민 문제가 다시 부각되자 기다렸다는 듯이 열띤 논쟁이 벌어졌다. 관련된 구체적인 에피소드들을 보면 여론 주도층이 미래의 이민 위기를 어떻게 생각하는가를 일별할 수 있다.

왜 열대는 죽음의 땅이 되었나

이념을 외치는 연단

우리는 자칭 캘리포니아 북부의 환경론자이자 여성주의자인 브렌다 워커의 말에서 무장한 구명정의 암울한 미래를 들을 수 있다. 급진적인 맬서스학파인 워커는 폴 에를리히의 『인구폭발』이라는 책을 읽고 영감을 받아 정치에 나선 '녹색 인종 차별주의자'다. 워커는 덴버 지역 라디오 토크쇼 프로그램 《피터 보일즈 쇼》에 나와 이런 이야기를 했다. "멕시코 사람들이 잘하는 한 가지가 있다면, 그것은 밀수 인프라 구축일 겁니다. 분명, 그들은 수백만 명의 밀입국자와 함께 대량 살상 무기를 들여오고도 남을 사람들입니다."[28]

'합법 이민을 위한 미국인 연합' 회장 윌리엄 긴이 같은 프로그램에 나와서 했던 말을 생각해 보라.

"그보다 더 심하게도 하자면 할 수 있어요. 피터. 이들 구릿빛 피부의 나치들한테 말입니다. 우리나라에서 꺼져. 당장! 눈치가 그렇게 없어? 얼른 돌아가라고! 이렇게까지 말할 필요는 없겠지요. '강제추방 당하기 전에 알아서 떠나시죠.' 정도가 좋겠네요. 저는 진심입니다. 저는 정말 진지합니다. 우리 미국인은 지금 나치한테 억압당하던 유대인 꼴이니까요."[29]

라디오 프로그램 진행자 제이 세베린(이전에는 제이 세베리노라고 했다)은 황당한 유언비어를 퍼뜨리기도 했다.

"성병 외에도 멕시코에서 유입되는 수입품이 계속 늘고 있습니다. 성병에 턱수염까지 달린 여자들, 이제는 돼지 독감*까지 있습니다. 우리가 미개인들을 끌어들이는 매력 덩어리인 모양이지만, 저는 그저 '저들은 미개하구나.' 생각할 뿐 다른 감정은 없습니다. 미개한 것은 잘못은 아니므로 그것 때문에 비난하거나 하지는 않는다는 겁니다. 하지만 지금 모 미개 국가에서 오는 사람들은 단순한 미개인이 아닙니다. 우리한테 들러붙어 피를 빨아먹는 수백만 마리의 거머리들입니다. 게다가 학교, 병원은 물론 미국인의 각종 생활을 파괴하고 있지요."[30]

이민에 반대하는 이들은 항상 자신들이 학대당하고, 수적으로 열세고, 무시당하고, 거의 압도당하는 억울한 입장이라고 생각하며, 점점 스스로를 사회를 지킬 수호자이자 인간 메뚜기 떼에 맞설 최후의 보루로 미화시킨다.

전국 방송 DJ, 마이클 앨런 위너의 광란은 또 어떤가? 게르만족 냄새가 물씬 풍기는 마이크 새비지**라는 이름으로 널리 알려진 사람이다.

"미국을 위해 멕시코 국기를 한 장씩 불태웁시다. 죽은 사람들을 위

---

* 돼지 독감 2009년 세계적으로 유행한 인플루엔자 A형 H1N1 아종(신종 플루)으로 멕시코에서 처음 발병하여 '멕시코 독감'이라고 부르기도 했다.

** 새비지(savage)는 야만족이라는 뜻이다. 게르만족은 로마 시대에 야만족으로 불렸다.

왜 열대는 죽음의 땅이 되었나

해서 멕시코 국기를 불태웁시다. 우리는 민족 의식과 주권 의식을 가져야 합니다. 거리로 나가서 여러분이 진짜 남자라는 사실을 보여주세요. 가능하면 멕시코 국기 열 장을 태우라고 권하는 바입니다. 멕시코 국기 하나를 유리창에 거꾸로 붙이고, 자기네 나라로 돌아가라고 써 놓으세요!"[31]

자칭 미국의 호민관인 그는 웹 사이트에서 '국경, 언어, 문화'라는 문구 아래 서 있다. 다른 맥락에서라면 포스트모던 학자가 쓴 저서의 부제가 아닌가 싶을 그런 문구지만, 여기서는 메디슨 그랜트가 『위대한 인종의 소멸』이라는 저서에서 역설했던 세기말적인 앵글로색슨주의Anglo-Saxonism가 떠오른다. 새비지는 국경, 언어, 문화가 하나의 민족을 규정하는 핵심 요소라고 본다.[32] 새비지는 스스로를 '열렬한 자연보호론자'라고 묘사하며, 매주 1억 명의 청취자가 자기 방송을 듣는다고 주장한다. 잡지 『토커스』 같은 보다 객관적인 정보에 따르면, 새비지의 청취자는 800만 명 정도다. 그가 주장하는 1억 명에는 한참 못 미치지만 여전히 많은 숫자다.

외국인 혐오론자들은 어떤 방법을 제안하는가? 미국 라디오 토크쇼 진행자 중에서도 몇 손가락 안에 드는 닐 부르츠의 제안을 들어보자.

"화물처럼 배에 실어 돌려보내지는 못할 겁니다. 그러니까 내 말은 …… 생각해 보세요. 우선, 멕시코는 그들이 돌아오기를 원치 않습니다. 우리가 돌려보내면 어떻게 될지 생각해 보세요. 그렇다면, 니카라과, 콜롬비아, 코스타리카, 멕시코 등지로 반송되기만을 기다리는 1100만 명의 히스패닉들을 어디에 보관할까요? 그들을 어디에다 보관해요? 바로 뉴올리언스에 있는 슈퍼돔입니다! 그래요. 그리고 휴스턴의 아스트로돔입니다. 바로 거기가 바로 히스패닉들을 밀어 넣을 적당한 장소입니다."[33]

닐 부르츠는 2006년 방송에서도 같은 주제를 다뤘다.

"밀입국자 사면 법안을 무효화시키고, 환영 푯말들을 없애버리면, 그들이 모두 멕시코로 돌아가기 시작할 겁니다. 그때 고별 선물로 다들 핵폐기물 한 상자씩을 주도록 합시다. 작은 핵폐기물 상자를 주고 멕시코로 돌아가는 길에 가져가게 합시다. 그걸로 토르티야*를 데울 수 있다고 말해주세요. 아니면 뭐 비슷한 거라도."[34]

주류 언론인도 고약하기는 마찬가지다. 예전에 CNN에서 일했고 지금은 폭스 비즈니스 네트워크에서 진행자로 활약하는 루 돕스를 보자.

"캘리포니아, 뉴멕시코를 비롯해 미국 서남부의 여러 지역을 멕시코에 넘겨주었으면 하는 멕시코인과 멕시코계 미국인들이 있습니다.

---

*토르티야 옥수수나 밀가루 등으로 반죽해서 구운 얇고 둥근 떡으로 따뜻할 때 안에 고기나 치즈 등을 넣어 먹는 멕시코 전통 음식.

왜 열대는 죽음의 땅이 되었나

이런 무리들은 이를 레콩키스타^{reconquista}*고 하는데, 스페인어로 재정복이라는 뜻입니다. 그들은 수백만에 달하는 멕시코 불법 이민자들, 특히 미국으로 들어오는 이민자들을 영토 탈환을 위한 잠재적인 군대로 간주합니다."[35]

서부 해안으로 들어오는 중국 이민자들을 보면서 십이지장충 유입을 우려하던 19세기적 이야기를 기억하시는가? 이민을 전염병과 동일시하기를 좋아하는 돕스는 이런 구닥다리 이야기를 즐겨 한다. "불법 이민자들은 많은 미국인의 건강을 위협하고 있습니다. 우리나라에서는 이미 오래 전에 근절된, 전염성 높은 질병들이 국경 너머에서 유입되고 있습니다."[36]

글렌 벡도 명성 있는 주류 광신자이다. 언젠가 그는 이슬람교도에 대해 이런 말을 했다.

"좋습니다. 자아, 오늘의 특종입니다. 10년 뒤에 서구의 이슬람교도와 아랍인들은 가시철조망 너머로 밖을 내다보고 있을 겁니다. ……
이슬람교도 공동체는 군소리 없이 잘못을 인정하는 그런 대변인을 찾는 것이 좋을 겁니다. '그렇습니다. 하지만,' 식으로 토를 달거나 반박을 하려는 그런 사람은 곤란합니다. '하지만' 같은 단어를 아예 이해도 못하는 그런 사람이 좋겠네요. 잘못을 순순히 시인하지 않으

---

*레콩키스타는 8~15세기 동안 800여 년에 걸쳐 스페인이 이베리아 반도에서 이슬람 세력을 몰아낸 역사를 의미한다. 현재 미국 남서부, 즉 텍사스, 뉴멕시코, 캘리포니아 등은 과거에는 멕시코 영토였다.

면, 일이 생겼을 때 상황이 악화되기만 할 테고, 결국 가시철조망에 갇히는 신세가 될 테니까요."[37]

루 돕스처럼 빌 오라일리도 레콩키스타 망상을 가지고 장난을 친다. (어려 보이는 외모로 어울리지 않게 음모론을 꾸며내고, 청취자에게 호통을 치고, 마른 주정을 부리는 글렌 백에 비해서 오라일리는 평판이 좋은 편이다.) 2006년 5월 1일 라틴계들이 캘리포니아에서 정당한 권리를 요구하면서 행진을 벌였을 때, 오라일리는 주간 325만 명에 달하는 청취자에게 라틴계들이 레콩키스타를 꿈꾸고 있다고 경고했다.

"거기에는 강경파의 과격한 주장이 있습니다. '너희 못된 그링고 gringo*들이 우리 땅을 훔쳤다.' 지금 벌어지는 행진에 대해서 분석해볼까요? '우리가 국경을 넘은 것이 아니라, 국경이 우리를 넘어왔다.' 이것이 그들의 슬로건입니다. 말하자면 너희가 우리 땅을 훔쳤으니, 이제 우리는 남서부 지방으로의 대규모 이민을 통해서 빼앗긴 땅을 되찾겠다는 의지지요. 그리고 이제 우리가 해당 지역을 지배할 것이다. 그곳은 너희가 훔쳐간 우리 땅이었으니까. 시위 이면에 숨은 주장은 이런 것입니다."[38]

때때로 오라일리의 전쟁 발언은 한층 노골적이 된다.

---

*그리고 라틴 아메리카에서 백인 외국인 특히 미국인을 부르는 말로 경멸의 뉘앙스를 담고 있다.

왜 열대는 죽음의 땅이 되었나

"국경의 무력 강화 이외에는 다른 대책이 없습니다. …… 그러니까 지금 일종의 인종 전쟁이 일어나고 있습니다. 현재 상황이 그렇습니다. 인종 전쟁입니다. 지금 우리는 로스앤젤레스에 50만 명이나 되는 이민자들이 나타나 멕시코 국기를 흔드는 모습을 보고 있습니다. 그들은 '이봐, 우리는 여기 있을 권리가 있다고.'라고 외치고 있습니다. 하지만 아닙니다. 그렇지 않습니다. 불법으로 들어온 사람이라면, 여기 있을 권리가 없지요."[39]

다시 돌아온 증오의 계절

2010년 애리조나 주의 상원에서 발의한 법안 1070이 통과되면서 이민 단속 정책을 둘러싼 논쟁이 다시 가열되었다. 해당 법안에 따르면, 모든 경찰관은 밀입국자라는 의심이 드는 사람이면 누구든 정지시켜 심문을 해야 한다. 나아가 법안은 이런 적극적인 이민단속 노력을 게을리한다 싶으면 시민이 해당 경찰관을 고소할 수도 있도록 했다.[40] 법안 1070은 무장 적응이라는 구명정 정치학을 구체적으로 보여준다. 대외에 알려진 법안의 얼굴은 애리조나 주지사 잔 브루어였다. (그녀는 탈색시킨 금발, 스프레이를 뿌려 그을린 피부, 좀체 깜빡이지 않고 미동이 없는 눈동자, 찡그린 듯한 미소 때문에 전체적으로 로봇 같다는 인상을 주었다.) 이런 모든 것의 배경에는 애리조나 주의 경제 위기가 있다. 애리조나 주는 부동산 압류율이 미국에서 세 번째고, 실업률이 2010년 7월 10퍼센트에 달했다.

해당 법률 때문에 겁을 집어먹은 라틴계 불법 체류자 수천 명이 애리조나 주에서 도망쳤다. 비판자들은 법률이 애리조나 주를 더욱 불안하게 만들 것이라고 지적했다. 라틴계들이 경찰을 피하기 시작하면 범죄 해결이 더욱 어려워질 것이기 때문이다. 브루어 주지사는 이민자들이 무고한 사람들을 목을 베서 죽이고 있다면서 엄격한 법률 시행을 옹호했다. 하지만 실제로 그런 범죄는 일어나지 않았다. 브루어 자신도 다른 사람들도 그런 주장을 뒷받침할 어떤 증거도 찾지 못했다. 이어서 브루어 주지사는 애리조나 주의 학교에서 인종 관련 수업을 금지했다. 대변인의 설명에 따르면 금지 이유는 이렇다. "공립 학교 학생들은 서로를 개인으로 대하고 소중히 여기는 법을 배워야지, 다른 인종이나 계급을 불쾌하게 생각하고 미워하는 법을 배워서는 안 된다."[41]

빌 오라일리는 이민자들이 폭력적이라는 통념을 되풀이함으로써 반이민 강경책을 적극 옹호했다. "애리조나 주는 무언가 조치를 취해야 합니다. 주도 피닉스는 범죄로 완전히 통제 불능 상태입니다. …… 최근 불법 체류자로 의심되는 사람이 목장주를 살해하고, 외국인 마약 거래상으로 알려진 이들이 부보안관을 저격한 사건이 일어나서 상황은 그야말로 절망적인 상태로 치닫고 있습니다."[42] 브루어의 참수 이야기처럼 총상을 입은 부보안관 이야기도 근거가 없는 것으로 밝혀졌다. 법의학자들은 화약이 부보안관의 피부에서 불이 붙었음을 지적했다. 부보안관은 20여 미터 떨어진 지점에서 총알이 날아왔다고 진술했지만, 법의학증거에 따르면 발사되는 순간 총부리가 부보안관의 몸에 닿아 있었다는 의미가 된다.[43]

왜 열대는 죽음의 땅이 되었나

심지어 MSNBC에서 텔레비전 토크쇼를 진행하는 크리스 매튜스도 진보적인 언론인으로 꼽히는 에이미 굿맨과의 논쟁 도중에 "문화적 변화는 어떤 사회가 쉽게 받아들일 수 있는 그런 것이 아니죠. 받아들이기는커녕 긍정적으로 생각하기도 쉽지 않지요."라고 말했다.[44] 매튜스는 또한 패트릭 뷰캐넌의 『비상 사태 : 제3세계의 미국 침략과 정복』을 선전하기도 했다. 제목에서 드러나듯 뷰캐넌은 이민으로 미국이 파괴되고 있다고 단정하면서 나치즘을 정당화하는 칼 슈미트의 법 이론을 은연중에 옹호한다.[45] 뷰캐넌의 편협한 시야를 통해서 보는 광범위한 역사가 어떤 모습인지 살짝 엿보도록 하자.

15세기부터 20세기까지 서구 세계가 중심이 되어 세계 역사를 썼다. 유럽의 기독교 국가들에서 탐험가, 선교사, 정복자, 식민지 개척자들이 나왔고, 이들이 20세기까지 사실상 세계를 지배했다. 하지만 서구의 죽음이 시작되었다.

제일 먼저 스페인 제국이 무너졌다. …… 1918년에 오스트리아 헝가리 제국과 러시아 제국이 붕괴되었다. 2차 세계 대전 대전으로 영국과 프랑스가 피를 흘리며 쓰러졌다. 전쟁이 끝난 뒤에 수에즈, 파나마 운하, 로디지아*, 남아프리카공화국, 홍콩 등의 제국주의의 전략 거점들이 차례차례 무너졌다. 30년이 지나자 아시아와 아프리카에서 유럽의 황망한 패주가 완결되었다.

1989년부터 1991년 사이에 소련 제국이 무너졌다. 소련은 열다섯 조

---

*로디지아　짐바브웨.

각으로 해체되었는데, 당시 탄생한 여섯 개의 이슬람 국가는 이전에
는 존재하지도 않았던 국가들이었다. 이제 한때 서구가 지배했던 아
프리카, 아시아, 이슬람, 중남미 사람들이 식민 모국의 인구를 채우
고 있다. …… 현재 서구 문명의 위기는 세 가지 치명적이고 절박한
위험으로 구성된다. 바로 인구 감소와 문화적 분열, 침략에 대한 무
저항이다. …… 로마가 사라졌던 것과 같은 이유로, 서구도 점점 사
라지고 있다. 도나우 강과 라인 강이 로마에게 그러했듯이, 리오그란
데 강과 지중해는 미국과 유럽에게 방어하지 않는 문명의 변경이
다.[46]

뷰캐넌의 책은 이외에도 여러 곳에서 똑같은 이야기를 지겹도록
흘리고 있다. "우리는 지금 국가들이 죽어가는 모습을 목격하고 있
다. 우리는 문명의 최종 단계에 접어들었다. 마지막은 국가들의 해체
다. 바로 그 전 단계는 현재 한창 진행 중인, 저항을 받지 않는 침략
이다." 또한 "광신적인 멕시코계 애국주의자들과 멕시코 첩자들은 선
조들이 전쟁에서 패해 빼앗긴 땅을 인구와 문화를 통해 되찾겠다는
의도를 분명하게 드러내고 있다. …… 우리는 지금 야만적인 문화 전
쟁 한가운데 있으며, 우리의 전통 가치들이 벌써 두 세대에 걸쳐 후
퇴를 거듭하고 있다."[47]

뷰캐넌은 극렬 소수파의 일원이 아니다. 오히려 그는 미국 사회에
서 나름 명사이며 대통령 보좌관, 공화당 내의 실력자, 뉴스 전문 케
이블 TV MSNBC의 정치 평론가로 다방면에서 활약 중이다. 말하자
면 그의 정치적 견해는 주류에 속한다.

왜 열대는 죽음의 땅이 되었나

외국인 혐오를 지원하는 석유 재벌

미국이라는 새로운 민족 국가^{Volksstaat}에 오신 것을 환영한다. 이곳에서는 미소를 머금은 증오가 공평과 자유라는 미명 아래 맹위를 떨치고 있다. 이민자들에 대한 전쟁은 일종의 이념 전쟁과 매우 흡사하다. 저명한 역사학자 리처드 호프스태터는 이미 30여 년 전에 『미국 역사에서 반지성주의』라는 저서와 이어서 『하퍼스 매거진』에 발표한 유명한 글 「미국 정치의 편집증」에서 이런 세계관을 해부했다. 다음 인용문은 1964년 『하퍼스 매거진』에 실린 글에서 일부를 발췌한 내용이다. 한 세대 전에 제기된 호프스태터의 비판이 현재 상황에도 여전히 유효하다는 것을 알 수 있다.

편집증적인 대변인은 음모의 최종 결과를 종말론적인 관점에서 본다. 그는 온세상, 모든 정치 질서, 모든 인간 가치 체계의 탄생과 죽음을 몰래 거래한다. 그는 항상 문명을 지키는 바리케이드를 치고 있다. 그는 끊임없이 역사의 중대한 전환점에 산다. 종교에서 천년왕국주의자들이 그렇듯이 그는 마지막 날에 살아 있을 사람들에 대한 우려를 표명하고, 때로 세상의 종말 날짜를 정하려 한다. …… 필살의 각오로 되찾으려 하고 파멸을 부를 최후의 파괴적인 행동을 막으려 안간힘을 쓰지만, 그들은 이미 미국의 많은 부분을 빼앗겼다. 과거 미국의 미덕들은 세계주의자와 지식인들에 의해서 이미 훼손된 상태다. 자유 경쟁을 중시하던 과거 자본주의는 계획을 중시하는 사회주의자와 공산주의자에 의해 기반이 서서히 침식되고 있다. 과거 탄탄

하던 국가 안보와 독립은 반역 음모들로 서서히 약화되었다. 이런 반역 음모의 가장 강력한 지지 세력은 물론 우리 사회 아웃사이더와 외국인들이다. 이들은 원래부터 그런 성향을 가지고 있었으니 놀랄 것은 없다. 하지만 미국 권력의 핵심에 있는 주류 정치인들까지 이런 음모에 가담하고 있다. 그들의 전임자들은 우연히 외부인의 음모들을 발견하는 수준이었다. 하지만 현대 극우파들이 발견하는 음모는 윗사람들의 배신이다.[48]

이런 사고방식이 현재의 외국인 혐오 정서에 힘을 실어주고 있다. 2010년 퓨리서치센터 조사에 따르면, 미국인 67퍼센트가 "합법적인 신분을 증명하지 못하는 사람은 누구든 구금하도록 허용하는 정책에 찬성한다."고 답했고, 62퍼센트는 "불법 체류가 의심되는 사람을 심문하도록 허용하는 정책"에 찬성한다고 답했다. 또한 59퍼센트는 의심스러우면 체포한다는 애리조나의 이민법에 찬성한다고 말했다.[49]

이런 외국인 혐오 및 '편집증 스타일'을 경제적으로 가장 적극적으로 지원하는 이들이 석유 재벌들, 특히 코크 형제라는 사실은 우연의 일치가 아니다. 온화한 태도에 말수가 적은 억만장자 찰스 코크와 데이비드 코크는 미국의 대표적인 보수 단체인 미국번영재단을 설립했고, 작은 정부, 세금 인하, 사회 복지 축소, 재정 건전성 등을 주장하며 오바마의 경제 정책에 반대하는 보수주의 시민 운동인 티파티 운동*에 착수금으로 최소 500만 달러를 지원한 자유 시장 옹호자들이기도 하다. 코크 가문은 오래 전부터 국가 통제를 반대하는 하이에크를 신봉했고, 최근에는 기후 변화 부정론을 적극 지지한다. 사실

왜 열대는 죽음의 땅이 되었나

두 입장은 자연스럽게 연결된다. 시장을 숭배하고 국가를 깔보는 입장에서는 정부가 온실가스 배출을 법적으로 제한하는 정책이 마뜩치 않을 수밖에 없다. 1980년대와 1990년대 코크 형제는 34개의 극우파 정치 및 정책 조직들을 지원하는 데에 1억 달러가 넘는 돈을 썼다. 카토연구소, 헤리티지재단, 독립여성포럼, 미국기업연구소 등이 모두 코크 형제의 경제적 지원을 받았다.[50] 이들 조직에서 방출하는 각종 소음을 분석해보면 자유 시장에 대한 광신, 기후 변화 부정, 외국인 혐오 등이 마구 뒤엉켜 있음을 알 수 있다. 라디오 토크쇼와 케이블 TV는 이런 소음을 증폭시키는 확성기 역할을 한다.

유럽의 담쌓기

유럽에서도 외국인 혐오를 표방하는 우익이 건재하다. 프랑스의 극우 정당 국민전선의 창립자, 장 마리 르펜이나 오스트리아의 자유당의 장기 집권자이자 우파의 대부로 불리는 외르크 하이더 같은 왕년의 비밀 파시스트 지도자들이 물러나는 추세에 있기는 하다.[51] 하지만 신세대 지도자들이 과거의 핵심 메시지들을 그대로 수용하고 있다. 네덜란드 정치인 헤르트 빌더스와 덴마크 인민당 당수 피아 케어스고르 등이 대표적이다.[52] 어쩌면 더욱 우려스러운 것은 중도 우

---

* (앞쪽) 티파티(Tea Party)는 1773년 영국의 무리한 세금 징수에 반대해 보스턴 시민들이 일으킨 조세 저항 운동인 보스턴 차 사건의 주도 그룹에서 따온 영어 명칭이다.

파 정권들이 공공연히 인종차별적인 정책들을 채택하는 상황이 아닐까 싶기도 하다. 예로, 니콜라 사르코지 프랑스 대통령은 프랑스에서 집시 8,000명을 추방했고, 앙겔라 메르켈 독일 총리는 독일의 다문화주의가 '완전히 실패했다'고 선언했다. 또한 체코공화국에서는 집시 공동체와의 담쌓기가 한창이다.[53]

세기말을 상상하다

선량한 자유주의자 중에도 무장한 구명정이라는 방책을 솔깃하게 생각하는 이들이 있다. 환경 작가이자 운동가인 빌 맥키븐을 생각해 보자. 그는 기후 과학이라는 현실을 대중에게 널리 알리는 훌륭한 작업에 매진하고, 대기 중의 이산화탄소 농도를 350ppm 이하로 유지하자는 국제 기후 변화 운동 단체 350.org를 발족시킨 인물이기도 하다. 맥키븐이 최근 저서에서 기후 안보 문제를 이야기하는데, 기존의 견해가 많이 흔들리는 모습을 볼 수 있다.

답답한 미래를 충분한 시간을 갖고 차분히 생각해 보면, 당근을 약탈하려는 도적 떼를 막으려고 산탄총을 들고 작은 채소밭 옆에 서 있는 자신의 모습이 그리 황당한 상상이 아니라는, 말하자면 충분히 가능한 일이라는 생각이 들 것이다. …… 그런 세상에서는 막강 해병대도 크게 도움이 되지 않을 것이다. 그들은 영화《매드 맥스》의 주인공처럼 혼신을 다해 싸울 준비가 되어 있지 않다. 하지만 여러분의 이

왜 열대는 죽음의 땅이 되었나

웃은 도움이 될지도 모른다. 그처럼 힘든 세상에서 삶이란 결국 각자의 식량뿐만 아니라 안전 보장에도 스스로 더욱 많은 책임을 진다는 의미가 된다. (모든 성인 남자가 군인인 스위스를 생각하면 한결 이해가 쉬우리라.) 우리 중에 다수는 **민병대**라는 단어를 추악하고 못된 것으로 생각한다. 하지만 미국 독립 전쟁 당시 지역 민병대가 렉싱턴 그린*에서 싸웠다는 사실을 기억할 필요가 있다. 벽장 어딘가에 당시 유행했던 삼각 모자를 가지고 있는 사람들만이라도.[54]

이는 파탄 국가로서 미국의 이미지이다. 분명 그보다 나은 선택이 있을 것이다. 온갖 결점에도 불구하고 문명은 권장할 만한 요소가 많으며, 지킬 가치가 있는 많은 것을 포함하고 있다. 현재 세계 문명이라고 하면 대체로 자본주의 세계 경제를 말한다. 온갖 착취와 불평등의 원인이지만 한편으로 놀라운 부와 기술을 탄생시킨 원동력이기도 하다. 정말로 우리는 이런 자산과 역량을 재배치하고 재분배할 방법을 상상하지 못하는 것일까?

---

*렉싱턴 그린 Lexington Green. 렉싱턴 전투는 미국 독립 전쟁 당시 영국 군대와 미국 민병대가 충돌했던 최초의 전투로 미국 독립 혁명의 도화선이었다는 평가를 받는다.

16장

또 다른 미래는
가능하다

사실, 그 화가의 그림이 어떻게 보였는가를 설명하자면 이렇다. (이는 나 자신의 최종 결론이자 부분적으로는 내가 해당 그림을 놓고 이야기를 나눈 여러 노인들의 의견을 종합한 것이다.) 그림은 거대한 허리케인 속에 혼 곶*을 회항하는 배 한 척을 묘사하고 있었다. 배는 반쯤 침몰해서 분해된 돛대 세 개만 보인다. 그리고 성난 고래가 거대한 동작으로 배를 뛰어넘으려다가 세 개의 돛대 꼭대기에 내리꽂히고 마는 모습이었다.

_허먼 멜빌Herman Melville, 『모비딕Moby Dick』

아직 영향이 완연하게 느껴지지는 않지만 문명이 위기에 처해 있다. 세계 경제의 신진대사가 자연의 그것과 근본적으로 맞지 않는 상태다. 이는 양쪽 모두에게 죽음이 될지도 모르는 아찔한 위협이다. 앞에서 나는 기후 변화의 사회적 영향이 이미 우리 앞에 있으며, 빈곤과 폭력이라는 기존의 위기를 통해 스스로를 분명하게 드러내고 있

---

*혼 곶 Cape Horn. 남미 대륙 최남단으로 대서양과 태평양을 나누는 분기점. 바람과 해류가 험한 곳으로 유명하다.

음을 설명했다. 또한 그것이 냉전 시대의 군국주의와 신자유주의 경제의 유산이라는 사실도 이야기했다. 이런 요인이 중첩되고 결합되면서 가속 페달을 밟은 것처럼 빨라지고 그로 인한 영향이 증폭되는 현상이 누차 이야기한 파멸적 수렴이다. 이런 파멸적 수렴의 일부로서 다양한 형태의 폭력적인 적응 방법이 나타나는 모습이 보인다.

남방 개발도상국에서 폭력적인 적응은 실지 회복 운동, 종교적 광신, 반란, 비적 행위, 마약 밀거래, 소규모 자원 전쟁 등의 형태를 띤다. 서두에서 말한 투르카나족의 목축민 에카루 로루만을 죽인, 작지만 절박한 전쟁을 기억하는가? 물과 소를 두고 벌어진 그런 충돌이 자원 전쟁의 대표적인 예라 하겠다. 북방 선진국에서는 중첩된 위기가 무제한의 대게릴라전, 국경의 무력 증가, 공격적인 반이민 정책, 극우파의 외국인 혐오의 주류 사회로의 확산 등 무장한 구명정 정치라는 형태로 나타난다.

또한 명심해야 할 중요한 사항이 있다. 모든 온실가스 배출이 당장 멈춘다고 해도, 즉 세계 경제가 당장 붕괴되어 전구 하나도 켜져 있지 않고, 자동차가 한 대도 굴러가지 않는다고 해도, 대기 중에는 이미 충분한 이산화탄소가 있어서 무시 못할 정도의 온난화와 기후 변화를 야기하리라는 사실이다. 그리하여 지금보다 훨씬 악화된 빈곤과 폭력, 사회 혼란, 불가피한 이민, 정치적 격변 등을 야기하리라는 사실이다. 그러므로 우리는 인간적이고 정의로운 적응 방법을 찾아야 한다. 그렇지 않으면 야만적인 결과에 직면하게 될 것이다.

그렇다고 여기서 저탄소 녹색 성장이나 풀뿌리 대중 차원의 평화 구축과 무장 해제 프로그램 등을 제시할 생각은 없다. 올바른 행동과

왜 열대는 죽음의 땅이 되었나

실천을 통해 해결책을 제시하는 NGO들의 목록을 나열할 생각도 아니다. 해결책은 개별 지역 지도자들이 현지 환경의 특수성을 감안하여 내놓을 때 효과가 있다. 현재 위기는 함께 일할 만한 집단의 이름과 주소를 몰라서 고민하는 깨인 사람들의 문제가 아니다. 마찬가지로 적절한 기술과 참여 민주주의를 기반으로 풀뿌리 대중 차원에서 작지만 정의로운 사회적 적응을 시도하는 사례도 마음만 먹으면 한없이 나열할 수 있다. 하지만 이런 시도들이 국가 정책에서 중심이 되고, 세계적인 규모의 경제 재분배가 공식 의제가 되기 전까지는 『걸리버여행기』에 나오는 소인국처럼 작고 미미한 형태로 남아 있을 것이다.

게다가 훌륭한 목표를 가지고 활동하는 풀뿌리 대중 조직과 독창적이고 새로운 기술들을 강조하다보면 자칫 핵심을 놓치기 쉽다. 바로 기후 위기는 기술 문제가 아니고, 경제 문제도 아니며 본질적으로 정치 문제라는 사실이다.

기술, 경제, 정치 요인을 순서대로 살펴보도록 하자.

기술

이산화탄소의 배출 완화 혹은 탄소 중립 경제로 전환할 충분한 기술이 있는가? 그렇다. 탄소 중립 에너지를 대량으로 생산할 기술이 이미 존재한다. 이미 여러분도 알고 있는 그런 기술들이다. 풍력, 태양열, 지열, 조력 모두가 효율적인 지능형 전력망에 원료를 공급하며, 이는 다시 전기 자동차와 보다 에너지 효율적인 건물에 연료를 공급한다. 에너지와 자원 소비를 줄이고 오염 물질의 발생 자체를 근본적으로 줄이거나 없애는 친환경 기술, '청정 기술'은 자체적인 문제가 없지는 않지만 현재 존재하며, 사용 가능하고, 산업적인 규모에서 운용이 가능하다. 북방 선진국의 시민들, 특히 미국인들이 지금처럼 에너지를 낭비하면서 살아도 될까? 그렇지 않다. 우리는 에너지와 자원을 신중하게 사용해야 한다.

일부는 온실가스 배출 완화가 전적으로 첨단 기술의 획기적 발전에 달려 있다고 본다. 소프트웨어계의 거물인 억만장자 빌 게이츠, 환경과학자 제임스 러브록, 심지어 NASA의 제임스 핸슨 같은 이들도 그림의 떡 같은 4세대 원자력(업계에서는 흔히 IV Gen이라 부른다)에 희망을 걸고 있다. 4세대 원자력은 분명 현재의 믿지 못할 기술과 낡은 원자력 발전소들에 비해 훨씬 안전할 것이고, 수십 년 동안 수천억 달러를 쏟아 부으면 실현 가능할 것이다. 하지만 4세대 원자력을 상용화하기까지 기다릴 시간적인 여유가 없다. 4세대 원자력이 상용화되었을 시점에 기후 변화는 이미 티핑 포인트를 넘고 자체 추진력을 갖는 걷잡을 수 없는 상태에 있을 것이다. 원자력과 관련한 모든 산업의 배후인 미국 에너지국은 최초의 4세대 원자력 발전소의 개소 시기에 대해 아무리 빨라도 2021년 정도라고 말했다.[1] 하지만 미국 에너지부의 예측은 항상 지나치게 낙관적이라는 비판을 받아왔다. 지금까지 어떤 원자력 발전소도 에너지부가 처음 예상한 기간과 예산 범위 안에서 건설된 적이 없기 때문이다.

과학적인 수치들을 보면 적극적인 배출량 감축이 지체 없이 시작되어야 한다. 위험한 기후 변화를 피하려면 배출량이 2015년에 절정에

왜 열대는 죽음의 땅이 되었나

이른 다음 이후에는 가파르게 감소해야 한다. 이런 일정을 맞추려면 이미 존재하는 청정 기술을 확대해야 한다. 당연히 대규모 투자와 진지한 계획이 선행되어야 할 것이다. 사실 그런 계획은 이미 시작되었다. 미국은 굼벵이처럼 꾸물거리고 있지만 다른 선진국들은 이미 그런 전환을 시작했다.

기술적인 측면에서의 적용은 어떨까? 성공적인 적용을 목표로 진행되는 풀뿌리 대중 차원의 소규모 프로젝트들을 세계 곳곳에서 볼 수 있다. 나의 동료이자 환경 기자인 마크 허츠가드는 사헬 지대 서부를 바꾸고 있는, 나무 중심의 새로운 농업, 즉 "소리 없는 녹색 기적"에 대한 기사를 썼다. 허츠가드가 부르키나파소에서 방문한 농경 공동체들은 "1972년부터 1984년 사이 끔찍한 가뭄 이래" 서서히 진행되는 위기 상황에 놓였었다. "당시 가뭄으로 연평균 강수량의 20퍼센트가 감소하여 사헬 지역 전역에서 식량 생산량이 급감했고, 광대한 초원 지역이 사막으로 변했으며, 굶주림으로 수십만 명이 죽었다." 하지만 새로운 '혼농임업' 혹은 '농민 관리형 자연 재생법'이라는 적응 방법 덕분에 말리, 니제르, 부르키나파소 등지에서 삼림이 대규모로 복원되었다. (기본적으로는 브라질 노르데스치에서 본 것과 같은 방법들이지만 아프리카의 상황에 맞춰서 변형된 형태였다.) 삼림이 복원되자 인구가 증가하는데도 지하수면은 5미터에서 15미터로 오히려 올라갔다.[2] 이는 실로 놀라운 성과다.

긍정적인 변화의 다른 사례로 UN개발계획 산하 지구환경기금의 고객 명단을 들 수 있다. 지구환경기금은 지역 사회에서 제안한 적응 및 완화 프로젝트에 소량의 보조금을 지원한다. 현재 지구환경기금에서는 29개 국가에서 진행되는 다양한 사업을 지원하고 있다. 그중에는 케냐의 지역 사회를 기반으로 진행되는 조림 사업과 다양한 에너지 효율성 제고 사업도 있다. 숯과 디젤을 대신할 풍력 및 태양열을 이용한 전력 생산, 하천 유역 관리 개선, 사막화 방지, 생물 다양성 보호 등등. 볼리비아에서는 지구환경기금의 지원 아래 22개 지방의 청정 기술을 활용한 전력 생산 프로젝트가 진행 중이다. 해당 프로젝트를 통해 지방의 20만 가구에 청정 기술로 생산한 전력을 공급하고, 이를 통해 향후 25년에 걸쳐 이산화탄소 배출량 210억 톤을 줄일 예정이다.[3]

하지만 브라질에서 살펴본 혼농임업 프로젝트처럼 이런 모든 노력이 정부 정책의 변방에서 소규모로 진행되고 있다. 이런 상황이 바뀌어야 한다. 룰라 대통령의 재임기에 브라질은 빈곤 퇴치 면에서는 비약적인 발전을 했다. 주로는 도덕군자인 양 하면서 적극적인 개입이나 계획 수립은 꺼리는 신고전주의식 경제 관행의 엉터리 처방을 거부함으로써 얻은 성과이다.[4] 하지만 브라질 식의 연분홍빛 반半사회주의 개혁들은 자연과의 공존과 화해가 국가 목표의 중심이 되는 경우에만 사회적으로 정의로운 적응으로 기능할 것이다.

경제

완화와 적응을 위한 충분한 돈이 있는가? 사실 있다. 이익이 될 만한 출구를 찾아 국제 금융 시스템 내부를 휘젓고 다니면서 위험천만한 투기 거품을 만들어내기도 하는 막대한 자본이 있다.

2010년 5월 『워싱턴 포스트』는 "비금융권 회사들이 1조 8000억 달러를 현금으로 깔고 앉아 있다. 경기 후퇴 시작 시점보다 약 4분의 1정도가 증가한 금액이다."라고 보도했다.[5] 해당 기사가 계속해서 지적하듯이 이런 자금은 신규 일자리 창출에 투자되지 않았다. 2010년 말의 연방준비제도이사회 자료에 따르면, 미국 회사들이 그렇게 많은 현금을 투자하지 않고 그냥 쥐고 있었던 적은 1956년 이래 처음이었다.[6] 많은 대형 은행들이 불경기 초기 몇 년을 국제적인 '캐리 트레이드carry trade'를 하며 보냈다. 구체적으로는 미국 연방은행에서 아주 낮은 금리로 돈을 빌려서 재무부에서 발행한 장기 채권을 사는 방식으로 미국 정부에 이를 빌려주는 것이다. 실제 자본금에 대한 투자가 아니라 전반적으로 소극적인 형태의 기생 투자로 월스트리트는 막대한 수익을 올렸고, 2년 동안 직원들에게 기록적인 보너스를 지급했다. 2010년, 월스트리트의 상위 25개 회사들은 자사 주식 중개인과 투자 분석가에게 보수로 1350억 달러를 지불했다.[7] 월스트리트가 보너스 잔치를 하는 동안에도 실물 경제는 침체의 길을 걸었고, 석탄과 천연가스가 여전히 가장 중요한 에너지원이었다. 청정 기술을 활용하는 산업에 신규 민간 투자 흐름이 구축되도록 유도하고, 장려하고, 요구할, 혹은 어떤 식으로든 그런 투자가 이루어지게 만들, 정부 정책 따위는 없었다.

내가 이 책을 쓰는 동안에도 그런 유동성 자금이 식량이나 광석 같은 1차 상품에 유입되어 투기성 거품을 만들어내고 있다. "2003년에서 2008년 사이 이런 1차 상품에 유입된 투기성 자금은 130억 달러에서 3170억 달러로 2,300퍼센트나 증가했다."[8] 덕분에 식료품 물가 지수가 2006년에서 2010년 말 사이에 거의 75퍼센트 올랐다.[9] 밀 가격은 2010년 하반기에만 56퍼센트 급등했다. 밀 가격 급등에는 투기성 자금 이외에 기후 변화도 영향을 미쳤다. 기후 변화로 인한 파키스탄, 오스트레일리아의 가뭄과 러시아에서 일어난 산불 때문에 공급은 줄고 수요는 급등한 것이다. 일단 가격이 오르자 현금이 풍부하고 저리로 대출이 가능한 투기꾼들이 달려들어 가격을 더욱 올리기 시작했다.[10]

정부는 민간 자본을 청정 기술에 투자하도록 끌어들이는 데 실패했지만, 사실 정부 자체도 청정 기술에 제대로 투자하지 않았다. 청정 기술에 직접 투자되는 공공 자금도 부족하고, 활성화된 보조금 지원 프로그램도 없다. 동시에 연방의 조세 정책은 그런 투기를 벌하거나 금지하기 위해서 거의 아무것도 하지 않았다. 사실, 미국 정부는 투기꾼들한테 세금을 더 많이 거둬들이지 않고도 청정 기술로의 전환에 활용할 충분한 자금을 가지고 있다. 국방 예산을 생각해 보라. 2010년 연방 예산안이 2009년 10월 28일에 통과되었는데, 최종 결정된 국방부 예산 규모는 6800억 달러였다. 국방부가 아닌 다른 부서에서 집행하는 국방 관련 지출도 3000억에서 6000억 달러가 넘는다. 미국 에너지부의 무기 실험 및 비축, 전쟁 지역에서 국무부의 안보 비용, 부상당한 참전 용사 치료, 국토안보부의 대테러 활동, 나사의 군사 관련 작업들이 이에 해당한다. 여러 추정치에 따르면, 이런저런 비용을 합치면 2010년 한 해에만 총 국방비가 1조에서 1조 3000억 달러에 달한다. 보수적으로 계산하여 직접적인 군비에 추가적인 전투 비용, 에너지부의 핵무기 프로그램 비용까지만 더한다 해도 2010년 총액이 7220억 달러가 된다.[11] 요컨대, 돈은 있다. 찾으려는 의지만 있다면.

국가 부채 때문에 경제 전반적으로 완화와 적응에 투자할 여력이 없다고 생각하기 쉽지만 사실은 그렇지 않다. 눈에 보이는 숫자에 속아서는 안 된다. 20세기 대부분의 기간에 미국의 최고 한계 세율은 50퍼센트 이상이었고 90퍼센트까지 높아진 적도 있다. 뉴딜 정책이 시작된 1933년부터 1980년까지 최고 한계 세율은 70퍼센트 이하로 내려가 본 적이 없다. 1993년 클린턴은 그동안 낮아진 최고 한계 세율을 31퍼센트에서 39.6퍼센트로 올려 국가 부채를 상환했다. 클린턴 대통령 재임 시절인 1998년까지 연방 정부는 **흑자를** 내고 있었다.[12] 이처럼 최상류층에 대한 세금을 올리면, 미국 정부는 국가 부채를 낮추고 청정 기술에 투자할 돈이 생길 것이다.

정치

그런 전환을 이룰 정치적인 의지가 있는가? 안타깝게도 답은 '없다'이다. 기존의 기업들, 예를 들면 화석 연료 회사들과 방자한 대형 은행들은 부와 권력의 하향 재분배를 원치 않는다. 그동안 화석 연료 경제에 들어간 온갖 매몰 자본이 허무하게 공중분해되는 것도 원치 않는다. 그러므로 화석 연료 회사들의 기후 변화 부정론 조장만큼 기후 변화를 둘러싼 정치적인 문제를 집약해서 보여주는 것도 없다.

20년 동안 화석 연료 회사들은 기후 변화 주장을 공격하는 활동에 자금을 대고 조직화했다. 가장 눈에 띄는 예로는 미국의 대표적인 석유 회사 엑슨이 1998년과 2008년 사이에 기후 변화 부정 운동 지원에 2300억 달러를 기부한 것을 들 수 있다.[13] 영국에서 가장 명망 있는 과학 학회인 왕립학회가 2006년 엑슨이 잘못된 정보 축적에 자금을 대는 일을 중지해야 한다고 요구할 정도였다. 엑슨은 그렇게 하겠다고 약속했지만 실제로는 아랑곳없이 계속해서 자금을 지원했다. 2009년 그린피스는 엑슨이 헤리티지재단, 미국기업연구소, 워싱턴법률재단 같은 기후 변화를 부정하는 단체에 130만 달러를 지원했다고 밝혔다.[14]

　　기후 변화 부정 운동의 또 다른 돈줄은 코크 형제다. 석유의 생산, 정제, 분배는 물론, 에너지, 합성수지, 광물, 화학 비료 산업에 두루 관여하는 명실상부 '거대 복합 기업'의 소유주들이다. 코크인더스트리스는 미국에서 카길에 이어 두 번째로 큰 민영 기업이며, 대기 오염 물질 배출 규모로는 미국에서 열 손가락 안에 든다.[15] 극우 박애주의자로 통하는 그들은 투자 패턴을 보면 알 수 있듯이, 신자유주의 입장에서 모든 국가 통제를 반대하는 하이에크 신봉자들이고, 기후 변화를 강력하게 부정하는 조직들에 자금을 댄다.[16] 그린피스는 2005년부터 2008년 사이에 코크 형제가 주도하는 몇몇 재단에서 기후 변화 부정론을 지지하는 여러 단체에 2490만 달러를 기부했다고 밝혔다. 이들의 줄기찬 노력은 나름 결실을 맺는 것처럼 보인다. 퓨리서치센터의 조사에 따르면 2006년에는 응답자의 77퍼센트가 지구 온난화 증거가 있다고 답했고, 2009년에는 해당 수치가 57퍼센트로 떨어

　　　　　　　　왜 열대는 죽음의 땅이 되었나

졌다.[17]

북방의 저항

대항 세력은 어디에 있는가? 미국에서 기후 정의 운동은 빈사 상태로 여기저기서 난타당하는 실정이다. 유럽에서도 나름의 압박을 받고 경찰이 잠입하는 상황까지 벌어지지만, 미국에 비하면 강력한 편이다. 최근 영국에서는 최소 열다섯 명의 경찰이 환경 운동 진영에 침투해서 방해 공작을 편 것이 밝혀져 한바탕 소란이 일었다.[18] 이런 악조건에도 불구하고 영국과 유럽에서 풀뿌리 환경 운동가들은 상대적으로 활발한 기후 정의 운동을 펼치고 있다.

비록 규모가 작고 한 번의 급성장 이후에 퇴보로 고전 중이지만 미국에도 기후 정의 운동은 있다. 브라이언 토카의 말처럼 "중요한 이정표가 되는 인식 변화가 2005년에서 2006년 사이에 시작되었다. 계기가 되었던 것은 뉴올리언스를 침수시킨 허리케인 카트리나였다." 이어서 많은 관객을 동원한 앨 고어의 다큐멘터리 《불편한 진실》이 나왔고, 계속해서 2007년 정부간기후변화위원회IPCC에서 「기후학과 그 결과」라는 제목으로 4차 평가보고서를 발표했다. 끔찍한 미래를 예고하는 4차 평가보고서는 쉽게 무시할 수 없는 권위와 전문성을 갖추고 있었다. 이런 일련의 사건과 자료들이 결합되어 일시적으로나마 기후 변화가 논쟁의 중심으로 부각되었다.[19]

이런 분위기에서 교토의정서에 대한 후속 합의를 만들어내려는 노력에도 탄력이 붙었다. 버락 오바마가 선출된 데는 청정 기술 산업 부흥에 10년 동안 1500억 달러를 투자하겠다고 공약도 일조를 했다. 그리고 2009년이 되자 포괄적인 국제협약이 가능할 것처럼 보였다. 국내에서는 민주당이 기후 변화 관련 법률 제정을 강력히 주장하기 시작했다. 소위 탄소 배출권 거래 제도에 관한 법률이었다. 하지만 기업들의 로비가 치열해지면서 타협에 타협을 거듭한 결과 결함투성이 법률안이 되고 말았다. 친정부 성향의 '대규모' 환경운동 단체들은 법안 내용을 '반이나 찬 컵'이라고 해서 긍정적으로 보는 반면 좌경 성향의 "소규모" 집단들은 법안이 매우 불충분하다고 본다.

상공회의소, 전미제조업자협회, 서부연료협회, 국제석유협회 등으로 뭉친 대기업의 다수는 기후 변화 관련 입법에 강력하게 반대한다. 영국 『가디언』지의 보도에 따르면, 2009년 여름 미국의 석유, 가스, 석탄 산업에서는 관련 기업들이 반환경 로비 예산을 50퍼센트 늘렸고, 그해 "석 달 동안에 핵심 기업에서 4450만 달러를 썼다."[20] 반대파의 맹렬한 로비 때문일까? 아무튼 미국에서 포괄적인 기후 변화 관련 입법은 사실상 실패했다. 미국에서의 실패는 2009년 코펜하겐, 그리고 다음해에 칸쿤에서 열린 유엔기후변화협약 당사국 총회의 입지 약화에 영향을 주었다.

이런 방해 공작에 직면한 미국 환경운동가들은 현장에서 싸우는 전략에 다시 초점을 맞추고 있다. 시에라클럽, 열대우림보호네트워크, 수많은 지역 단체들, 보다 최근에는 그린피스 등이 이끌었던 2000년대 초 10년 동안의 석탄 사용 반대 투쟁이 좋은 예다. 이들은 130개의 신규 석탄 화력 발전소 건설을 중지시키기 위해 재정적, 정

왜 열대는 죽음의 땅이 되었나

치적 압박과 대중 시위는 물론, 산 정상 점거 같은 직접 행동까지 활용하고 있다.[21]

그런가 하면 350.org처럼 미디어 활용에 치중하는 조직들도 있다. 350.org라는 단체명에서 350은 대기 중의 이산화탄소 농도 350ppm을 가리킨다. 일부 과학자들은 대기 중의 이산화탄소 농도 350ppm이 기후 변화가 제어불능 상태로 넘어갈 가능성이 높은 일종의 티핑 포인트라고 본다. 환경 작가 빌 맥키븐과 미들베리대학교 학생들이 시작한 350.org는 전 세계의 대중에게 기후 변화의 과학적인 실상 및 한계점, 티핑 포인트 등의 개념을 알리는 놀라운 작업들을 해내고 있다. 그러나 헨리 밀러가 저서 『남회귀선』의 말미에서 말한 것처럼 "상징의 본질은 상징적이라는 것이다."[22] 경제적인 힘과 마찬가지로 정치적인 힘도 궁극적으로는 보다 실질적인 것들로 구성된다. 육체, 노동, 자연, 사람이 만든 사물과 장소, 사람을 통제하는 물리적인 폭력 같은 것 말이다.

남방의 저항

::1막

2005년 5월 말, 볼리비아는 몇 주째 계속되는 시위에 시달리고 있었다. 시위 참가자들은 대부분 퀘찬 및 아이마라 인디오들로 볼리비아 천연가스 산업 국유화를 주장했다. 총파업이 선언되었고, 지금은 대규모 인원이 고산도시 엘 알토에서 수도 라파스까지 행진을 하는 중이었다. 시위자들은 주로 노동조합원, 광산노동자, 교사, 땅이 없는 소작농들이었다. 그들의 목적지는 국회 의사당 겸 대통령 관저였다. 건물 바로 앞에는 폭동 진압 경찰이 밀집 대형으로 서 있었다.

시위대는 목적지에 다가가면서 총파업 명령을 무시하고 운행 중이던 일부 소형 버스들의 유리창을 박살냈다. 경찰 저지선에 도달하자 광산 노동자들이 소량의 다이너마이트를 던졌다. 블록 여기저기서 창문들이 산산이 부서졌다. 경찰은 뒤로 물러서서 플렉시글라스* 방패로 폭발을 차단했다. 이어서 경찰은 최루탄과 고무탄을 일제히 발사했다. 전진과 후퇴를 거듭하면서 3주 동안 전투가 계속되었다. 라파스를 포함해 볼리비아 주요 도시들이 대부분 봉쇄되었고, 식품과 연료가 바닥났다. 버스와 택시들은 오도 가도 못한 채로 멈춰 서 있었다. 시위자들이 몇몇 천연가스 생산지를 점거하고 파이프라인 하나를 봉쇄했다. 500년 동안 절도와 학대가 계속되던 땅에서 이제 볼리비아 토착민들이 정의를 요구하고 나섰다.

: : 2막

여섯 달 뒤에 나는 볼리비아에 다시 왔다. 장시간 밤 비행기를 타고 온 여파 때문인지 라파스의 추레한 호텔에 도착하자마자 잠이 들었다. 잠에서 깨어 텔레비전을 켠 나는 화들짝 놀랐다. 마르크스주의 지식인 라울 프라다가 화면에 나왔기 때문이다. 키가 작고 몸집이 떡 벌어진 그는 안경을 쓰고 여유롭게 뭔가 설명하고 있었다. 내가 마지

---

*플렉시글라스 유리와 같이 투명한 합성수지.

왜 열대는 죽음의 땅이 되었나

막으로 본 프라다는 거리에서 군중과 함께 최루가스를 피해 다니고 있었는데 이제는 대통령 에보 모랄레스의 보좌관이었다. 라울 프라다가 대통령 보좌관이라니! 1년 동안 얼마나 많은 것이 달라졌는가! 프라다는 정부가 볼리비아 천연가스 산업의 상당 부분을 국유화한 이유를 설명하는 중이었다.

변화는 그것뿐만이 아니었다. 모랄레스 대통령은 천연가스 국유화 이외에도 다양한 개혁을 추진하겠다고 선언했다. 광산과 숲을 다시 국유화하고, 쓰지 않는 목축지를 몰수해 재분배하고, 최저 임금을 올리고, 의료 지출을 늘리겠다고 약속했다. IMF에서 강요한 긴축이 수십 년 동안 계속된 이후 새로운 정부가 가장 먼저 취한 조치는 IMF와의 금전적 계약을 만료하는 것이었다. 이는 사실상 IMF를 볼리비아에서 쫓아내는 조치였다.

대통령 관저의 쌀쌀한 응접실에서 알바로 가르시아 리네라 부통령을 만났다. 부통령은 마흔두 살로 아직 젊은 나이지만 게릴라 대원, 죄수, 정력적으로 활동하는 작가, 지식인 등 여러 분야에 걸친 다양한 이력을 가지고 있었다. "볼리비아에서는 다국적 기업을 환영합니다." 자신 있게 말하는 부통령에게서 소년 같은 풋풋함이 풍겼다. "하지만 그들이 경제를 좌지우지하지는 못할 겁니다. 다국적 기업도 세금을 내고 온당한 환경 및 사회 규제에 따라야 합니다. 그렇게 하고도 충분히 수익을 낼 것으로 봅니다." 가르시아 리네라의 설명처럼 국가가 하는 일은 그동안 무자비하고 혼란스러웠던 볼리비아 자본주의에 균형과 최소한의 인간성을 강제하고, 진보적이고 친환경적인 케인즈주의 이념에 따라 국가 경제를 발전시키는 것이었다. 건설 자재 회사, 감자칩 공장, 소규모 주물 공장 등을 운영하는 라파스의 많은 기업가들(원한다면 민족 부르주아라고 불러도 무방할 것이다)도 이런 전략의 장점을 깨달아가는 중이다. 이러한 현실주의 테두리 안에서 볼리비아는 새로운 혼합 경제 모델로 나아가는 중이다.[23]

::3막

2010년 4월 볼리비아가 다시 뉴스에 등장했다. 이번에는 '기후 변화와 어머니 지구의 권리를 위한 세계 민중 대회' 개최 때문이었다. 12월 멕시코 칸쿤에서 열릴 '16차 유엔기후변화협약 당사국 총회'를 앞두고 각국 협상 대표단은 물론 환경 단체, 진보 단체 등이 모여 새로운 대안을 모색하는 자리였다. 지난해 코펜하겐에서 열린 15차 당사국 총회에서 볼리비아 대표단은 남방의 77개 가난한 개발도상국들의 협의체인 G77[*]과 연계하여 상당한 정도의 이산화탄소 배출량 감축과 남방 개발도상국에 대한 자금 및 기술 지원 조항을 구속력 있는 협약에 포함시키기 위해서 백방으로 노력했다. 하지만 결과는 실망스러웠다. 존 비달의 표현을 빌자면 15차 당사국 총회는 "친환경을 논하는 광적으로 거만한 연설들"이 난무하더니 결과적으로 엘리트들의 협상에 의한 구속력 없는 "합의"를 끌어냈을 뿐이다. 합의는 "기온 상승을 2°C 이하로 억제해야 한다는 과학적인 주장"을 인정했지만 이산화탄소 배출량 감축과 기후 변화 적응을 돕기 위해 북방 선진국이 남방 개발도상국을 지원해야 한다는 조항을 포함시키지 않았다.[24]

---

[*]결성 당시 77개 국가였으나 현재는 회원국이 132개 국가로 증가했다.

왜 열대는 죽음의 땅이 되었나

칸쿤에서 열린 16차 당사국 총회도 실망스럽기는 마찬가지였다. 이번에도 구속력 있는 합의, 즉 조약에는 도달하지 못했다. 오히려 세계는 구속력 있는 조약이 아니라 자발적인 '합의' 내용을 놓고 옥신각신하고 있다. 선진국들이 약속한, 자발적인 (그러므로 성공할 것 같지 않은) 이산화탄소 배출량 감축 계획을 전체적으로 합산해보면, 만에 하나 계획대로 지켜진다고 해도 지구의 평균 온도는 3.2°C까지 상승하게 된다. 정부간기후변화위원회에서 2°C 상승을 허용 가능한 한계로 보고 있는 상황에서 말이다. 알고 보면 2°C 상승도 마냥 안심할 수 있는 수치는 아니다.

이런 가식과 빤한 속임수에 동참하기를 거부한 유일한 나라가 바로 볼리비아였다. 당시 볼리비아 협상 대표인 파블로 솔론은 과단성 있고 열의가 넘친다는 평가를 듣는 유엔 주재 볼리비아 대사였다. 당사국 총회가 끝난 직후에 솔론은 "외교를 무시하고라도 진실을 말해야 한다는 의무감"을 토로하면서 『가디언』지에 볼리비아의 입장을 밝히는 글을 기고했다.

많은 해설자들이 칸쿤 합의를 "올바른 방향으로 내딛은 발걸음"이라고 평가하지만 우리는 그런 평가에 동의할 수 없다. 우리가 보기에 칸쿤 합의는 엄청난 후퇴다. 해당 합의문은 온실가스 배출 감축을 위한 구속력 있는 방법들 대신 불충분하기 짝이 없는 자발적인 약속을 택했다. 더구나 자발적인 감축 약속 내용을 보면 기온 상승 상한을 2°C로 정하자는 기존 목표에도 배치된다. 약속대로라면 기온 상승폭이 4°C 혹은 이상이 될 가능성이 높다. 해당 합의문은 오염 유발 국가에게 유리한 허점, 이산화탄소 배출량 거래 시장과 비슷한 메커니즘을 확대할 기회들로 가득하다. …… 우리 볼리비아는 수백만 명의 목숨을 위협할 어떠한 합의문에도 승인해서는 안 된다는 깊은 책임감을 느낀다.[25]

5년 뒤였다. 천연가스 산업 국유화를 외치며 라파스 거리에서 벌어지던 시위가 5년 뒤에 기후 정의를 외치는 세계 무대 시위로 바뀌었다. 볼리비아에서 민주주의 혁명이 세계 무대에서의 실질적인 전진이요 성과라고 해석되고 있었을까? 그렇지 않았다. 하지만 진보적인 기후 변화 완화 정책을 일관되게 지지하는 볼리비아의 태도는 기후 정의 운동에서 필수적인 리더십을 채워주었다. 볼리비아가 아니었다면 공석으로 남았을지도 모르는 자리였다. 한때 단호한 태도를 보여주던 몰디브조차도 지원금을 놓고 미국과 비밀 협상에 돌입한 뒤에 사실상 전장을 떠났고, 절름발이 칸쿤 합의에 지지를 표명했다. 동시에 미국은 볼리비아에 대한 300만 달러 상당의 지원을 중단했다. 안데스 산맥 인근의 보잘 것 없는 국가가 자발적이고 불충분한 합의에 반대하는 활동을 전개하는 것이 괘씸했던 탓이리라. 미국 정부는 유럽 국가들에도 볼리비아 지원을 중단하라고 압력을 넣었다.[26]

본질적으로 볼리비아는 기후 변화가 스스로를 분명하게 드러내는 문제들에 대처함으로써, 파멸적 수렴에 맞서려고 노력하는 중이다. 만약 이산화탄소 배출량을 감축하고, 기후 변화 적응 노력을 재정적으로 지원하자는 국제사회의 합의에 진전이 있다면, 빈곤에 허덕이는 내륙의 작은 나라 볼리비아의 용감한 행동에 적잖은 공로를 돌려

왜 열대는 죽음의 땅이 되었나

야 하리라. 무척 가난하고, 낙후되어 있고, 경제적으로 소외되고, 만연한 문맹과 질병, 굶주림에 시달리고, 아주 오랫동안 인종 차별, 착취, 독재로 정치 발전이 지체되었던 나라가 자체적으로 대열을 정비하고, 현명하게 내전을 피하고, 혼합 경제 발전이라는 새로운 길을 걷고, 마침내 이런 모든 것을 국제무대에서 위풍당당하게 천명할 수 있었다는 것은 진정 영웅적이고 위대한 쾌거가 아닐 수 없다.

완화 노력의 현 주소

이 책을 집필하는 동안 나는 상당히 괴로운 깨달음에 도달했다. 평화롭고 진보적인 적응 방법과 폭력적이고 해로운 적응 방법이 각축을 벌이는 상황에서 선택은 분명 어려운 일이지만, 이런 각축 자체가 적극적인 완화를 전제로 하는 싸움이라는 사실이다. 이산화탄소 배출량을 줄이는 완화 과정이 없다면, 우리는 아무리 해도 성공적인 적응이 거의 불가능한 위험한 상황에 직면하게 된다. 기후 변화가 자체추진력에 의해 가속이 붙는 단계가 되면 사실상 제어나 적응이 불가능해지기 때문이다.

앞에서 이미 말했듯이 과학자들은 기후 시스템을 안정시키려면 대기 중의 이산화탄소 농도를 350ppm이하로 유지해야 한다고 본다. 안타까운 소식은 지금 이미 390ppm이라는 사실이다. 세계기상기구에 따르면, 2010년은 기상관측 역사 이래 가장 더웠던 해 중에 하나다. 그런 탓인지 1년 내내 극단적인 기상 현상이 북반구를 난타했다.

여기에 바다, 빙하, 삼림 등이 악화되고 있다는 과학계의 보고서 내용을 더해보자. (과학계는 이런 불미스러운 소식을 담은 보고서들을 꾸준히 내놓고 있다.) 이런 분석을 토대로 정부간기후변화위원회는 미국 등의 부유한 선진국들이 2020년까지 1990년 수준보다 25~40퍼센트 정도 이산화탄소 배출량을 줄여야 하며, 이후에는 거의 0에 가깝도록 가파르게 배출량이 줄어야 한다고 말한다.

당장 배출량 완화에 돌입하지 않으면, 지구 평균 기온 상승치가 $2°C$를 상회할 가능성이 농후하며, 이는 자체 추진력을 가지고 마구잡이로 증폭되는 기후 변화를 야기할 위험천만한 양성 되먹임 고리를 촉발할 가능성이 크다. 예를 들어 북극의 영구 동토층이 계속해서 녹으면, 동토층 아래 저장된 방대한 양의 메탄이 방출되고, 메탄은 이산화탄소보다 20배 강한 온실 효과를 내기 때문에 지구 온난화 속도가 급속히 빨라진다.[27] 지금은 방대한 양의 메탄이 얼음 아래, 동토층과 해저면 아래 갇혀 있다. 하지만 얼어붙은 뚜껑 역할을 하는 동토층이 녹고 있다. 이런 상태가 지속된다면 해수면 상승을 수반하는 급속한 온난화로 인한 농업 파괴 및 사회 혼란은 불가피하다.

이 책이 인쇄에 들어가는 2011년에도 아주 미미한 완화 노력만이 진행 중이다. 이산화탄소 배출량을 줄이려는 국제사회의 노력에 중요한 걸림돌이 바로 미국의 비타협적인 태도다. 미국은 교토의정서 비준에 실패했고, 뒤이은 협상에서도 의사 진행 방해자 역할을 톡톡히 하고 있다. 환경 보호 필요성에 대한 폭넓은 대중의 지지에도 불구하고, 미국 내에서 진전은 절망감을 느낄 만큼 느리다. 이 글을 쓰고 있는 지금, 미국에서는 어떤 기후 변화 관련 법률도 통과하지 못했다. 이산화탄소 배출에 세금을 매길 계획도, 청정 기술 투자를 활성화할 계획도 없다. 태양열, 풍력, 수력 등으로 생산한 청정 에너지에 세금 공제 혜택을 제공하겠다는 장기적인 약속도 없다. 최소한의 세금 공제에 대해서도. 결과적으로 청정 기술에 대한 민간투자는 단속적으로밖에 이루어지지 않는다.

반면에 이제 세계 2위의 경제 대국이자 온실가스 배출국이 된 중국은 활기차게 성장하는 청정 기술 산업으로 무장한 채 배출 완화로 성큼성큼 다가가고 있다. 특히 중국의 풍력 분야는 2001년 이래 꾸준하게 성장하고 있다. 세계풍력에너지협회에서 편찬한 2009년에 세계 풍력에너지 보고서에 따르면 113퍼센트나 성장했다. 이런 성장에는 정부의 왕성한 지원도 중요한 역할을 했다. 중국 정부는 청정 기술 촉진 자금으로 2008억 달러를 투자했다. 반면에 미국의 청정 기술 촉진 자금은 500억에서 800억 달러 정도로 추산된다.[28]

EU도 신재생에너지에 기반한 광역 전력망 건설에 박차를 가하고 있으며 향후 1조 달러를 투자할 계획이다.[29] 특히 독일과 포르투갈은 원래도 상당히 컸던 청정 기술 분야를 더욱 확장하는 작업에 공격적으로 나서고 있다. 청정 기술 혁명을 달성하고 세계 경제를 바꾸려면, 핵심 경제 대국들의 노력이 무엇보다 중요하다. 그들만이 그런 목표를 달성할 인프라를 갖고 있기 때문이다.

발전적인 방향

경화증에 빠진 미국 정치와 화석 연료 근본주의에도 불구하고 앞으로 나갈 방법들은 있다. 무엇보다 미국 환경보호청이 있다. 환경 운동가들의 압력과 각종 소송 덕분에 이제는 환경보호청이 온실가스 배출을 규제하고 있다. 마지못해 나서기는 했지만 환경보호청이 적극적으로 움직여주면, 현재의 법률과 기술로도 상당한 정도의 배출량 감축 효과를 볼 수가 있다. 그것도 즉시.

생물다양성센터의 캐시 시걸도 같은 생각이다. "대기오염방지법이면 당장 우리에게 필요한 것을 충분히 이룰 수 있습니다. 2020년까지 온실가스 배출량을 1990년 수준에서 40퍼센트 낮추는 것입니다."[30] 환경보호청에서 당장 가능한 가장 중요한 두 가지는 신규 석탄 화력 발전소 허가를 중지하고, 기존의 석탄 사용 발전소에 천연가스를 사용하도록 강제하는 것이다. (이 책이 마무리되는 시점에도 대략 50개의 신규 석탄 화력 발전소들이 승인을 받으려 대기 중이다.) 특히 석탄에서 천연가스로의 '연료 교체'는 기존 발전소 설비 개조가 거의 필요하지 않다는 점에서 손쉽고 경제적이다. 많은 전문가들은 이런 연료 교체가 이루어지면 미국에서 자동차 이외의 이산화탄소 배출 총량이 1~2년 사이에 최소 13퍼센트는 감소할 것이라고 예측한다. 연료로서 천연가스는 석탄에 비해 오염 정도가 절반에 불과하다. 더구나 노후화되어 효율성이 떨어지는 석탄 화력 발전소를 천연가스 발전소로 개조하면 이산화탄소 배출량이 기존의 3분의 1정도로 떨어진다.

천연가스 시추 작업에 문제가 적지 않지만 적절히 규제를 해주면

왜 열대는 죽음의 땅이 되었나

오염을 줄이는 방향으로 개선이 가능할 것이다. 무엇보다 천연가스는 풍부한 연료이기도 하다. 워낙 많이 발견되어 공급이 수요를 초과하는 상황이다. 당연히 가격도 최고일 때에 비하면 60퍼센트 이상 떨어졌다. 물론 가스는 궁극적인 해결책은 아니다. 무엇보다 청정한 에너지원이 아니다. 가스는 풍력, 태양열, 지열, 수력 같은 진정한 청정 에너지원으로 나아가는 길목에서 오염을 완화시켜주는 상대적으로 깨끗하고 현실적인 '가교' 역할을 하는 에너지원일 뿐이다.

정부의 친환경 에너지와 기술 구매

전환을 위해 할 수 있는 또 다른 방법은 정부가 청정 에너지를 직접적으로 구매하는 것이다. 현재 대표적인 청정 기술들은 과거의 오염 기술에 비해 살짝 비싼 편이다. 이런 '가격 차이'가 청정 기술의 대대적인 확산을 막고 있다. 단순한 진리는 자본주의 경제는 화석 연료보다 저렴해지기 전에는 청정 에너지로 바꾸지 않으리라는 점이다.

오염 기술에 지급되는 보조금도 이런 가격 차이의 부분적인 원인이다. (2002년부터 2008년까지 보조금 수치가 725억 달러이다.) 또한 화석 연료 산업들이 누리는 규모의 경제도 가격 차이를 발생시키는 요인이다. 이런 상황에서 가격 차이를 좁히는 가장 빠른 방법은 인위적으로라도 청정 기술 시장을 창출하여 규모의 경제의 이점을 누리도록 만들어주는 일이다. 청정 기술 시장 창출의 가장 빠른 방법은 정부 조달 에너지를 화석 연료에서 청정 에너지와 기술로 바꾸는 것이다.

말하자면 정부의 엄청난 구매력을 청정 에너지 시장 창출에 활용하는 것이다.

그런 사례가 없지도 않다. 우선, 정부는 마이크로프로세서 발명에 돈을 대지는 않았지만 해당 제품의 중요한 초기 소비자였다. 정부가 해당 기술을 만들어내지는 않았지만, 시장을 만들어냈다. 1950년대 내내 IBM 수익의 절반 이상이 정부와의 계약에서 나왔다. 정부와의 계약은 돈과 함께 확실한 시장을 제공했고, IBM과 여타 부품 공급자들에게 안정성을 제공해 민간 투자 유치를 도왔다. 이런 모든 것이 IBM이 시장의 1인자가 되는 데 중요한 역할을 했다.[31]

이제 에너지 경제의 규모를 생각해 보자. 우선 2억 5000만 대의 휘발유 자동차들이 나라의 동맥이라 불리는 아스팔트 도로를 꽉 채우고 있다. 이 차량들은 12만 1000개가 넘는 주유소에서 연간 2000억에서 3000억 달러 어치의 연료를 빨아들인다. 여기에 건물의 냉난방, 비행기 여행, 선박 운항, 전력 산업, 그리고 에너지를 게걸스럽게 먹어치우는 컴퓨터 서버까지 보태면, 미국 에너지 경제는 연간 2조에서 3조 달러라는 어마어마한 액수에 도달한다.

이는 엄청난 양이다. 그러나 연방 정부, 주 정부, 지방 정부의 소비가 GDP의 38퍼센트 이상을 차지한다. 연방 정부는 2010년에 3조 6000억 달러를 썼다. 좀 더 구체적으로 보면, 일단 연방 정부는 세계 최대의 에너지 및 자동차 소비자이다. 정부는 43만 개의 건물을 소유 혹은 임대해서 사용하고 있다. 대부분이 대형 사무실 건물들이다. 마찬가지로 정부는 65만 대의 자동차를 소유 혹은 임대해서 사용하고 있다. 결과적으로 정부는 국가 최대의 온실가스 배출자이기도 하다.

왜 열대는 죽음의 땅이 되었나

주 정부와 지방 정부 활동까지 더하면 이런 수치가 3분의 1가량 올라갈 것이다.

정부 구매 방향 수정은 청정 전력, 전기 자동차, 에너지 효율을 살린 빌딩은 물론, 보다 친환경적이고 지속가능한 방법으로 생산되는 가구, 종이, 청소 도구, 제복, 음식, 서비스 등을 위한 대규모 시장을 창출하게 된다. 정부가 친환경 기술 소비자가 되면, 이로 인해 청정 기술의 가격이 하락할 것이고, 친환경 기술 소비에 가속도가 붙어 민간 영역까지 퍼질 것이다.

정부는 원하면 언제든 녹색 구매를 추진할 재량권이 있다. 이는 추가적인 세금 징수나 계획, 지출 등이 필요하지 않으며, 상원에서 60표 확보라는 성배에 좌우되지도 않기 때문이다. 이는 그저 정부가 에너지, 자동차, 서비스 등을 구매하는 방법 문제일 뿐이다.

자본주의와 자연은 양립 불가인가?

마지막으로 반드시 해야 하는 질문이 있다. 몇몇 환경 이론은 자본주의는 자연과 지속가능한 관계를 맺을 수 없다고 주장한다. 경제 체제로서 자본주의는 기하급수적으로 성장해야 하는데, 지구는 유한하기 때문이다.[32] 생태 사회주의, 심층 생태학, 생태 아나키즘 등의 문헌을 보면 이런 주장이 심심찮게 등장한다. 한편 자유주의적 환경론자들이 역사적 맥락이나 이론적인 근거를 제시하지 않은 채로 동일한 주장을 내놓는 경우도 종종 있다. 경제 체제를 비판하면서도 구체적인 내용을 거론하지 않는 식이다. 1970년대 로마클럽의 『성장의 한계』라는 책은 '성장'의 위험성에 주목하면서도 자본주의가 성장을 원하는 이유, 혹은 성장이 사적 소유, 이윤, 회사 간의 경쟁과 어떻게 연관되는지에 대한 설명은 전반적으로 회피했다. 이런 문헌들이 문제를 '근대 산업 사회', '성장 맹신' 등으로 표현하든, 이윤 시스템으로 표현하든, 아무튼 유사한 핵심 주장을 펴는 경우가 많다. 자연과 균형을 이루며 살려면 전혀 다른 경제 체제가 필요하다는 주장이다.

그런 주장을 폈던 최초의 인물들 중에 마르크스와 엥겔스가 있다. 그들은 도시와 농촌의 관계라는 지역 문제를 설명하면서 자신들의 생태학을 전개했다. 구체적으로는 도시 오염과 시골의 지력 고갈이 문제였다. 마르크스와 엥겔스는 이런 문제를 탐구하면서 독일의 토양 화학자 유스투스 폰 리비크의 선구적인 작업에 많이 의존했다. 그들은 도시와 농촌이라는 작은 문제에서 전체 자본주의와 자연과의 "신진대사 균열"이라는 개념을 발전시켰다.[33] 마르크스가 이런 딜레마를 어떻게 설명하는지 보도록 하자.

자본주의적 생산은 인구를 거대한 중심으로 집적시키며 도시 인구가 전에 없이 압도적 다수를 차지하는 그런 상황을 야기한다. 여기에는 두 가지 결과가 따른다. 한편으로 이는 사회의 역사적 동력을 집중시키며, 다른 한편으로는 인간과 지구 사이의 신진대사를 교란한다. 즉 인간이 의식(衣食) 수단으로 소비한 토지의 구성 요소가 토지로 돌아가지 못하게 막는다. 따라서 토지의 비옥도 유지에 필요한 영원한 자연 상태의 토지 운용을 방해한다. …… 자본주의 농업에서 모든 발

　　　　　　　왜 열대는 죽음의 땅이 되었나

전은 노동자를 약탈하는 기술상의 발전일 뿐만 아니라, 토지를 약탈하는 기술상의 발전이기도 하다.[34]

마르크스의 이런 주장을 토대로 자본주의는 전체적으로 자연과 양립이 불가능한 모순 관계에 있으며, 자본주의 경제 체제는 인간 사회와 자연계를 연결해주는 균형 잡힌 교환 체계, 즉 신진대사에 균열을 만들어낸다는 마르크스주의자들의 믿음이 자라났다. '토지 약탈'과 마찬가지로 삼림, 어자원, 수자원, 유전자, 생물 종 다양성에 대한 자본주의의 약탈도 선을 넘었고, 대기 중의 이산화탄소 농도 역시 자연의 균형을 파괴하고 있다. 이런 상태에서 자연계는 조화를 유지하지 못한다. 결국 자연계의 요소들이 재정리되고 재분배되면서 결국에는 쓰레기가 되고 공해가 된다.

메리 더글러스가 윌리엄 제임스의 말을 바꿔 표현하면서 지적한 것처럼 "불결함이란 제 자리에 있지 않은 상태다."[35] 이런 구성 요소들의 분열과 혼란이 충분히 대규모로 진행되면 환경 재앙으로 이어질 가능성이 있다.

맞는 말인지도 모른다. 자본주의는 어쩌면 궁극적으로 유한한 자연계와 조화를 이루지 못할지도 모른다.

하지만 이는 자본주의가 기후 위기를 해결할 수 있느냐라는 질문과는 다르다. 워낙 규모가 크다 보니 기후 위기는 마치 온갖 환경 위기가 결합된 것처럼 보일 수 있다. 해양 자원 남획, 삼림 파괴, 담수 과잉 이용, 토양 침식, 생물 종과 서식지 소멸, 화학 물질 오염, 생명공학의 유전자 조작으로 인한 유전자 오염 같은 모든 환경 문제가 기후 위기 안에 버무려진 것처럼 보인다. 하지만 온실가스 배출 중지는 훨씬 구체적이고 명확한 문제다. 말하자면 이는 종말론적인 파노라마의 작은 조각일 뿐이다. 이런 모든 문제가 서로 연결되어 있다 해도, 가장 긴급한 문제이자 모든 것을 포괄하는 문제는 인간이 야기한 기후 변화다.

솔직히 말하면 기후 변화 문제에서 핵심은 시간이 부족하다는 사실이다. 자본주의가 기후 변화라는 위기를 해결하지 못하면 그로 인해 결국 문명이 파괴될 것이다. 자본주의가 지금 당장 위기에 대처하지 않는다면, 우리는 금세기 시작과 함께 문명의 붕괴 위험에 직면하게 될 것이다. 우리한테는 사회주의자나 공산주의자, 무정부주의자, 심층 생태론, 신원시주의neoprimitive 혁명 따위를 기다릴 시간이 없다. 또한 우리는 일부에서 주장하는 것처럼, 산업화 이전 미국의 소규모 마을 경제를 이상향으로 여기고 그 시절로 돌아가자는 향수 어린 로칼리스타들*을 기다릴 여유도 없다.

말하자면 우리는 에너지 생산 방식을 포함한 모든 것이 한꺼번에 바뀌기를 기다릴 여유가 없다. 기다리지 말고 당장에 에너지 경제를 바꾸기 시작해야 한다. 이를 시발점으로 다른 필요한 변화들이 나올 수가 있고, 그러리라 믿는다.

희망이 없다고? 그렇지 않다. 우리가 자본주의의 근본적인 한계라는 질문을 한쪽으로 치우고 이산화탄소 배출에만 집중한다면, 너무 벅찬 문제라는 부담감이 많이 헐거워질 것이다. 시장의 무한한 팽

---

*로칼리스타 localista. 지역주의자를 말함.

왜 열대는 죽음의 땅이 되었나

창 가능성과 지구의 유한성 사이의 충돌과 모순이라는 근본적인 환경 문제를 해결하지는 못했지만 자본주의는 과거에도 **특정 환경 문제들은** 해결해왔다. 진보의 시대Progressive Era라고 불리는 19세기 말에서 20세기 초반의 공중 위생 관리가 대표적인 예이다.

1830년대까지 산업화된 도시들은 전염병, 특히 콜레라와 황열병 병균 배양에 최적의 환경을 갖추고 있었다. 현재 기후 변화가 그렇듯이 이런 질병들은 누구보다 가난한 사람들에게 타격을 주었지만, 부유한 사람들도 그로부터 자유롭지는 못했다. 계급적인 특권이 어느 정도 보호막을 제공했지만, 확실한 안전을 보장하지는 못했다. 그리하여 사회 개혁을 꿈꾸는 중산층 정치 개혁가들이 일련의 개혁을 시작했고, 그런 개혁을 통해 도시 전염병들이 억제되었고 결국에는 퇴치되었다.

우선, 더러운 쓰레기를 먹는 돼지들이 도시 거리를 누비는 일을 금지했다. 이어서 쓰레기 수거 공중 위생 프로그램이 시작되고, 하수도가 만들어지고, 안전한 공공 용수가 제공되고, 주거 관련 법규가 제정되어 시행되었다. 마침내 콜레라 확산이 멈췄다. 다른 전염병도 마찬가지였다. 폐결핵, 발진티푸스, 장티푸스 같은 병이 전반적으로 사라졌다.[36]

그러므로 도시 규모에서 자본주의 사회는 적절한 계획 수립과 공공 투자를 통해 환경 위기를 해결한 경험이 있다. 물론 기후 변화는 규모 면에서 전적으로 다른 문제다. 하지만 작은 환경 위기를 해결한 과거 경험은 여전히 귀중한 교훈을 제공한다.

궁극적으로 기후 변화 해결은 19세기 도시의 청결과 전염병 문제해결에서 그랬던 것처럼, 경제에서 국가의 역할과 개입을 다시 합법화하고 키우는 방향을 요구할 것이다. 우리에게는 계획과 부의 하향 재분배가 필요할 것이다. 그리고 내가 앞에서 개략적으로 설명했듯이 마음만 먹으면 당장이라도 활용 가능한 위기 대처 방법들이 있다. 정치 지도자들이 움직이도록 압력을 넣고 강제한다면 말이다. 우리는 이미 파멸적 수렴의 최전방에서 고통 받고 죽어가는 에카루 로루만 같은 사람들, 그리고 그런 혼란을 고스란히 물려받을 다음 세대에게 적지 않은 빚을 지고 있다. 그리고 우리 스스로에게도.

왜 열대는 죽음의 땅이 되었나

감사의 마음을 전하며

가장 먼저 친구이자 동료인 루스 볼드윈에게 감사하지 않을 수 없다. 루스는 이 책을 적극적으로 지지하고 굳건히 중심을 잡아주고 일관성을 갖게 해주었다. 출판대리인 하워드 윤은 진정한 신사이자 학자로서 계약을 끈기 있게 그리고 아주 훌륭하게 이끌어주었다. 또한 이런 모든 작업이 가능하게끔 선금을 확보해주었다. 뉴욕시립대학 대학원센터의 지역·문화·정치연구소의 닐 스미스, 데이비드 하비, 파드미니 비스와스는 이 책을 쓰는 데 반드시 필요한, 기관 차원의 지적인 지원을 해주었다. 그런 지원이 없었다면 이 책에 필요한 자료조사는 불가능했을 것이다. 록펠러형제기금의 적지 않은 보조금도 작업에 많은 도움이 되었다. 또한 네이션협회는 여러 번의 여행 과정을 지원해주었다. 본문에 소개된 것도 있고 그렇지 않은 것도 있지만, 하나하나가 내 생각을 만들고 키우는 데 도움이 되었다. 최근에 퍼펀재단의 지원에도 감사드린다.

벳시 리드에 많이 감사하다는 말을 전하고 싶다. 『네이션』 지에서 담당 편집자로서 그녀가 보여준 인내심, 근면함, 명쾌함, 그리고 깊은 우정에 감사한다. 조시 W. 메이슨도 내게 정말 필요하고 유익한 편집을 해준 고마운 사람이다. 네이션북스의 칼 브롬리, 네이션협회와 『네이션』 잡지에서 온갖 궂은일을 해준 타야 키트먼, 카트리나 반든 흐벌에게도 고마운 마음이다. 세심한 원고 교열을 해준 젠 켈런드에게 고맙다는 말을 하지 않을 수 없다. 마리사 콜론-마걸리즈와 샹탈 플로리스는 일부 중요한 조사와 사실 확인 작업을 도와주었다. 존 세러 같은 퍼시어스북의 모든 좋은 분들에게 감사한다. 그들과 함께라면 다시 작업을 해도 즐거우리라. 판촉 활동을 도와준 데모스의 데이비드 칼라핸과 루 데일리에게도 고맙다는 말을 전하고 싶다.

책에서 소개한 여행, 혹은 본문에 나오지는 않지만 이 책에 도움이 되었던 여행을 지원하고 함께해준 사람들에게도 고맙다는 말을 하지 않을 수 없다. 이 책과 관련된 여러 차례의 여행은 이언 올즈, 라이언 그림, 제시카 디먹, 크리스토퍼 앤더슨, 테루 쿠와야마 등과 동행하여 이루어졌다. 이 책의 준비 과정에서 이곳저곳을 여행하면서 나는 캐스퍼 와이타카, 아난드쿠마르 친탈라팔리, 미셸 음불라, 시바수 주도네, 페드로 스틸너, 줄리언 카도나, 친구 리나 브리토, 절친한 친구 나키브 셰르자 등의 도움을 받았다. 2007년말 탈레반에게 살해당한 아즈말 막슈반디와도 함께 일했다. 아직도 그를 그리워하는 사람이 많으며, 그의 죽음은 지금까지도 아픈 교훈임을 이야기해주고 싶다.

탈라 하디드, 롭 에셸먼, 포리스트 힐튼은 이번 작업을 진행하는 과정에서 없어서는 안 될 지적인 동지였다. 사디아 압바스는 중요한 아이디어들로 나를 보조해주었다. 인도에서는 영감이 풍부하고 인정 많은 비주 매튜스의 객으로 지내면서 많은 도움을 받았다. 크리스 쿡, 존 마셜, 티나 게하르트, 제프 버트, 사라 카즈미, 테드 함, 빌 콜, 크리스 라일리, 제러미 프리먼, 얀 첼민스키, 제이 스튜어트, 에드 개버갠, 서키나 개버갠, 에이얄 프레스, 이들 모두가 좋은 동지였다.

감사해야 할 중요한 사람으로 더그 헨우드와 라이자 패더스톤을 빼놓을 수 없다. 내게 자양분을 공급하고, 정보를 주고, 아이디어들을 나눠주고, 밤늦은 방종까지도 받아주었다. 가끔은 아돌프 리드가 든든한 버팀목처럼 모든 상황을 바로잡아 주었다. 마지막으로 하지만 역시 중요한 사람으로 레베카 로신에게 많이 감사한다. 나를 지지해주고, 위로해주고, 함께 해주고, 사랑해주었던 사람이다.

이외에도 많은 훌륭한 친구들이 있었노라 말할 수 있어 나는 행운아라 생각한다. 그중에는 오랫동안 알고 지낸 친구도 있고, 갓 사귄 친구도 있다. 모두가 작업이 진행되는 동안 친절하게 나를 도와주었다. 그들 모두에게 심심한 감사의 마음을 전한다. 세상을 돌아다니고 책을 읽으면서 배우는 것이 많아질수록, 우정이 얼마나 소중한 것인가를 더욱 절감하게 된다. 우정에서 보다 나은 사회를 만들 자재가 되는 기본적인 요소들을 본다. 관용, 충성, 연대, 인내 같은 것들을.

크리스천 퍼렌티

뉴욕, 브루클린에서

| 후주 |

1장 | 누가 에카루 로루만을 죽였는가?

1. 정부간기후변화위원회가 아프리카에 대해서 말한 내용을 살펴보도록 하자. "(아프리카에서) 온난화는 지구 전체의 연평균 온난화보다 그 정도가 더 심할 가능성이 아주 농후하다. 지중해 연안과 사하라 사막 북부의 많은 지역에서 연간 강우량이 줄어들 가능성이 크다. 지중해 연안에 가까워질수록 강우량의 감소폭은 더욱 커질 것이다. 아프리카 남부의 경우에도 대부분의 지역에서 강우량이 감소할 가능성이 크다. 한편 동아프리카에서는 연평균 강우량이 증가할 가능성이 크다. 사헬 지역과 기니 연안, 사하라 사막 남부의 강우량이 어떻게 될지는 불확실하다." Susan Solomon, Dahe Qin, Martin Manning, and Intergovernmental Panel on *Climate Change Working Group I, Climate Change 2007: The Physical Science Basis: Contribution of Working Group I to the Fourth Assessment Report of the Intergovernmental Panel on Climate Change* (Cambridge: Cambridge University Press, 2007), 850쪽.

2. James Hansen, *Storms of My Grandchildren: The Truth About the Coming Climate Catastrophe and Our Last Chance to Save Humanity* (New York: Bloomsbury Press, 2009).

3. "About Science and Impacts," Pew Center on Global Climate Change, www.pewclimate.org/science-impacts/about.

4. 정부간기후변화위원회는 4차 평가보고서에서 3차 보고서보다 해수면 상승 추정치를 낮춘 것으로 유명하다. 그렇지만 그린란드와 남극 대륙의 빙상이 급속도로 녹고 있다는 새로운 증거를 반영하지 않았고, 이 때문에 지나치게 낙관적인 해수면 상승 추정치라고 대대적으로 공격을 받았다. 『뉴사이언티스트』는 해수면 상승 추정의 딜레마를 다음과 같이 이야기한다. "그린란드와 남극 대륙의 빙상이 온난화에 어떻게 반응할지를 모델링하기가 극도로 복잡하기 때문에 정부간기후

414　　왜 열대는 죽음의 땅이 되었나

변화위원회는 자체 추정치에 둘 다 포함시키지 않았다. 하지만 이는 사소한 누락이 아니다. 예를 들어, 그린란드 산꼭대기의 빙모(氷帽)는 그린란드와 남극 대륙의 빙상에 비하면 규모가 작고 지금까지는 보다 안정적이다. 하지만 만약 그린란드 빙모가 모두 녹는다면 지구 전체의 평균 해수면을 6미터까지 상승시키기에 충분한 물을 보유하고 있다." 같은 글은 계속해서 캘리포니아대학교 어바인캠퍼스 교수이자 NASA의 제트추진연구소에서 활약하고 있는 에릭 리그닛 교수의 말을 인용한다. "넓은 지역에 걸친 분출빙하(分出氷河)의 증가로 그린란드와 남극 대륙의 빙상들은 예상보다 많이 그리고 빠르게 해수면 상승에 영향을 주고 있다. …… 이런 흐름이 계속된다면 2100년에는 해수면이 1미터 혹은 그 이상으로 상승할 가능성이 높다." Catherine Brahic, "Sea Level Rise Could Bust IPCC Estimate," New Scientist (March 2009).

5. John Vidal, "Global Warming Causes 300,000 Deaths a Year," *Guardian*, May 29, 2009.

6. Jianjun Yin et al. "Model Projections of Rapid Sea-Level Rise on the Northeast Coast of the United States," Nature Geoscience 2 (March 15, 2009): 262~266쪽. 이미 수년 전에 출간된 문헌들을 근거로 작성된 2007년 정부간기후변화위원회의 4차 평가보고서는 그린란드와 남극 대륙의 빙상이 2100년까지는 (해수면 상승에 영향을 줄 만큼) 많이 줄어들지는 않으리라고 예측했다. 하지만 실제로 그린란드와 남극 대륙의 빙상은 아주 빠르게 줄어들고 있으며, 이런 자료를 반영한 새로운 예측들이 나오고 있다.

7. Koko Warner et al., "In Search of Shelter: Mapping the Effects of Climate Change on Human Migration and Displacement," Earth Institute of Columbia University, May 2009, http://ciesin.columbia.edu/documents/clim-migr-report-june09_media.pdf.

8. Kristina Stefanova, "Rising Sea Levels in Pacific Create Wave of Migrants," *Washington Times*, April 19, 2009.

9. Susan George, "Globalisation and War" (paper presented at the International Congress of the International Physicians for the Prevention of Nuclear War, New Delhi, March 10 2008)에서 인용; "Climate Change and Conflict," International Crisis Group Report, November 2007, www.crisisgroup.org/en/key-issues/climate-change-and-conflict.aspx.

10. Dan Smith and Janani Vivekananda, *A Climate of Conflict: The Links Between Climate Change, Peace and War* (Stockholm: Swedish International

Development Cooperation Agency, February 2008), 7쪽.

11. 통계적으로 '전투로 인한 사망자'는 제2차 세계 대전 이후, 특히 냉전 이후 세계적으로 줄어드는 추세다. (남방의 개발도상국들에서는 냉전이 상당히 격렬하게 전개되었음을 상기하라.) 하지만 사회 해체와 관련한 무정형의 폭력은 확산되고 있다. 엘살바도르를 예로 들어보자. 12년에 걸친 내전이 1993년에 종식되었지만 "이후 살인에 의한 사망자 수가 어느 시점에서는 전쟁 기간의 사망자 수를 넘어섰다." 또한 이러한 비율은 지금까지도 상당히 높은 상태로 유지되고 있다. 베네수엘라도 마찬가지다. 1970년대 베네수엘라는 부단히 계속되는 소규모 게릴라 부대의 반란에 시달렸다. 실제로 당시 젊은 공수부대원이었던 우고 차베스(현 베네수엘라 대통령―옮긴이)가 마오주의 게릴라들을 상대로 마리카이보 호수 인근에서 전투를 벌이기도 했다. 현재 베네수엘라는 '평화 상태'다. 하지만 수도 카라카스의 산비탈에 위치한 여러 바리오(barrio, 주민 거주지―옮긴이)에는 범죄로 인한 폭력이 난무하는 상황이다. 전체적으로 보아 카라카스는 내전 시기보다 훨씬 심한 폭력에 시달리고 있다. 카라카스에서 살인으로 인한 사망률은 인구 10만 명당 약 130명이다. 2008년 한 해에만 도합 2,415명이 살해당하고 5,098명이 부상을 입었다. 이에 관하여, Sara Miller Llana, "Will Venezuela's Murder Rate Hurt Chávez?" Christian Science Monitor, December 3, 2008; "Highlights: Venezuela Crime, Narcotics Issues 29 Jun-5 Jul 09," *World News Connection* (US Department of Commerce), July 5, 2009.

2장 | 군사 분야 예언가들

1. "Statement for the Record of Dr. Thomas Fingar," Office of the Director of National Intelligence, June 25, 2008, www.dni.gov/testimonies/20080625_testimony.pdf (accessed on June 25, 2008); Kevin Whitelaw, "Climate Change Will Have Destabilizing Consequences, Intelligence Agencies Warn," *Us News & World Report*, June 25, 2008. 이 보고서는 "2030년까지 지구적 기후 변화의 국가 안보적 함의"라고 불렸다.

2. Laura Sullivan, "Prison Economics Help Drive Ariz. Immigration Law," *All Things Considered* (NPR Radio), October 28, 2010.

3. Peter Schwartz and Doug Randall, "Report on Abrupt Climate Change and Its Implications for the United States National Security." http://www.gbn.com/articles/pdfs/Abrupt%20Climate%20Change%20February%202004.pdf.

왜 열대는 죽음의 땅이 되었나

4. 베트남 전쟁에서의 폭격과 파리평화협정에 관하여 다음을 보라. Gabriel Kolko, *Anatomy of a War: Vietnam, the United States and the Modern Historical Experience* (New York: New Press, 1985), 440~444쪽; Stanley Karrnow, *Vietnam: A History* (New York: Penguin, 1997).

5. Jeff Goodell, *How to Cool the Planet: Geoengineering and the Audacious Quest to Fix Earth's Climate* (New York: Houghton Mifflin Harcourt, 2010).

6. 해양의 열 순환 시스템에 관한 온전한 논의는 다음을 보라. Tim Flannery, *The Weather Makers: How Man Is Changing the Climate and What It Means for Life on Earth* (New York: HarperCollins, 2006). (『기후 창조자』, 이한중 옮김, 황금나침반, 2006년).; Elizabeth Kolbert, *Field Notes from a Catastrophe: Man, Nature and Climate Change* (New York: Bloomsbury Press, 2006); Eugene Linden, *The Winds of Change: Climate, Weather, and the Destruction of Civilizations* (New York: Simon & Schuster, 2006); Al Gore, *Earth in the Balance* (New York: Plume, 1993); Al Gore, *An Inconvenient Truth* (New York: Rodale Books, 2006). (『불편한 진실』, 김명남 옮김, 좋은생각, 2006년).; George Monbiot, *Heat: How to Stop the Planet from Burning* (New York: Doubleday, 2006). (『CO2와의 위험한 동거』, 정주연 옮김, 홍익출판사, 2008년).

7. Peter Schwartz and Doug Randall, "Report on Abrupt Climate Change and Its Implications for the United States National Security" (report prepared for the Pentagon Office of Net Assessment, Global Business Network, February 2003), 2쪽.

8. CNA Corporation, *National Security and the Threat of Climate Change* (Alexandria, VA: CNA Corporation, 2007), 44쪽.

9. CNA Corporation, *National Security and the Threat of Climate Change*, 16쪽.

10. CNA Corporation, *National Security and the Threat of Climate Change*, 60쪽.

11. Kurt M. Campbell et al., *The Age of Consequences: The Foreign-Policy National Security Implications of Global Climate Change* (Washington DC: Center for Strategic and International Studies and the Center for New American Security, 2007), 35쪽.

12. Campbell et al., *Age of Consequences*, 9쪽.

13. Campbell et al, *Age of Consequences*, 85~86쪽.

14. Jonathan Pearlman and Ben Cubby, "Defense Warns of Climate Conflict," *Sydney Morning Herald*, January 7, 2009.; The Austrailian Defense Forces, *Climate Change: The Environment, Resources and Conflict*, completed in

November 2007.

15. "Climate Change and International Security" (paper from the High Representative and the European Commission to the European Council, S113/08, March 14, 2008), 1~2쪽. 이 보고서는 온라인의 다음 주소에서 볼 수 있다. www.consilium.europa.eu/ueDocs/cms_Data/docs/pressData/en/reports/ 99387.pdf.

16. "Climate Change and International Security," 3~5쪽.

17. Thomas Barnett, "The Pentagon's New Map," *Esquire*, March 2003. 미국 외교 정책에 반드시 있다고 말하기 힘든 지적인 일관성을 부여하는 것은 누구에게나 솔깃한 제안이다. 일반적인 목표, 즉 미국 기업을 위해 미국의 국력을 활용하는 데는 미국의 주요 의사 결정 집단들이 동의할지 모르지만, 구체적으로 들어가면 여러 학설과 파벌, 인맥 등으로 나뉜 다양한 정책 집단이 있으며, 이들은 상충하는 비전을 놓고 힘겨루기를 하고 있다.

18. Immanuel Wallerstein, *The Modern World-System I: Capitalist Agriculture and the Origins of the European World-Economy in the Sixteenth Century* (New York: Academic Press, 1974). (『근대세계체제 1』, 까치, 1999년).

19. John Stuart Mill, *Principles of Political Economy* (New York: Longman, Green and Co., 1909), 685쪽. (『정치경제학 원리』, 나남, 2010년).

20. Larry Elliott and Mark Tran, "UN Report Warns of Threat to Human Progress from Climate Change," *Guardian*, November 4, 2010.

3장 | 작은 전쟁: 군사적인 적응

1. 미 해병대 개리 앤더슨 대령의 인터뷰, 1999년 3월.; Frank L. Jones, "Marine Corps Civil Affairs and the Three Block War," *Marine Corps Gazette* 86, no. 3 (March 1, 2002). Derek Summerfield, "The Psychosocial Effects of Conflict in the Third World," *Development in Practice* 1, no. 3 (autumn 1991): 159~173쪽: 2쪽.

2. CNA Corporation, National Security and the Threat of Climate Change (Alexandria, VA: CNA Corporation, 2007), 44쪽. 기후 변화의 군사적 함의를 깊이 파고든 인물은 앤서니 진니 장군이었지만 울지, 파네타를 비롯한 모든 이들이 비슷한 이야기를 하고 있다.

3. *Tactics in Counterinsurgency* (FM 3-24.2). US Military Counterinsurgency Field Manual (Washington, DC: Department of the Army, 2009), viii쪽.

4. John A. Nagl, *Learning to Eat Soup with a Knife: Counterinsurgency Lessons from Malaya and Vietnam* (Chicago: University of Chicago Press, 2005); David Kilcullen, *The Accidental Guerrilla: Fighting Small Wars in the Midst of a Big One* (Oxford: Oxford University Press, 2009); Thomas Ricks, *The Gamble: General David Patraeus and the American Military Adventure in Iraq, 2006-2008* (New York: Penguin Press, 2009). 콜롬비아 대게릴라전의 역사를 비판적인 시각에서 서술한 훌륭한 글로 Forrest Hylton, "Plan Colombia: The Measure of Success," Brown Journal of World Affairs Vol. XVII, no. I (Fall/Winter 2010): 99115.

5. 아노미에 대한 고전적인 논의로는 Robert K. Merton, "Social Structure and Anomie," *American Sociological Review* 3, no. 5 (October 1938): 672~682쪽.

6. Jose Harris, "War and Social History: Britain and the Home Front During the Second World War," *Contemporary European History* 1, no. 1 (March 1992): 17~35쪽: 18쪽.

7. 이는 탈레반에게 붙잡혔다 풀려나는 경험을 했던 제리 밴 다이크 같은 인물이 주장하는 바이기도 하다. 밴 다이크의 설명을 보면, 원격 조종 무인항공기를 이용한 공습이 탈레반 지도층을 초조하게 만드는 효과도 있지만, 한편으로 결속을 강화시킨다는 인상도 준다. Jerey Van Dyke, *Captive: My Time As a Prisoner of the Taliban* (New York: Times Books, 2010).

8. Summerfield, "The Psychosocial Effects of Conflict," 159~173쪽: 2쪽.

9. 여기서 내가 생각하는 가장 분명한 예는 이슬람주의다. 올리버 로이의 다음 책을 보라. Oliver Roy, *The Failures of Political Islam* (Cambridge, MA: Harvard University Press, 1994). 로이는 이슬람주의자들은 일단 정권을 잡은 뒤에는 급진주의를 누그러뜨릴 수밖에 없다고 주장한다. 근대 국가 혹은 경제를 운영할 '이슬람적인' 방법이 없기 때문이다. 이슬람은 사회 이론이 아니라 도덕 이론이므로 당연한 결과이다.

10. Robert J. Bunker, "Epochal Change: War over Social and Political Organization," *Parameters* 27 (summer 1997): 15~25쪽.

11. 식민지 상황에서 흔히 그렇듯이 북아메리카 식민지 원주민들의 대응 방식에도 저항과 창조적인 적응이 모두 있었다. 테다 퍼듀와 마이클 그린이 역저『체로키족과 눈물의 길』에서 설명한 것처럼 체로키 부족은 이런 '문명화' 과정을 자체 목표에 유리하게 이용했다. 그들은 현대적인 농경 방식과 도구들을 이용하고 체로키 문자, 신문, 헌법을 만들고, 근대 주권 국가를 건설했다. 그들은 원격지

무역과 지하경제에 참여하고 노예를 사서 소유하기까지 했다. 그러나 체로키족은 토지를 사유화하려는 시도에는 반대했고, 자신들의 언어와 관습을 고수함으로써 부분적인 문화 변용을 통한 정복 정책을 좌절시켰다. 흥미로운 것은 케냐의 키쿠유족과 탄자니아의 차가족 역시 체로키와 유사한 방식으로 식민주의에 저항하면서 동시에 적응했다는 점이다. Theda Perdue and Michael Green, *The Cherokee Nation and the Trail of Tears* (New York: Viking, 2007).

12. Erving Goffman, *Asylums: Essays on the Social Situation of Mental Patients and Other Inmates* (New York: Anchor, 1961). 조지 크룩 장군에 관하여는 다음에서 인용하였다. John A. Nagl, *Counterinsurgency Lessons from Malaya and Vietnam: Learning to Eat Soup with a Knife* (Chicago: University of Chicago Press, 2005).

13. 이것이 유대교와 기독교에서 말하는 종말신학과 많이 비슷하다고 생각된다면, 모르몬교도, 그리고 신기하게도, 셰이커교도들이 파이우트족의 예언자 워보카(Wovoka) 같은 영혼의 춤(Ghost Dance) 운동을 처음 만든 지도자들에게 상당한 영향을 주었기 때문이다. 이에 대해서는 다음을 보라. Frank D. McCann Jr., "The Ghost Dance, Last Hope of Western Tribes, Unleashed the Final Tragedy," *Montana: The Magazine of Western History* 16, no. 1 (winter 1966): 25~54쪽. 수족과 '영혼의 춤'에 관하여는 다음을 보라. Michael A. Sievers, "The Historiography of 'the Bloody Field... That Kept the Secret of the Everlasting Word': Wounded Knee," *South Dakota History* 6, no.1 (1975): 33~54쪽; Raymond J. DeMallie, "The Lakota Ghost Dance: An Ethnohistorical Account," *The Pacific Historical Review* 51, no. 4 (November 1982): 385~405쪽.

14. Captain E. D. Swinton, D.S.O., R.E., *The Defense of Duffer's Drift* (Washington, DC: US Infantry Association, 1916), 9쪽.

15. Swinton, *The Defense of Duffer's Drift*, 36쪽.

16. Hans Schmidt, *Maverick Marine: General Smedley D. Butler and the Contradictions of American Military History* (Lexington: University Press of Kentucky, 1998).

17. 더 자세한 내용은 Dunbar Ortiz, "Indigenous Rights and Regional Autonomy in Revolutionary Nicaragua," *Latin American Perspectives* 14, no.1 (winter 1987): 43~66쪽; Jane Freeland, "Nationalist Revolution and Ethnic Rights: The Miskitu Indians of Nicaragua's Atlantic Coast," *Third World Quarterly*

11, no.4 (October 1989): 166~190쪽.

18. 이라크에서의 대리 세력 양성에 관하여 Shane Bauer, "Iraq's New Death Squad," *The Nation*, June 22, 2009.

19. United States Marine Corps, *Small Wars Manual* (Washington, DC: Government Printing Office, 1940), 2쪽.

20. 브래디 여단장으로부터 올라온 1919년 10월 보고서 내용으로 한스 슈미트의 다음 저서에 인용되어 있다. Hans Schmidt, *The United States Occupation of Haiti, 1915-1934* (New Brunswick, NJ: Rutgers University Press, 1995), 105쪽.

21. 해병대는 기동성 있는 소규모 부대를 강조하면서 하천, 산길, 시골길 등 현지의 수단들을 활용해야 했고, 재보급이 제한적이었기 때문에 해병대는 최소한의 자급자족을 실현해야 했다. 달리 말하자면 현지 주민들에게 일정 부분 의존해야 했다. 레스터 랭글리는 점령한 아이티에서 미 해병대의 대게릴라 전술에 대해 다음과 같이 설명했다. "해병대 지휘관들은 반군의 전술에 적응해야 했다. 순찰대가 수목이 무성한 산길을 따라 한 줄로 움직이면서 하루에 32킬로미터에서 48킬로미터를 이동할 수 있었다. 보통 이른 오후에 잠시 멈춰 휴식을 취했다. 짐을 실은 노새는 사람보다 속도가 느렸기 때문에 동물 이용은 최소로 제한되었다. 담요, 침낭, 식량, 탄약 수송에 필요한 정도로만 …… 산길에서 빠른 속도로 이동하고, 전투 가능한 상태를 유지하는 것이 최우선이었다. 이외의 것들은 모두 부차적이었다. …… 현지를 뒤져도 해결되지 않는 것은 비행중대를 통해 공수 받았다." Lester D. Langler, *The Banana Wars: United States Intervention in the Caribbean, 1898-1934* (Wilmington, DE: SR Books, 2002), 207쪽. 당시는 포함 외교의 시대였던 터라 매뉴얼은 반군과의 교전이 갖는 제국주의 속성을 공공연히 언급한다. "보통 미국의 국익과 해외의 인명 및 자산 보호를 위해 대통령의 책임하에 수행되는 이들 작은 전쟁은 따라서 대규모 전쟁과는 다른 방식으로 수행된다. 작은 전쟁에서 외교는 계속해서 역할을 하고 있으며, 국무부는 군의 작전에 지속적이고 지배적인 영향력을 행사하고 있다. 일반적으로 작은 전쟁의 시작 자체가 의회 결의 없이 미국 대통령이 직접 지시를 내리는 공무 집행 행위이다."

22. Louis Gannett, "In Haiti," *The Nation*, September 28, 1927.

23. Schmidt, *Maverick Marine*, 2쪽.

24. Ernesto Che Guevara, *Guerrilla Warfare* (Lincoln, NE: Bison Books, 1998), 19쪽.

25. Guevara, *Guerrilla Warfare*, 10쪽.

26. Guevara, *Guerrilla Warfare*, 10~11쪽.

27. Danilo Valladares, "Youth Gangs-Reserve Army for Organized Crime," Inter Press Service, September 21, 2010.

28. Dennis Rodgers, "Living in the Shadow of Death: Gangs, Violence and Social Order in Urban Nicaragua, 1996-2002," *Journal of Latin American Studies* 38, no. 2 (2006): 267~292쪽: 267.

29. 전후 폭력을 다룬 글들로, "Gunmen Slaughter 14 Football Players," *Independent* (UK), November 1, 2010; Valladares, "Youth Gangs"; Nick Miroff and William Booth, "Violence Accompanies Mexican Drug Cartels As They Move South," *Washington Post*, July 27, 2010. 학술적인 연구로는, Sonja Wolf, "Subverting Democracy: Elite Rule and the Limits to Political Participation in Post-War El Salvador," *Journal of Latin American Studies* 41, no. 3 (2009): 429~465쪽; Rodgers, "Living in the Shadow of Death."

30. Tim Rodgers, "The Spiral of Violence in Central America," *Z Magazine*, September 2000.

31. Mark Bowden, *Black Hawk down: A Story of Modern War* (Berkeley, CA: Atlantic Monthly Press, 1999).

32. Mike Davis, "The Pentagon As Global Slumlord," TomDispatch.com, April 19, 2004, www.alternet.org/story/18457.

33. 다음을 보라. Greg Grandin, *Empire's Workshop: Latin America, the United States, and the Rise of the New Imperialism* (New York: Metropolitan, 2005), 87~88쪽.

34. Peter Maas, "The Salvadorization of Iraq?" *New York Times Magazine*, May 1, 2005.

4장 | 어느 가축 약탈의 지정학

1. 아프리카의 기후 변화에 관한 정부간기후변화위원회의 예측을 보려면, 1장의 1번 주를 보라.

2. Mwangi Ndirangu, "The Vanishing Snow of Mount Kenya," *Daily Nation* (Nairobi), December 17, 2009.

3. M. Boko et al. "Africa," in *Climate Change 2007: Impacts, Adaptation and Vulnerability. Contribution of Working Group II to the Fourth Assessment Report of the Intergovernmental Panel on Climate Change*, ed. M. L. Parry et al. (Cambridge: Cambridge University Press, 2007), 440쪽.

왜 열대는 죽음의 땅이 되었나

4. John Vidal, "Climate Change Is Here, It Is a Reality," *Guardian*, September 3, 2009.

5. 칼렌진족은 킵시기스, 난디, 투겐, 케이요, 마라웨트, 예전에는 수크족이라고 불렸던 포코트, 사바오트, 테리크족으로 이루어진다. 이들 중에 다수가 케냐와 우간다 국경에 걸쳐 있는 엘곤 산 지역에 산다. 이들은 1978년부터 2002년까지 대통령으로 케냐를 통치했던 다니엘 아랍 모이의 정치적인 지지층이었다. 칼렌진족의 정치적 정체성은 1940년대에 독립적이지만 문화적으로 언어적으로 비슷한 부족들 사이에서 틀이 잡히기 시작했다. 칼렌진은 투박하게 번역하자면 '나는 너에게 말한다.'라는 의미이다. 제2차 세계 대전에서 영국군에 합류해서 싸우도록 파견한 군인들 사이에 그들이 있었던 것으로 보인다. 이들은 서로를 칼레(kale)라고 불렀는데, 이는 전쟁에서 적을 죽인 사람을 지칭하는 말이었다. 전시 라디오 방송에서는 그들을 복수형인 칼렌조크(kalenjok)라고 부르며 반갑게 맞이했다. 전쟁이 끝나고 얼라이언스 고등학교(Alliance High School, 케냐에서 최초로 아프리카인에게 중등학교 과정을 가르친 학교—옮긴이)와 마케레레대학교에서 칼렌진 정치 클럽이 만들어졌다. 처음부터 칼렌진은 케냐 최대 부족인 키쿠유족의 힘에 맞설 대항 세력으로 결집했다. 키쿠유족은 영국에게 대부분의 땅을 뺏긴 뒤에 마우마우 반군을 조직하여 대항했고, 1963년 케냐가 독립한 뒤에는 정치 및 경제 전반을 지배했다. 다음을 보라. Benjamin E. Kipkorir, *The Marakwet of Kenya* (Nairobi: East African Educational Publishers, 1982).

6. "Clashes in North Kenya over Cattle Raiding Kill 26," Associated Press Worldstream, August 1, 2008.

7. 이곳의 인구와 지형도에 대해서 다음을 보라. Elliot Fratkin, "East African Pastoralism in Transition: Maasai, Boran, and Rendille Cases," *African Studies Review* 44, no.3(December 2001): 1~25쪽. 프랫킨은 해당 글에서 이곳의 인구 분포를 다음과 같이 설명한다. "목축민이 케냐 전체 면적의 70퍼센트, 탄자니아의 50퍼센트, 우간다의 40퍼센트를 차지하고 있다. 하지만 실제 인구는 많지 않다. 케냐 전체 인구가 3000만 명, 탄자니아는 3500만 명, 우간다는 2300만 명인데, 세 나라의 목축민을 모두 합해도 150만 명이 못 된다.) 그렇다보니 이들은 농경 사회 출신들이 국정을 좌지우지하는 상황에서 정치적 권한이 없고 경제적으로도 소외된다. 동아프리카의 목축민 집단은 소를 기르는 마사이족(케냐 남부에 30만 명, 탄자니아 북부에 15만 명), 삼부루족(7만 5000명), 투르카나족(20만 명), 보란족과 오르마족(도합 7만 5000명), 우간다의 카리모종족(20만 명), 도도스족, 테소족, 지에족 등이 있다. 낙타를 기르는 목축민은 케냐 북동부, 에티오피아 남부, 소말리

아에서 특히 건조한 지역에 주로 분포하는데, 아시아·아프리카 어족에 속하는 가브라족(2만 5000명), 렌딜레족(2만 5000명), 목축을 하는 소말리족(소말리아 650만 인구 중에 대략 100만 명) 등이 포함된다. 또한 동아프리카의 여러 농경 집단도 소를 대규모로 기른다. 케냐 서부의 칼렌진 언어를 쓰는 부족들, 말하자면 난디족, 킵시기스족, 포코트족과 우간다 서부의 바 앙콜레족, 르완다와 부룬디의 툿시족 등이 여기에 속한다."

8. Fratkin, "East African Pastoralism," 8쪽.

9. Eleanor J. Burke, Simon J. Brown, and Nikolaos Christidis, "Modeling the Recent Evolution of Global Drought and Projections for the Twenty-First Century with the Hadley Centre Climate Model," *Journal of Hydrometeorology* 7, no. 5 (October 2006): 1113~1125쪽.

10. Dr. David Kimenye, "Life on the Edge of Climate Change: The Plight of the Pastoralists in Northern Kenya," Christian Aid, November 13, 2006, 2쪽.

11. Mwaniki Wahome, "For Agriculture, Larger Budget Allocation Vital," *The Nation*, June 12, 2008; 개괄적인 글로는 Victor A. Orindi, Anthony Nyong, and Mario Herrero, "Pastoral Livelihood Adaptation to Drought and Institutional Interventions in Kenya," in *Fighting Climate Change: Human Solidarity in a Divided World* (occasional paper, Human Development Report Office, United Nations Development Program, 2007/2008).

12. USAID FEWS NET, Weather Hazards Impacts Assessment for Africa, December 13-20, 2007.

13. Jeffrey Gettleman, "Ripples of Dispute Surround Tiny Island in East Africa," *New York Times*, August 17, 2009.

14. Barnabas Bii and Kennedy Masibo, "Banditry Death Toll Rises Now to 74," *The Nation* (Kenya), August 5, 2008; "Kenya to Forcefully Disarm Pastoralists in Rift Valley," World News Connection, August 3, 2008; Lucas Ng'asike, "Raiders Shoot Dead 30 Herders," *The Nation* (Kenya), August 12, 2008; "11 Killed As They Pursue Raiders," *The Nation* (Kenya), August 20, 2008; Peter Ng'etich, "Ten Herders Die in Bomb Raid," *The Nation* (Kenya), August 22, 2008; "'Sudanese Raiders' Kill Eight in Northwestern Kenya" (text of report by Kenyan privately owned TV station KTN on 30 August), BBC International Reports, Monitoring Service, August 30, 2008; Peter Ng'etich and Oliver Mathenge, "Two Reservists Killed in Raid," *The Nation* (Kenya), September 2,

2008; Peter Ng'etich, "Two Killed As Raiders Steal Cattle," *The Nation* (Kenya), September 4, 2008.

15. Claire McEvoy and Ryan Murray, "Gauging Fear and Insecurity: Perspectives on Armed Violence in Eastern Equatoria and Turkana North," *Sudan Issue Briefs* 14 (July 2008): 10쪽: 14쪽.

5장 | 고장난 하늘과 지상의 삶

1. J. K. Muhindi et al., *Rainfall Atlas for Kenya* (Nairobi: Drought Monitoring Center, 2001), 5쪽.
2. 양쪽 무역풍이 충돌하고 수평 기류보다 상승 기류가 강해지면서 신기할 정도로 고요한 무풍 지대가 형성된다. 이 때문에 예전 뱃사람들은 이를 적도 무풍대(赤道 無風帶)라고 불렀다.
3. Muhindi et al., Rainfall Atlas for Kenya, 7. John E. Oliver, *Encyclopedia of World Climatology* (New York: Springer), 430쪽.
4. 기본 원리를 떠올려 보라. 자전축이 살짝 기운 채로 지구가 1년에 걸쳐 태양 주위를 도는 사이 태양은 때에 따라서 남반구 혹은 북반구에 보다 강렬하게 내리쬐게 된다. 그리고 열대 수렴대는 태양이 가장 강렬하게 내리쬐는 지역을 따라 이동한다. 북반구가 여름일 때는 북반구가 태양을 향해 기울어 있고, 열대 수렴대는 북회귀선을 향해 북상한다. 계절이 바뀌어 남반구가 보다 많은 양의 햇빛을 받을 때는, 열대 수렴대는 남하하여 적도를 지나 남회귀선까지 내려간다.
5. 1장의 1번 주를 보라.
6. Katharine Houreld, "Kenya: 10 Million Risk Hunger After Harvests Fail," Associated Press, January 9, 2009.
7. "Heavy Rains to Affect Hundreds of Thousands," *IRIN*, November 14, 2008.
8. 이러한 주장의 근거로는, James Hansen, *Storms of My Grandchildren: The Truth About the Coming Climate Catastrophe and Our Last Chance to Save Humanity* (New York: Bloomsbury Press, 2009); Bill McKibben, *Earth: Making a Life on a Tough New Planet* (New York: Henry Holt & Co., 2010); Tim Flannery, *The Weather Makers: How Man Is Changing the Climate and What It Means for Life on Earth* (New York: HarperCollins, 2006). (『기후 창조자』, 이한중 옮김, 황금나침반, 2006년).; Elizabeth Kolbert, *Field Notes from a Catastrophe: Man, Nature and Climate Change* (New York: Bloomsbury Press, 2006); Eugene Linden, *The Winds of Change: Climate, Weather, and the Destruction of*

Civilizations (New York: Simon & Schuster, 2006); Al Gore, *Earth in the Balance* (New York: Plume, 1993); Al Gore, *An Inconvenient Truth* (New York: Rodale Books, 2006). (『불편한 진실』, 김명남 옮김, 좋은생각, 2006년).; George Monbiot, *Heat: How to Stop the Planet from Burning* (New York: Doubleday, 2006). (『CO2 와의 위험한 동거』, 정주연 옮김, 홍익출판사, 2008년).; Climate Change 2007: *Working Group I: The Physical Science Basis: Human and Natural Drivers of Climate Change, IPCC Fourth Assessment Report* (2007): http://www.ipcc.ch /publications_and_data/ar4/wg1/en/spmsspm-human-and.html. 최근의 CO2 농도를 보려면 http://www.esrl.noaa.gov/gmd/ccgg/trends/.

9. "Towards a Goal for Climate Change Stabilisation," ch. 13 (13.5) in *Stern Review on the Economics of Climate Change* (Treasury of the Government of the UK, 2006).

10. Clive Hamilton, Charles Stuart Professor of Public Ethics, Centre for Applied Philosophy and Public Ethics at the Australian National University, "Is It Too Late to Prevent Catastrophic Climate Change?" (lecture to a meeting of the Royal Society of the Arts, Sydney, Australia, October 21, 2009), 11쪽. 다음 사이트에 서 볼 수 있다. www.clivehamilton.net.au (accessed January 19, 2011).

11. Kevin Anderson et al, "From Long-Term Targets to Cumulative Emission Pathways: Reframing UK Climate Policy," *Energy Policy* 36, no. 10 (2008): 3714~3722쪽.

12. 이에 관한 행동주의에 대해서는 다음 사이트를 참고하라. www.350.org. 핸슨의 논문은, Hansen et al., "Target Atmospheric CO2: Where Should Humanity Aim?" Cornell University Library, October 15, 2008, http://arxiv.org/abs /0804.1126.

13. Nils Petter Gleditsch, "Armed Conflict and the Environment: A Critique of the Literature," *Journal of Peace Research* 35, no. 3 (May 1998): 381~400쪽.

14. "Thousands Flee amid Fears of Fighting Along Border," *IRIN*, November 29, 2008.

15. 이에 관한 논쟁은 다음 책에 잘 정리되어 있다. Adanoo Wario Roba and Karen M. Witsenburg, *Surviving Pastoral Decline: Pastoral Sedentarization, Natural Resource Management and Livelihood Diversification in Marsabit District, Northern Kenya* (Lampeter, PA: Edwin Mellen Press, 2008), 735쪽.

16. Val Percival and Thomas Homer-Dixon, "Environmental Scarcity and Violent

Conflict: The Case of South Africa," *Journal of Peace Research* 35, no. 3 (May 1998): 279~298쪽: 281쪽.

17. Kennedy Agade Mkutu, *Guns and Governance in the Rift Valley: Pastoral Conflict and Small Arms* (Bloomington: Indiana University Press, 2008), 7쪽.

18. David Anderson, "Stock Theft and Moral Economy in Colonial Kenya," *Africa: Journal of the International African Institute* 56, no. 4 (1986): 399~416쪽: 406쪽.

19. Anderson, "Stock Theft," 408쪽; 탄자니아에서도 유사한 상황이 있었음을 볼 수 있다. Michael L. Fleisher, "Kuria Cattle Raiding: Capitalist Transformation, Commoditization, and Crime Formation Among an East African Agro-Pastoral People," *Comparative Studies in Society and History* 42, no. 4 (October 2000): 745~769쪽.

6장 | 왜 동아프리카는 죽음의 땅이 되었나?

1. J. Forbes Munro, "Shipping Subsidies and Railway Guarantees: William Mackinnon, Eastern Africa and the Indian Ocean, 1860-93," Journal of African History 28, no. 2 (1987): 209~230쪽: 210쪽. 먼로는 매키넌이 경제 외적인 관심 때문에 아프리카로 갔다는 흔하지만 설득력이 떨어지는 주장을 강력하게 반박 한다. 실제로 동아프리카회사는 만약에 회사가 망해도 동아프리카 개방으로 무 역이 확대되면 이득을 볼 수 있다고 믿었던 선주와 상인들에 의해 운영되었다.

2. 다음에서 인용. G. H. Mungeam, "Masai and Kikuyu Responses to the Establishment of British Administration in the East Africa Protectorate," *Journal of African History* 11, no. 1 (1970): 127~143쪽: 136쪽.

3. R. B. Buckley, "Colonization and Irrigation in the East Africa Protectorate," *The Geographical Journal* 21, no. 4 (April 1903): 349~371쪽: 350쪽, 355~356쪽.

4. John Lonsdale and Bruce Berman, "Coping with the Contradictions: The Development of the Colonial State in Kenya, 1895-1914," *Journal of African History* 20, no. 4 (1979): 487~505쪽.

5. J. M. Lonsdale, "The Politics of Conquest: The British in Western Kenya, 1894-1908," The Historical Journal 20, no. 4 (December 1977): 841~870쪽: 851쪽.

6. 앞서 인용한 "Coping with the Contradictions"에서 론스데일과 버먼이 지적한 것처럼 "19세기 말 아프리카는 제국주의의 최후의 돌격지였다. 그로 인해 세계 자본주의 체제는 부분적으로나마 체제에 포섭되지 않고 남아 있던 마지막 대륙

을 손에 넣었다. 지금도 그렇지만 당시에도 세계 자본주의 체제는 교환을 매개로 연결되었으되 상하서열이 있는 여러 생산양식들로 구성되었다. 체제 내의 모든 것이 가장 발전된 자본의 지배하에 있었다. 이런 최상위 자본은 공식적인 책임을 지는 제국주의 세력에 기반을 두기도 하고, 경쟁하는 기업들 중에 하나에 기반을 두기도 한다." 486쪽.

7. Lonsdale, "The Politics of Conquest."

8. Lonsdale and Berman, "Coping with the Contradictions."

9. Colin Leys, *Underdevelopment in Kenya: The Political Economy of Neo-Colonialism* (Berkeley: University of California Press, 1975).

10. Frank Corfield, *The Origins and Growth of Mau Mau: An Historical Survey* (Nairobi: Government of Kenya, 1960).

11. Caroline Elkins, *Imperial Reckoning: The Untold Story of Britain's Gulag in Kenya* (New York: Owl Books, 2005).

12. David Anderson, "Stock Theft and Moral Economy in Colonial Kenya," *Africa: Journal of the International African Institute* 56, no. 4 (1986): 399~416쪽: 405쪽.

13. 식민지 시기와 독립 이후에 목축민 사회에서 법과 질서를 창출하려는 노력에 대해서는 다음을 보라. Fratkin, "East African Pastoralism."; 1980년대 이래 가축 약탈이 증가했다는 확실한 주장에 대해서는 다음을 보라. Dr. Paul Goldsmith, *Conceptualizing the Costs of Pastoralist Conflicts in Northern Kenya* (Cemiride, Kenya: The Center for Minority Rights Development, March 2005). 유목 생활을 하던 목축민들을 정착성이 강한 목장주와 농업 경영자로 바꾸려는 노력은 안타깝게도 급속한 토양 악화와 관련되어 있다.

14. "Obote Is Ousted by Ugandan Army," *New York Times*, January 26, 1971.

15. "Uganda's New Military Ruler," *New York Times*, January 28, 1971.

16. "Amin, Uganda's New Leader, Charges Tanzania Plans an Attack," *New York Times*, January 28, 1971.

17. Patrick Chabal and Jean-Pascal Daloz, *Africa Works: Disorder As a Political Instrument* (Oxford: University of Indiana Press/International African Institute, 1999), 15쪽.

18. "Fall of Idi Amin," *Economic and Political Weekly* 14, no. 21 (May 26, 1979): 907~910쪽: 907쪽.

19. "US Senate Votes to Lift Economic Sanctions That Had Been Applied

Against Uganda During Former Pres Idi Amin's Reign," *New York Times*, May 8, 1979; "Conflict Between Uganda Pres Amin and US over Amin's Order Forbidding Americans to Leave," *New York Times*, March 6, 1977.

20. "When a State Goes Insane," *New York Times*, May 2, 1979; "Fall of Idi Amin."; John Darton, "Invaders in Uganda Close In on Capital," *New York Times*, April 5, 1979.

21. Gregory Jayne, "African Apocalypse," *New York Times*, November 16, 1980.

22. Mustafa Mirzeler and Crawford Young, "Pastoral Politics in the Northeast Periphery in Uganda: AK-47 As Change Agent," *Journal of Modern African Studies* 38, no. 3 (September 2000): 407~429쪽: 416쪽.

23. Barry Shilachter, "Ugandan Warriors Becoming Dirt Farmers in Settlement Scheme," Associated Press, August 4, 1985.

24. Jayne, "African Apocalypse."

25. David Crary, "Well-Armed Cattle Raiders Terrorize East African Villages," *AP Online*, November 17, 1986.

26. Conan Businge, "400,000 Illegal Guns in Circulation," *New Vision* (Uganda), December 19, 2008.

27. "Where Natural and Man-Made Disaster Go Together," *The Economist*, June 14, 1980.

28. On guns, see Mirzeler and Young, "Pastoral Politics in the Northeast Periphery."; 가뭄에 관하여는 Elliot Fratkin, "East African Pastoralism in Transition: Maasai, Boran, and Rendille Cases," *African Studies Review* 44, no. 3 (December 2001): 1~25쪽: 8쪽.

29. Jayne, "African Apocalypse."

30. Jayne, "African Apocalypse," 417쪽.

31. *The Economist*, "Where Natural and Man-Made Disaster Go Together."

7장 | 소말리아 대재앙

1. I. M. Lewis, *Blood and Bones: The Call of Kinship in Somali Society* (Trenton, NJ: Red Sea Press, 1994), 150쪽; I. M. Lewis, "Somalia Nationalism Turned Inside Out," *MERIP Reports*, no. 106 (June 1982); I. M. Lewis, *A Pastoral Democracy: A Study of Pastoralism and Politics Among the Northern Somali of the Horn of Africa* (London: Oxford University Press, 1962); I. M. Lewis, *The*

Modern History of Somaliland: From Nation to State (New York: F. A. Praeger, 1965); David D. Laitin and Said S. Samatar, *Somalia: A Nation in Search of a State* (Boulder, CO: Westview Press, 1987); Abdi Ismail Samatar, "Destruction of State and Society in Somalia: Beyond the Tribal Convention," *The Journal of Modern African Studies* 30, no. 4 (December 1992): 625~641쪽.

2. John Markakis, "Garrison Socialism: The Case of Ethiopia," *MERIP Reports*, no. 79 (June 1979): 5쪽.

3. Robert G. Patman, *The Soviet Union in the Horn of Africa: The Diplomacy of Intervention and Disengagement* (Cambridge: Cambridge University Press, 1990), 49쪽.

4. Gian Carlo Pajetta, "Interview on Ethiopia and Somalia," *New Left Review* 1, no. 107 (January-February 1978): 43-45; Emilio Sarzi Amade, "Ethiopia's Troubled Road," *New Left Review* 1, no. 107 (January-February 1978): 40~43쪽.

5. "The Soviet Flight from Egypt," *Time*, July 31, 1972.

6. "The Model Socialist State That Prays Five Times a Day," *The Economist*, May 14, 1977.

7. Piero Gleijeses, Conflicting Missions: Havana, Washington, and Africa, 1959-1976 (Chapel Hill: University of North Carolina Press,2002). 이 책은 기밀해제된 미국 첩보기관 문서, 핵심 참가자들과의 인터뷰, 가장 중요한 것으로는 결코 공개된 적이 없는 쿠바공산당 중앙위원회, 군대, 외무부 문서를 10년 동안 연구한 결과를 토대로 내놓은 아주 감명 깊은 성과물이다.

8. "The Cubans in Africa," *Newsweek*, March 13, 1978.

9. David B. Ottaway, "Soviets Said to Press Somalia for Cease-Fire in Ethiopia," *Washington Post*, August 4, 1977; Gebru Tareke, "The Ethiopia-Somalia War of 1977 Revisited," *The International Journal of African Historical Studies* 33, no. 3 (2000): 635~667쪽: 642쪽.

10. Pamela S. Falk, "Cuba in Africa," *Foreign Affairs* 65, no. 5 (summer 1987): 1077~1096쪽.

11. David Ottaway, "Soviet Wooing of Ethiopia May Push Somalia Toward U.S.," *Washington Post*, February 28, 1977; Murrey Marder, "Soviets: Carter Distorted Role in Somalia," *Washington Post*, January 14, 1978; "Cuba, Somalia to Resume Diplomatic Relations," Xinhua General News Service, August 1, 1989.

12. Harry Ododa, "Somalia's Domestic Politics and Foreign Relations Since the Ogaden War of 1977-78," *Middle Eastern Studies* 21, no. 3 (July 1985): 285~297쪽: 285쪽.

13. 전쟁에 관한 보다 자세한 내용은 Tareke, "The Ethiopia-Somalia War of 1977 Revisited"; David D. Laitin, "The War in the Ogaden: Implications for Siyaad's Role in Somali History," *Journal of Modern African Studies* 17, no. 1 (March 1979): 95~115쪽; Mohamud H. Khalif, "The Politics of Famine in the Ogaden," *Review of African Political Economy* 27, no. 84 (June 2000): 333~337쪽; I. M. Lewis, "The Ogaden and the Fragility of Somali Segmentary Nationalism," *African Affairs* 72, no. 1 (1992-1993): 109~123쪽; Ododa, "Somalia's Domestic Politics and Foreign Relations."

14. "Somalia Says Two Towns Hit by Ethiopian Planes," *Washington Post*, December 29, 1977.

15. David B. Ottaway, "Castro Seen Mediator in Africa Talks," *Washington Post*, March 18, 1977; "Red Hands Off the Red Sea," *The Economist*, March 26, 1977; Arnaud de Borchgrave, "Trouble on the Horn," *Newsweek*, June 27, 1977.

16. Clark, "Debacle in Somalia."

17. Abdi Ismail Samatar, "Structural Adjustment As Development Strategy? Bananas, Boom, and Poverty in Somalia," *Economic Geography* 69, no. 1 (January 1993): 25~43쪽: 27쪽.

18. Charles Mitchell, "Ethiopia Bombs Somali Towns," United Press International, May 25, 1984.

19. Clark, "Debacle in Somalia," 111쪽.

20. 세계은행의 주요 통계 수치들은 다음을 참고하라. Samatar, "Structural Adjustment As Development Strategy?"

21. Ismail I. Ahmed and Reginald Herbold Green, "The Heritage of War and State Collapse in Somalia and Somaliland: Local-Level Effects, External Interventions and Reconstruction," *Third World Quarterly* 20, no. 1 (February 1999): 113~127쪽: 115~116쪽.

22. Terrence Lyons and Ahmed Ismail Samatar, *State Collapse, Multilateral Intervention, and Strategies for Political Reconstruction* (Washington DC: Brookings Institution, 1995), 1. 국가, 국가 관료, 담론 정치 등에 관하여는, Stefano

Harney, State Work: Public Administration and Mass Intellectuality (Durham, NC: Duke University Press, 2002).

8장 | 파탄 국가 이론

1. Martin Dugard, *Into Africa: The Epic Adventures of Stanley and Livingstone* (New York: Broadway, 2004).

2. 파탄 국가 : 이런 개념이 미래를 무제한적인 대게릴라전의 시대로 보는, 호전적인 국가안보 분야의 지식인과 펜타곤 계획자들의 전유물처럼 생각되는 측면도 있다. 인종차별주의 냄새를 풍기고 피해자에게 책임을 전가하는 인상을 준다는 이유로 일부 좌파 성향의 인사들은 이런 개념 자체에 반대한다. 이에 관하여는, Noam Chomsky, *Failed States: The Abuse of Power and the Assault on Democracy* (New York: Metropolitan Books, 2006). (『촘스키, 실패한 국가, 미국을 말하다』, 강주현 옮김, 황금나침반, 2006년).

3. Max Weber, *The Theory of Social and Economic Organization* (New York: Free Press, 1964), 154쪽.

4. Stephen Harney, *State Work Public Administration and Mass Intellectuality* (New York: Monthly Review, 202). 하니는 국가란 관료 집단의 노동이 있어야만 하나의 기관으로 완성되는 개념이라고 주장한다.

5. Max Weber, "Politics As a Vocation," in *From Max Weber: Essays in Sociology*, ed. H. H. Gerth and C. Wright Mills (New York: Oxford University Press, 1959), 77~128쪽. (『직업으로서의 정치』, 전성우 옮김, 나남, 2007년).

6. Norman F. Cantor, *In the Wake of the Plague* (New York: Harper Perennial, 2002); Barbara W. Tuchman, A Distant Mirror: The Calamitous 14th Century (New York: Ballantine Books, 1987). 로마가 결정적인 패배를 당하기 한참 전에 부패, 계급제도, 제국의 과잉 대응, 불필요한 팽창 등에 의해 내부적으로 약화되어 서서히 멸망했다는 사실을 기억하라. 처음에 서고트족은 침략군이 아니라 동쪽에서 압박하는 훈족을 피해 도망친 무장 난민인 채로 다뉴브 강을 건넜다. 말하자면 그들은 속임수를 써서 로마에 들어왔고, 사면 조건을 어기고, 무기를 계속 보유한 채로 천천히 다시 전쟁을 도발하기 시작했다. 예를 들어 다음 책의 2장을 보라. Frederic Austin Ogg, *A Source Book of Medieval History: Documents Illustrative of European Life and Institutions from the German Invasions to the Renaissance* (New York American Book Company, 1908).

7. Walt W. Rostow, *The Stages of Economic Growth: A Non-Communist*

Manifesto (Cambridge: Cambridge University Press, 1990).

8. Charles Tilly, "War Making and State Making As Organized Crime," in *Bringing the State Back In*, ed. Peter Evans, Dietrich Rueschemeyer, and Theda Skocpol (Cambridge: Cambridge University Press, 1985), 169~191쪽.

9. Tilly, "War Making and State Making," 170쪽.

10. Tilly, "War Making and State Making," 183쪽.

11. Anthony Giddens, *The Nation-State and Violence, vol. 2 of A Contemporary Critique of Historical Materialism* (Berkeley: University of California Press, 1987). (『민족국가와 폭력』, 진덕규 옮김, 삼지원, 1993년).

9장 | 아프가니스탄의 기후 전쟁: 마약, 가뭄, 지하드

1. 우리는 셰르자드 지구의 투투라는 작은 마을에 있었다. 보통 코기야니 지방이라고 하는데 여러 지구로 구성된다. 구체적으로는 비수드, 코기야니, 셰르자드, 신와르바티코트, 파치르와아감 지구 등이 있으며 설명하는 사람에 따라서는 차파르하르와 수르크로드 지구까지 포함시키기도 한다.

2. Matthew Savage et al., "Socio-Economic Impacts of Climate Change in Afghanistan," Department of International Development and Stockholm Environment Institute DFID CNTR 08 8507, executive summary, 2쪽.

3. "Floods in Pakistan," (publication of the Humanitarian Communication Group, United Nations, October 4, 2010).

4. Tage R. Sivall, "Synoptic-Climatological Study of the Asian Summer Monsoon in Afghanistan," *Geografiska Annaler: Series A, Physical Geography* 59, no. 1/2 (1977): 67~87쪽; 76쪽.

5. Savage et al., "Socio-Economic Impacts of Climate Change in Afghanistan," 5쪽.

6. Raja Anwar, *The Tragedy of Afghanistan* (London: Verso, 1988), 69쪽.

7. Louis Dupree, *Afghanistan* (New York: Oxford University Press, 2002).

8. James P. Sterba, "Starving Afghan Children Await Death Along Roads," *New York Times*, June 16, 1972, 1; Sterba e-mail to author, April 9, 2009.

9. Henry Kamm, "Afghans Striving to Aid Famine Areas," *New York Times*, November 19, 1972, 28.

10. "Upheaval in Kabul," *New York Times*, July 20, 1973, 30.

11. "Afghan Parliament, in Session for a Year, Has Voted No Legislation," *New York Times*, November 22, 1970.

12. James P. Sterba, "Afghans Begin Inquiry on Distribution of Food for Famine Relief," *New York Times*, July 11, 1972, 6.

13. "Leftist Protest Mars Agnew's Arrival in Kabul: Students in Afghan Capital Fail to Halt Motorcade Crowds Welcome Visitor," *New York Times*, January 7, 1970.

14. *An Afghan Village*, produced by Norman Miller with the co-operation of Toryali Shafaq Afghan Films and the Government of Afghanistan, 1974.

15. "Afghan King Overthrown: A Republic Is Proclaimed," *New York Times*, July 18, 1973.

16. Kamm, "Afghans Striving to Aid Famine Areas."

17. "Afghanistan Coup Topples Monarchy," *MERIP Reports*, no. 19 (August 1973): 18쪽.

18. "Afghanistan Seem Happy That King Is Gone," *New York Times*, July 24, 1973.

19. Amaury de Riencourt, "India and Pakistan in the Shadow of Afghanistan," *Foreign Affairs* 61, no. 2 (winter 1982): 416~437쪽.

20. Anwar, *The Tragedy of Afghanistan*, 78~81쪽.

21. 무르타자 부토에 관하여는 다음을 보라. Raja Anwar, *The Terrorist Prince: The Life and Death of Murtaza Bhutto* (Verso: London, 1997). 또, Fatima Bhutto's *Songs of Blood and Sword* (New York: Nation Books, 2010).

22. S. R. Sonyel, "Enver Pasha and the Basmaji Movement in Central Asia," *Middle Eastern Studies* 26, no. 1 (January 1990): 52~64쪽; Martha B. Olcott, "The Basmachi or Freemen's Revolt in Turkestan, 1918-24," *Soviet Studies* 33, no. 3 (July 1981): 352~369쪽; William S. Ritter, "The Final Phase in the Liquidation of Anti-Soviet Resistance in Tadzhikistan: Ibrahim Bek the Basmachi, 1924-31," *Soviet Studies* 37, no. 4 (October 1985): 484~493쪽.

23. 이에 관한 더 자세한 역사는, Steve Coll, *Ghost Wars: The Secret History of the CIA, Afghanistan and Bin Laden, from the Soviet Invasion to September 10, 2001* (New York: Penguin, 2004).

24. Savage et al., "Socio-Economic Impacts of Climate Change in Afghanistan," 5쪽.

25. Matthew King and Benjamin Sturtewagen, *Making the Most of Afghanistan's River Basins: Opportunities for Regional Cooperation* (New York: East West

왜 열대는 죽음의 땅이 되었나

Institute, 2010), 17쪽.

26. Savage et al., "Socio-Economic Impacts of Climate Change in Afghanistan," 21쪽.

27. Emma Graham-Harrison and Sue Pleming, "Spectre of Afghan Drought Brings Hunger, Poppy Fears," Reuters, January 14, 2010.

28. "Floods Destroy 3,000 Houses in Takhar Abdul Matin Sarfaraz," *Pajhwok Afghan News*, May 7, 2010; "Floods Inflict Heavy Damage on Four Districts," *Pajhwok Afghan News*, May 7, 2010; "Floods Inflict Heavy Damage on Four Districts," Pajhwok Afghan News, May 9, 2010.

29. Steff Gaulter, "Flood of Misery: Pakistan's Uneasy Relationship," Al Jazeeria.net, August 9, 2010.

30. Graham-Harrison and Pleming, "Spectre of Afghan Drought"; Sediqullah Bader, "Afghanistan: Drought, Poppy Profits Cause Wheat Shortage," Inter Press Service, August 7, 2006.

31. Graham-Harrison and Pleming, "Spectre of Afghan Drought."

32. 다음에서 인용. Johann Hari, "Legalize It; Why Destroy Poppies and Afghan Farmers When the World Needs Legal Opiates?" *Los Angeles Times*, November 6, 2006.

33. Ahmed Rashid, *Descent into Chaos: The United States and the Failure of Nation Building in Pakistan, Afghanistan, and Central Asia* (New York: Viking, 2008), 401.

34. Michael Renner, "Water Challenges in Central-South Asia," Noref Policy Brief No. 4 (Oslo: Norwegian Peacebuilding Centre, December 2009).

10장 | 키르기스스탄의 작은 기후 전쟁

1. 다음에서 인용. Timur Toktonaliev and Izomiddin Ahmedjanov, "Why Anger Finally Boiled Over in Kyrgyzstan," *Bradenton Herald* (Florida), April 20, 2010.

2. Luke Harding, "Kyrgyzstan Opposition Seizes Power After Day of Protests," *Guardian*, April 9, 2010. 공공요금 폭등에 관한 수많은 보도가 있었지만, 그 역사와 원인을 심층 분석한 것은 거의 없었다. 다음을 보라. Michael Schwritz, "Kyrgyzstan, Facing Continuing Violence, Reaches Out to Russia for Help," *New York Times*, June 13, 2010; 또, "Kyrgyzstan: A Hollow Regime Collapses," Asia Briefing no. 102, International Crisis Group, April 27, 2010,

www.crisisgroup.org/en/regions/asia/central-asia/kyrgyzstan/B102-kyrgyzstan-a-hollow-regime-collapses.aspx.

3. Michael Schwirtz, "Fierce Fighting in Kyrgyzstan Poses Challenge to Government," *New York Times*, June 12, 2010.

4. "Kyrgyz Govt Calls for Increasing Utilities Prices," Russia & CIS Business and Financial Daily (newswire), April 2, 2008.

5. Andrew E. Kramer, "Government Buildings Retaken in Kyrgyzstan," *New York Times*, May 14, 2010; "Uzbekistan: Concern at Ethnic Trouble in Kyrgyzstan," Institute for War and Peace Reporting, May 25, 2010, http://iwpr.net/report-news/uzbekistan-concern-ethnic-trouble-kyrgyzstan; Jonibek Kadamjayov, "Fergana Valley: Relations Cooling, Uzbek-Kyrgyz Border Growing Increasingly Violent," EurasiaNet.org, March 9, 2010, www.eurasianet.org/departments/civilsociety/articles/eav030910a.shtml.

6. Luke Harding, "Kyrgyzstan Calls for Russian Help to End Ethnic Riots," *Guardian* (UK), June 12, 2010.

7. "Where Is the Justice? Interethnic Violence in Southern Kyrgyzstan and Its Aftermath," Human Right Watch, August 16, 2010, www.hrw.org/en/reports/2010/08/16/where-justice-0.

8. Kramer, "Government Buildings Retaken in Kyrgyzstan"; "Uzbekistan: Concern at Ethnic Trouble in Kyrgyzstan."

9. Electricity Cut at Night in Kyrgyzstan for Six Months: Minister," Agence France-Presse, April 14, 2008; "Bakiyev Calls for and End to Rolling Blackouts in kyrgyzstan," Central Asia General Newswire/Interfax, January 12, 2010.

10. Peter Leonard, "Uzbeks Rebut Critics of Pullout from Power Grid," Associated Press, December 3, 2009.

11. Gulnara Mambetalieva, "Energy Fears As Kyrgyz Winter Approaches: Threat of More Blackouts Despite Efforts to Hoard Water for Hydropower Ahead of Cold Season," RCA Issue 557, Institute for War and Peace Reporting, December 3, 2008, http://iwpr.net/report-news/energy-fears-kyrgyz-winter-approaches.

12. Mambetalieva, "Energy Fears."

13. 다음에서 인용. Mambetalieva, "Energy Fears."

14. 다음에서 인용. Mambetalieva, "Energy Fears."

15. "Kyrgyz Protest Electricity Price Hike," Radio Free Europe/Radio Liberty, February 25, 2010, www.rferl.org/content/Kyrgyz_Protest_Electricity_Price_Hike_/1968192.html.

16. "Bishkek Mayor Believes Rise of Electricity, Heating Tariffs to Bring Poor Population to Abject Poverty," AKIpress News Agency, November 13, 2009.

17. Ahmed Rashid, "The Fires of Faith in Central Asia," *World Policy Journal* 18, no. 1 (spring 2001): 45~55쪽.

18. Martin C. Spechler, "The Economies of Central Asia: A Survey," *Comparative Economic Studies* 50, no. 1 (March 1, 2008): 30~50쪽.

19. Ahmed Rashid, "The New Struggle in Central Asia: A Primer for the Baffled," *World Policy Journal* 17, no. 4 (winter 2000-2001): 33~45쪽: 42쪽.

20. "Millions of People in Central Asia Live Below the Poverty Line," *Times of Central Asia* (Kyrgyzstan), August 10, 2010.

21. Spechler, "The Economies of Central Asia."

22. Gareth Evans, "Forces Is Not the Way to Meet Central Asia's Islamist Threat," *International Herald Tribune*, March 10, 2001.

23. S. R. Sonyel, "Enver Pasha and the Basmaji Movement in Central Asia," *Middle Eastern Studies* 26, no. 1 (January 1990): 52~64쪽; Martha B. Olcott, "The Basmachi or Freemen's Revolt in Turkestan, 1918-24," *Soviet Studies* 33, no. 3 (July 1981): 352~369쪽; William S. Ritter, "The Final Phase in the Liquidation of Anti-Soviet Resistance in Tadzhikistan: Ibrahim Bek and the Basmachi, 1924-1931," *Soviet Studies* 37, no. 4 (October 1985): 484~493쪽; Louis Dupree, Afghanistan (New York: Oxford, 2002).

24. Ahmed Rashid, *Jihad: The Rise of Militant Islam in Central Asia* (New York: Penguin, 2002), 44쪽.

25. Rashid, *Jihad*, 96쪽.

26. "KGB Chief Visits Soviet Border Areas Attacked by Afghan Rebels," Associated Press, April 30, 1987.

27. "Pakistan's 'Fanatical' Uzbek Militants," *BBC News*, October 29, 2009, http://news.bbc.co.uk/2/hi/south_asia/8331860.stm.

28. "Volume of Water in Toktogul Exceeds 19.472 Billion Cubic Meters," zprtssrg.com, August 2, 2010.

11장 | 인도와 파키스탄: 빙하, 하천, 그리고 물 전쟁

1. Stephan Faris, "The Last Straw," *Foreign Policy* (July 1, 2009).

2. Phillips Talbot, "Kashmir and Hyderabad," *World Politics* 1, no. 3 (April 1949): 321~332쪽: 323쪽.

3. Phillips Talbot, "Kashmir and Hyderabad," 327쪽. 양국 모두 1971년에 인도-파키스탄 국경을 카슈미르의 분단선인 통제선으로 수정하는 안에 비밀리에 합의했다고 한다. 당시 파키스탄이 내건 조건은 동파키스탄(현재의 방글라데시)에서 붙잡힌 포로 9만 명의 석방이었다. 포로 석방이라는 목표 달성 이후 파키스탄은 합의를 이행하지 않고 저버렸다.

4. Alice Thorner, "The Kashmir Conflict," *Middle East Journal* 3, no. 1 (January 1949): 17~30쪽: 18쪽.

5. Thorner, "The Kashmir Conflict," 19쪽.

6. Thorner, "The Kashmir Conflict," 25쪽.

7. Thorner, "The Kashmir Conflict," 25쪽.

8. Robert Trumblull, "Use of Regulars Laid to Pakistan," *New York Times*, July 18, 1948.

9. 다음에서 인용. Undala Z. Alam, "Questioning the Water Wars Rationale: A Case Study of the Indus Waters Treaty," *The Geographical Journal* 168, no. 4 (December 2002): 341~353쪽.

10. Sumit Ganguly, *Conflict Unending: India-Pakistan Tensions Since 1947* (New York: Columbia University Press, 2002); J. V. Deshpande, "Talking with Pakistan," *Economic and Political Weekly* 36, no. 16 (April 21-27, 2001): 1303~1306쪽.

11. Alam, "Questioning the Water Wars Rationale."

12. Alam, "Questioning the Water Wars Rationale."

13. Alam, "Questioning the Water Wars Rationale."

14. Alam, "Questioning the Water Wars Rationale."

15. 2010년 6월부터 8월 중순까지 시위자 57명이 살해되었다.
   Aijaz Hussain, "Officer Lauded in Indian Kashmir for Hurling Shoe."

16. Jessica Stern, "Pakistan's Jihad Culture," *Foreign Affairs* 79, no. 6 (November-December 2000): 115~126쪽: 117쪽.

17. Stern, "Pakistan's Jihad Culture," 118쪽.

18. Ben Arnoldy, "The Other Kashmir Problem: India and Pakistan Tussle over Water," *Christian Science Monitor*, August 11, 2010.

19. Shripad Dharmadhikary, "Mountains of Concrete: Dam Building in the Himalayas," Table 3, International Rivers Network, December 2008, www.internationalrivers.org/files/IR_Himalayas.pdf.

20. "India Constructing 52 Dams on Pak Water," *The Nation*, April 9, 2010.

21. Andrew Buncombe and Omar Waraich, "India Is Stealing Water of Life, Says Pakistan," *The Independent* (UK), March 26, 2009.

22. Athar Parvaiz, "Indus Water Treaty Agitates Kashmiris," Inter Press Service, October 15, 2008.

23. Ifrah Kazmi and Maria Fatima, "Water–Save the Last Drop!" *Business Recorder*, May 29, 2010.

24. Manipadma Jena, "Not a Single Drop to Drink," *The Telegraph* (Kolkata, India), May 6, 2010.

25. Karin Brulliard, "Rhetoric Heated in Water Dispute Between India, Pakistan," *Washington Post*, May 28, 2010.

26. M. Zulqernain, "Pak Must Keep Option of Force over Water Row with India: JuD," Press Trust of India, May 10, 2010.

27. "Pak Radical Outfit Issues Warning to India over Water Dispute," Press Trust of India, May 30, 2010.

28. Armed Rashid, *Descent into Chaos: The United States and the Failure of Nation Building in Pakistan, Afghanistan, and Central Asia* (New York: Viking, 2008), 221쪽.

29. Christian Parenti, "Afghanistan: The Other War," *The Nation*, March 27, 2006.

30. Parenti, "Afghanistan"; 또 이안 올즈 감독의 다큐멘터리도 보라. *Fixer: The Taking of Ajmal Naqshbandi*, (HBO, 2009).

31. Matt Waldman, "The Sun in the Sky: The Relationship Between Pakistan's ISI and Afghan Insurgents" (Discussion Paper 18, Carr Center for Human Rights Policy and Kennedy School of Government, Harvard University, June 2010), 1쪽; 또, Declan Walsh, "Clandestine Aid of Taliban Bears Pakistan's Fingerprints," *Guardian*, July 5, 2010.

32. Dennis C. Blair, "Annual Threat Assessment of the US Intelligence Community," (testimony before the Senate Select Committee on Intelligence, February 2, 2010).

33. "U.S. Seeks to Balance India's Afghanistan Stake," Reuters, May 31, 2010;

Abdul Waheed Wafa and Alan Cowell, "Bomber Strikes Afghan Capital; At Least 41 Die," *New York Times*, July 8, 2008; Anand Gopal, "Indian Embassy in Kabul Is Bombed," *Wall Street Journal*, October 9, 2009; Aman Sharma, "Indians Easy Target in Kabul," *Mail Today* (India), February 28, 2010.

12장 | 인도의 가뭄 반란군

1. R. D. Oldham, "The Evolution of Indian Geography," *The Geographical Journal* 3, no. 3 (March 1894): 169~192쪽: 180쪽.
2. 서구 언론은 시간이 흐를수록 마오주의 반군이 줄어들고 있다고 발표해왔다. 예를 들어 다음을 보라. Kasturi Rangan, "Maoist Movement Declining in India," New York Times, August 5, 1972. 그렇지만 같은 저자의 3년 후 같은 사안에 대한 평가를 보면, "인도에서 마오주의 반군이 3년간 잠잠했던 시간을 뒤로 하고 다시 활발해지기 시작했다." Kasturi Rangan, "Maoists Resume Violence in India," New York Times, June 9, 1975.
3. 다음을 보라. Figure 2.5 in *Main Report, vol. 1 of Drought in Andhra Pradesh: Long-Term Impacts and Adaptation Strategies, Final Report* (Washington, DC: South Asia Environment and Social Development Department, World Bank, September 2005), 28쪽.
4. "Hyderabad: Silver Jubilee Durbar," Time, February 22, 19937, www.time.com/time/magazine/article/0,9171,770599,00.html. 마지막 니잠은 타락한 지배층이었지만 이따금 대중복지에 관심을 보이기도 했다. 1930년대 원주민들이 반란을 일으키자 니잠은 원주민들의 불만이 무엇인지 제대로 파악하고자 독일 인류학자 크리스토프 폰 퓌레 하이멘도르프를 현지에 파견했다. 조사를 마치고 돌아온 하이멘도르프는 원주민들의 사회 경제적 소외를 극복하는 방안으로 교육과 의료에 투자할 것을 권했다. 다행히 니잠은 하이멘도르프의 권고를 따랐고, 아딜라바드 지구 곤드족의 상황은 상당히 개선되었다. 덕분에 곤드족은 지금까지도 부족의 일원인 양 애정을 가지고 하이멘도르프를 추억한다.
5. N. S. Jodha, "Role of Credit in Farmers' Adjustment Against Risk in Arid and Semi-Arid Tropical Areas of India," *Economic and Political Weekly* 16, no. 42/43 (October 17-24, 1981): 1696~1709쪽; J. G. Ryan et al., "Socio-Economic Aspects of Agricultural Development in the Semi-Arid Tropics," (paper presented at the International Workshop on Farming Systems, ICRISAT, Hyderabad, India, November 18-21, 1974).

6. Edward Duyker, *Tribal Guerrillas: The Santals of West Bengal and the Naxalite Movement* (New York: Oxford University Press, 1987).

7. "Chaos in West Bengal," *New York Times*, March 18, 1970. 인도 공산당(마르크스-레닌주의)의 이와 같은 처지에 관하여, "The Reluctant Rulers," *Economic and Political Weekly* 2, no. 10 (March 11, 1967): 510~511쪽. Williams Borders, "Once-Volatile Indian State Peaceful Under Red Rule," *New York Times*, January 28, 1978; Kasturi Rangan, "Five-Party Marxist Coalition Takes Over West Bengal," *New York Times*, June 22, 1977.

8. Joseph Lelyveld, "Left Communists in West Bengal Are Deeply Split," New York Times, July 5, 1967. 낙살라이트의 방법론을 보면, 근대의 이념적인 열정과 서벵골 사회의 비적 행위라는 잔인한 실용주의가 혼합된 형태였다. 낙살라이트 당들은 비폭력 대중운동을 조직하기도 했다. 구체적으로 살펴보면, 토지를 점령하고 지주와 담판을 벌이고, 장애물을 세워 도로를 점거한 채로 주 정부에 정의 구현, 탄압 철폐, 경제 혜택 등을 요구하는 직접행동 전략을 구사했다.

마르크스주의 정당들은 인도 각지에서 연립정부 수립에 핵심적인 역할을 했고, 때로 연립정부를 주도하기도 했다. 그들의 진보적 개혁이 실질적인 발전으로 이어지는 경우가 드물지 않았다. 그런 개혁들은 내용 면에서 진보적일 뿐만 아니라, 형식상으로 상당히 혁명적인 성격을 띠기도 했다. 위에서 아래로 전달되는 정책뿐만 아니라 대중의 정책발의도 적극 장려했다. 1970년대 초반 서벵골 최초의 연립정부에서는 네 개의 마르크스주의 정당들이 힘의 균형을 유지했다. 나중에는 같은 연립정부가 좌익전선(Left Front)라는 명칭으로 선거에서 승리했다. 전성기에 마르크스주의 공산당 조티 바수는 내무부 장관이 되어 주의 경찰력을 장악했다. 조티 바수는 경찰력을 활용해 소작농의 토지점령을 돕고, 이따금 사용자 계층과 무력 충돌이 발생하면 심판 역할을 했다. 하지만 대다수 인도 공산주의자들이 보이는 진보개혁 성향은 낙살라이트 광신자들에게는 성이 차지 않았다. 그들이 보기에 주류 공산주의 정당들은 소련처럼 제국주의 앞에서 무릎을 꿇은 비겁자들이었다. 낙살들은 마오주석이 말하는 정도(正度)를 선호했다. 당시 서벵골은 중도좌파, 좌파, 극좌파에 지하에서 활동하는 좌익까지 가세하여 서로 대립하고 싸우는 그야말로 붉은 도가니 같은 상황이었다.

9. S. Harpal Singh, "Gonds on the Path of Progress," Hindu, April 20, 2009; N. S. Saksena, *India, Towards Anarchy, 1967-1992* (New Delhi: Abhinav Publications, 1993), 76쪽.

10. "Maoists Target Jawans Again," *Hindustan Times*, April 5, 2010.

11. "Andhra Pradesh Receives 27% Excess Rain During Monsoon," *Hindu Business Line*, July 27, 2010.

12. Orville Schell, "The Message from the Glaciers," *New York Review of Books*, May 27, 2010.

13. Z. W. Kundzewicz et al., "Freshwater Resources and Their Management," *Climate Change 2007:: Impacts, Adaptation and Vulnerability. Contribution of Working Group II to the Fourth Assessment Report of the Intergovernmental Panel on Climate Change*, ed. M. L. Parry et al. (Cambridge: Cambridge University Press, 2007), 187쪽. 다음을 보라. www.ipcc.ch/pdf/assessment-report /ar4/wg2/ar4-wg2-chapter3.pdf. 추정에 따르면 2020년대 중반이 되면 아시아에서 적게는 1억 2000만 명, 많게는 12억 명이 점점 심해지는 물 부족 상황에 직면할 것으로 보인다.

14. James Lamont et al., "India Widens Climate Rift with West," *Financial Times*, July 23, 2009.

15. 일부 과학자들은 금세기 말이 되면 인도의 기온이 3℃~5℃ 상승하고, 그로 인해 여름 계절풍에 따른 강우량이 20퍼센트 증가할 것으로 예측한다.

16. Dennis C. Blair, "Annual Threat Assessment of the US Intelligence Community," (testimony before the Senate Select Committee on Intelligence, February 2, 2010).

17. Schell, "The Message from the Glaciers."

18. Kundzewicz et al., "Freshwater Resources and Their Management," 493쪽.

19. Emily Wax, "Global Warming Threatens to Dry Up Ganges," *Washington Post*, June 24, 2007.

20. 샌디에이고 소재 캘리포니아대학교 지속가능해결책연구소의 수석 기획자이자 스크립스 해양연구소 전직 소장인 찰스 켄넬의 말이다. 다음 저서에서 인용. Stephen Leahy, "Climate Change: Snow Cover Turning to Lake in the Himalayas," Inter Press Service, May 7, 2009.

21. Aiguo Dai, Taotao Qian, and Kevin E. Trenberth, "Changes in Continental Freshwater Discharge from 1948-2004," National Center for Atmospheric Research, Boulder, Colorado, November 18, 2008; 또한 미국 국립기상연구소의 아이궈 다이 박사와 비공식적으로 나눈 대화를 참고했다.

22. "Water Levels Dropping in Some Major Riverss As Global Climate Changes," University Corporation for Atmospheric Research, April 21, 2009,

왜 열대는 죽음의 땅이 되었나

www.ucar.edu /news/releases/2009/flow.jsp (cited on May 5, 2009). 미국 국립 기상연구소의 과학자들은 "1948년부터 2004년까지 하천 유량을 조사한 결과 세계 대형 강들의 약 3분의 1에서 유량에 상당한 변화가 있음을 발견했다. 유량이 줄어든 강들이 유량이 늘어난 강보다 많았다. 대략적인 비율은 2.5 대 1이었다. 유량이 감소한 강 중에는 대규모 인구를 먹여 살리는 핵심 수원 역할을 하는 강들도 적지 않았다. 중국 북부의 황하 강, 인도의 갠지스 강, 아프리카 서부의 니제르 강, 미국 서남부의 콜로라도 강이 대표적이다. 이에 반해 유량이 증가한 하천은 북극해 근처의 인구 밀도가 희박한 지역들에 있으며, 눈과 얼음이 빠른 속도로 녹아 유량이 증가하고 있다."

23. 위의 글.

24. David Mosse, "Rule and Representation: Transformation in the Governance of the Water Commons in British South India," *Journal of Asian Studies* 65, no. 1 (2006): 61~90쪽: 63쪽.

25. Karl Wittfogel, *Oriental Despotism: A Comparative Study of Total Power* (New Haven, CT: Yale University Press, 1957), 15쪽. 비트포겔의 수력 사회 전제주의 국가는 마르크스의 "아시아적 생산양식" 개념의 연장선상에 있다.

26. Murray J. Leaf, "Irrigation and Authority in Rajasthan," *Ethnology* 31, no. 2 (April 1992): 115~132쪽.

27. Kathleen Gough, "Modes of Production in Southern India," *Economic and Political Weekly* 15, no. 5/7 (February 1980): 337~364쪽; M. J. K. Thavaraj, "The Concept of Asiatic Mode of Production: Its Relevance to Indian History," *Social Scientist* 12, no. 7 (July 1984): 26~34쪽.

28. Mosse, "Rule and Representation," 65쪽.

29. Amy Waldman, "Debts and Drought Drive India's Farmers to Despair," *New York Times*, June 6, 2004.

30. Anudradha Mittal, "Harvest of Suicides: How Global Trade Rules Are Driving Indian Farmer to Despair," *Earth Island Journal* (March 22, 2008); 또, Somini Sengupta, "On India's Despairing Farms, a Plague of Suicide," *New York Times*, September 19, 2006.

31. Sengupta, "On India's Despairing Farms."

32. E. Revathi, "Farmers' Suicide," Economic and Political Weekly 33, no. 20 (May 16-22, 1998): 1207. 달러당 37루피 환율을 적용하여 계산한 수치로 인용한 기사가 작성될 무렵의 환율이다.

33. "Climate Change Impacts in Drought and Flood Affected Areas: Case Studies in India South Asia Region," (India Country Management Unit, Sustainable Development Department, Social, Environment and Water Resources Management Unit, Document of the World Bank, Report No. 43946-IN, June 1, 2008), 40쪽.

34. W. W. Rostow, *The Stages of Economic Growth: A Non-Communist Manifesto*, 3rd ed. (Cambridge: Cambridge University Press, 2008).

35. Bernhard Glaeser, ed. *The Green Revolution Revisited: Critique and Alternatives* (London: Allen and Unwin, 1987).

36. K. N. Ninan and H. Chandrashekar, "Green Revolution, Dryland Agriculture and Sustainability: Insights from India," *Economic and Political Weekly* 28, no. 12/13 (March 20-27, 1993): A2~A7쪽.

37. Ernest Feder, "McNamara's Little Green Revolution: World Bank Scheme for Self-Liquidation of Third World Peasantry," *Economic and Political Weekly* 11, no. 14 (April 3, 1976).

38. A. K. Chakravarti, "Green Revolution in India," *Annals of the Association of American Geographers* 63, no. 3 (September 1973): 319-330. 녹색 혁명에 대한 비평으로, France Moore Lappe, *Aid As Obstacle* (Oakland, CA: Food First Books, 1980).

39. Vamsi Vakulabharanam, "Immiserizing Growth: Globalization and Agrarian Change in the Telangana Between 1985 and 2000," (PhD diss., University of Massachusetts, Amherst, Economics Department, 2004).

40. Vakulabharanam, "Immiserizing Growth."

41. Vakulabharanam, "Immiserizing Growth," iv~vii쪽. 이런 현상을 지적한 밤시 바쿨라바라남의 말을 보자. "첫째, (세계화가 한창이던) 1991년에서 2000년 사이에 시장 판매 목적의 작물 가격이 떨어지는데도 이들 작물의 재배 면적은 급속하게 늘어났다. 둘째, 1985년부터 2000년 사이에 인도 남부의 농업 생산량 증가율은 연간 4퍼센트 이상으로 다른 여러 개발도상국에 비해서 높은 수치다. 하지만 이런 생산량 증가에도 불구하고 대다수 농업 종사자들의 수입이 크게 감소하고, 1,000명이 넘는 농민이 자살하는 비극적인 상황이 벌어졌다."

42. Vakulabharanam, "Immiserizing Growth," 107쪽.

43. Lakshman Yapa, "What Are Improved Seeds? An Epistemology of the Green Revolution," *Economic Geography* 69, no. 3, Environment and Development, Part 1 (July 1993): 254~273쪽.

44. Ramachandra Guha, "A War in the Heart of India," *The Nation*, June 27, 2007; "Naxalites Abandon Train, Passengers Unharmed," *Hindu*, March 15, 2006; Sonali Das, "Naxals Release Passengers on Train," *Times of India*, April 22, 2009; Mehul Srivastava, "Maoists in India Blow Up Pipelines, Putting $78 Billion at Risk," Bloomberg, July 29, 2010.

45. 예를 들어, Air Commander Arjun Subramaniam, "Air Power to Fight Guerrilla War," *Sify News*, February 13, 2009. 온라인에서 구할 수 있다. www.bloomberg.com/news/2010-07-29/Maoists-in-india-blow-up-pipelines-as-78-billion-in-resources-threatened.html.

46. 그레이하운즈의 초기에 관하여, K. Balagopal, "Herald the Hunting Dogs That Are Grey in Colour," *Economic and Political Weekly* 23, no. 28 (July 9, 1988); M. Shatrugna, "NTR and the Naxalites," *Economic and Political Weekly* 24, no. 28 (July 15, 1989).

47. Jason Motlagh, "India's Maoists Shift to Attacks on Police," *Washington Times*, November 22, 2007; Jason Motlagh, "The Maoists in the Forest: Tracking India's Separatist Rebels," *Virginia Quarterly Review* 84, no. 3 (July 1, 2008): 102~129쪽.

48. "Guns Are Again Booming in Andhra Pradesh," Indo-Asian News Service, April 3, 2005.

49. Sumanta Banerjee, "Naxalites: Time for Introspection," *Economic and Political Weekly* 38, no. 44 (November 1-7, 2003): 4635~4636쪽: 4635쪽.

50. Omer Farooq, "India's Andhra Pradesh State Announces Cease-Fire Against Communist Rebels," Associated Press, June 16, 2004.

51. Rakesh K. Singh, "New Centre Plan to Solve Naxal Issue," World News Connection, August 6, 2006; "발전 촉진이라는 측면에서 중앙 정부는 11차 5개년 계획에서 낙살의 공격을 받는 지역의 인프라 개발에 50억 루피(1억 1,600만 달러)를 투자하기로 했다. 접근이 어려운 지역의 기존 도로를 수리 및 확장하고 전략적으로 중요한 위치에 있는 경찰 병력 주둔지의 안전을 확보하는 데 중점을 둘 예정이다."

52. "Guns Are Again Booming in Andhra Pradesh." 두 명의 시인들, 즉 가다르와 칼리안 라오도 살인 혐의가 있었다.

53. "Salva-Judum Men Go After Maoist Sympathizers," *Hindu*, March 13, 2006.

54. Anshuman G. Dutta, "Holding State to Ransom India: 'Spread' of Left-Wing

Extremism Prompts States to Raise Commando Outfits," World News Connection, May 21, 2006.

55. "Salva Judum 'Massacred' Chhattisgarh Tribals: Panel," *Hindu*, January 28, 2009.

56. "Salva Judum 'Massacred' Chhattisgarh Tribals."

57. Farhan Bokhari and James Lamont, "An Altered Reality," *Financial Times*, May 12, 2009.

58. 계급 혹은 파벌이라 불러도 좋을 이들 초거부들도 2009년 서구에서 시작된 경제 침체로 경제가 몸살을 앓게 되자 심각한 타격을 받았다. Naazeen Karmali, "India's Billionaire Drop-Offs," Forbes.com, March 11, 2009, www.forbes.com /2009/03/11/india-finanial-loss-billionaires-2009-billionaires-india.html

13장 │ 리우의 비애: 지구를 뒤덮은 빈민가

1. 상대적 빈곤에 관한 분석으로, Joan Neff Gurney and Kathleen J. Tierney, "Relative Deprivation and Social Movements: A Critical Look at Twenty Years of Theory and Research," *The Sociological Quarterly* 23, no. 1 (winter 1982): 33~47쪽. 도시 내의 폭력에 관하여, Saskia Sassen, "When the City Itself Becomes a Technology of War," *Theory, Culture & Society* 27, no. 6 (December 17, 2010).

2. Celia Landmann Szwarcwald et al. "Income Inequality and Homicide Rates in Rio de Janeiro, Brazil," *American Journal of Public Health* 89, no. 6 (June 1999): 849쪽.

3. "Rio Drug Gangs Battle Police, 13 People Killed," Reuters, November 24, 2010.

4. "Rains, Floods in Sao Paulo Kill 64," Agence France-Presse, January 29, 2010.

5. "Lula Skips G20 Summit due to Deadly Brazil Floods," *Times of Oman* (Reuters) June 27, 2010; Felipe Dana, "Brazil: Population of Small Village Survived Massive Flooding by Clinging to Jack Fruit Trees," *Canadian Press*, June 24, 2010.

6. G. Magrin et al., "Latin America," in *Climate Change 2007: Impacts, Adaptation and Vulnerability. Contribution of Working Group II to the Fourth Assessment Report of the Intergovernmental Panel on Climate Change*, ed. M. L. Parry et al. (Cambridge: Cambridge University Press, 2007), Section 13.2.2,

"Weather and Climate Stresses."

7. Anthony Pereira, "Brazil's Agrarian Reform: Democratic Innovation or Oligarchic Exclusion Redux?" *Latin American Politics and Society* 45, no. 2 (summer 2003): 41~65쪽: 42쪽.

8. Gary Duffy, "Changing Times for Brazil's Landless," *BBC News*, January 23, 2009, http://news.bbc.co.uk/2/hi/7845611.stm.

9. F. E. Wagner and John O. Ward, "Urbanization and Migration in Brazil," *American Journal of Economics and Sociology* 39, no. 3 (July 1980): 249~259쪽: 256쪽.

10. Wagner and Ward, "Urbanization and Migration in Brazil," 249쪽.

11. Anthony W. Pereira, "The Dialectics of the Brazilian Military Regime's Political Trials," *Luso-Brazilian Review* 41, no. 2 (2005): 162~183쪽.

12. In English, see Brazil Archdiocese of São Paulo, *A Shocking Report on the Pervasive Use of Torture by Brazilian Military Governments, 1964-1979, Secretly Prepared by the Archdiocese of São Paulo,* ed. Joan Dassin, trans. Jaime Wright (Austin: University of Texas Press, 1998).

13. Ben Penglase, "The Bastard Child of the Dictatorship: The Comando Vermelho and the Birth of 'Narco-Culture' in Rio de Janeiro," *Luso-Brazilian Review* 45, no. 1 (2008): 118~145쪽: 125쪽.

14. Penglase, "The Bastard Child."

15. Penglase, "The Bastard Child"; Luke Dowdney, *Children of the Drug Trade: A Case Study of Children in Organized Armed Violence in Rio de Janeiro* (Rio de Janerio: 7 Letras, 2003); Louis Kontos and David C. Brotherton, eds., *Encyclopedia of Gangs* (Santa Barbara, CA: Greenwood, 2007), 16~18쪽.

16. Enrique "Desmond" Arias, *Drugs and Democracy in Rio de Janeiro: Trafficking, Social Networks, and Public Security* (Charpel Hill: University of North Carolina Press, 2006); 또 Carlos Amorim, *Comando Vermelho, a história secreta do crime organizado* (Rio de Janeiro: Editora Record, 1993); William da Silva, *Quatrocentos contra um* (Rio de Janeiro: Vozes, 1991); Dowdney, *Children of the Drug Trade,* Aziz Filho and Francisco Alves Filho, *Paraíso armado inter-pretações da violencia no Rio de Janeiro* (São Paulo: Editora Garçoni, 2003); Michel Misse, *Crime e violência no Brazil contemporâneo* (Rio de Janeiro: Editora Lumen Juris, 2006).

17. James Brooke, "Brazil Writhes Under Debt Burden," *Miami Herald,* February 7, 1983. 브라질에서의 신자유주의에 관한 비평으로, James F. Petras and Henry Veltmeyer, *Cardoso's Brazil: A Land for Sale* (Lanham, MD: Rowman & Littlefield, 2003). "March by São Paulo Jobless Turns to Looting Riot; One Dead," Miami Herald, April 6, 1983.

18. Renato P. Colistete, "Revisiting Import-Substituting Industrialization in Brazil: Productivity Growth and Technological Learning in the Post-War Years," (draft paper prepared for the Conference "Latin America, Globalization, and Economic History," University of California, Los Angeles, April 24-25, 2009), 7쪽. 다음 사이트에서 볼 수 있다. www.international.ucla.edu/economichistory/Summerhill /Colistete.pdf.

19. Colistete, "Revisiting Import-Substituting Industrialization in Brazil," 32쪽.

20. David Harvey, "Neo-Liberalism As Creative Destruction," *Geografiska Annaler* 88, no. 52 (June 1, 2006): 145~158쪽: 148쪽.

21. Philip Armstrong, Andrew Glyn, and John Harrison, *Capitalism Since 1945* (Oxford: Basil Blackwell, 1991), 155. 국가 주도 자본주의 발전의 본질에 관하여, Alice Amsden, *Asia's Next Giant: South Korea and Late Industrialization* (Oxford: Oxford University Press, 1992).

22. Juliet B. Schor, *The Overworked America: The Unexpected Decline of Leisure* (New York: Basic Books, 1992), 111쪽.

23. Charles Sable이 다음 책에서 인용함. Bennett Harrison and Barry Bluestone, *The Great U-Turn: Corporate Restructuring and the Polarizing of America* (Boulder, CO: Basic Books, 1990), 10쪽.

24. 과잉 생산 설비와 과잉 축적의 문제에 관하여, Armstrong, Glyn, and Harrison, *Capitalism Since 1945*, esp. ch. 11.

25. Brooke, "Brazil Writhes Under Debt Burden."

26. Harrison and Bluestone, *The Great U-Turn*, 7쪽; 또, Norman Glickman, "Cities and the International Division of Labor," in *The Capitalist City*, ed. Peter Michael Smith (Oxford: Blackwell, 1987), 71쪽.

27. Samuel Bowles, David M. Gordon, and Thomas E. Weisskopf, *After the Waste Land: A Democratic Economics for the Year 2000* (Armonk, NY: M. E. Sharpe, 1990), 45쪽, Figure 4.4, "Declining Profitability After the Mid Sixties."; Andrew Glyn et al., "The Rise and Fall of the Golden age," in *The Golden*

왜 열대는 죽음의 땅이 되었나

Age of Capitalism: Reinterpreting the Post-War Experience, ed. Stephen A. Marglin and Juliet B. Schor (Oxford: Clarendon Press, 1990), 77쪽, figure 2.10.

28. John Morris, "Markets Recover from Losses, but Outlook Is Grim," *American Banker*, December 6, 1982.

29. 다음에서 인용. Steven Rattner, "Volker Asserts U.S. Must Trim Living Standards," *New York Times*, October 18, 1979, A1.

30. George Hanc, *An Examination of the Banking Crises of the 1980s and Early 1990s*, vol. 1 of *History of the 80s* (Arlington, VA: FDIC Public Information Center, 1999), 199쪽.

31. Andres Oppenheimer, "Recession, Debt Batter Americas," *Miami Herald*, April 18, 1983.

32. "Brazil Inflation Sets a Record," *New York Times*, December 29, 1989.

33. James Brooke, "Growth of Southern Giants Stifled by Austerity Plans," *Miami Herald*, April 18, 1983.

34. Oppenheimer, "Recession, Debt."

35. Juan de Onis, "Brazil Wants New Loans, Not Outside Pressures," *Los Angeles Times*, June 23, 1986.

36. Mark Weisbrot, "Quem sera capaz de levar o pais adiante?" *Folha de São Paulo* (Brazil), August 27, 2010.

37. Enrique "Desmond" Arias, "The Dynamics of Criminal Governance: Networks and Social Order in Rio de Janeiro," *Journal of Latin American Studies* 38, no. 2 (May 2006): 293~325쪽.

38. 더 자세한 내용은 다음을 보라. Mike Davis, *Late Victorian Holocausts: El Niño Famines and the Making of the Third World* (London: Verso, 2002).

39. Timothy Finan, "Drought and Demagoguery: A Political Ecology of Climate Variability in Northeast Brazil," (paper presented at the workshop "Public Philosophy, Environment, and Social Justice," Carnegie Council on Ethics and International Affairs, October 21-22, 1999), 3쪽.

40. Liqiang Sun et al., "Climate Variability and Corn Yields in Semiarid Ceara, Brazil," *Journal of Applied Meteorology* 46, no. 2 (February 1, 2007), 226~239쪽.

41. Sun et al., "Climate Variability," 227쪽.

42. Rob Wilby, "Review of Climate Scenarios in Northeast Brazil," (a technical brief for Tearfund, Teddington, UK, June 2008), 2쪽; Saulo Araujo, "Lessons from

Northeast Brazil: 'You Can't Fight the Environment,'" Grassroots International, March 2, 2009, www.grassrootsonline.org/news/blog/lessons-northeast-brazil-you-can't-fight-environment.

43. Joseph A. Page, *The Brazilians* (New York: Da Capo Press, 1996), 186쪽.

44. Section 13.5.1.1, "Natural Ecosystems," in Magrin et al., *Climate Change 2007.*

45. Edmund Conway, "Economics IMF Warns That It May Soon Be Broke," *Daily Telegraph*, May 5, 2006. 이 기사의 표제는 다음 책에서 따온 것이다. Theda Skocpol, Peter B. Evans, and Dietrich Rueschemeyer, eds., *Bringing the State Back In* (Cambridge: Cambridge University Press, 1985).

46. Christian Parenti, "Retaking Rio," *The Nation*, May 31, 2010.

47. Donald R. Nelson and Timothy J. Finan, "Praying for Drought: Persistent Vulnerability and the Politics of Patronage in Ceara, Northeast Brazil," *American Anthropologist* 111, no. 3 (September 2009): 302~316쪽: 305쪽.

14장 | 멕시코의 골고다 언덕: 기후 난민과 마약 전쟁

1. Darlene Superville, "Michelle Obama Launches Solo Agenda on Mexico Tour," Associated Press, April 14, 2010.

2. Charles Bowden on *Democracy Now*, April 14, 2010.

3. Kevin Johnson, "Violence Drops in U.S. Cities Neighboring Mexico," *USA Today*, December 28, 2009.

4. "Juarez Massacres: Where Will Cartels Attack Next?" *El Paso Times*, February 2, 2010.

5. Elisabeth Malkin, "Gunmen in Mexico Kill 13 at Party," *New York Times*, January 31, 2010.

6. William Booth, "Mexico's Drug Gangs Go on the Offensive Against Authorities," *Washington Post*, May 2, 2010.

7. Shuaizhang Feng, Alan B. Krueger, and Michael Oppenheimer, "Linkages Among Climate Change, Crop Yields and Mexico-US Cross-Border Migration," *Proceedings of the National Academy of Sciences* 107, no. 32 (August 10, 2010): 14257-14262.

8. Nacha Cattan, "Climate Change Set to Boost Mexican Immigration to the US, Says Study," *Christian Science Monitor*, July 27, 2010.

9. Oli Brown, *Migration and Climate Change* (Geneva: International Organization for Migration, 2008), 10쪽.

10. Sam Knight, "Human Tsunami," *Financial Times*, June 19, 2009.

11. 다음에서 인용함. Amy Kazmin, "Rising Sea Levels Hit Bangladesh Livelihoods," *Financial Times*, September 22, 2009.

12. William Lacy Swing, "Let's Invest Now for Tomorrow's Migration," *Migration* (Magazine of the International Organization for Migration), winter 2010.

13. Kazmin, "Rising Sea Levels Hit Bangladesh Livelihoods."

14. 유럽으로 이민을 가는 아프리카와 중동 사람들과 관하여, Saskia Sassen, The Mobility og Labor and Capital (New York: Cambridge University Press, 1990).

15. 멕시코 맹그로브 습지의 감소에 관한 2007년도 현황 보고서를 보라. "Mangroves of North and Central America, 1980-2005: Country Reports." 식량농업기구의 다음 웹 사이트에서 볼 수 있다. ftp://ftp.fao.org/docrep/fao/010/ai446t/ai446t00.pdf; 위기에 관한 더 많은 자료로는, "President Felipe Calderon Signs Legislation to Protect Coastal Wetlands; Governors Threatened to Define New Law," Mex Economic News & Analysis on Mexico, February 14, 2007.

16. UN 산하 식량농업기구는 어장 관련 자료를 꾸준히 기록하고 있다. 식량농업기구의 멕시코 국가 현황 부분을 보면 어획량 감소 원인을 다음과 같이 지적하고 있다. "지금과 같은 어획량 감소 추세에는 다양한 원인이 있다. 남획, 부실 관리, 어획 인구 증가, 관리 감독 부재, 어장에 일어난 자연스러운 변화, 정부 어자원 관리센터의 저급한 어미 및 치어 사육 문화가 복합적으로 작용했다." 이에 대해서는 다음 자료들을 참조하라. "Fishery and Aquaculture Country Profiles: Mexico," FAO, Fisheries and Aquaculture Department, www.fao.org/fishery/countrysector/FI-CP_MX/en. 현재까지의 연도별 총 어획량 그래프를 보고 싶다면 www.fao.org/fishery/countrysector/FI-CP_MX/3/en.

17. Alonso Aguilar Ibarra, Chris Reid, and Andy Thorpe, "The Political Economy of Marine Fisheries Development in Peru, Chile and Mexico," *Journal of Latin American Studies* 32, no. 2 (May 2000): 503~527쪽: 521쪽.

18. 멕시코 협동조합주의와 어업 정책에 관한 논문으로, Emily Young, "State Intervention and Abuse of the Commons: Fisheries Development in Baja California Sur, Mexico," *Annals of the Association of American Geographers* 91, no. 2 (June 2001): 283~306쪽: 242쪽.

19. Ibarra, Reid, and Thorpe, "The Political Economy of Marine Fisheries," 526쪽.

20. John Wright, "Mexico Announces Liberalization of Foreign Investment Rules," AP Online, May 15, 1989.

21. Young, "State Intervention and Abuse of the Commons," 288쪽.

22. Young, "State Intervention and Abuse of the Commons," 300쪽.

23. Tim Weiner, "In Mexico, Greed Kills Fish by the Seaful," *New York Times*, April 10, 2002.

24. Time L. Merrill and Ramon Miró, eds., *Mexico: A Country Study* (Washington, DC: Government Printing Office, 1996).

25. Richard Grant, *God's Middle Finger: Into the Lawless Heart of the Sierra Madre* (New York: Simon & Schuster, 2008), 242쪽.

26. 6.9퍼센트의 삼림 파괴는 UN 식량농업기구 2005년 보고서에 나온 수치다. "경제 측면에서 남는 질문은 신자유주의 정책과 환경 파괴 사이에 어느 정도의 연관성이 있느냐이다. 신자유주의 정책이 현지의 의사 결정에 어떤 영향을 미치는지를 경험적으로 연구할 필요가 있다. 그런 연구결과가 있어야 정책 결과를 제대로 평가하고, 교차하는 수치들이 토지 이용도 변화 과정에 얼마나 영향을 미치는지를 파악할 수 있다." Martín Ricker, "The Role of Mexican Forests in the Storage of Carbon to Mitigate Climate Change," Sociedad Mexicana de Físca, April 2008, www.smf.mx/C-Global/webelpapelbosquesmex2.htm; COSYDDAC, *The Forest Industry and Forest Resources in the Sierra Madre de Chihuahua: Social, Economic, and Ecological Impacts*, Texxas Center for Policy Studies, December 1999, www.texascenter.org/publications/fore stal.pdf.

27. Rene Dumont, "Mexico: The 'Sabotage' of the Agrarian Reform," *New Left Review* I/17 (winter 1962): 46~63쪽.

28. Elisabeth Malkin, "Mexico Now Enduring Worst Drought in Years," *New York Times*, September 12, 2009.

29. "Mexico Says Corn Supply Not Threatened by Drought," EFE World News Service, January 5, 2010.

30. Koko Warner et al., "In Search of Shelter: Mapping the Effects of Climate Change on Human Migration," (report by CARE International and UN University, 2009), http://ciesin.columbia.edu/documents/ClimMigr-rpt-june09.pdf.

31. Herbert Ingram Priestley, "The ontemporary Program of Nationalization in Mexico," *The Pacific Historical Review* 8, no. 1 (March 1939): 59~74쪽: 60쪽. 하지만 디아스 지배하의 멕시코는 외세에 절대적으로 의존하는 바나나 공화국은 아니었다. 사실 디아스의 지배는 19세기식 자유주의와 진보주의를 표방하면서 시작되었고, 철도, 전신, 공장 건설 등을 장려하면서 일부 의미 있는 개발을 주도하기도 했다. 하지만 장기 집권과 함께 몸집이 비대해지면서 디아스 정권은 경직되기 시작했고 부패의 길로 접어들었다.

32. Carleton Beals, *Porfirio Diaz, Dictator of Mexico* (Philadelphia: J. P. Lippincott, 1932), 307쪽.

33. Paul Garner, *Porfirio Diaz* (London: Longman, 2001).

34. Beals, *Porfirio Diaz*, 334쪽.

35. Adolfo Gilly, The Mexican Revolution (New York: New Press, 2005); John Womack Jr., Zapata and the Mexican Revolution (New York: Vintage, 1970); 사실은 외국 자본가들 사이에 디아스 정부를 지원할 것인지, 혁명을 지원할 것인지를 놓고 막후에서 이전투구가 벌어졌다. 심지어 전반적으로 프란시스코 마데로 신임 대통령을 지지했던 미국 기업 사이에도 은밀한 속임수와 분열이 있었다. John Skirius, "Railroad, Oil, and Other Foreign Interests in the Mexican Revolution, 1911-1914," Journal of Latin American Studies 35, no. 1 (February 2003): 25~51쪽.

36. Frank Tannebaum, *Peace by Revolution: An Interpretation of Mexico* (New York: Columbia University Press, 1933), 115쪽.

37. COSYDDAC, *The Forest Industry and Forest Resources*.

38. This translation of Mexico's 1917 constitution can be found at www.latinamericanstudies.org/mexico/1917-Constitution.htm.

39. Gilly, *The Mexican Revolution*, 338쪽.

40. Dumont, "Mexico."

41. Remonda Bensabat Kleinberg, "Strategic Alliances: State-Business Relations in Mexico Under Neo-Liberalism and Crisis," *Bulletin of Latin American Research* 18, no. 1 (January 1999): 71~87쪽: 72쪽.

42. Kleinberg, "Strategic Alliances."

43. Terry McKinley and Diana Alarcon, "Mexican Bank Nationalization," *Latin American Perspectives* 20, no. 3 (summer 1993): 80~82쪽: 80쪽.

44. Priestley, "The Contemporary Program of Nationalization in Mexico," 66쪽.

45. Priestley, "The Contemporary Program," 62쪽.

46. 물론, 혁명 후의 멕시코가 "순수하게 협동조합주의 노선을 따랐던 것은 결코 아니며, 사회 분야별로 편차가 있었다." James G. Samstad, "Corporatism and Democratic Transition: State and Labor During the Salinas and Zedillo Administrations," Latin American Politics and Society 44, no. 4 (winter 2002): 1~28쪽: 3쪽. 길리가 쓴 진보적 관점의 역사로 The Mexican Revolution도 보라.

47. 멕시코에서 국가와 자본 간의 관계 변화에 관한 좋은 글로는 Kleinberg, "Strategic Alliances," 72쪽.

48. 협동조합주의에 관하여, Leo Paniitch, "Recent Theorizations of Corporatism: Reflections on a Growth Industry," British Journal of Sociology 31 (1980): 159~187쪽: 173쪽. 협동조합주의와 권위주의 국가 간의 관계에 대하여는 David Collier, ed., The New Authoritarianism in Latin America (Princeton, NJ: Princeton University Press, 1980).

49. George Philip, Oil and Politics in Latin America: Nationalist Movements and State Companies (Cambridge: Cambridge University Press, 1982); George W. Grayson, Oil and Mexican Foreign Policy (Pittsburgh, PA: University of Pittsburgh Press, 1988). 이처럼 국유화가 한창 진행되던 좋지 않은 시기에 우익 집단들이 연합하여 현재 멕시코 여당인 국민행동당을 결성했다. 여기에는 은행가, 산업 자본가, 지주, 종교집단은 물론 스페인의 파시스트 정당인 팔랑헤를 모델로 하는 가톨릭계 비밀 파시스트 정당인 국민시나키스타연맹의 당원들까지 참여했다. Michelle Dion, "The Political Origins of Social Security in Mexico During the Cárdenas and Ávila Camacho Administrations," Mexican Studies/Estudios Mexicanos 21, no. 1 (winter 2005): 59~95쪽.

50. Kleinberg, "Strategic Alliances," 72.

51. George W. Grayson, "Oil and U.S.-Mexican Relations," Journal of Interamerican Studies and World Affairs 21, no. 4 (November 1979): 427~456쪽: 428쪽; Arthur Howe, "OPEC'S Grip on Oil Markets Slipping Away," Philadelphia Inquirer, December 7, 1983.

52. 멕시코의 게릴라 운동에 관하여, O'Neill Blacker, "Cold War in the Countryside: Conflict in Guerrero, Mexico," The Americas 66, no. 2 (October 2009): 181~210쪽; 노동에 관하여, Dale A. Hathaway, Allies Across the Border: Mexico's "Authentic Labor Front" and Global Solidarity (Boston: South End Press, 2000).

53. Adam David Morton, "Structural Change and Neoliberalism in Mexico: 'Passive Revolution' in the Global Political Economy," *Third World Quarterly* 24, no. 4 (August 2003): 631~653쪽.

55. John Crewdson and Vincent J. Schodolski, "Price of Reform Cripples Mexico," *Chicago Tribune*, November 23, 1986.

56. Chislett, "Black Gold Fuels Economic Turnaround."

57. Alan Ridding, "Taming Mexico's Passion for More," *New York Times*, September 12, 1982.

58. Michael Kevane, "Commodities in Crisis: The Commodity Crisis of the 1980s and the Political Economy of International Commodity Policies, by Alfred Maizels," *Economic Development and Cultural Change* 45, no. 1 (October 1996): 205~208쪽.

59. James Thompson and Sean O'Grady, "Commodity Crisis Sparks Fear of Food Inflation on High Street," *The Independent* (UK), August 10, 2010. 생필품 가격 변화에 관한 그래프를 보려면, Index Mundi website (www.indexmundi.com)를 보라. IMF의 생활 물가 지수는 www.indexmundi.com/commodities/?commodity=commodity-price-index&months=300.

60. Walden Below, *Dark Victory: The United States and Global Poverty* (Oakland, CA: Food First Books, 1999).

61. Oakland Ross, "Dropping Oil Prices Leave Mexico in Economic Limbo," *Globe and Mail*, August 6, 1982.

62. Michael Vaply, "Today's Catastrophe," *Globe and Mail*, August 20, 1982.

63. Marlise Simons, "Mexican Peso Devalued for Second Time in 6 Months," *New York Times*, August 7, 1982.

64. Alan Ridding, "Mexico Devalues Peso 30%," *New York Times*, February 19, 1982; Alan Ridding, "Worry Spreads After Peso Curbs," *New York Times*, August 14, 1982.

65. Robert A. Bennett, "Mexico Seeking Postponement of Part of Debt," *New York Times*, August 20, 1982.

66. Richard J. Meislin, "Mexico Is Selling Stock Held by Seized Banks," *New York Times*, May 22, 1984.

67. "Mexican Peso Plunges in Value," *Globe and Mail*, August 20, 1982; Robert Bennett, "Bankers Pressured to Assist Mexico," *New York Times*, August 21,

1982.

68. "Mexico Plans 106 Closings," *New York Times*, November 17, 1982; 오션가든 프로덕츠에 관하여, Young, "State Intervention and Abuse of the Commons," 288쪽.

69. Katherine Ellison, "Mexico Sheds Its Assets," *San Jose Mercury News*, October 22, 1989.

70. Alan Riding, "Bankers Cheer Mexico's Austerity Plan," *New York Times*, December 3, 1982.

71. Crewdson and Shodolski, "Price of Reform Cripples Mexico."

72. Penny Lernoux, "Rescue Missions Impossible: Lessons of the Mexican Bailout," *The Nation*, October 6, 1984.

73. Steven Zahniser and Zachary Crago, "NAFTA at 15: Building on Free Trade," Outlook Report No. WRS-09-03, March 2009.

74. Noam Chomsky, *Profit over People* (New York: Seven Stories Press, 1999). (『그들에게 국민은 없다』, 강주헌 옮김, 모색, 1999년).

75. Elisabeth Malkin, "NAFTA's Promise, Unfulfilled," *New York Times*, March 23, 2009.

76. Timothy Wise, "Fields of Free Trade: Mexico's Small Farmers in a Global Economy," *Dollars & Sense*, December 2003.

77. Malkin, "Nafta's Promise."

78. Malkin, "Nafta's Promise."

79. Wise, "Fields of Free Trade."

80. George Dyer-Leal and Antonio Yúnez-Naude, "NAFTA and Conservation of Maize Diversity in Mexico," Commission for Environmental Cooperation of North America, 2003, www.cec.org/Page.asp?PageID=1180&ContentID=&Site NodeID=472.

81. Matilde Perez, "En materia alimentaria para Mexico, el TLCAN esta reprobado: Oxfam." *La Jornada*, January 2, 2010, www.jornada.unam.mx/2010/01/02 /index.php?section=politica&article=008n2pol.

82. Chomsky, *Profit over People*. (『그들에게 국민은 없다』, 강주헌 옮김, 모색, 1999년).

83. Dyer-Leal and Yúnez-Naude, "NAFTA and Conservation of Maize Diversity."

84. Olivier Pavón, "Afrontar 'con mucho corazón' apertura total del TLC, acon seja Alberto Cárdenas," *La Crónica de Hoy*, December 20, 2007, www.croni

ca.com.mx/nota.php?id_nota=338675.

85. Gilly, *The Mexican Revolution*, 337쪽.

86. Rural Poverty in Mexico, vol. 4 of *Mexico: Income Generation and Social Protection for the Poor*, Report No. 32867MX (World Bank: Washington DC, 2005), 170. CIA의 『World Factbook』을 보면 "끼니를 유지할 능력을 기준으로 '가난'을 정의할 때 18.2%가 빈곤층이다. 일정한 자산의 소유 여부를 기준으로 할 때는 47%가 빈곤층이다(2006)."

87. Mark Smith, "Serial Murders a Source of Fear and Mystery/New Spate of Killings Baffle Police, Who Hold a Suspect," *Houston Chronicle*, March 31, 1996; Sam Dillon, "Rape and Murder Stalk Women in Northern Mexico," *New York Times*, April 18, 1998; Jodi Bizar, "9 Held in Juarez Slayings 6 Teen-Agers Among Serial Killing Suspects," *San Antonio Express-News*, May 7, 1998.

88. Charles Bowden, *Murder City: Ciudad Juárez and the Global Economy's New Killing Fields* (New York: Nation Books, 2010), xiii쪽.

89. Bowden, *Murder City*, 104~105쪽.

90. Jen Phillips, "The Cartels Next Door," *Mother Jones Magazine*, July/August 2009.

91. Warren Richey, "Drug Runners Shift Routes As U.S. Steps Up Pressure," *South Florida Sun-Sentinel*, November 24, 1989; Jole Williams, "U.S. Border's War on Drugs Shifts to Texas," Denver Rocky Mountain News, October 15, 1989; William Overend, "Adventures in the Drug Trade," *Los Angeles Times Magazine*, May 7, 1989.

92. "Columbia Drug Smugglers Using 'Mexican Pipeline,'" *San Francisco Chronicle*, January 1, 1988.

93. Astian Rotel, "Barons of a Bloody Turf War," *Los Angeles Times*, June 4, 1993.

94. James Brooke, "A Drug Lord Is Buried As a Folk Hero," *New York Times*, December 4, 1993; "Cali Cocaine Cartel Leaders Offer Surrender Deal," Agence France-Presse, December 17, 1993.

95. Ken Dermota, "Snow Business: Drugs and the Spirit of Capitalism," *World Policy Journal* 16, no. 4 (winter 1999-2000): 15~24쪽: 15쪽.

96. Anita Snow, "Mexican Drug Smugglers Get Sophisticated," *Contra Costa*

Times, September 17, 1995.

97. Bureau for International Narcotics and Law Enforcement Affairs, "International Narcotics Control Strategy Report, 1996," US Department of State, www.state.gov/www/global/narcotics_law/1996_narc_report/index.html.

98. Jorge Chabat, "Mexico's War on Drugs: No Margin for Maneuver," *Annals of the American Academy of Political and Social Science* 582 (July 2002): 134~148쪽: 136쪽.

99. Tracey Eaton, "NAFTA Tied to Drug Traffic: U.S. Task Force Says Smugglers Exploit Rising Cross-Border Trade," *Dallas Morning News*, May 11, 1998.

100. Dermota, "Snow Business," 16쪽.

101. Robert Collier, "Mexico's New Emperor of Narcotics," *San Francisco Chronicle*, February 26, 1996.

102. Nick Reding, *Methland: The Death and Life of an American Small Town* (New York: Bloomsbury Press, 2009).

103. Mark Fineman, "Vast Mexican Drug Empire Up for Grabs," *Los Angeles Times*, July 29, 1997.

104. Jorge G. Castañeda, "What's Spanish for Quagmire?" *Foreign Policy* 177 (January 1, 2010).

105. Quoted in "Mexicans Wince at U.S. Jab on Corruption, but Admit It's Accurate," EFE World News Service, June 15, 2005.

106. David Luhnow and Jose De Cordoba, "Mexico Detains Former Top Drug Cop," *Wall Street Journal*, November 22, 2008.

107. The sequence of statements is laid out by Jorge Castañeda, "The Danger Across the Border," *Newsweek* (International Edition), February 2, 2009. US Joint Forces Command, *The Joint Operating Environment 2008: Challenges and Implications for the Future Joint Force* (Suffolk, VA: US Joint Forces Command, Center for Joint Futures, December 2008), 36쪽.

108. Jens Erik Gould, "Calderon Rejects 'Absurd' Reports on Mexico Drug War," Bloomberg.com, March 12, 2009, www.bloomberg.com/apps/news?pid=newsarchive&sid=axUjKcbAt82w.

109. Castañeda, "The Danger Across the Border."

110. "¿Qué quieren de nosotros?" *El Diario* (Ciudad Juarez), September 19, 2010.

15장 | 미국의 장벽과 선동가들

1. Oli Brown, *Migration and Climate Change* (Geneva: International Organization for Migration, 2008), 10.

2. Sam Knight, "Human Tsunami," *Financial Times*, June 19, 2009.

3. Andrew Ross, "Greenwashing Nativism," *The Nation*, July 29, 2010.

4. Melissa Del Bosque, "Droning in Dollars," *Texas Observer*, August 20, 2010.

5. Peter Andreas, "Redrawing the Line: Borders and Security in the Twenty-First Century," *International Security* 28, no. 2 (autumn 2003): 78~111쪽: 88쪽.

6. Giorgio Agamben, State of Exception (Chicago: University of Chicago Press, 2005), 2; Gopal Balakrishnan, *The Enemy: An Intellectual Portrait of Carl Schmitt* (Verso: London, 2000).

7. "Border Emergency," *Washington Post*, August 26, 2005.

8. "CBP Air and Marine Unit Gets New Helos for Border Security," *Aerospace Daily & Defense Report* 223, no. 23 (August 2, 2007).

9. "Securing America's Borders: CBP Fiscal Year 2009 in Review Fact Sheet," CBP.gov, November 24, 2009, www.cbp.gov/xp/cgov/newsroom/news_releases/archives/2009_news_releases/nov_09/11242009_5.xml.

10. "Stryker Soldiers Train in Southern New Mexico," *US Federal News*, November 15, 2005.

11. "Previously Secret Memos and Data Show Bush-Era Immigration Raids Were Law Enforcement Failure," (report by the Immigration Justice Clinic, Cardozo School of Law, New York, February 4, 2009).

12. "Raids on Workers: Destroying Our Rights," United Food and Commercial Workers International, 2009, www.ufcw.org/docUploads/UFCW ICE rpt FINAL 150B_061809_130632.pdf?CFID=10424600&CFTOKEN=46213002 (page 1).

13. "Raids on Workers," 5쪽.

14. Margaret Ramirez, "'96 Immigration Law Causing Rise in Deportations," *Los Angeles Times*, September 22, 1998.

15. "Detained and Dismissed: Women's Struggles to Obtain Health Care in United States Immigration Detention," Human Rights Watch, March 17, 2009, www.hrw.org/en/reports/2009/03/16/detained-and-dismissed.

16. Dora Schriro, "Immigration Detention: Overview and Recommendations,"

Department of Homeland Security, Immigration and Customs Enforcement, October 6, 2009, www.ice.gov/doclib/about/offices/odpp/pdf/ice-detention-rpt.pdf; Nina Bernstein, "Report Critical of Scope of Immigration Detention," *New York Times*, October 6, 2009.

17. "Immigrants Face Lengthy Detentions but Have Few Rights Change of Policy," *Daily Herald*, March 22, 2009.

18. 다음을 보라. "Treated As Criminals: Asylum-Seekers in the USA," chapter 5 of *USA: Rights for All*, Amnesty International, October 1998, www.amnesty.org/en /library/asset/AMR51/035/1998/en/fd3dc1e9-da98-11dd-80bc-797022e51902 /amr510351998en.html.

19. William Fisher, "U.S.: Immigration Detention Abuses Continue," Inter Press Service, March 31, 2010.

20. Valeria Fernández, "U.S.: Detained Migrant Women Shackled During Childbirth," Inter Press Service, March 4, 2010.

21. Adam Nossiter, "Arkansas Woman, Left in Cell, Goes 4 Days with No Food or Water," *New York Times*, March 12, 2008.

22. Amy Goldstein and Dana Priest, "Some Detainees Drugged for Deportation," *Washington Post*, May 14, 2008.

23. Tom Barry, "A Death in Texas: Profits, Poverty, and Immigration Converge," *Boston Review* (November-December 2009).

24. Barry, "A Death in Texas."

25. "Locked Up Far Away: The Transfer of Immigrants to Remote Detention Centers in the United States," Human Rights Watch, December 2, 2009, www.hrw.org/en/node/86789.

26. Alexis de Tocqueville, *Democracy in America* (1835; New York: Harper Perennial, 1966), 237쪽. (『미국의 민주주의』, 임효선 외 옮김, 한길사, 1997년).

27. Kurt M. Campbell et al., *The Age of Consequences: The Foreign-Policy National Security Implications of Global Climate Change* (Washington DC: Center for Strategic and International Studies and the Center for New American Security, 2007), 85~86쪽.

28. Campbell et al., *Age of Consequences*, 85~86쪽; "Boyles Guest Brenda Walker Called Mexico 'One of the Most Despicable Countries on Earth'; Said 'Mexicans Are Good at … Establishing Smuggling Infrastructures' and

'Can Get Through ... WMDs,'" Colorado Media Matters, October 20, 2006, http://colorado.mediamatters.org/items/200610200003. 브렌다 워커에 대하여 는, www.adl.org/immigration/blogosphere/Brenda_Walker.asp.

29. "Boyles' Guest Gheen Called Mexicans Who Contend Racism Is Driving U.S. Immigration Debate 'Brown Nazis,'" Colorado Media Matters, October 9, 2007, http://colorado.mediamatters.org/items/200710100001.

30. David Able, "Severin Suspended for Comments About Mexican Immigrants," Boston, May 1, 2009, www.boston.com/news/local/massachusetts/articles /2009/05/01/severin_suspended_for_comments_about_mexican_immigrants.

31. Able, "Severin"; "Savage: 'Burn the Mexican Flag!'" Media Matters for America, March 31, 2006, http://mediamatters.org/research/200603310008.

32. Madison Grant, Passing of the Great Race, Or, the Racial Basis of European History (New York: Charles Scribner's Sons, 1916).

33. "Boortz Suggested Superdome As Place to 'Store 11 Million Hispanics Just Waiting to Ship 'Em Back to Nicaragua, Colombia, Costa Rica, Mexico,'" March 29, 2006, Media Matters for America, http://mediamatters.org/research /200603290004.

34. Boortz on Illegal Immigrants: "Give 'Em All a Little Nuclear Waste and Let 'Em Take It On Down There to Mexico," Media Matters for America, June 22, 2007, http://mediamatters.org/mmtv/200706220005.

35. "CNN 'Conspiracy Theorist' Lou Dobbs Discredits His Network—One Wild Claim at a Time," July 23, 2009, http://mediamatters.org/mobile/research /200907230035.

36. Lou Dobbs, "Border Insecurity; Criminal Illegal Aliens; Deadly Imports; Illegal Alien Amnesty," CNN, April 14, 2005, http://edition.cnn.com/TRANSCRIPTS /0504/14/ldt.01.html.

37. 보다 자세한 벡의 말은 다음을 보라. "Beck Again Warned That If Muslims Don't 'Act Now' by 'Step[ping] to the Plate' to Condemn Terrorism, They 'Will Be Looking Through a Razor Wire Fence at the West,'" Media Matters for America, September 7, 2006, http://mediamatters.org/mmtv/200609070002.

38. 2006년 5월 1일부터의 웨스트원의 《The Radio Factor with Bill O'Reilly》라는 라디오 프로그램에서. "O'Reilly Alleged Immigrant Protest 'Organizers' Have Hidden 'Hardcore Militant Agenda' to Take Back American Southwest,"

Media Matters for America, May 3, 2006, http://mediamatters.org/mmtv
/200609070002.

39. 다음에서 재인용. "Media Figures Attacked Mexican-Flag-Wavers, but Not
Those Waving Irish, Italian, or Israeli Flags," April 3, 2006, Media Matters for
America, http://mediamatters.org/research/200604030012.

40. Democracy Now, Headlines, May 11, 2010; Ken Silverstein, "Tea Party in
Sonora," *Harper's* (July 2010).

41. Jonathan J. Cooper, "Ariz. Governor Signs Bill Banning Ethnic Studies,"
Associated Press, May 12, 2010.

42. Bill O'Reilly, "The Truth About Arizona and Illegal Aliens," FOX News, May
4, 2010, www.foxnews.com/story/0,2933,592129,00.html.

43. Paul Rubin, "One-on-One Time with a Pinal Country Deputy–Whose Claim
He Was Shot by a Drug Smuggler Is Full of Holes–Produces Startling
Results," *New Times* (Pheonix), November 25, 2010.

44. Matthews said Republicans "have a right to fear" seeing a "majority Latino
population" and challenged Goodman, "Do you live in a Mexican neighbor
hood?" March 31, 2006, http://mediamatters.org/research/200603310012.

45. In an NBC plug for Buchanan's anti-immigrant book, Matthews declared that
"thanks to this show," the book would "probably" remain "number one on
Amazon," August 25, 2006, http://mediamatters.org/research/200608250008.

46. Patrick J. Buchanan, *State of Emergency: The Third World Invasion and
Conquest of America* (New York: Thomas Dunne Books, 2006), 1~2쪽.

47. Buchanan, *State of Emergency*, 6쪽, 12쪽, 28쪽.

48. Richard Hofstadter, "The Paranoid Style in American Politics," *Harper's
Magazine*, November 1964, 77~86쪽.

49. "Broad Approval for New Arizona Immigration Law: Democrats Divided, but
Support Key Provisions," Pew Research Center for the People & the Press,
May 12, 2010, http://people-press.org/report/613/arizona-immigration-law.

50. Jane Mayer, "Covert Operators," New Yorker, August 30, 2010; George
Monbiot, "The Tea Party Movement: Deluded and Inspired by Billionaires,"
Guardian, October 25, 2010.

51. Ian Traynor, "Sweden Joins Europe-Wide Backlash Against Immigration,"
Guardian, September 24, 2010, www.guardian.co.uk/world/2010/sep/24

/sweden-immigration-far-right-asylum.

52. Anthony Faiola, "Anti-Muslim Feelings Propel Right Wing," *Washington Post*, October 26, 2010.

53. Kate Connolly, "Gypsies Trapped Behind 'European Wall of Shame,'" *Guardian*, October 24, 1999.

54. Bill McKibben, *Earth: Making a Life on a Tough New Planet* (New York: Henry Holt & Co., 2010), 145~146쪽.

16장 | 또 다른 미래는 가능하다

1. *Next Generation Nuclear Plant: A Report to Congress* (prepared by the US Department of Energy Office of Nuclear Energy, April 2010), 23, http://nuclear.energy.gov /genIV/neGenIV1.html.

2. Mark Hertsgaard, "Regreening Africa," *The Nation*, November 19, 2009.

3. UN개발계획 지구환경기금 웹사이트 www.pnud-energia.org.bo에서 이와 관련한 문헌들을 찾아볼 수 있다.

4. For a great takedown, see Robert Skidelsky, *Keynes, The Return of the Master* (London: Allen Lane, 2009); Mark Weisbrot, "Brazil's Elections Will Matter for the Rest of the World," *Folha de Sao Paulo* (Brazil), October 8, 2010; Mark Weisbrot, "Who Will Allow Brazil to Reach Its Economic Potential?" *Folha de Sao Paulo* (Brazil), August 27, 2010.

5. Jia Lynn Yang, "Companies Pile Up Cash but Remain Hesitant to Add Jobs," *Washington Post*, July 15, 2010.

6. William Alden, "Wall Street Set for Best Two Years Ever, Thanks to Bailout," *Huffington Post*, December 13, 2010.

7. Aaron Lucchetti and Stephen Grocer, "On Street, Pay Vaults to Record," *Wall Street Journal*, February 2, 2011.

8. Matt Taibbi, "The Great American Bubble Machine," *Rolling Stone*, April 5, 2010.

9. 다음을 보라. www.indexmundi.com/commodities/?commodity=food-price-index&months=60.

10. Graphs are available at Index Mundi: www.indexmundi.com/commodities /?commodity=wheat.

11. Roxana Tiron, "Senate OKs Defense Bill, 68-29," *The Hill*, October 22, 2009;

Robert Higgs, "The Trillion-Dollar Defense Budget Is Already Here," Independent Institute, March 15, 2007, www.independent.org/newsroom /article.asp?id=1941; Laicie Olson, "Growth in U.S. Defense Spending Since 2001," Center for Arms Control and Non-Proliferation, March 11, 2010, http://armscontrolcenter.org/policy/securityspending/articles/fy11_growth _since_2001 (accessed January 13, 2011).

12. "U.S. Individual Income Tax: Personal Exemptions and Lowest and Highest Bracket Tax Rates, and Tax Base for Regular Tax," Tax Years 1913-2008, Table 23, IRS.gov, www.irs.gov/taxstats/article/0,,id=175910,00.html. 최근의 데이터를 보려면 "Revenues, Outlays, Deficits, Surpluses, and Debt Held by the Public, 1971 to 2010, in Billions of Dollars," *Budget and Economic Outlook: Historical Budget Data*, Congressional Budget Office, January 2011, Table E-1, 1.

13. "Dealing in Doubt: The Climate Denial Industry and Climate Science," (report by Greenpeace International, Amsterdam, March 24, 2010), 4; 또, Chris Mooney, *The Republican War on Science* (New York: Basic Books, 2005).

14. "Exxon Still Aids Climate Skeptics," *The Australian*, July 20, 2010.

15. Jane Mayer, "Covert Operations: The Billionaire Brothers Who Are Waging a War Against Obama," *The New Yorker*, August 30, 2010; "Koch Industries: Secretly Funding the Climate Denial Machine," (report by Greenpeace USA, Washington, DC, March 30, 2010); "Toxic 100 Air Polluters," Political Economy Research Institute, March 2010, www.peri.umass.edu/toxic_index (accessed on January 1, 2010).

16. Christian Parenti, "Winning the War of Ideas," *In These Times*, October 2003; Kim Phillips-Fein, *Invisible Hands: The Making of the Conservative Movement from the New Deal to Reagan* (New York: W. W. Norton & Co., 2009).

17. "Fewer Americans See Solid Evidence of Global Warming Modest Support for 'Cap and Trade' Policy," Pew Research Center for the People and the Press, October 22, 2009, http://people-press.org/report/669/.

18. Andrew Malone, "My Life on the Run: The Police 'Spy' Lifts Lid on Eight Years As Eco-Warrior," Daily Mali (UK), January 17, 2011; Matthew Taylor and Paul Lewis, "Undercover Police Officer Mark Kennedy at Centre of International Row." 이런 황당한 경찰권 남용은 기후 변화의 문제를 해결하려

고 애쓴다는 노동당 정부하에서 일어났기 때문에 더욱 충격적이었다. 급진적인 대중 활동가들에 관한 정보가 토니 블레어 총리의 책상에까지 전달되었다.

19. Brian Tokar, *Toward Climate Justice: Perspectives on the Climate Crisis and Social Change* (Grenmarsvegen, Norway: Communalism Press, 2010), 13쪽.

20. Suzanne Goldenberg, "Barack Obama's Key Climate Bill Hit by $45m PR Campaign," *The Guardian* (UK), May 12, 2009.

21. Robert S. Eshelman, "Cracking Big Coal," *The Nation*, May 3, 2010.

22. Henry Miller, *Tropic of Capricorn*, 293쪽. (『남회귀선』, 오승아 역, 문학세계사, 1997년).

23. "Bolivia: Government to Announce Stimulus Package for SMEs," *El Deber*, September 2, 2009.

24. John Vidal and Jonathan Watts, "Copenhagen Closes with Weak Deal That Poor Threaten to Reject-Non-Binding Accord Limits Temperature Rises but Includes No Emissions Targets," *The Guardian* (UK), December 19, 2009.

25. Pablo Solon, "Why Bolivia Stood Alone in Opposing the Cancun Climate Agreement," *The Guardian* (UK), December 21, 2010.

26. Damian Carrington, "WikiLeaks Cables Reveal How US Manipulated Climate Accord," *The Guardian* (UK), December 3, 2010; 또, www.guardian.co.uk /world/us-embassy-cables-documents/251174?intcmp=239.

27. "Methane," Environmental Protection Agency, www.epa.gov/methane.

28. Jennifer Kho, "The Largest Cleantech VC: China," *GigaOM*, February 26, 2010; 또, "Towards a Global Green Recovery: Recommendations for Immediate G20 Action" (report submitted to the G20 London Summit, April 2, 2009).

29. "EU Energy Chief Wants 1 Trillion Euro Network Revamp," Reuters, November 10, 2010.

30. 다음에서 인용. Christian Parenti, "The Case for EPA Action," *The Nation*, April 15, 2010.

31. IBM에 관하여 Linda Weiss and Elizabeth Thurbon, "The Business of Buying American: Public Procurement As Trade Strategy in the USA," *Review of International Political Economy* 13, no. 5 (December 2006): 701~724쪽: 704쪽. 정부가 구매력을 이용해 산업 부문을 키우는 예로서, 인도 정부가 기술 부문을 일으키는 데 어떤 역할을 했는지에 관하여, Rajeeva Sinha, "Government

Procurement and Technological Capability: Case of Indian Electrical Equipment Industry," *Economic and Political Weekly* 29, no. 48 (November 26, 1994): 142~147쪽.

32. 자본주의에 관한 좌파 측의 환경 이론을 보려면, Robyn Eckersley, *Environmentalism and Political Theory: Toward an Ecocentric Approach* (Albany: State University of New York Press, 1992); Ted Benton, *Natural Relations: Ecology, Animal Rights and Social Justice* (London: Verso, 1993).

33. John Bellemy Foster, *Marx's Ecology: Materialism and Nature* (New York: Monthly Review Press, 2000). (『마르크스의 생태학』, 이범웅 옮김, 인간사랑, 2010년).

34. Karl Marx, *Capital* (New York: Penguin Classics, 1976), 1쪽: 637쪽. (『자본』, 강신준 옮김, 길, 2010년).

35. Mary Douglas, *Purity and Danger: An Analysis of Concepts of Pollution and Taboo* (New York: Routledge, 1966), 41쪽.

36. Heather Rogers, *Gone Tomorrow: The Hidden Life of Garbage* (New York: New Press, 2006). (『사라진 내일』, 이수영 옮김, 삼인, 2009년).

왜 열대는 죽음의 땅이 되었나

왜 열대는 죽음의 땅이 되었나

왜 열대는 죽음의 땅이 되었나

발행일   2012년 8월 10일(초판 1쇄)

지은이   크리스천 퍼렌티
옮긴이   강혜정
펴낸이   이지열
펴낸곳   미지북스
         서울시 마포구 상암동 2-120번지 201호 (우편 번호 121-830)
         전화 070-7533-1848   전송 02-713-1848
         mizibooks@naver.com
         출판 등록 2008년 2월 13일 제313-2008-000029호
책임 편집   김대수
출력   상지출력센터
인쇄 제본   우진제책

ISBN   978-89-94142-24-1 03340
값 19,000원